谁来捍卫法治

10位最有影响力美国大法官的司法人生

Who Defends the Rule of Law:
Life Stories of 10 Most Influential U.S. Justices

任东来 胡晓进等 著

中国法制出版社
CHINA LEGAL PUBLISHING HOUSE

序

王　希*

我第一次见到任东来教授是在1996年东北师大的一次美国史会议上，虽然是初次见面，但他的率直、敏锐和喜好质疑的风格给我留下了深刻的印象。2000年夏，我应邀到南开大学历史研究所讲课，他正好也在南开讲学，我们再度见面，相谈甚欢。我把北大出版社刚寄到的《原则与妥协：美国宪法的精神与实践》送他一本，请他指教。回到美国后不久，我便接到他的电话。他先是谈了读后感，然后说打算搁置手头的美国外交史和国际政治史研究，转攻美国宪政史，因为后者对中国学界更为重要。我记得，他兴奋地谈到计划从著名宪法案例入手，逐渐扩展，最终写一套关于美国宪政的系列著作。

东来是一个纯粹的学者，极聪明，极勤奋，快人快语，决定了的事情，说干就干。2004年，也就是我们在南开见面4年之后，他便与陈伟和白雪峰合作写成了《美国宪政历程：影响美国的25个司

---

* 王希，北京大学历史学系特聘教授，美国宾夕法尼亚州印第安纳大学历史系教授，著有 *The Trial of Democracy*: *Black Suffrage and Northern Republicans*, *1860 – 1910*，《原则与妥协：美国宪法的精神与实践》，等等。

法大案》[1]一书。陈伟是东来在东北师大和社科院研究生院的同学，后到美国留学和工作，对国际政治和美国宪政都颇有研究；白雪峰毕业于南京大学，他在历史系读博士时，东来正好在南京大学中美关系研究中心任教，应该算是东来的学生。三人志趣相投，一拍即合。《美国宪政历程》以翔实的学术研究为基础，采用生动活泼的语言和别具一格的叙事风格，讲述了美国历史上25个具有里程碑意义的宪法案例及其背后的故事，填补了中国在美国研究领域的一个空白，同时也将美国宪政和司法文化的知识普及到专业之外的读者。该书深受学界和大众读者的喜爱，出版之后数度重印，成为名副其实的畅销书和长销书，并为专业学者如何向大众读者传播高质量的学术研究成果做出了示范。

东来没有就此止步，而是再接再厉，与他的研究生通力合作，于2007年出版了《在宪政舞台上：美国最高法院的历史轨迹》一书。该书在《美国宪政历程》的基础上，全面勾勒出美国联邦最高法院的演进历史，填补了中国在美国研究领域的另一项空白。[2]如果说东来写作《美国宪政历程》是受到一种开发学术金矿的灵感的驱动，《在宪政舞台上》则体现了他更为成熟和精到的专业思考。为了写作这部著作，他以富布莱特学者的身份，前往美国德雷克大学法学院宪法中心，在那里潜心研究和准备材料，不仅从美国宪法学界前沿学者那里汲取营养，而且还获得了与到该校讲学的美国联邦最高法院大法官（布雷耶和托马斯）进行直接交流的机会。这个特殊

---

① 任东来、陈伟、白雪峰等著：《美国宪政历程：影响美国的25个司法大案》，中国法制出版社2004年版。

② 任东来、胡晓进等著：《在宪政舞台上：美国最高法院的历史轨迹》，中国法制出版社2007年版。该书已于2018年在中国法制出版社再版，更名为《民众为何支持：美国最高法院的历史轨迹》。

的经历为他构思和写作该书奠定了坚实的专业基础，增加了许多感性知识。与《美国宪政历程》一样，《在宪政舞台上》也颇受学界内外读者的欢迎。

德雷克大学的研究经历和前两部著作的出版或许促发了东来写作大法官传记的想法。事实上，《美国宪政历程》的第二章已经包含了一段对最高法院大法官的专门讨论，[①]而《在宪政舞台上》的出版则使得写作美国宪政史系列著作的想法更为顺理成章。如果说《美国宪政历程》是这个系列的“案例篇”，《在宪政舞台上》则是其中的“法院篇”，他下一步需要写作的是其中的“法官篇”，摆在我们面前的这部《谁来捍卫法治：10 位最有影响力美国大法官的司法人生》正是这样一部著作。

联邦最高法院是美国联邦政府三权中司法权的象征和终极行使者。大法官们在这里审理由联邦法院上诉而来的案件，对其中涉及的宪法问题进行论辩，最后形成判决意见（包括异见）。判决意见展示了最高法院（多数派）对宪法原则的解读，直接判定联邦法和州法的合宪性，影响美国宪政秩序的走向。所以，宪法案例、最高法院和大法官共同组成了美国宪政体制中司法权运作的体系，三者之间环环相扣，缺一不可。东来的思考也正是如此。

如同对前两部著作一样，东来对《谁来捍卫法治》也倾注了同样的热情，以敏锐的眼光和深入的思考设计了该书的布局，并与参与项目的研究生们一起完成了初稿的写作。遗憾的是，天妒英才，东来不幸于 2013 年因病早逝，未能完成书稿的修订。东来的学生胡晓进等秉承恩师遗志，将书稿修订成书，中国法制出版社一如既往

---

① 见该书第二章“美国宪政法治的捍卫者：最高法院的九尊护法神”，任东来、陈伟、白雪峰等著：《美国宪政历程：影响美国的 25 个司法大案》，第 10—16 页。

承担了出版使命，为东来极富创造力并成就卓著的学术人生画上了一个圆满的句号。我相信，东来如果在天有灵，一定会感到欣慰和满足，不光是因为他创作美国宪政史三部曲的夙愿得以实现，更因为他成功而有效地将一个完整的知识领域带给了中国读者。

从结构上看，《谁来捍卫法治》是一部10位美国联邦最高法院大法官传记的合集，各个篇章分别追溯了这些大法官在就任之前的成长经历，叙述他们对重要宪法案例的审理，讨论他们的宪法解读，并分析他们的宪政思想对美国宪法原则的演进所产生的影响。10名大法官的任职年限跨越了三个世纪（19—21），从1801年约翰·马歇尔（John Marshall）的上任开始，到2006年桑德拉·奥康纳（Sandra Day O' Connor）的退休为止，覆盖了最高法院的大部分历史。尽管如此，作者对大法官的选择似乎更偏重于20世纪。在10名大法官中，在19世纪最高法院任职的有3位：约翰·马歇尔（1801—1835）、罗杰·坦尼（Roger B. Taney，1836—1864）和斯蒂芬·菲尔德（Stephen Field，1863—1897）；其余7位来自20世纪的最高法院，包括奥利弗·霍姆斯（Oliver Wendell Holmes，Jr.，1902—1932）、路易斯·布兰代斯（Louis D. Brandeis，1916—1939）、雨果·布莱克（Hugo Black，1937—1971）、威廉姆·布伦南（William Brennan，1956—1990）、瑟古德·马歇尔（Thurgood Marshall，1967—1991）、威廉·伦奎斯特（William Rehnquist，1972—1986，1986—2005）和桑德拉·奥康纳（1981—2005），[①] 而任职期跨入21世纪的只有伦奎斯特和奥康纳两人。所以，本书覆盖的主要是19—20世纪任职的大法官的故事，与《美国宪政历程》和

① 标示的年限为大法官在最高法院任职的年限，其中伦奎斯特先是担任大法官，而后担任首席大法官。

《在宪政舞台上》的覆盖时段十分相近，许多案例和大法官也在前两部著作中被频繁提及，熟悉东来前两部著作的读者会发现，三部著作在内容、时段和主题上能够做到遥相呼应，而尚未读过前两部著作的读者则会受本书主题的激励去阅读整个系列。

作者们对20世纪大法官的偏好也如实反映了最高法院在美国宪政体制中的地位和影响力的变化。虽然约翰·马歇尔和坦尼主持的最高法院对19世纪美国的发展曾经产生过重大影响，但最高法院真正在普通美国人生活中扮演举足轻重的角色的时代却是20世纪，尤其是在“新政”和民权运动之后的所谓“权利宪政”时代。在这个时代中，公民权利的内容迅速扩展，其引发的辩论也频繁地成为美国宪政的重要内容，而几乎所有关于公民权利的问题都涉及对宪法原则的解释，最高法院因此开始走进美国公民的日常生活之中，不再是一个遥不可及、高不可攀的冷冰冰的官僚体制，而逐渐成为争取和捍卫权利的人们必须利用的工具。这一点在《美国宪政历程》中也得到了充分的表现，该书选取的25个案例中有17个来自20世纪。

为何选择这10名大法官，又如何认定他们是美国历史上“最有影响力的”大法官，作者似乎没有来得及做一个概括的说明。我从阅读中感觉到，作者的选择可能基于两种考虑：一是这些大法官曾经在具有关键意义的宪法案例的审理中持续地扮演了重要的角色，二是这些大法官针对相关案例所作出的宪法判决（包括异见）对后来的美国宪政发展产生过持久的影响力。如果是这样的话，这两种考虑都是有道理的。但满足两者的前提条件是这些大法官的任期都必须足够长，以保证他们能够持续地参与最高法院的案件审理活动，并保证自己的宪法观和司法思想能够持久地发挥影响力。从这个角度看，作者所选择的大法官自然都是符合这些标准的。10人中任职年限最短的也是在23年以上，而任职时间长达30年或30年以上的大法官则有6位。[①] 显然，在很大程度上，时间决定了最高法院大法官的影响力。除此之外，作者的选择似乎也带有其他的考虑，如布兰代斯的犹太血统、布伦南的天主教徒背景、瑟古德·马歇尔的非裔美国人背景和奥康纳的女性背景等。我很欣赏这种对多元化背景的考虑，因为它将大法官与普通人的距离拉得更近，并从一个独到的角度反映出“多元文化主义”对美国司法体系中最高法坛的冲击。今天的美国最高法院九名大法官中包括了3名女性大法官，其中的索尼娅·索托迈耶尔（Sonia Sotomayor）同时也是最高法院的第一位拉美裔大法官，由此可见20世纪60年代民权运动给美国社会带来的深刻变化，而最高法院在这次变化中扮演了极为重要的先行者和冲锋队的角色。

我也想在此顺便提一句，选择和界定“最有影响力的”大法官的问题，其实是一个见仁见智的问题。不同的学者会因研究取向和宪法判断做出不同的选择组合。如果换一批作者，一些未收入本书的大法官——如19世纪的约翰·斯托利（John Story）、约瑟夫·布拉德利（Joseph Bradley），20世纪的哈兰·斯通（Harlan Fisk Stone）、厄尔·沃伦（Earl Warren）、约翰·保罗·斯蒂文斯（John Paul Stevens）、安东宁·斯卡利亚（Antonin Scalia）以及刚退休的安东尼·肯尼迪（Anthony Kennedy）和目前尚在任的鲁斯·巴德·金斯伯格（Ruth Bader Ginsburg）等——完全有可能被包括在“最有影响力的”大法官的行列之中，尽管他们其中的有些人的任期并不够长，但他们对美国宪政的影响力却丝毫不亚于本书呈现的一些大法官。我提出这一点并不是质疑本

① 10位大法官的任职期限分别为：约翰·马歇尔34年152天，坦尼28年198天，菲尔德34年205天，霍姆斯29年35天，布兰代斯22年253天，布莱克34年29天，布伦南33年277天，瑟古德·马歇尔23年364天，伦奎斯特14年264天（大法官）、18年248天（首席大法官），奥康纳24年168天。

书作者的选择，而是想说明“最有影响力”大法官的选择和界定在很大程度上是一种主观决定，与学者的研究目的有密切的关系。换一个角度——譬如联邦制的演进、劳资关系、政府权力、女性权利等，我们则会有不同的“最有影响力大法官”的组合。

然而，选取从大法官司法人生的角度来述说美国宪政发展史，的确是一种创新。在相当长一段时间里，最高法院如同是一个隐形体制，长久地生活在国会和总统的阴影之下，外界无法见到其光芒所在，对其运作更是知之甚少。即便在美国学界，对最高法院大法官的研究也并不是一个古老的领域。美国学者对著名大法官的传记写作是从20世纪中期开始的，直到1969年一部多卷本的大法官传记和主要判例意见的参考书才得以完成和出版。①新的美国宪法史研究在20世纪后期才形成较大的声势。这种情形自然与最高法院在美国人生活中扮演的角色有关，也与人们对最高法院和大法官角色的认识的兴趣日益增长有关。

美国联邦最高法院于1789年建立，迄今为止已有229年的历史，在这个漫长的时段里，仅有114名美国人［包括2018年10月10日刚宣誓入职的布莱特·卡瓦诺（Brett Kavanaugh）大法官在内］担任过和正在担任最高法院大法官，所以，大法官是一个极为精英化的群体。但大法官们却与美国总统和国会两院分享联邦政府的权力，他们的判决意见具有与总统的行政命令和国会立法同等的宪法效力，对美国社会的“权力政治”和“权利政治”的各个方面都有深刻的影响。根据美国联邦宪法，联邦最高法院的大法官由总统提名，国会参议院司法委员会审核，最终由全体参议员投票认可，获

① 参见 Leon Friedman and Fred L. Israel, eds., *The Justices of the United States Supreme Court*, 1789 - 1969, New York: Chelsea House Publisher, 1969.

得参议院多数（51票以上）认可的提名人才能就任，一旦就任，便可终身任职，国会或总统均无权在他们没有触犯宪法或犯有重罪的情况下对其弹劾或将其解职。因为手里端的是“铁饭碗”，大法官们在审理案件和发表宪法意见的时候，可以畅所欲言，只需对自己尊崇的宪法原则、司法程序和良心负责，无需为讨好选民讲违心话，理论上也无需顾忌提名自己的总统和认可自己的参议员的政见。最高法院和大法官们享有的“特权”构成了美国民主体制中的一种“不民主”的悖论——一个由区区九人组成的、不由选民直接授权的司法机构拥有解释国家最高法的权力，可以否定国会两院数百名议员经过无数次谈判和妥协之后制定的法律，也可以否定过五关斩六将之后才得以当选的总统为执法所制定的行政命令。除非是自我否定或被新的国会立法推翻，大法官们的判决意见将成为宪法原则的终极解释。

但正是因为这一悖论，最高法院能够在美国宪政体制中扮演一种“稳定器”的作用。因为他们的任期通常较长（20世纪70年代以前，大法官的平均任职年限为15年，20世纪70年代之后为26年），所以大法官在理论上拥有比总统和国会议员更长的行使宪法权力的时间，而且他们的宪法解释并不一定随他们的离任而终止，而往往会因循案例法的规则被重新启用，成为后来判决的依据。但我们如果认为，作为“稳定器”的最高法院只是一个墨守成规的权力体制，在美国历史的演进中只是扮演一个维系旧秩序的角色，那我们就大错特错了。如同过去两百多年的历史所证明的，美国宪法是一部“活着的宪法”，最高法院作为宪法创造的体制，既在推动宪法的更新，自身也处于不断的变化之中，而推动最高法院自身变化的不是别人，正是大法官们自己。正是在这个意义上，《谁来捍卫法治》为读者提供了有益的帮助。它通过讲述大法官的个人故事，帮助我们了解最高法院的内部运作，了解大法官们如何思考宪法问题，他们的思考是如何形成的，他们的个人经历对他们司法思考的形成是否有密切的关系等。

为帮助读者阅读《谁来捍卫法治》一书，我觉得有必要提及几点关于最高法院和大法官的认知。第一，美国宪法是一部法律，但更是一部（联邦）政府与（州）政府之间、政府与人民之间、人民与人民之间的政治契约，或者说是一份用法律语言写成的政治文献，因此最高法院面临的所谓“宪法问题”，本质上是政治问题，尤其是与政府权力和公民权利相关的政治问题；对这些问题的理解和审理，需要遵循法律的思维与规则，但其目的是解决政治问题，所以最高法院不是一个单纯的司法机构，也是一个政治机构，它的案例审理与判决具有法律和政治的双重性，或者说“法治”与“政治”并存一体。第二，最高法院内部并非铁板一块，九名大法官的意见并非总是一致；事实上，法院内部的常态是大法官们的不一致。大法官们与法院之外的政治（包括政党政治）并不是隔绝的，他们的任命是政党政治博弈的产物，他们在进入最高法院之前持有不同的“政见”，并不可避免地会将自己的“政见”带入宪法解释之中，不同“政见”的大法官往往会针对不同案例或不同哲学的宪法解读，组成不同的派别在最高法院内部进行博弈，决定宪法解释的结果，所以，最高法院内部始终充满了不同宪法解释的竞争。然而，一种宪法解释的胜出并不意味着它获得了永久的胜利，曾被多数否定的宪法解释会随着外部政治形势和大法官内部构成的改变被重新启用。换言之，大法官们之间没有永久的胜利者，也没有永久的失败者，所有的解读处于一种永远的竞争之中。第三，美国宪法是一部法律文献，它的适用、实施、执行和解释都需要遵循严格的法理规范，即便大法官们拥有自己的政治意见，但大法官的角色要求他们在职业道德上避免政治感情用事，要做到用“中性”的法律（宪法）语言处理政治问题，将政治问题转化为法律（或宪法）问题，也就是要用“去政治化”的语言来解决“政治问题”。这不是一个玩弄概念的伎俩，而是一种信仰和文化——大法官们需要维护宪法作为法律的尊严，需要维护最高法院作为宪法解释机构的权威。为此，大法官们需要在内部建构一种相互尊重、相互认同、相互理解的职业规范，并坚定地利用这套规范来捍卫“法治”。

这些特征使得美国最高法院的运作、大法官们之间的工作关系充满了外界难以理解的复杂性，同时也对大法官们需要具备的政治和法律素质提出了极为严格的要求。大法官们不是政客，但需要很懂政治；他们需要尊重历史（起码要熟读历史上的案例），但不能被历史所约束；他们不能变化无常，但也不能一成不变；他们需要行使司法权，但不能滥用权力；他们需要维护现有法治秩序的稳定，但必须为宪法原则留有足够的生长空间。因此，大法官们需要做到“一心二用”，需要拥有法治和政治的双重技巧，既要维护宪法的尊严，又要解决现实的政治难题，以保证赋予自身以正当性，赋予美国宪政以合法性，赋予宪法以生命力。

这些要求似乎过于苛刻，即便最伟大的大法官恐怕也难以做到。但这些要求的确是必要的，也是许多大法官们——包括本书讨论的10名大法官在内——在美国宪政实践中的真实行为写照。《谁来捍卫法治》书写的大法官的司法人生——约翰·马歇尔如何在其任职的34年里利用最高法院单枪匹马地完成联邦党人的制宪大业，坦尼如何企图发挥司法能动功能但却在错误的时间作出了错误的判决，菲尔德在美国内战之后对私有财产权的坚决捍卫如何不经意地改变了联邦政府的权力范围，具有社会改良家气质的霍姆斯和布兰代斯如何试图在司法节制和司法能动两种哲学之间寻找最佳的平衡点，布莱克、布伦南和瑟古德·马歇尔三个背景完全不同的大法官为何能够分享“活宪法”的美国宪政观并极有创意地扩展了美国公民的权利范围，伦奎斯特的保守主义如何顽强地扭转美国自由派宪政的趋势，而原本被保守派看好的奥康纳却在一些关键案例中频频“出轨”等——向我们呈现了大法官们如何在理想与现实之间寻求平衡，如何在他们自身并非无懈可击的宪政理解中追求美国宪政隐含的最大合理性和公正性。

本书的最大特点是通过描述大法官们的出身和成长背景、教育和工作经历以及宪法理念的形成等，将大法官们人性化、平民化，为读者理解他们的宪法解读提供一种更为细腻、更有说服力的思想准备。换言之，通过阅读大法官们的人生故事，读者能够了解他们司法思想的形成与变化，虽然读者并不一定同意大法官们的宪法解释，但至少可以理解他们在“政治”与“法治”的压力之间为求取平衡所做出的努力。所以，从学术意义来看，这是一部研究美国宪政史的著作，也是一部研究美国人的著作，非常值得阅读。

2018 年 10 月 22 日

匹兹堡阿勒格尼总医院

目　录

第一章　约翰·马歇尔：筚路蓝缕打基础

约翰·马歇尔（John Marshall）是美国第四任首席大法官，1801 年就任，一干就是 35 年。在他的领导下，美国最高法院由“最少危险的部门”逐步发展成为与立法和行政鼎足而立的政府分支，成为美国人生活中的一股重要力量。通过一系列重要案件的判决，马歇尔创造性地运用宪法，将一纸宪法“空文”，变成了生活中实实在在的宪法。

1901 年 2 月 4 日，在纪念马歇尔就任首席大法官 100 周年的纪念日上，时任最高法院大法官的奥利弗·霍姆斯就如此评价马歇尔：“如果要用一个人物来代表美国的法律，那么，无论是怀疑论者还是崇拜者，他们都会毫无争议地赞同只能是一个人，这就是约翰·马歇尔。”① 2009 年 7 月 1 日，《大西洋月刊》对美国建国以来的历史人物作了一个百人排行榜，约翰·马歇尔高居第七位。② “马歇尔在美国宪法上深深烙下

---

① Oliver Wendell Holmes, *Collected Legal Papers*, New Jersey: The Lawbook Exchange, Ltd., 2006, p. 270.

② 前十名分别为：亚伯拉罕·林肯、乔治·华盛顿、托马斯·杰斐逊、富兰克林·德拉诺·罗斯福、亚历山大·汉密尔顿、本杰明·富兰克林、约翰·马歇尔、小马丁·路德·金、托马斯·爱迪生、伍德罗·威尔逊。在百人排名中，最近 30 年的美国风云人物只有 4 人入选这份名单。

了他的思想印记，我们的宪法之所以具有今天的形式，就是因为马歇尔在它尚具有弹性和可塑性之时，以自己强烈的信念之烈焰锻铸了它。”①

一、革命之子

1755 年 9 月 24 日，在英属北美弗吉尼亚殖民地西北部边疆一个叫日耳曼镇（现改名为米德兰）的村庄，约翰·马歇尔出生了。他的父亲托马斯·马歇尔（Thomas Marshall）是一个种植园主，积极参与当地的政治，做过治安法官、县长、民兵领袖、弗吉尼亚众议员，曾经与美国国父乔治·华盛顿为邻，深受华盛顿的影响。他的母亲玛丽·伦道夫·凯斯（Mary Keith）属于伦道夫家族，是弗吉尼亚的望族。《独立宣言》的起草者托马斯·杰斐逊、美国内战时的天才军事家罗伯特·李等名人均为伦道夫家族的人。从血缘上看，马歇尔和杰斐逊为远房表兄弟，但二人之间却水火不容，这是后话。

在马歇尔的童年时代，托马斯带领一家人多次西迁，寻找新机会。18 世纪 60 年代，他们离开日耳曼镇，前往 30 英里②开外的利兹庄园，建立了新家，马歇尔称之为“旷园”（Hollow）。旷园环境幽静，气候宜人，马歇尔非常喜欢这里，及至他定居里士满后，每年还要来消夏。由于地处边疆无学可上，他只好跟父亲自学，并深受其爱好文学和历史的影响。马歇尔后来回忆道：“在他的精心培育下，我青年时期大部分有用知识的获取都来自于他的指导。……他是我学习上唯一的伴侣，不仅是一个负责任的家长，还是一个亲密的伙伴。”③ 父亲的言传身教，培养了马歇尔弗吉尼亚绅士阶层所具有的价值观和礼仪。14 岁那年，马歇

---

① ［美］本杰明·卡多佐著：《司法过程的性质》，苏力译，商务印书馆 2000 年版，第 107 页。

② 1 英里≈1.609 公里。

③ John Stokes Adams, ed., *John Marshall, An Autobiographical Sketch*, Ann Arbor: University of Michigan Press, 1937, pp. 3-4.

尔来到100英里开外一位牧师开设的学校就读，虽然只读几个月就肄业了，但多少掌握了读书思考和研究问题的方法，并养成了书不离手的良好习惯。

1773年1月，父亲托马斯在邻近的橡树山购置了1700英亩①的土地，他们一家再次搬家。在这里，托马斯建造了二层小楼，虽无法与华盛顿、杰斐逊等人豪华的庄园相比，但也属殷实之家。作为家中的长子（其父母一共生育了15个孩子），马歇尔很早就帮助父母担负起持家的责任，培养了谦逊的品格和处理问题的能力。他对弟妹们的关爱以及调处他们之间纠纷的能力，为他日后与同僚交往打下了基础。

18岁时，马歇尔开始学习法律，基本读物就是刚刚出版的布莱克斯通的《英国法释义》。这本普通人读着乏味枯燥的法律书，马歇尔却读得有滋有味，他后来回忆说："从孩提之时，我便已注定是当律师的了。"② 不过，在这一时期，北美的政治风云变幻，偏僻的庄园也放不下一张平静的课桌。"我对于时局变动的兴趣远远超出了古典书籍和布莱克斯通的著作。"③

早在《独立宣言》发布前，马歇尔父子就作为民兵与英军打了两场血战。1776年3月，马歇尔加入大陆军。由于作战英勇和经验丰富，马歇尔由少尉晋升为中尉，但他所在的部队却屡战屡败。1777年冬，父子二人追随华盛顿，从费城败退到山区福治谷休整。在那里，马歇尔目睹了业已独立的各邦因自私、各自为政、相互龃龉而付出的代价：各邦拒绝提供相应的军需配额，民兵不辞而别，士兵缺少御寒装备。在其所著《乔治·华盛顿传》中，马歇尔对此有较多的描述："很少有战争时期比福治谷的美军更加危险。虽然部队没有完全断粮，但储备也就勉强维

---

① 1英亩≈0.004平方公里。

② Albert J. Beveridge, *The Life of John Marshall*, vol. 1, Boston and New York: Houghton Mifflin Company, 1916, p. 56.

③ John Stokes Adams, ed., *John Marshall, An Autobiographical Sketch*, Ann Arbor: University of Michigan Press, 1937, p. 5.

△ 马歇尔所写的《乔治·华盛顿传》②

持不足一周的口粮。”① 虽然福治谷条件恶劣，疾病流行，但马歇尔仍对未来充满信心，常以轻松的心情、欢乐的笑语鼓舞沮丧的士兵，甚至消弭了一些人逃亡的念头。就在那时，马歇尔受命兼任美国陆军的副军法官，他判断公正，深受军中同僚和士兵的信赖，遇有争端，常向他倾诉，并遵从他的裁决。一位军官称赞他“是一位不可多得的伙伴，被士兵和他的军官兄弟们奉为偶像，后者的阴郁时光因他取之不尽的趣闻轶事而一扫而空。约翰·马歇尔是我所认识的最为温和的人”③。

1778年6月，马歇尔晋升为上尉，并继续兼任副军法官。第二年秋天，弗吉尼亚所征召的士兵期满退役，军官人数过剩，他归家候命，基本结束了他四年多来四方转战的军事生涯。这段军旅历练，使他养成了重实效而趋于保守的习性，并使他坚信，一个强有力而富于效率的政府将更能维护民主和自由。他曾称，他入伍时是一个弗吉尼亚人，但离开军中时却是一个美国人。“我坚信美利坚合众国是我的国家，国会是我的政府。我如此坚信这一点以至于他们成为我生命中的一部分。”④

1780年5月至6月，马歇尔在著名的威廉－玛丽学院修习乔治·威思（George Wythe）讲授的法律，这是马歇尔一生中唯一一次接受正规

---

① John Marshall, *Life of Washington*, vol. 2, Philadelphia: C. P. Wayne, 1807, p. 433.

② 图片来源：www. foundinthecollection. blogspot. com，最后访问日期：2014年5月1日。

③ ［美］阿奇博尔德·考克斯著：《法院与宪法》，田雷译，北京大学出版社2006年版，第47—48页。

④ Jean Edward Smith, *John Marshall: Definer of a Nation*, New York: Henry Holt and Company, Inc., 1996, p. 72.

法律教育。威思据说是美国第一个法学教授，他不仅是《独立宣言》的签署人之一，还是弗吉尼亚参议院议长，曾参与修改弗吉尼亚法律。威思认为，年轻人不仅要有律师的才干，还应该具有成为新一代美国领导人的智慧。在威思的严格要求下，马歇尔阅读了大量法学著作，并作了详细的笔记。这份保存完好的238页的笔记，不仅记载着他研读布莱克斯通、孟德斯鸠等学者著作的心得，也随处可见其恋人"玛丽·安巴拉"(Mary Willis Ambler，爱称"波莉")的芳名。波莉（Polly）是弗吉尼亚望族杰奎琳·安巴拉的二女儿，当时只有14岁，马歇尔在卸甲归田后不久便与之坠入爱河。

△ 马歇尔的妻子"波莉"②

尽管所受正规法律教育不多，但就当时的情况来看，马歇尔已完全具备了律师开业的资格。① 在拿到律师资格后，马歇尔一边从事律师职业，一边置身于弗吉尼亚政治。1782年，依靠军中同僚，特别是他父亲强有力的支持，马歇尔当选为弗吉尼亚参议员。此次当选，不仅缓解了他经济上的困境，也使他跻身弗吉尼亚上流社会，对于时局有了更为广阔的视野。1783年，他与玛丽·安巴拉结婚，由于安巴拉家族在里士满颇具声望，马歇尔的社会地位也因此水涨船高。

---

① Charles F. Hobson, *The Great Chief Justice: John Marshall and the Rule of Law*, University Press of Kansas, 1996, p. 4.

② 图片来源：http://experienceoakhill.com/john-polly/，最后访问日期：2014年5月1日。

二、律政之路

1788年，马歇尔当选弗吉尼亚批准联邦宪法大会的代表。独立战争的经历及战后社会的动荡使马歇尔确信一个强大的、统一的联邦非常必要，他全身心地投入了宪法的批准工作之中。作为当时美国人口最多、经济最为繁荣的地区，弗吉尼亚批准宪法尤为重要。然而，该州也是争论最为激烈的州，支持和反对宪法的领袖荟萃一堂，短兵相接。反联邦派中的一个重量级人物是帕特里克·亨利，他当年"不自由，毋宁死"的演说依然回荡在议会大厅。面对众多的仰慕者，他的激情依旧："新宪法将导向君主制，你们的总统很容易就会变成国王。"随着司法体系的建立，"公正的准则将被抛弃"。他呼吁不要废除《邦联条例》："它曾经引导我们在反抗一个强大势力的血与火的斗争中取得了胜利，它也使我们在比任何一个欧洲君主国疆域都要广大的土地上获得了安全。那么，取得这些成就的邦联政府，岂可被斥为低能而虚弱？"①

马歇尔尊重且喜欢亨利，尽管二人分属不同的政治派别。实际上，就个人而言，马歇尔喜欢与亨利而不是联邦派的麦迪逊合作。在以后的岁月里，二人时常在重大案件中合作。然而，此时此刻，在是否批准宪法这个大是大非问题上，理性和理智战胜了情感和友谊，马歇尔以逻辑严密的演说来回应亨利激情四射的演讲。

针对亨利"宪法将导致君主制"的核心论点，马歇尔指出，对方误读了宪法文本。宪法旨在构建一套"组织良好的民主体制"②，确保无论是国王还是总统都不能动摇代议制政府。针对亨利的英国不成文宪法

---

① Jonathan Elliot, ed., *The Debates in the Several State Conventions on the Adoption of the Federal Constitution*, vol. 3, Washington, 1836, pp. 41 -43.

② Jonathan Elliot, ed., *The Debates in the Several State Conventions on the Adoption of the Federal Constitution*, vol. 3, Washington, 1836, p. 578.

要优于成文宪法的观点，马歇尔反驳道："问题不是英国宪法是否高明，我认为生活在公开政府之下的美国人已经好过生活在英国统治下的民众。"他反问说：如果像英国那样，"众议院由1/100的人民选举，参议院终身制，总统不对人民负责，且宪法规定他永远不会犯错，你认为这样的政体比我们现在的更好吗？如果你的回答是肯定的，那你就采用英国宪法吧。假如你不这么认为，那采纳现在的政府体制将会更好一些"。为了尽可能争取对手对宪法的认可，马歇尔还强调宪法需要通过实践才能修改与完善：如果"经验告诉我们宪法有哪些不足，我们再去修改它。在经验告诉我们宪法的不足之前，让我们先尝试实施宪法，当必要的时候，我们大胆地修改之"。"我们应该好好掂量一下宪法的益处和不足，如果我们确信宪法所带来的益处大于不足，即使宪法有小小的缺陷，我们也应投赞成票，即使来日证明宪法带给国家的好处比制宪希望的或者人民应该得到的要少，还可以通过修正案的形式来完善它。"①

马歇尔对宪法第三条有关联邦法院的辩护尤为精彩。这位未来的首席大法官直陈：一个独立的联邦司法系统是防止国会走得太远的必要屏障；如果国会超出了它的权限，法院就有责任宣布其行为无效。"司法部门设立的目的是什么？是为了和平地实施法律而不流血。如果不能给司法部门捍卫宪法的权限，那么，没有其他部门能提供诸如此类的保护。"马歇尔一再强调，国会通过的压迫性法律是无效的，并通过类比州法院来说明联邦法院的重要性："可敬的诸位提出，法律有可能被专横地执行，那么，你们独立的法官哪去了？如果在弗吉尼亚残暴地实施一项法律，那么你该信任谁？你的司法部门。你为何信任他们？因为他们的独立。联邦法院不也如此吗？"②

---

① Jean Edward Smith, *John Marshall: Definer of a Nation*, New York: Henry Holt and Company, Inc., 1996, p. 132, p. 138.

② Jonathan Elliot, ed., *The Debates in the Several State Conventions on the Adoption of the Federal Constitution*, vol. 3, Washington, 1836, p. 559.

马歇尔的精彩演说结束了双方对宪法第三条的争辩。当天晚上麦迪逊给汉密尔顿写信说道："对联邦司法部门进行了一个有力的辩护，现在我确信我们能有3到4票的多数，假如我们能经受住风暴，危险将会过去。"① 对于马歇尔的反击，亨利并没有语带怨恨，只是遗憾地表示自己不赞同马歇尔的主张，而对"这位高贵绅士由衷的敬佩与景仰"则丝毫不减。② 亨利的赞许，体现了马歇尔最出众的一种才能，即他能有效地赢得对手的尊重。

弗吉尼亚最终以89票赞成、79票反对的微弱差距批准了宪法。马歇尔参与弗吉尼亚宪法批准大会是其早年政治生涯的一个亮点，其坚定的意志和出色的辩护进一步提升了他的声誉。在反击亨利的同时，马歇尔又和他建立起了深厚的友谊，展现了马歇尔随和的个性和谦逊的品质。

就个人志趣而言，马歇尔对承担公职的热情不高。弗吉尼亚批准宪法后，马歇尔从议会辞职。回到里士满后，马歇尔全身心地投入律师业务中。马歇尔擅长分析复杂的案情，运用相关法律原则，组织严密的逻辑辩论。在接下来的十年中，他接手了125个有记录的重大案件。其中，他赢得了67个官司，输掉了56个，另有两个意见出现分歧。③ 在这些重大案件中，有两个案件值得特别提及，分别是1790年的"布拉肯诉威廉－玛丽学院案"和1796年的"韦尔诉希尔顿案"。

布拉肯案与大名鼎鼎的托马斯·杰斐逊有关。1779年，在杰斐逊的领导下，威廉－玛丽学院的监事会废除了古典文学和东方语言学的教席，布拉肯为此丢了饭碗。他认为监事会无权解雇教师，请求法院发布执行令，要学校恢复他的职位。其律师约翰·泰勒认为，在学院章程列

① Jean Edward Smith, *John Marshall: Definer of a Nation*, New York: Henry Holt and Company, Inc., 1996, p. 138.

② Jonathan Elliot, ed., *The Debates in the Several State Conventions on the Adoption of the Federal Constitution*, vol. 3, Washington, 1836, p. 578.

③ Jean Edward Smith, *John Marshall: Definer of a Nation*, New York: Henry Holt and Company, Inc., 1996, p. 146.

举的监事会权力中，并没有解雇教师这一项。而对于学院的章程，必须予以从严解释，“学院章程像其他宪章一样，不可侵犯”。

马歇尔代表威廉－玛丽学院出庭。他首先认为学院系私立机构，不是公共机构，法院无权审理此案。其次，马歇尔强调应从宽解释学院宪章，宪章给监事会“根据情况随时制定他们认为合适的规章的权力”，这其中当然包括修正课程。马歇尔和泰勒观点的对立也预示着此后半个世纪内美国宪法思想的对立。最终，法院认可了马歇尔的观点，但忽视了法院对此案不具有管辖权的意见。马歇尔的辩护预示了他早期有关宪法解释的思想，也为他30年后判决“达特茅斯学院诉伍德沃德案”奠下了基础。此外，主审此案的弗吉尼亚法院首席法官埃德蒙·彭德尔顿也给马歇尔留下了深刻的印象，“假如他错了，他们都错了，因为没有他，其他人无法行事”①。从彭德尔顿那里，马歇尔意识到法院一个声音判决的重要性。

“韦尔诉希尔顿案”是马歇尔作为律师唯一一次在最高法院辩护且输掉官司的案件。该案主要涉及美英之间的债务问题。革命前，殖民地民众欠英国的债务达500万英镑之多，其中弗吉尼亚人占了近一半（达230万）。革命爆发后，对独立的热情与摆脱英国的债务结合在一起，在众多债务人的强烈要求下，1777年，弗吉尼亚议会通过没收法令，允许债务人以贬值后的纸币偿还英国的债务，或将其上交州财政，由州发给免除债务的凭证。1782年，弗吉尼亚议会又通过一项法律，宣布“本州法院不再审理缘起于英国债务的所有案件”，试图就此一笔勾销所欠英国的债务。1783年，美英为结束战争而签订的《巴黎和约》让法律开始打架。《巴黎和约》第四条规定，在收回战前的债务方面，“双方的债权人均不得受到任何法律的阻碍”②。不过由于邦联国会没有实

---

① Jean Edward Smith, *John Marshall: Definer of a Nation*, New York: Henry Holt and Company, Inc., 1996, pp. 146 – 147.

② ［美］塞缪尔·莫里森、亨利·康马杰、威廉·洛伊希滕堡著：《美利坚共和国的成长》（上卷），南开大学历史系美国史研究室译，天津人民出版社1980年版，第262页。

权，各邦自行其是，条款无法实施。1789 年，联邦政府及其司法机构成立后，英国债权人再次看到希望。仅 1790 年，联邦法院系统就收到英国人要求归还其债务的案件 200 起。不管是英国的债权人，还是美国的债务人，都急切地等待着法院的第一判决。很多美国人对联邦法院受理这些案件非常不满。

颇具讽刺意味的是，作为新宪法的拥护者和《巴黎和约》的支持者，马歇尔却是债务人的代理人。他提出，原告索要的债务因美利坚合众国的建立而失效；就《巴黎和约》的条款而言，由于英国并没有严格履行和约，因此无权要求美国严格遵守和约，司法部门不能就此宣布弗吉尼亚法律为无效；况且，在弗吉尼亚没收法令下，被告已将所欠部分债务交给了州财政。原告索债，理应状告州府。

马歇尔的辩护虽然振振有词，但法官却不认可。巡回法院法官们一致认为，州法不能成为不履行条约义务的理由，因为宪法明确规定条约也是“国内最高法”。至于英国人是否履约，其判断责任在国会和总统，而非法院。对于马歇尔的最后一个说法（希尔顿已将部分债务交给州财政），三位法官出现了分歧，为此希尔顿上诉至最高法院。结果马歇尔败诉，最高法院法官一致裁定弗吉尼亚州法无效，“如果州的任何法律都可以挡路的话，那么条约就不是国家的最高法律了”①。最高法院宣判违反基本法的州法无效，是其运用司法审查权的初步实践。马歇尔最早的传记作者贝弗里奇指出：“命运嘲弄的是，在这场历史性的法律论战中，马歇尔支持的理论，是其整个公职生涯一直都在反对的，也是旨在推翻其后半生事业的理论。”②

马歇尔的律师事业蒸蒸日上，在 1786 年时，他的律师年收入就超

---

① *Ware v. Hylton*, 3 U. S. 199, 201, 236 – 237 (1796), http: //supreme. justia. com/us/3/199/case. html.

② Albert J. Beveridge, *The Life of John Marshall*, vol. 2, Boston and New York: Houghton Mifflin Company, 1916, p. 187.

过 1000 英镑，在以后的十年一直保持在这个水平上，远高于州长的薪水。[①] 丰厚的律师收入，不仅用来支持不断扩大的家庭，而且还用于土地投机。出于经济考虑，他不愿意出任公职。1795 年和 1796 年，他先后拒绝了华盛顿请他出任联邦首席检察官和驻法公使的召唤。不过，虽然身不在官场，马歇尔却心系联邦的事业，坚定地支持华盛顿政府在英法冲突中的中立外交政策，赞赏解决美英冲突的《杰伊条约》。

1797 年，出人意料，马歇尔接受了其从未谋面的新总统约翰·亚当斯的请求，出使法国，以期改变美法之间"准战争"的对抗。他自己的解释是："我对我国与法国之间的冲突很感兴趣……和谈如若成功，将给一个有抱负的年轻人带来不小的成就。"加之"这次出使时间不会太久……我的律师业务不会受到太大影响"。[②] 这一自辩并非没有道理，但更重要的原因可能是经济上的考虑。马歇尔当时投资了一大块地产，一时却筹集不到足够的资金。而这一项使命的酬劳是 19963 美元，高得令人咂舌，连马歇尔都感叹这"是上帝能够给予一个人的最丰厚的恩赐"。[③]

为执行这次出访任务，1797 年 7 月初，马歇尔来到当时的首都费城，第一次见到总统亚当斯，二人惺惺相惜，彼此欣赏，这也使得二人日后合作非常顺利。不过，马歇尔等三人的赴法使命并不顺畅。法国外交部部长塔列朗刁滑贪婪，向他们索贿 25 万美元。这就是美国历史上著名的"XYZ 事件"。虽然谈判无果，但马歇尔在这次事件中立场坚定，表现出爱国激情，因而闻名全国。半年后，1798 年 4 月，马歇尔从巴黎回国述职，受到了英雄般的欢迎，极大地提升了他在联邦党内的地

---

① Jean Edward Smith, *John Marshall: Definer of a Nation*, New York: Henry Holt and Company, Inc., 1996, p. 101.

② John Stokes Adams, ed., *John Marshall, An Autobiographical Sketch*, Ann Arbor: University of Michigan Press, 1937, pp. 21 – 22.

③ ［美］詹姆斯·西蒙著：《打造美国：杰斐逊总统与马歇尔大法官的角逐》，徐爽、王剑鹰译，法律出版社 2009 年版，第 22 页。

位。先是亚当斯要让他出任联邦最高法院大法官，接着是国父华盛顿劝说他竞选国会议员，但均被他谢绝。他告诉华盛顿，他的当务之急是清偿地产债务。不过，华盛顿不放弃任何一个可以说动马歇尔的机会，动之以情，晓之以理，最终说服他代表联邦党人参加国会选举。

虽然盛名在身，但马歇尔的竞选依然困难重重。在弗吉尼亚，杰斐逊共和党人占绝对优势，而联邦党人控制的国会刚刚通过四项不得人心的法律（分别是《归化法》《敌对外侨法》《客籍法》《惩治煽动法》），两党立场针锋相对，竞选火药味极浓。但马歇尔从不剑走偏锋，尽量争取中间派选民，甚至连他当年的对手、在家养病的帕特里克·亨利都出来为他说话："我对马歇尔作为一名公使（在法国）所完成的任务相当满意；我更认为，马歇尔身为一个公民，举止堪称优雅。这些事实，足以证明这位绅士远远胜过本选区内其他任何竞选对手。"似乎这样的夸奖还不够，亨利感叹："告诉马歇尔，我爱他，他的一言一行，才是一个共和主义者该有的模样，堪称美国人民的表率。"①

最终，马歇尔以微弱优势赢得了选举。在此次国会议员选举中，由于华盛顿的背后支持，联邦党人赢得了弗州19个众议员席位中的8席，较之上届增加了4席。在国会里，马歇尔最突出的表现是对托马斯·纳什（别名乔纳森·罗宾斯）一案②的辩护，在该案中，他完美地诠释了法律和政治相分离、行政与司法分权的原则。案件涉及的是一个叫托马斯·纳什的英国人，他因为被指控参与谋杀英国战舰舰长而在美国被捕。就在他将要被引渡回英国之际，他突然宣称自己是美国人，名叫乔纳森·罗宾斯。美国法院没有认可这一说法，在咨询总统亚当斯后，法官将他引渡回英国。后来，他在英国被判处死刑。

---

① Albert J. Beveridge, *The Life of John Marshall*, vol. 2, Boston and New York: Houghton Mifflin Company, 1916, p. 412.

② Ruth Wedgwood, "The Revolutionary Martyrdom of Jonathan Robbins", *Yale Law Journal*, vol. 100, No. 2, November, 1990, pp. 229 – 368.

这一事件在美国引起了轩然大波，共和党人借机发难，指责亚当斯政府将一个美国公民移交给英国当局的行为超出了其宪法权限。他们在国会发起了一场对亚当斯投不信任票的动议。在辩论中，马歇尔的压轴戏最为精彩。1800年3月7日，马歇尔讲了将近三个小时，他将共和党的批评归类整理，逐点批驳。他详细考察了《杰伊条约》、海盗罪管辖权、国际法和引渡权等问题。雄辩的口才、严密的逻辑、铿锵有力的声音在国会大厅回响。

针对共和党人的杀手锏——决定罪犯命运的，应该是法院，而非总统，马歇尔认为，“现在我们讨论的这个问题，并不是一起案件，而是由《杰伊条约》产生的一个政治争端”。《杰伊条约》涉及的引渡在逃犯问题，其管辖权在总统，而不在法院。不是所有缘起于宪法的问题都是法律问题，一些问题是政治问题。法院只被授权判决法律问题，他们无权判决政治问题，那是行政部门和立法部门的职责。为了捍卫亚当斯的决策，马歇尔又阐述了总统的外交事务权。“引渡事件从其本质来看，是一国对于另一国所提出的要求，”他说，“总统是一国处理对外关系的独立机构，对于外交事务有独立的权限和责任。他有权去应付某一国家提出的要求，这完全是顺理成章的事情。”根据宪法的规定，总统能够“以其权限范围内的任何方式实施条约”①。因此，总统的决定并不构成对司法的干预。马歇尔将法律问题和政治问题相区别，为司法部门的独立奠定了基础。三年后当马歇尔判决“马伯里诉麦迪逊案”时，他同样以政治与法律相分离为由，确立了最高法院对法律阐释的权威。

后来成为马歇尔同事的约瑟夫·斯托里法官撰文指出，马歇尔就罗宾斯案的演讲是“迄今在国会议事大厅发表过的最为精彩的司法辩

---

① Ruth Wedgwood, “The Revolutionary Martyrdom of Jonathan Robbins”, *Yale Law Journal*, vol. 100, No. 2, November, 1990, pp. 345 – 348. 有关马歇尔的辩论，另可参见 Charles F. Hobson. et al, eds, *The Papers of John Marshall*, vol. 4, University of North Carolina Press, 1984, pp. 82 – 109.

护……斩钉截铁、让人无可辩驳的有力答复”。“马歇尔的演说永久地确立了国际法解决冲突的方向……世事变迁，尽管演说的主题已不再引起人们的兴趣，但人们依然会为演说中强有力的分析推理所震撼。”① 马歇尔的传记作家对于这历史性一幕的描述也是浓墨重彩。据说，当时的议长共和党人加勒廷神情沮丧，拒绝了极力要他反驳的请求：“先生们，你们自己去回答他（马歇尔）吧。就我而言，我认为已经没什么可说的了。”②

在危机时刻，马歇尔挺身而出，捍卫总统的决定和权威，此举无疑让亚当斯备感欣慰。投桃报李，亚当斯以一种完全出人意料的方式回报马歇尔。1800 年 5 月，亚当斯改组内阁，先是让陆军部长麦克亨利辞职，接着又要国务卿皮克林下台。未征得马歇尔同意，他便向参议院提名马歇尔接替麦克亨利的职位。马歇尔又一次谢绝了总统的好意。亚当斯不甘心，几天后，他又向参议院提名马歇尔担任国务卿。这次，马歇尔心动了：“这个职位正是我梦寐以求的，我甚至有点虚荣到以为非我莫属。”③ 1800 年 6 月至 1801 年 3 月，马歇尔出任国务卿，并在亚当斯总统任期即将届满之前，于 1801 年 1 月 31 日被任命为最高法院首席大法官，在国务卿任内最后一个月，他同时主持最高法院。马歇尔当国务卿仅十个月时间，而这一时期恰逢美国迁都，首都从费城迁往华盛顿，事情千头万绪。此时，亚当斯当起了甩手掌柜，在老家马萨诸塞度假，迁都事宜全由马歇尔一人掌管，其成了“国家的实际掌管人”④。

---

① John F. Dillon, ed., *John Marshall: Life, Character, and Judicial Services*, vol. 3, Chicago: Callaghan, 1903, pp. 357 – 358.

② Albert J. Beveridge, *The Life of John Marshall*, vol. 2, Boston and New York: Houghton Mifflin Company, 1916, p. 473.

③ John Stokes Adams, ed., *John Marshall, An Autobiographical Sketch*, Ann Arbor: University of Michigan Press, 1937, p. 29.

④ 时任财政部部长威尔克特语，引自 Jean Edward Smith, *John Marshall: Definer of a Nation*, New York: Henry Holt and Company, Inc., 1996, p. 7.

三、第一要案

在1800年大选中，联邦党在行政和立法两个部门同时失守。为保存实力，联邦党人将目光转到了不受选举影响的司法部门。恰在此时，被抓差出使法国的首席大法官奥利弗·埃尔斯沃斯因身体不佳辞去了首席大法官。亚当斯首选的是第一任首席大法官约翰·杰伊，他刚从纽约州长的位置下来。但杰伊好马不吃回头草，一口回绝，还借机抱怨说最高法院现在的样子缺乏“生气、力量和尊严”，难以发挥其应有的作用。当杰伊拒绝后，亚当斯征求马歇尔下一个人选的意见，他推荐了佩特森大法官接任。但是，亚当斯坚决反对，因为佩特森是联邦党内激进派汉密尔顿的朋友。① 此时，命运之手指向了亚当斯身边的马歇尔。

对于亚当斯提名自己当首席大法官，马歇尔甚是惊喜。马歇尔回忆道：“就在听到我的名字前，我甚至连想都没有想过这一点。”“我当时又惊又喜，简直说不出话来，只是向总统鞠了一躬。”② 第二天，亚当斯就将这一任命提交参议院。然而，尽管联邦党人依然控制着参议院，但很多人宁要佩特森，而

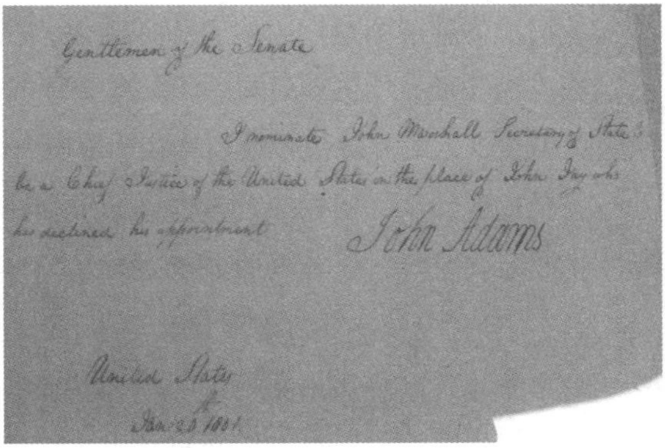

△ 亚当斯总统提名马歇尔出任首席大法官③

① 在1800年大选期间，汉密尔顿公开反对亚当斯连任，致使后者选举失利，也使得二人的关系一度非常紧张。

② John Stokes Adams, ed. , *John Marshall, An Autobiographical Sketch*, Ann Arbor: University of Michigan Press, 1937, p. 30.

③ 图片来源：http://en.wikipedia.org/wiki/John_Marshall，最后访问日期：2018年5月1日。

不要马歇尔。他们将这项提名搁置了一个星期之久，希望能说服亚当斯，但亚当斯丝毫不动摇，最终参议院作出了让步，并一致通过了对马歇尔的提名。

1801年2月4日，一个细雨霏霏的早晨，新任首席大法官马歇尔在只经过“简单装修”“让人感觉十分不方便”[①] 的最高法院宣誓就职。由于法院权威不高，马歇尔的就职仪式并没有引起很多人的关注。不过，马歇尔对司法机关颇为重视，相信可以大有作为。在给老友查尔斯·平克尼的信中，他写道：“我深深感觉到司法机关在所有时期尤其是在当前的重要性，我愿在这个岗位上倾我所能，不让朋友们失望。”[②]

然而，要做到“不让朋友们失望”，马歇尔的确需要倾其所能，因为他面临着十分不利的政治局势。1800年总统大选局势明朗后，趁新总统未上任和新国会未召开之际，联邦党人国会相继通过了《1801年司法法》和《哥伦比亚特区组织法》，通过新增设法官职位的办法以达到控制司法部门的目的。前者增设了16个联邦巡回法官职务，同时，为减少杰斐逊上任后提名最高法院大法官的机会，将最高法院的人数由6人减至5人，并取消了最高法院的巡回骑乘职责。后者正式建立了首都哥伦比亚特区，授权亚当斯总统任命42名任期5年的特区治安法官。由于时间紧急，这些匆忙任命的法官在美国历史上被戏称为“午夜法官”。新任总统杰斐逊对此愤怒至极，斥之为“A先生（即亚当斯）拿着皮鞭和马刺威逼出来的”[③]。不仅如此，在共和党人看来，联邦党人已退居法院这个堡垒，旨在摧垮共和党的事业。因此，当新政府上任后，国务卿发现亚当斯签署的法官委任状中还有一部分遗留在国务院未

---

① George L. Haskins and Herbert A. Johnson, *Foundations of Power*: *John Marshall*, 1801 -1815, N. Y. : Macmillan, 1981, p. 82.

② Charles F. Hobson. et al, ed. , *The Papers of John Marshall*, vol. 6, University of North Carolina Press, 1990, p. 89.

③ ［美］詹姆斯·西蒙著：《打造美国：杰斐逊总统与马歇尔大法官的角逐》，徐爽、王剑鹰译，法律出版社2009年版，第101页。

发出去时，立即下令扣押之。在这些已获得任命而未获委任状的法官中，就包括富商威廉·马伯里。在联邦党人的怂恿之下，他和其他三位难兄难弟一起将国务卿麦迪逊告上了法庭，要求其颁发委任状。这就是著名的“马伯里诉麦迪逊案”。

马伯里他们聘请亚当斯政府的首席检察官查尔斯·李为律师，为自己讨说法。1801 年 12 月 16 日，李提请最高法院下达训令状，要求麦迪逊说明扣押马伯里等人的委任状的理由。共和党人本来就一肚子火，没有想到联邦党人自己找上门，打响了第一枪。“你怎样看待上周联邦法院下达的针对国务卿的这个训令状呢?”共和党参议院领袖布雷肯里奇问杰斐逊，“我认为这是迄今为止联邦党人最为胆大包天的攻击。”① 杰斐逊深有同感，决定来个釜底抽薪，建议国会撤销《1801 年司法法》来反击。为了不使最高法院将撤销法案宣布为违宪，参议院通过了《1802 年司法法》，将巡回骑乘职责重新归入最高法院，取消最高法院 6 月和 12 月的两个工作期，代之以每年 2 月的单一工作期。这样，在“撤销法案”生效后的 14 个月内，最高法院都将无法开庭。

因为宪法规定法官任期终身制，而撤销法案和《1802 年司法法》意味着砸了此前已经委任的巡回法院法官的铁饭碗，因此，一些联邦党人鼓动宪法诉讼，将这一政治争议变为法律是否合宪的司法问题。最高法院最激进的联邦党人塞缪尔·蔡斯甚至建议同僚，拒绝履行《1802 年司法法》规定的最高法院法官继续兼任巡回法院法官的职责，以此表明自己的立场，对抗国会和总统。但马歇尔却不同意，他非常担心，如果法官带头对抗国会立法，民众会如何反应？为此，他劝说各位同僚，重新担任巡回法院职责，毕竟这一职责最早是由《1789 年司法法》规定的，应该尊重这一先例。在他看来，最重要的是，宪法第三条

---

① Charles Warren, *The Supreme Court in United States History*, vol. 1, new & rev. ed., Boston: Little, Brown & Co., 1999, p. 204.

明确规定，国会有权设立（自然也意味着取消）低级法院。在1801年12月“斯图亚特诉莱尔德案”① 中，针对查尔斯·李的论调——撤销法案无效，马歇尔不能兼任巡回法院法官，马歇尔正式确认了撤销法案和《1802年司法法》的合宪性。这一引导法院逐步远离党争的举动，让激进派联邦党人大失所望，但却得到更多人士对法院的尊重，避免了授人以柄，成功地改变了那种把最高法院当作联邦党代理人的成见。

1803年2月，关闭14个月之久的最高法院终于开庭，第一案就是“马伯里诉麦迪逊案”。此时，共和党人踌躇满志。他们不仅让马歇尔认可了撤销《1801年司法法》，还启动了弹劾联邦地区法官约翰·皮克林的程序来敲山震虎。马歇尔稍有不慎，就会使整个最高法院处于危险的境地。以马歇尔为首的最高法院面临着两难困境：驳回马伯里的请求不但意味着联邦党在政治斗争中的再度失利，而且也显示出法院的软弱无力，屈服于来自白宫和国会的政治压力；如果支持马伯里，几乎可以肯定，后果会更糟，将使得最高法院成为国会共和党多数派和杰斐逊的攻击目标，而后者的民众支持率当时正在节节上升。无论要求麦迪逊送达委任状的命令多么有说服力，总统和国务卿乖乖听话的可能性都是非常渺茫的。而更坏的结局可能是，共和党将从法院入手，大举反击，运用弹劾手段猛攻司法机构，直至整个司法系统完全重组。

马歇尔能够另辟蹊径，从困境中解脱，充分展现了他的司法政治才能。而作为直接当事人（他作为国务卿未能最终将这些委任状送发给个人），他完全有理由回避这一案件，马歇尔坚持要参与此案件，是因为他意识到该案涉及的宪法问题举足轻重，尤其是对于司法独立至关重

① 该案是马歇尔在里士满巡回法庭审理的一起案件，莱尔德在新设立的巡回法庭打赢了一场关于财产权的官司；但判决之后，那个巡回法庭因“撤销法案”而被取消了。查尔斯·李代表莱尔德提出这个判决仍然有效，并阻止原先的案件闹到马歇尔主持的巡回法庭。李老调重弹，声称“撤销法案”违宪，马歇尔和其他法官不能担任巡回法庭法官。马歇尔立即驳回了李的两个主张，但下令执行有利于莱尔德的判决。李又向最高法院提起上诉，后来还是被驳回。

要。这样一个深受政治影响的案件，马歇尔却将此案从政治漩涡中拉扯出来，作为一个纯粹的法律问题予以解决。在代表最高法院宣读判词时，马歇尔首先提出了三个问题：第一，申诉人是否有权要求颁发委任状？第二，如果他有这个权利，而且此项权利受到了侵犯，那么美国的法律是否为其提供了救济手段？第三，如果法律确实为他提供了救济手段，是否该由最高法院来下达强制令？①

△ 首席大法官马歇尔②

对第一个和第二个问题，马歇尔的回答都是肯定的。国务卿麦迪逊不得剥夺马伯里的既得权利，法院有责任帮助马伯里获得公正补偿。马歇尔说到这个地方，已经回答了三个问题中的两个半。看起来，他正走上一条与杰斐逊政府的对抗之路，关键时刻，就像悬疑小说的作者把他的英雄从悬崖边上拉回来一样，马歇尔把他的法庭从眼看要降临的灾难中拯救了出来。笔锋一转，马歇尔指出，虽然联邦法院有权对行政官员发出强制令，但在马伯里这一特定的案件中，这并不是最高法院的责任。因为根据联邦宪法第三条第二款的规定，只有涉及大使、公使、领事等外国使节或州政府为一方当事人的案子时，最高法院才有初审权。而《1789 年司法法》第十三条授权最高法院“在法律原则和法律惯例许可的案件中，对以合众国名义任命的法官或公职人员发布令状”的做法，显然违背了宪法。那么，最高法院是应该遵从《1789 年

① *Marbury v. Madison*, 5 U. S. 137, 154 (1803), http://laws. findlaw. com/US/5/137. html.

② 图片来源：http://pocketconstitution. org/us - supreme - court/supreme - court - justices/，最后访问日期：2014 年 5 月 1 日。

司法法》第十三条，还是联邦宪法来作出裁决呢？“显然，制宪之父们将宪法视为国家最基本的法律，违反宪法的法律无效。……不是所有合众国法律，而是只有符合宪法的法律才能被列入法律的行列。”作为司法部门，法院有权就法律合宪性问题作出裁决，因为“判定什么是法律属于司法部门的权限和职责”①。

在行政部门的敌意面前，马歇尔审慎地将政治纷争转化为法律议题，将行政和司法部门的对立转化为国会法律的合宪性问题，巧妙地确立了最高法院宣布国会法律违宪的权力。后来的历史证明，正是这一权力，确保了最高法院与国会和行政部门地位的平等。在这一堪称神奇的司法创举中，马歇尔以清晰透彻的逻辑、洗练有力的文字及真理在握的坚定信心，构筑了他的结论，而最高法院通过司法审查制度，激活了宪法，使其从政治的神坛上走下来，真正成为人民权利的保护者。

不过，这一判决也并非像一些人信奉的那样没有瑕疵。首先，本案最后的具体结论是，最高法院没有初审权。既然如此，马歇尔一开始就应该开门见山，就事论事，没有必要讨论其他更为重要的原则问题，这种路径就是后来很多学者倡导的一案一议的“最低限度原则”。其次，宪法第三条的确具体规定了最高法院的初审管辖权和上诉管辖权的范围，但还有一个例外：“但须依照国会所规定的例外和规则。”共和党人完全可以说，宪法初审管辖权是最低要求，并非僵死的原则；国会有权增列其他类型的案件，正如《1789年司法法》那样。不过，共和党人看到的毕竟是马伯里没有拿到委任状这个结果，否决的也是联邦党人自己制订的国会立法内容，因此，也就没有注意到其中的玄机。

马歇尔的判决在当时或许让一些共和党人觉得联邦党人软弱可欺，已无还手之力。因此，他们决定乘胜追击，扭转司法系统中联邦党人得

---

① *Marbury v. Madison*, 5 U. S. 137, 177 - 178 (1803), http://laws.findlaw.com/US/5/137.html.

势的局面，“让这个糟糕的系统走上正轨”①。虽然杰斐逊反对推倒重来的激进改造计划，但却很乐意推动“定点清除”的计划。1803 年 2 月 4 日，杰斐逊向众议院递交了有关皮克林的免职书，其中放言：“敦请众议院明察，宪法已经授权给你们在必要时通过制度化的程序解决相关问题。”② 这番表态点燃了众议院中激进派共和党人攻击联邦司法系统的导火索。

皮克林是新罕布什尔州联邦地区法官。此公原本是该州的首席法官，因为神经衰弱，酗酒成性，很难履行法官职责。州议会在对其弹劾未果之后，有人出了个馊主意，让华盛顿任命他为联邦地区法院法官。后来，就连联邦党人也对他彻底失望，利用《1801 年司法法》设立巡回法院之际，命一位巡回法官代行其职。新国会的撤销法案，又重新让皮克林回到法官席，并成为共和党的弹劾目标。1804 年，皮克林成为第一个被国会弹劾免职的联邦法官。这一成功鼓舞着共和党激进派。就在参议院投票罢免皮克林的当天，众议院便通过了弹劾最高法院蔡斯大法官的决议。作为一个激进的联邦党人，蔡斯多次攻击和诋毁杰斐逊和共和党人，并预言杰斐逊一旦当选，“我们的共和政府将沦为暴民政治，变成可能有的政体中最坏的一种”③。在杰斐逊当选后，他依然我行我素。杰斐逊对蔡斯恨之入骨，欲除之而后快。“难道这个对于我们宪法原则以及一个州的行动（指马里兰的民主改革）进行的煽动性的攻击，不应该受到惩罚吗?”④

蔡斯的做法虽然欠妥，但远没有达到宪法规定的弹劾标准。然而，

---

① 众议院共和党激进派领袖吉勒斯给杰斐逊的信。[美] 詹姆斯·西蒙著：《打造美国：杰斐逊总统与马歇尔大法官的角逐》，徐爽、王剑鹰译，法律出版社 2009 年版，第 134 页。

② Richard E. Ellis, *The Jeffersonian Crisis: Courts and Politics in the Young Republic*, Oxford University Press, 1971, p. 71.

③ [美] 塞缪尔·莫里森、亨利·康马杰、威廉·洛伊希滕堡著：《美利坚共和国的成长》（上卷），南开大学历史系美国史研究室译，天津人民出版社 1980 年版，第 149 页。

④ 刘祚昌著：《杰斐逊全传》（上卷），齐鲁书社 2005 年版，第 825 页。

对于共和党人来说，“弹劾不过是国会两院的质询，质询任何一个担任公职的人是否有更合适的人来替代……审讯和免职一个法官并不一定暗示他有任何的罪行和腐败”①。对于这样的理论和来势汹汹的弹劾，马歇尔非常警觉，他担心他所珍视的宪法原则就此被摧毁，他甚至私下建议，作为替代弹劾的一种选择，国会可以拥有对最高法院判决的上诉管辖权。“我认为，目前的弹劾规则最好是让位于立法机构处理上诉事由的权力。让立法机构撤销不恰当的法律决议，比起直接免除一个他们并不清楚犯了什么错误的法官的职务，当然要更符合我们人性中对于温和与适度的追求。”② 在参议院就蔡斯弹劾案表决时，马歇尔的证词也非常谨小慎微，一位现场的目击者都感叹马歇尔此时“过于小心，非常胆怯，太掩饰自己了；他本该更勇敢、更坦率，态度更明确”③。不过，马歇尔的过虑不无道理，如果国会能够因那些所谓的证据断定蔡斯有罪，那就有理由相信，整个最高法院都会遭到清洗，分权原则将不复存在。此时，马歇尔一向坚持的温和中立的立场发挥了作用，参议院中珍视司法独立原则的几个共和党温和派站在了联邦党人一边，让蔡斯逃过一劫。蔡斯弹劾案的失败对美国宪法产生了深远影响，树立了从严解释弹劾的先例，避免了弹劾政治化，支持了司法独立原则。

四、“马杰争锋”

在“马伯里案”和“蔡斯弹劾案”中，马歇尔可以说是在前狼后虎的艰险中走钢丝，以退两步进一步的方式来维护司法的独立。到了

---

① ［美］罗伯特·麦克洛斯基著：《美国最高法院》，任东来、孙雯、胡晓进译，中国政法大学出版社2005年版，第33—34页。

② Charles F. Hobson, *The Great Chief Justice: John Marshall and the Rule of Law*, University Press of Kansas, 1996, vol. 6, p. 347.

③ Albert J. Beveridge, *The Life of John Marshall*, vol. 3, Boston and New York: Houghton Mifflin Company, 1919, p. 196.

△ 伯尔与汉密尔顿决斗①

1807年的“伯尔案”，最高法院已经度过了最艰难的时期，马歇尔可以理直气壮地展示司法独立之精神。亚伦·伯尔（Aaron Burr）是一个野心勃勃的政客，在1800年总统选举中屈居副总统，1804年又被杰斐逊抛弃，接着又试图竞选纽约州州长未果。他把自己两次政治失败归于联邦党人汉密尔顿的作梗，在自己副总统最后任期的时候与汉密尔顿决斗，将后者置于死地。可笑的是，杀手居然还以兼任的参议院议长的身份主持了对蔡斯的弹劾审判，完成了其政客生涯的最后一幕。逃过谋杀罪指控之后，伯尔密谋发动对西班牙的战争，夺取墨西哥，策动美国西部脱离联邦。1807年3月，杰斐逊政府以叛国罪在联邦巡回法院起诉伯尔。整个审理长达近半年之久，成为当时最大的审判案。

作为主审法官，马歇尔严格解释宪法叛国条款，力主叛国罪不仅要有叛国的计划，更重要的还要有叛国（叛乱）的行动。政府方面的证人证词仅仅是起诉的证据（可能的事由），却不构成足以定罪的证据（确凿的罪行）。据此，马歇尔认定，仅仅招募人员意图谋反并非叛国。在他的影响下，加上伯尔全明星律师团的有力辩护，陪审团宣布伯尔无罪。马歇尔的判决引发了他与杰斐逊政府的直接冲突。早在起诉之前，杰斐逊就高调宣称，伯尔罪不可赦，并多次指示主事的检察官乔治·海，要不惜代价把叛徒送入监狱。该案判决后，杰斐逊非常不满：“我

---

① 图片来源：www. answers. com/topic/burr－hamilton－duel，最后访问日期：2014年5月1日。

们将以何种正当的言论论及此事，难道法律的一切原则都可以被曲解，使其有利于存心颠覆国家的罪犯?”他甚至提出“战争期间法律无效论”，“对待叛国罪犯不必拘泥于法律形式，而是要所有善良公民一致同意把他们关押起来”①。

“伯尔案”的判决也让马歇尔备受煎熬，他将该案看作他35年最高法院职业生涯中最令人不愉快的案件。他对伯尔并没有好感，但他认为自己必须按照宪法行事，面对检察官弹劾他滥用权力的威胁，马歇尔坚定地回答道：“法庭不能滥用权力，这是真理；法庭不能逃避职责，这也是真理。”② 虽然此案深受政治影响，寻找中立的陪审团都成问题，但马歇尔依然坚持宪法原则，不为民众情绪所左右，实属可贵。③ 共和党人对马歇尔个人的攻击及对其弹劾的威胁，尽管极度喧嚣，但已经成不了气候；一方面，政府对其他事情的关注一定程度上影响了事态的发展；另一方面，司法独立本身已经成为一面可以抵御党派攻击的盾牌。凭借对伯尔案的判决，马歇尔为宪法中的叛国罪确立了严格的证据要求，有效避免了这一罪名沦为政治迫害的工具。

马歇尔主持最高法院时，大法官并不常驻华盛顿。他们只是在一年两个开庭期告别家人，来到首都。因此，他们同吃同住同行，结下兄弟般的友谊。马歇尔温和的个性、灵活的思考与深邃的政治远见，赢得了大家的尊重，树立了自己的权威。在马歇尔之前，最高法院沿袭英国的

---

① 张友伦、陆镜生等著：《美国的独立和初步繁荣，1775—1860》，人民出版社1992年版，第94页。

② John Marshall, *The Writings of John Marshall: Late Chief Justice of the United States, Upon the Federal Constitution*, Boston: James Munroe and company, 1839, p. 110.

③ 学界对于伯尔案有两种截然不同的观点：一种认为马歇尔在此案的审理中出于党派偏见，有意将伯尔放走，是其法官生涯中抹不去的污点（如爱德华·S. 考文）；另一种认为马歇尔严格依法行事，是其坚守原则的又一典范（如罗伯特·福克纳）。还有学者另辟蹊径，认为伯尔背叛的不是国家，而是他所属的那个阶层，也即具有共和美德的领导阶层。马歇尔之所以将伯尔无罪释放，不是他不注重这种共和美德，而是他将宪法和法律放在首位，在他看来，只有遵守宪法和法律，方能保证共和政体的良好运转（如戈登·伍德）。对此，笔者认为后两种观点较为合理。

做法，每位大法官都发表其法律意见。马歇尔改变了这一做法，“有史以来第一次，首席大法官不顾由大法官逐一发表法律意见的传统，而是冷静地自己担负起宣告最高法院意见的职责”①。从 1801 年到 1804 年，马歇尔参与了 42 个案件的审理，所有的判决书都是由他亲自撰写。由多个法官意见转变为一致意见，意味着要让 6 个截然不同且高度自主的法官达成一致，难度可想而知，但这又是初生的最高法院提升其权威和尊严的最好办法。② 为了实现判决的最终一致性，马歇尔总是耐心地倾听他人的意见，让意见书成为众人互相包容、共同合作的成果。

面对权威日益上升的最高法院，杰斐逊开始把希望寄托在新任命的法官身上，希望他们将共和党的理念带到最高法院，然而，这一希望后来却成为泡影。杰斐逊任命的第一位大法官是威廉·约翰逊，他是最独立于首席大法官马歇尔的人，有“第一个异议者”③ 之称。在给杰斐逊的信中，他悲哀地描述了法官的现状：“库欣无法胜任，蔡斯无法思考或写作，佩特森迟钝，主动把困难推给别人，而其他两位法官（指约翰·马歇尔和布什罗德·华盛顿），你知道，通常被认为像一位法官一样。”④ 尽管受首席大法官的影响最小，约翰逊却基本没有实现杰斐逊的期望。在最高法院任职 15 年后，约翰逊实际上默认了马歇尔全体一致的规则。“我认为我或者屈从于现实，或者是在我们的磋商会上成为一个无足轻重的人，毫无用处。因此，我屈从于大流。”⑤

---

① Albert J. Beveridge, *The Life of John Marshall*, vol. 2, Boston and New York: Houghton Mifflin Company, 1916, p. 16.

② G. Edward White, *The Marshall Court and Cultural Change*, 1815 - 1835, New York: Macmillan, 1988, p. 184.

③ 威廉·约翰逊的传记作家摩根将他看作第一个异议者，但据伯纳德·施瓦茨考证，第一个异议者是托马斯·约翰逊，因为他在最高法院的影响力较小，很多人误以为威廉·约翰逊是第一个异议者。

④ R. Kent Newmyer, *John Marshall and the Heroic Age of the Supreme Court*, Baton Rouge: Louisiana State University Press, 2001, p. 397.

⑤ ［美］伯纳德·施瓦茨著：《美国最高法院史》，毕洪海、柯翀、石明磊译，中国政法大学出版社 2005 年版，第 68 页。

△ 托马斯·杰斐逊①

在杰斐逊及其共和党人的批评声中，最高法院悄无声息地发展壮大。1810年，马歇尔宣判了另一起里程碑式的案件——“弗莱彻诉佩克案”，第一次以违宪的名义宣判州立法无效。该案源于佐治亚州议会1795年通过的一项法律。它将日后成为亚拉巴马州和密西西比州的3 500万英亩的土地，以50万美元的低价售与4家土地投机公司。不久真相大白，投票决定出售土地的议员，除一人外，其余都接受了贿赂。民众对此非常愤慨，又因轧棉机的发明提高了棉花加工的效率，间接导致地价大涨，群情更加激愤。次年，新的州议会废除了此次土地出售的法律。但在此之前，土地投机公司已经出售了大部分土地。撤销法案一经宣布，买家大为愤怒与不安，成立各种组织，以保障他们的利益。一个名叫罗伯特·弗莱彻的买家将卖家约翰·佩克告上了法庭。双方缠讼多年，及至1810年上诉至最高法院。

在该案中，由于政治腐败与私人产权交织在一起，马歇尔小心翼翼地将政治问题从法律问题中剥离，指出政治腐败属于议会管辖，应由选民来决定之，法院不能，也无法对立法动机进行审查。作为土地的合法买主，弗莱彻事先并不知道土地交易中的腐败问题，因此他的财产所有权应得到保障。宪法第一条第十款规定，“任何州都不得……通过任何公民权利剥夺法案、追溯既往的法律或损害契约义务的法律”，佐治亚州1795年土地出让法通过后，州和私人之间订立的契约关系即已成立，

① 图片来源：http：//en. wikipedia. org/wiki/Thomas_ Jefferson，最后访问日期：2018年5月1日。

佐治亚州必须受制于契约的义务，不能撤销其已核准的法律。在买主不同意的情况下，佐治亚州议会于1796年私自撤销其已签订的契约，违背了宪法中的契约条款，当属无效。针对被告律师宣称的州和联邦是平等的主权关系、联邦无权撤销州法的说辞，马歇尔明确宣布："佐治亚州不能被视为单独的、没有关联的主权实体……她是一个大一统的一部分，是美利坚合众国的一个成员。这个联邦有一部宪法，其至高无上性为所有人承认，她对各州的立法加以一些限制，没有哪个州有权超越这些限制。"① 宪法约束着各州立法的自由，与宪法相违背的州立法无效，这是美国联邦主义战胜地方主义的最早、最强有力的司法判决之一，由此，"奠定了美国宪法结构的第二块基石"②。该案也是第一起有关宪法契约条款的权威案例，根据历史学家皮特·马格拉斯的说法，该案"提供了第一起保护既得财产权利的伟大的宪法机制"③。它赋予契约以神圣性，使得私有财产权获得了首要的保障，商业交易中稳定的、可靠的法律环境得以确立。

1810年秋天，库欣法官去世，杰斐逊非常兴奋，"老库欣死了，事情如此幸运，简直是上帝送给我的礼物"④。最高法院抵制民众意愿已达10年之久，这种情况将因"任命一位决定性的共和党人"而改变。尽管杰斐逊此时已经步华盛顿后尘，任满两届总统后悄然隐退，将总统的位置交给了亦师亦友的麦迪逊。但他却没有做到无官一身轻，而是官司缠身，并竭力影响这次大法官提名。杰斐逊力荐曾担任首席检察官的林肯，但后者婉拒。麦迪逊随后询问前总统亚当斯之子、驻俄使节约

---

① *Fletcher v. Peck*, 10 U. S. 87, 136 (1810), http://laws.findlaw.com/US/10/87.html.

② ［美］伯纳德·施瓦茨著：《美国最高法院史》，毕洪海、柯翀、石明磊译，中国政法大学出版社2005年版，第47页。

③ C. Peter Magrath, *Yazoo*: *Law and Politics in the New Republic*: *The Case of Fletcher v. Peck*, Brown University Press, 1966, p. 101.

④ Jean Edward Smith, *John Marshall*: *Definer of a Nation*, New York: Henry Holt and Company, Inc., 1996, p. 397.

翰·昆西·亚当斯，后者表示只想在外交和政府中有所作为。于是，麦迪逊决定挑选马萨诸塞州议会年轻的共和党领袖约瑟夫·斯托里。对此，杰斐逊马上表示反对，除了斯托里"党性"不够外，还因为斯托里与马歇尔交情甚好。这一次，麦迪逊没有听从密友的建议，依然提名了斯托里。这位年仅32岁的大法官很快就成为马歇尔的左膀右臂，两人配合默契。马歇尔长于归纳，倾向于一般性的原则；而斯托里长于法律研究，"能告诉我们从十二铜表法到最新报告中所有的案例"①。甚至有人戏言，马歇尔写好判决，让斯托里去寻找先例以佐证。

五、和谐时代

库欣去世后不久，蔡斯也撒手人寰，麦迪逊又提名了加布里埃尔·杜瓦尔填补空缺。这样，共和党在最高法院取得了5个席位，牢牢占据多数。尽管如此，马歇尔仍像以前那样，完全支配着最高法院。在宪法问题上，这些共和党法官比较中立，与硕果仅存的两个联邦党人大法官马歇尔和布什罗德·华盛顿并无多大差异。这一局面的出现，既是因为马歇尔领导有方，更是因为这些共和党法官都意识到：法院和他们自身的地位都有赖于联邦的巩固。

1812年英美战争结束后，美国国家主义情绪高涨，联邦党不复存在，新的两党尚未形成，国家进入了一个长达10年之久的"和睦时期"。对最高法院来说，巩固联邦权力的条件非常有利：外部国家主义思想高涨，内部成员稳定（从1811年到1823年最高法院成员没有发生变动），马歇尔抓住这难得的历史机遇，作出了一系列重大宪法判决。

---

① ［美］伯纳德·施瓦茨著：《美国最高法院史》，毕洪海、柯翀、石明磊译，中国政法大学出版社2005年版，第64页。

第一个重要判决是1816年的“马丁诉亨特的租户案”，第一次推翻了州最高法院的判决。该案缘起于弗吉尼亚一块30万英亩土地的所有权问题，它原属于英国贵族费尔法克斯勋爵。美国革命期间，州政府没收了这块土地。戴维·亨特从州政府手中买下了这块土地的一部分（739英亩）。美国革命后，费尔法克斯的继承人丹尼尔·马丁根据1783年《巴黎和约》与1795年《杰伊条约》，要求重新获得这块土地的所有权。尽管这两个条约都确认了英国公民原来对美国土地的所有权，1810年弗吉尼亚州上诉法院还是作出了不利于马丁的判决，因为这块土地早已收归州政府所有。三年后，根据《1789年司法法》第25条，最高法院以“纠错令”的方式审查了这一判决，并推翻了弗吉尼亚上诉法院的判决。

△ 马歇尔坐像①

对于最高法院的裁决，弗吉尼亚上诉法院不但不配合，反而挑战最高法院的上诉管辖权，宣称“最高法院的上诉管辖权不适用于本法庭”②，《1789年司法法》第25条的规定本身就违宪。作出这一裁决的该院首席法官斯宾塞·罗恩，是杰斐逊的密友，曾经是他心目中理想的最高法院首席大法官人选，也是马歇尔一生中唯有的两个政敌之一（另一个是杰斐逊）。本来，因为利益（马歇尔兄弟也购买了马丁的土地）冲突，马歇尔回避了本案。但是，在弗州法院拒绝最高法院的判决、否认其上诉管辖权的危急时刻，马歇尔无法再作壁上观。他亲自起草了请愿书，

① 图片来源：http：//en. wikipedia. org/wiki/John_ Marshall，最后访问日期：2018年5月1日。

② Jean Edward Smith, *John Marshall: Definer of a Nation*, New York: Henry Holt and Company, Inc., 1996, p. 427.

要求颁发再审令，并要密友华盛顿大法官在再审令上签字，以便能够赶上一个半月后的开庭期。作为利益的当事方，马歇尔如此行事，有违常理，一旦被对方律师发现，其本人以及最高法院的威望都会大打折扣。由此可见问题的严重性，马歇尔为了“实体正义”已经不管“程序正义”了！

经过3天的庭辩和审议后，1816年3月20日，最高法院以6比0的票数（马歇尔再次回避）再次推翻了弗州法院的判决。最重要的是，由马歇尔幕后参谋、斯托里起草的法院意见批驳了州权派的宪法“契约观”，弘扬了宪法的联邦主义价值。从宪法制定的历史和宪法文本出发，斯托里认为宪法是“合众国人民”的宪法，而非各州的契约；最高法院的管辖权是因案件而非审理法院来决定的，只要在宪法规定范围内，最高法院皆有管辖权。而且，有关联邦法律与宪法的判决，只能由最高法院来保证在合众国境内的一致性，否则的话，有多少个州就会有多少种解释。这一联邦司法主权的宣示，成为美国司法历史上的一个里程碑。

接着，马歇尔乘胜前进，进一步加强了联邦司法主权。这最突出地体现在1819年的三个宪法案件中。最先出现的是“达特茅斯学院诉伍德沃德案”，该案涉及新罕布什尔州议会是否有权将一个私立学校转变为公办。对于州议会和州法院的看法——达特茅斯学院是一个公共机构，因而受制于立法机构，马歇尔提出反对意见，他认为无论从达特茅斯学院资金的来源，还是从学院管理人员的性质来看，该学院都是私人性质的。其特许状就是政府与它的契约，宪法第一条第十款规定，任何州“不得通过……损害契约义务的法律”，新罕布什尔州议会通过的法律不仅改变了该学院的内部控制程序，而且把外部的、公众的约束施加于学院的管理之中，侵犯了州和学院之间最初的契约义务，故因违宪而无效。

在该案中，马歇尔还就法人的概念进行了经典的阐述：“法人是一种虚拟的存在，无形无状，难以捉摸，只能在法律的设想之中存在。作为法律的创造物，法人拥有它根据最初的特许状所转让的特权，或有明文规定，或是自其存在之日起附带而来的。此外，它还有能够最好地实现其目标的那些特性。其中，最重要的就是它的永续性和独立人格性，如果允许这样表述的话还有财产，只有通过财产，无限期更迭的大量人员才能被当作和最初一样未发生变化，如单一个体般活动。这使得一个法人得以处理自身的事务和占有财产，不必为了将财产在不同人之间转移而陷入令人困惑的复杂处境，或者面临持续转让财产的无尽而危险的需要。”① 通过对法人概念的阐释，马歇尔将法人的活动纳入宪法契约条款的保护范围之内，以防范州立法机构对法人的干预，极大地扩大了契约条款的涵盖范围。

达特茅斯学院案判决两周后，最高法院又判决了另一起有关契约条款的重要案件：“斯特吉斯诉克劳宁谢尔德案”。该案缘起于 1811 年 4 月 3 日纽约州议会通过的破产法案（Bankruptcy Act），该法废除了债务人因为欠债而入狱的传统习俗，并规定只要债务人为债权人利益已指派专人管理财产即可免除其债务。本案中的债务关系形成于该法通过前一个月，债务人是否因该法的通过而逃脱债务？债权人坚持认为州无权制定破产法，而且其做法侵犯了宪法契约条款。

因为宪法规定了国会有权制定统一的破产法，因此，问题的关键就成了这一权力是联邦独有的，还是与州共享的。对此大法官之间也有不同的看法。马歇尔再次展示了其领导才能，以妥协的办法，成功地形成了一个统一的法院意见。马歇尔认为，在国会制定统一的破产法前，州有权自由行动。同时，他又警告道：如果州法律与联邦法律发生冲突，联邦法律将优先适用。“在破产问题上，让联邦与州共享立法权，既不

① *Dartmouth College v. Woodward*, 17 U. S. 518, 636 (1819), http://laws.findlaw.com/US/17/518.html.

违宪也很可行。”① 在承认州共享权之后，马歇尔接着又认为纽约州破产法并不能适用于先前的债务，因为这样违背了宪法中禁止通过追溯既往法律的条款。就这样，马歇尔用原则肯定、具体否定的方式，既尊重了州立法，又保护了债权人。

最后一个案件是“麦卡洛克诉马里兰案”，涉及的是国会特许设立的第二合众国银行及州对其征税的合宪性问题。虽然该问题早在1791年第一合众国银行成立时就引发了广泛的国会权限范围的宪法争议，但直至1818年才转变为一个司法诉讼。考虑到该案涉及的法律问题非比寻常，马歇尔一反当事人各自只能聘请2位律师的常规，特批双方各请3位律师出庭辩护。6位律界精英集于一堂，围绕着联邦和州的关系、从严从宽解释宪法等问题，唇枪舌剑，你来我往，辩论了整整9天。马歇尔耐心地倾听着双方的辩论，从中把握有助于意见书写作的论点论据。显然，在法律专门知识方面，他“不及行业中许多大师”，但大家公认其善于快速学习，具有纲举目张的把握能力。②

利用这次判决机会，马歇尔进一步阐述了其联邦至上的国家观。像其一贯的论证风格，他在意见书中抓住两个关键问题：一是国会是否有权设立国家银行；二是马里兰州是否可以向该分行征税。对于第一个问题，他的回答是肯定的，并用从宽解释方法来寻找立法的宪法根据。马歇尔认为，联邦政府的权力应具备相当大的弹性和包容性，才足以应付“大大小小各种变局”。除了宪法明确列举的权力外，联邦政府还拥有宪法“暗示的权力”，因为宪法第一条第八款规定国会有权“制定为执行……一切权力所必要和适当的法律”。只有这样，联邦政府才能有效地履行宪法赋予的职责。“我们必须牢记我们正在解释的乃是一部

---

① *Sturges v. Crowninshield*, 17 U.S. 122, 195 (1819), http://laws.findlaw.com/US/17/122.html.

② Charles F. Hobson, *The Great Chief Justice: John Marshall and the Rule of Law*, University Press of Kansas, 1996, p. 15.

宪法。”[①]在作出这一原则性说明后，从宪法文本和制宪之父意图出发，马歇尔又具体论证了联邦政府建立第二合众国银行的合宪性。

对于第二个问题，即一个州能否运用它自身保留的征税权，对合众国银行征税呢？马歇尔对这个问题的回答是否定的，州不能向联邦政府所属的机构征税，因为“征税权力的同时包含了破坏的权力”，如果允许一个州对联邦银行征税，那么它也可以对诸如邮政、造币厂、海关等征税，如此一来，联邦政府将名存实亡，成为各州的附庸，“美国人民绝不希望看到这样的结果”。“我们一致认为，马里兰州立法机关制定的对联邦银行征税的法律违宪无效。”[②]

这一判决引发了一场联邦主权与州主权的宪法大论战。弗吉尼亚上诉法院首席法官罗恩等人化名在报纸上发表系列文章，猛烈抨击马歇尔的联邦至上观，将马歇尔对“必要和适当”条款的从宽解释视为“彻头彻尾的联邦篡权”。[③] 他们的攻击受到了赋闲在家的杰斐逊的暗中支持。在给这些人的信中，他将最高法院大法官斥责为“一伙专挖我们联邦大厦墙角的地道兵”，“尽管已有5位共和党法官进入最高法院，但旧势力就像酵母一样将新的法官予以同化，20年后，…… 我们会发现司法部门不遗余力地把我们塑造成了一体化的国家，而宪法在最高法院手中变成了石蜡一样的东西，可任意扭曲变形”[④]。甚至连亲自批准创设第二合众国银行的麦迪逊对马歇尔的判决也颇有微词。

面对批评的声音，马歇尔毫不怯懦，先后以“联邦之友”和“宪法之友”的笔名发表了11篇反驳文章，维护联邦主权，谴责对手的州

---

① *McCulloch v. Maryland*, 17 U. S. 316, 407 (1819), http://laws. findlaw. com/US/17/316. html.

② *McCulloch v. Maryland*, 17 U. S. 316, 431, 433 (1819), http://laws. findlaw. com/US/17/316. html.

③ Gerald Gunther, ed., *John Marshall's Defense of McCulloch v. Maryland*, California: Stanford University Press, 1969, p. 114.

④ ［美］詹姆斯·西蒙著：《打造美国：杰斐逊总统与马歇尔大法官的角逐》，徐爽、王剑鹰译，法律出版社2009年版，第196—197页。

权立场，警告说如若州权主义者赢得这场论战，“宪法会彻底变样。联邦政府将匍匐在它的成员脚下，当年为建立这个政府而倾力奉献出的才智、美德和爱国热诚，就成了毫无意义的牺牲”①。

正是出于对国家的这一强烈信念，马歇尔抓住每一次机会，来阐述联邦至上原则。1821年“科恩兄弟诉弗吉尼亚案”就是这样一个绝好机会。该案涉及联邦法律与弗吉尼亚州法律之间的冲突。联邦法律授权哥伦比亚特区发售彩票，以增加其收入。弗吉尼亚为维护本州彩票管理权，规定不得在本州销售州外彩票。科恩兄弟因在弗州销售哥伦比亚特区的彩票而被罚。

针对弗吉尼亚法院提出的极端观点——“联邦宪法并没有规定由谁来作为宪法本身、联邦法律以及条约的裁断者，这个角色，最终只能留给联邦各州的法庭”，马歇尔毫不留情地予以反驳，指出这绝不是立宪者的意图，因为那就意味每个州都“拥有对整体意志的否决权”②。那么，作为一个独立的州，弗吉尼亚可否根据宪法第十一条修正案③具有豁免权呢？对于这个问题，马歇尔宣称：最高法院是否有权审理一个案件取决于案件涉及的问题，而跟当事人是谁无关；当需要对联邦法律做出解释时，最高法院是有管辖权的。他认为宪法第十一条修正案禁止一州公民起诉另一州，只是在诉讼行为由个人“肇始”的情况下才适用；如果案子是由州挑起的，个人仍然可以把州告上法院，各州需要为自己的行为负责。

随后马歇尔借题发挥，完整地阐释了他的联邦观：

迄今无人否认，合众国乃是为了多种目的，而且是为了许多最重要

---

① Gerald Gunther, ed., *John Marshall's Defense of McCulloch v. Maryland*, California: Stanford University Press, 1969, p. 214.

② *Cohens v. Virginia*, 19 U. S. 264, 377 (1821), http://laws.findlaw.com/US/19/264.html.

③ 美国宪法第十一条修正案规定：“合众国的司法权，不得被解释为适用于由于他州公民或任何外国公民或国民对合众国一州提出的或起诉的任何普通法或衡平法的诉讼。”

的目的而组成一个单一的国家的。在战争中，我们是一个整体的民族。在和平时代，我们是一个整体的民族。在各种商业规则中，我们也还是一个整体的民族。在其他很多方面，美国人民也都是一个整体的民族；而在这种种场合，正是联邦政府在独力维护与增进美国人民的利益。联邦政府是美国人民的政府，无可取代。因缘际会，美利坚成为一个国家。由于有了立国时的各种目标，我们的政府是完整的；而为了实现所有这些目标，我们的政府也是称职的。人民已经宣布，在为了达到所有这些目标而行使权力的时候，这个政府具有至高的地位。因此，为了实现这些目标，它可以合法地控制美利坚领土上的任何个人或政府机构。一州的宪法和法律，与联邦宪法和法律相冲突时，必然无效。各州都只是联邦的组成部分，是一个伟大国家的成员——在某些目的上，它们是至高无上的，而在某些目的上，它们处于从属地位。①

这段论述比 1819 年“麦卡洛克案”中联邦至上的观点更为鲜明，更为坚定，是马歇尔出任首席大法官 20 年来使用的最大胆和最极端的词句。确认了最高法院对科恩案的管辖权后，跟马伯里案的处理手法一样，马歇尔给了弗州法院一个下台的机会。马歇尔认为：哥伦比亚特区的彩票，虽由国会批准，但只是服务于地方需要，并未增进整个国家的利益。因此，弗州禁止在州内销售外来彩票的规定，属于其主权的正常行使。

对于科恩案判决的重要性，一位历史学家如此写道：“马歇尔确立了最高法院的管辖权，对宪法第十一条修正案进行了重要阐释，扩大了先前州上诉到最高法院案件的管辖权，并使国会可以自由地制定适用于哥伦比亚特区的法律。”② 自“科恩案”后，州法院在涉及美利坚合众

---

① *Cohens v. Virginia*, 19 U. S. 264, (1821), http://laws.findlaw.com/US/19/264.html.

② W. Ray Luce, *Cohens v. Virginia, the Supreme Court and State Rights: A Reevaluation of Influences and Impacts*, New York: Garland Publishing Co., 1990, pp. 243–244.

国宪法、法律和条约的案件中自己充当最终裁判者的企图注定要被最高法院挫败。用菲利克斯·法兰克福特的话来讲，联邦法院已成为这个国家“维护每一项由宪法、法律及美国缔结的条约所授之权力的首要和强有力的保障”①。

三年后，一个宪法诉讼让马歇尔获得了促进各州合作、加强国会权力的机会。这就是1824年的“吉本斯诉奥格登案”，一起涉及州垄断法是否合宪的案件，事关宪法著名的“商事条款”的解释。该案缘起于1808年纽约州议会授予富尔顿和利文斯顿这两位汽船航运的先行者为期30年、垄断纽约汽船航运的权力。由于纽约州不允许外州汽船驶入，邻州也以牙还牙，竞相效仿，由此造成大西洋沿岸各州的贸易战，首席检察官威廉·沃特不无夸张地向最高法院表示，大西洋中部的三个州“陷入内战的边缘”。②

在最高法院全体一致的意见书中，马歇尔再次从宽解释宪法。他首先驳斥垄断者将航运排除在“商业”之外的意见，明确指出“商业”一词是一个足以包容所有业务往来的综合性概念：“它描绘了国家之间、国家的组成部分之间、国家的组成部分内部的商业往来。”③ 宽泛解释宪法中“商业”一词后，马歇尔接着同样宽泛地阐释了国会管制州际商业的权力。州际商业不可能停止于各州的边界，“国会的权力不会受到这些州管辖范围的限制。如果不能超越各州的司法管辖界限，国会的权力也就一无是处。……如果航行开始或止于某一州内的港口，国会有权在该州行使其权力”。一旦确定管制对象属于州际商务，这一权力便是“完整无缺的，可以行使到最大程度，除了宪法的规定以外，它不承认任何

---

① ［美］克米特·霍尔主编：《牛津美国联邦最高法院指南》，许明月、夏登峻等译，北京大学出版社2009年版，第492页。

② Charles Warren, vol. 1, p. 598. 这三个州分别是纽约、康涅狄格和新泽西。

③ *Gibbons v. Ogden*, 22 U. S. 1, 189 - 190 (1824), http: //laws. findlaw. com/US/22/1. html.

限制"①。至于此种权力是否具有排他性，由于法官们意见不一，马歇尔巧妙地回避掉了。在确定了基本原则之后，马歇尔才具体回到纽约州的垄断法，认定它与联邦的《沿海航运法》相冲突，根据联邦最高条款，联邦法律优于州法，纽约垄断法无效。

马歇尔的判决在全国引起了广泛的好评，报纸欢呼不合理的垄断被打破了，水域自由了。水域自由使汽船航运业大增，《奈尔斯日报》就报道说，自判决生效至 1824 年 11 月，纽约汽船数从 6 艘飙升至 43 艘。② 水域自由促使纽约成为国家的商业中心，蓬勃、自由的商业航运在哈德逊河和长岛水域红红火火。该案对美国经济的发展起到了巨大的促进作用，被誉为"美国贸易解放的宣言"。③ 100 年后，时任首席大法官的哈兰·斯通评价说："商事条款和对该条款英明的阐释，在将各州结合为一个联邦方面所起的作用超过了其他任何一个因素，这是历史的判断。"④

1824 年 3 月 27 日，法院休会，马歇尔决定乘汽船回里士满。这是他第一次乘坐汽船，69 岁的马歇尔，却像个孩子一样，难以掩饰兴奋的心情。

六、悲凉晚年

第一次坐汽船的兴奋，只是昙花一现。这一时期，美国国内因为奴

---

① *Gibbons v. Ogden*, 22 U. S. 1, 195, 196 (1824), http://laws. findlaw. com/US/22/1. html.

② B. H. Meyer and C. E. Macgill, *History of Transportation in the United States*, Washington, D. C.: Carnegie Institution, 1917, pp. 107 – 108.

③ Jean Edward Smith, *John Marshall: Definer of a Nation*, New York: Henry Holt and Company, Inc., 1996, p. 473.

④ Harlan F. Stone, "Fifty Years Work of the Unites States Supreme Court", 14 *American Bar Association Journal* 428, 430 (1928).

隶制的扩张问题，南北矛盾加剧，国会最终以1820年的《密苏里妥协案》① 加以缓解，但原来的和谐却一去不复返。1823年3月，大法官布罗克霍斯特·利文斯顿因肺炎去世。他的去世对马歇尔震动很大，12年来最高法院第一次发生了人员变更。在过去12年里，7位大法官同吃同住，情同手足。在这期间，最高法院判决了457起案件，其中，437起都是一致意见。② 如此的一致，至今仍令人难以置信，不仅确立了最高法院在法律判决中的权威，也使得最高法院成为一个可靠的、具有可预测性的权威机构。

现在这一和谐也结束了。共和党人史密斯·汤姆普森填补了利文斯顿的空缺，但他在出任大法官后仍然积极从事政治活动，并于1828年竞选纽约州州长。这一做法打破了马歇尔及其同事们长久以来致力于最高法院远离政治的惯例，也预示着最高法院内部日益扩大的分歧。此后到1830年，最高法院又迎来三位新人③。1830年，马歇尔最后一位联邦党人战友布什罗德·华盛顿去世，代替他的是民主党（由原来的共和党改名而来）安德鲁·杰克逊任命的亨利·鲍德温。他的州权主义思想、偏执狂躁的性格让最高法院往日的团结不复存在。仅1831年，他就提出了7次反对意见。原来的约翰逊大法官的独立倾向也愈加明显。从1823年至1834年去世，约翰逊共写了当时法院所有11个附议中的9个，42个异议中的18个。④ 作为首席大法官，马歇尔一如既往，努力保持最高法院的一致，但是，他的苦心已经不像以往那样成功。同时，

① 密苏里妥协案是由密苏里以何等身份（自由州还是奴隶州）加入联邦而引发的一次妥协，该案规定：密苏里以奴隶州的身份加入联邦，缅因州以自由州加入联邦。另外，对于1803年购买的路易斯安那剩下的其他地区，以北纬36°30′一线为界，以南可以蓄奴，以北禁止蓄奴。

② Jean Edward Smith, *John Marshall: Definer of a Nation*, New York: Henry Holt and Company, Inc., 1996, p. 469.

③ 他们分别是罗伯特·特林布尔，约翰·麦克莱恩，亨利·鲍德温。

④ R. Kent Newmyer, *John Marshall and the Heroic Age of the Supreme Court*, Baton Rouge: Louisiana State University Press, 2001, p. 405.

随着年迈，马歇尔自己有时也变得固执起来，远不如过去那样灵活。这最明显地表现在1827年“奥格登诉桑德斯案”中。

在8年前的“斯特吉斯诉克劳宁谢尔德案”中，马歇尔实际上承认了州与联邦共享破产立法权，但拒绝将破产法适用于在其制定前的契约。现在的案件是，这一法律可否适用于在其制定之后的契约，也即适用于未来契约。1824年该案第一次庭审时，由于大法官托德因病缺席，剩下的六个法官形成了3∶3的局面。马歇尔等三人认为国会在制定破产法方面具有排他性的管辖权，而且，州法也侵犯了宪法的契约条款。华盛顿等三人认为国会和州在制定破产法方面具有并存管辖权，纽约州破产法有效。至于其是否违反了契约条款，他们认为“州的破产法已构成了契约的一部分”①，契约双方在订立契约时已经了解州破产法的相关规定并同意之，因此不能认为违反了宪法的契约条款。托德缺席了两个开庭期并最终由罗伯特·特林布尔代替。这样，案件拖到1827年才判决，特林布尔加入华盛顿的一方，法院以4∶3的判决支持了州的破产法。大法官华盛顿代表多数意见宣布了法院的判决。马歇尔第一次，也是唯一一次在重大宪法案件中处于少数派，他原来起草的法院意见，不想却成为异议。从法院一致意见到内部纷争，从多数派变为少数异议者，马歇尔内心的苦涩可以想见。

对于19世纪20年代因经济危机导致的大量企业破产情况，州破产法可说是顺应了时代发展的需要，让那些失败者可以重振旗鼓，促使更多的人投入经济发展中。一向以善于妥协灵活处理著称的马歇尔，缘何在此案中一意孤行，发表他的异议呢？马歇尔的传记作家R. 肯特·钮迈耶认为，19世纪20年代，州权势力的上升、各州反法院的强势以及有关奴隶制等问题让马歇尔感觉到州权的巨大威胁，加强了他为联邦

---

① *Ogden v. Sanders*, 25 U. S. 213, 259 (1827), http://laws.findlaw.com/US/25/213.html.

而战的决心。而且，在马歇尔看来，法院支持州破产法相当于允许州立法机构侵入神圣的个人契约领域。它是“自由人之间的行为”，有理性、有道德的个人应为他们的契约负法律责任。“契约权利和契约义务的本源早于社会的创建并独立于社会，像其他人类与生俱来的权利一样，它们是原初的早已存在的原则，尽管它们能被控制，但不能被人类的立法所控制。”① 尽管马歇尔对于经历经济危机的人们持同情的态度，也承认破产在当时社会造成了严重的后果，但他并不认为就此可以牺牲神圣的契约权利和义务。

“奥格登案”中的少数派地位，1828年大选中狂热的党派倾向，让马歇尔愈加担心未来的局势。在给斯托里的信中，他表达了自己的悲观情绪：“我开始怀疑和平地选出一位最高行政长官的长久性和可行性，该行政长官拥有宪法赋予总统的权力，或者说国家发展其基本利益所必要的权力。我开始担心我们的宪法不似它真正的朋友所期望的那样注定长久。接下来可能是对宪法的挑战，我活不到见证和悲叹由人类狂热激情所导致的后果。”②

执掌最高法院以后，马歇尔再也没有参加国会和总统大选的投票。但他依然非常关注1828年大选，担忧以平民代表自居的候选人安德鲁·杰克逊的节节得势，更失望于杰克逊那些狂热的支持者对在任总统约翰·昆西·亚当斯的攻击。甚至有报纸传言说，他讲过“要是杰克逊当选了，政府可能最终解体”③。马歇尔的希望破灭了，杰克逊当选总统。作为美国历史上第一位平民出身的总统，杰克逊在一定程度上继承了杰斐逊的传统农业共和主义。他主张严格解释宪法，赞

---

① *Ogden v. Sanders*, 25 U. S. 213, 344 – 345 (1827), http://laws.findlaw.com/US/25/213.html.

② Jean Edward Smith, *John Marshall: Definer of a Nation*, New York: Henry Holt and Company, Inc., 1996, p. 500.

③ [美] 詹姆斯·西蒙著：《打造美国：杰斐逊总统与马歇尔大法官的角逐》，徐爽、王剑鹰译，法律出版社2009年版，第211页。

成有限的联邦政府，并特别强调尊重和维护州权以遏制联邦政府的集权；他主张给予普通民众更多的平等权利，以改变特权人士把握朝政的做法。他的施政被称为“杰克逊民主”。当这种民主精神横扫全国，老联邦党人的梦想——“聪明人、有钱人和善人”之治——比以往任何时候都更加虚无缥缈。[①] 作为一个老联邦党人，马歇尔的失望和悲观情绪可想而知。

受杰克逊民主精神的影响，弗吉尼亚宪法改革运动如火如荼地展开。耐不住多方劝说，马歇尔、门罗和麦迪逊这些政治元老也都参加了修宪大会。大会最具有争议的问题是选举权的普及和东西部议席的分配。马歇尔的保守性再次体现出来，出于对“暴民政治”的担心，他不认同降低选举权资格的提议，依然执着于“聪明人、有钱人和善人”之治；对于更为平等地分配东西部议席的建议，马歇尔十分矛盾，一方面他不喜欢西部人士提出的民主改革方案，另一方面，他又认为西部力量的壮大有助于对联邦事业的支持。在各方的争议中，马歇尔常常站在中间，力主双方都可接受的理性方案。

作为修宪大会司法委员会主席，马歇尔在捍卫美国司法独立方面扮演了关键角色。受美国民主思潮的影响，法官应由选举产生、对人民负责这样的提议在大会上不绝于耳。马歇尔据理力争，强调美国司法独立的重要性：“对于弗吉尼亚和她的政治家来说，没有什么能够或者应该比司法独立更加珍贵的了，我们州的核心利益靠它来保障。……它影响到一个人的方方面面，他的财产、他的声誉、他的生命、他的一切。”[②] 马歇尔捍卫司法独立的努力最终赢得了胜利。

为了这次会议，马歇尔错过了最高法院 1830 年开庭期的最初三个

---

① ［美］罗伯特·麦克洛斯基著：《美国最高法院》，任东来、孙雯、胡晓进译，中国政法大学出版社 2005 年版，第 59 页。

② Charles F. Hobson, *The Great Chief Justice: John Marshall and the Rule of Law*, University Press of Kansas, 1996, p. 13.

星期。当他于1月20日到达最高法院时，他痛苦地发现，多年亲如一家的生活氛围不见了。29年来法官们第一次不在同一个屋檐下生活，各自寻找落脚点了。马歇尔告诉妻子波莉，“结果是，我们不能像往常那样快速地处理事务了”①。

在这一年开庭审理的“克雷格诉密苏里案”中，马歇尔虽然维系其联邦至上的原则，否决了一项密苏里州法，但只争取到一票的多数。法院意见认定，该法授权州政府发行的贷款凭单属于宪法第一条第十款所禁止的“纸币”。对于这样的判决，州权派非常不满，再次谴责该案诉至最高法院所依据的《1789年司法法》第25条违宪，并在国会中重又发起废止该条款的辩论。内部的异议、外部的敌意，让马歇尔甚感忧虑：“不用预言就可断定《司法法》第25条将被取消，或用更流行的词汇说将被最高法院自身判为无效。我希望这个案件不在我的任期内出现，但这个案件会在不久的将来出现。”②

马歇尔的预言没有成真，但州权运动甚嚣尘上、渐成气候却是事实。更糟的是，1831年，马歇尔已经76岁高龄，流年不利，身心备受折磨。他患了膀胱结石，在医生无充分把握且无麻醉的情况下，他毅然接受了手术，所幸手术成功。然而，当他回到家后，却发现妻子波莉病入膏肓，后在1831年圣诞节去世。波莉的去世极大地打击了马歇尔的情绪，他常常独处呆坐，眼噙泪水。

身心的疲倦让马歇尔一向的乐观不再。当时，南卡罗来纳分离运动的势头越来越猛，杰克逊反对合众国银行的劲头越来越大。1832年，又一个总统大选年，马歇尔下定赌注，希望辉格党总统候选人胜出。无论

---

① Jean Edward Smith, *John Marshall: Definer of a Nation*, New York: Henry Holt and Company, Inc., 1996, p. 507.

② R. Kent Newmyer, *John Marshall and the Heroic Age of the Supreme Court*, Baton Rouge: Louisiana State University Press, 2001, p. 438.

是丹尼尔·韦伯斯特还是亨利·克莱①，他都将辞职，并推荐斯托里来接任他这一职位。不管有意还是无意，他希望正在审理的“切诺基系列案”也有助于这一选举结果。

“切诺基系列案”是1831年“切诺基部落诉佐治亚案”和1832年“伍斯特诉佐治亚案”的合称。切诺基印第安人在1791年与联邦政府签订了一项条约，后者保证他们永久拥有佐治亚西北部的山地。1828年在佐治亚切诺基人居住的土地上发现了黄金，招引了大批白人前来。白人的贪婪促使州制定一系列法律，否认印第安部落享有的自治权。切诺基部落首先向总统呼吁，进而求助于国会，在没有积极回应之后，不得已通过宪法诉讼的形式，寄希望于最高法院以寻求公正。

当第一个案件上诉到最高法院时，马歇尔代表法院的多数意见明确裁定，切诺基部落与联邦政府的协议是联邦法，高于州法。但他又认为，在该案中联邦最高法院没有管辖权，因为切诺基部落是一个“国内依附族群”，虽然他们拥有特定的地域和独立的主权，可以自我管理，但他们不是宪法意义上的外国。“他们与美国的关系就像被监护人与他的监护人之间的关系一样。”② 在第二个案件中，一个公理会传教士伍斯特因违反佐治亚州法律（禁止非原住民在无州颁布的许可证的情况下进入切诺基领地）而被捕。马歇尔抓住这个机会，宣告佐治亚州法律违反了联邦条约，违反了宪法的契约条款和商业条款，也侵犯了切诺基部落的主权。因此，整个“佐治亚议会采取

---

① 丹尼尔·韦伯斯特（1782—1852），是美国著名政治家、法学家和律师。他数度出任参议员、国务卿和总统候选人，是一个坚定的国家主义者，憧憬着一个全国范围内的开放经济与一个不可分割的政治联邦。他以出色的辩护著称，曾在“达特茅斯学院诉伍德沃德案”“吉布斯诉奥格登案”等重要宪法案件中辩护。亨利·克莱（1777—1852），是美国参众两院历史上最重要的政治家与演说家之一，曾任国务卿，五次参与总统竞选，均告失败。他呼吁限制州权，维护联邦的统一和权威。他以善于妥协著称，有“伟大的妥协者”之称。

② *Cherokee Nation v. The State of Georgia*, 30 U. S. 1, 17 (1831), http://laws. findlaw. com/US/30/1. html.

的有关切诺基部落的法律都与美国的宪法、法律和条约相违背"①，应予以废除。

尽管有如此坚实的宪法基础，但最后的执行还有赖于执法部门。"法院作出了他们的判决，现在是国家采取行动的时候了。"② 该判决后，斯托里如是说。然而国家不愿意采取行动。佐治亚州再次无视法院的判决，传教士伍斯特依然蹲在监狱里。来自田纳西边疆的杰克逊总统一向对印第安人不友好，据传曾经说过这样的话："既然马歇尔作出了那样的判决，就让他自个儿去执行吧。"③ 最高法院第一次遇到了如此尴尬的"有法不依"的境地，虽在马歇尔预料之外，却在其他人的判断之中。因为最高法院第一次同时与国会、总统和州这三股政治力量对立，根本不可能获得成功。

"切诺基系列案"并没有影响1832年大选结果，杰克逊再次当选总统。与佐治亚州挑战联邦宪法权威同时发生的，是南卡罗来纳州的分离运动。有人辩解说，杰克逊总统之所以漠视最高法院在切诺基系列案中的判决，是担心佐治亚会加入南卡罗来纳的分离运动之中。④ 早在1828年，南卡罗来纳议会就通过了《南卡罗来纳申论》，提出"国会法令废止权"原则，声称各州有权宣布国会法律无效，并终止其在本州的实施。在他们看来，宪法不过是各州之间的一项契约，作为主权者，州有权在他们的代理者即联邦政府越权时作出判断。南卡罗来纳的分离运动

---

① *Worcester v. The State of Georgia*, 31 U. S. 515, 563 (1832), http://laws.findlaw.com/US/31/515.html.

② William W. Story ed., *Life and Letters of Joseph Story*, vol. 2, Boston, 1851, p. 83.

③ 这句话经考证系以讹传讹，但的确体现了杰克逊的基本立场。他当时的原话是："最高法院的这个决定一出生就死了，大法官发现它不可能强迫佐治亚放弃它的管辖权。"转自任东来、胡晓进等著：《在宪政舞台上：美国最高法院的历史轨迹》，中国法制出版社2007年版，第98页。

④ Edwin A. Miles, After John Marshall's Decision: Worcester v. Georgia and the Nullification Crisis, *the Journal of Southern History*, Vol. 39, No. 4 (Nov., 1973), pp. 519-544.

愈演愈烈，1832年该州议会宣布国会通过的新关税法“未经合众国宪法授权，……因而无效，对本州及本州官员或公民均不成为法律，亦不具有约束力”①。马歇尔对这一事态的发展悲观至极，在给斯托里的信中，他说道：“我极不情愿地、慢慢地让自己相信，我们的宪法不能够恒久。联邦政府能存活至今已是一个奇迹，我担心它不能继续存在下去。”②

在这关键时刻，杰克逊展现了其前所未有的强硬态度，表示不惜一切维护联邦，反对分裂，并适时地修改关税，恩威并用，迫使南卡罗来纳服从联邦政府的权威，放弃分离运动。对此马歇尔大喜，认为此举可与1794年华盛顿镇压威士忌酒暴动相提并论。而对于前总统麦迪逊反对分裂的文章，马歇尔的赞赏也是溢于言表：“他终于澄清了他在任时的主张，虽然他拐弯抹角地暗示自己不同意我们法院的意见，但我们还是原谅他吧。”③

虽然这场危机最终得以和平解决，但州权的猖獗依然让马歇尔忧心忡忡。法院内部州权倾向也使得马歇尔不得不顺应潮流。1833年，在审理其任期内最后一个宪法案件“巴伦诉巴尔的摩市案”中，马歇尔驳回了原告巴伦的诉讼请求。巴伦是该市港口的一名码头所有人，因市政建设导致码头水位下降造成其经济损失。他声称该市的做法违反了宪法第五条修正案。④ 在该案中，马歇尔一反早期扩展联邦权力的立场，宣称宪法前十条修正案（即《权利法案》）只制约联邦政府，不适用于州政府。由此，美妙无比的《权利法案》在以后的一个世纪里，在面对各州侵害个人权利时，成了一个用来摆设的花瓶。

---

①［美］塞缪尔·埃利奥特·莫里森等著：《美利坚共和国的成长》（上卷），南开大学历史系美国史研究室译，天津人民出版社1980年版，第562页。

② Jean Edward Smith, *John Marshall: Definer of a Nation*, New York: Henry Holt and Company, Inc., 1996, p. 519.

③［美］詹姆斯·西蒙著：《打造美国：杰斐逊总统与马歇尔大法官的角逐》，徐爽、王剑鹰译，法律出版社2009年版，第211页。

④ 美国宪法第五条修正案规定：“……不经正当法律程序，不得被剥夺生命、自由或财产。不给予公平赔偿，私有财产不得充作公用。”

七、巨星陨落

“我明白，我老朽的身躯已经不能复原了，”在1835年4月的最后一天，马歇尔写信给他的书记员，“如果我能找到一个磨坊，把老朽磨碎，再重塑年轻，我就可以尽情挥洒从前的精力，享受生活的欢乐。既然这是不可能的，我就只好满足于对自己的身体修修补补，苟延残喘。”[①] 年纪越大，马歇尔对老妻的怀念越严重，他一周内多次步行两英里前往波莉的墓地。1835年6月初，他突然病倒，并被送往费城治疗，但这次马歇尔没能挺过去。7月6日，他在费城去世。据斯托里记载，马歇尔最后的遗言是为联邦祈祷。[②] 为联邦奋战一生的马歇尔，在其晚年看到联邦走向分裂的边缘，何以不让他忧心？7月8日，当为马歇尔送行的队伍穿过费城时，沉寂了多年的独立钟突然响起，使得悲伤的气氛更为凝重。也许是命运安排，1776年7月8日，为纪念美国独立，安置在费城独立厅的大钟第一次响起。1835年的同一天，它再次嘶哑地响起，为首席大法官的逝去哀鸣，并因此而震裂了一条缝，此后独立钟再未响起过。[③] 马歇尔葬在里士满妻子波莉的墓旁，墓碑上只刻着他去世前两天写的简单的两个日子（他出生的日子、迎娶波莉的日子）和去世的日子。

马歇尔去世后，受到广泛颂扬。斯托里写了一句很有诗意的献词：

---

① ［美］詹姆斯·西蒙著：《打造美国：杰斐逊总统与马歇尔大法官的角逐》，徐爽、王剑鹰译，法律出版社2009年版，第211—212页。

② John F. Dillon, ed., *John Marshall: Life, Character, and Judicial Services*, vol. 3, Chicago: Callaghan, 1903, p. 344.

③ David Kimball, *Venerable Relic: The Story of the Liberty Bell*, Philadelphia: Eastern National Park and Monument Association, 1989.

“伟大的人，良善的人，睿智的人。”[①] 其他立场不同的政坛人物也都称颂马歇尔。他生前的批评者、州权派报人托马斯·里奇就写道：“马歇尔令人尊重和爱戴，他对他所在的这一职位从未有过傲慢，他是如此的温和，每次出场都给人留下最为愉悦的印象，我无可抗拒地喜欢他。”而杰克逊总统则评价说，马歇尔的审理意见“让他进入了那个时代最伟大人物的行列”[②]。

马歇尔留给后世的遗产，不需要颂词，也足以流芳。就最高法院的权威而言，他在“马伯里案”中的法律意见，毋庸置疑，处于首位。就联邦和州的关系而言，他从不怀疑宪法之父们制定宪法的目的就是要建立一个拥有所有必要政府权力的国家。从一系列宪法案件中，他不断地阐述联邦主权的思想，将其转化成了宪法原则，逐渐累积成为美国宪法的基石。对于自己未能彻底解决联邦和州的关系，马歇尔非常失望，也让他晚年备感痛苦，但他没有意识到：“没有一个法院能够最终解决如此复杂的问题，一个已经把整个国家拖到了内战边缘的问题。”不过，“他有理由认为，他和他的法院对这一问题的解决做出了价值无量的贡献。”[③] 美国前总统约翰·昆西·亚当斯就如此说道，马歇尔“解决了很多有利于联邦之存续的宪法难题。马歇尔巩固了联邦”[④]。虽然经历了内战这样的失败，但 1865 年重建后的联邦更多的是对马歇尔所缔造的宪法王国的继承，正是在马歇尔创建的宪法原则基础上，联邦实现了突飞猛进的发展，并一跃成为世界强国。

---

① Albert J. Beveridge, *The Life of John Marshall*, vol. 4, Boston and New York, Houghton Mifflin Company, 1919, p. 592.

② Jean Edward Smith, *John Marshall: Definer of a Nation*, New York: Henry Holt and Company, Inc., 1996, pp. 523—524.

③ ［美］罗伯特·麦克洛斯基著：《美国最高法院》，任东来、孙雯、胡晓进译，中国政法大学出版社 2005 年版，第 61 页。

④ ［美］伯纳德·施瓦茨著：《美国最高法院史》，毕洪海、柯翀、石明磊译，中国政法大学出版社 2005 年版，第 41 页。

在早期共和国一切尚不明朗的时代里，马歇尔小心翼翼地将法律从政治中剥离，将政治难题转化为法律议题，大胆而审慎地从宪法中寻找其答案。他将宪法从高高的神坛上请下来，将这一同时可以被视为政治性的文件转化为实实在在的法律，如果说1787年宪法确定了美国的宪法框架，那么马歇尔则充实了这个框架，“马歇尔找出宪法文本，赋予它力量；他找到的是一副骨架，却赋予它血肉之躯”①。

马歇尔为加强新生美国的法治，特别是联邦政府权威所做出的种种努力得到了广泛的认可。前总统约翰·亚当斯在生前宣称：“我一生中最自豪的事情就是把约翰·马歇尔送给了美利坚合众国人民……我送给了我的国家一个黑尔，霍尔特或曼斯菲尔德那样的人。”② 与这些英国司法贵族不同的是，在生活中，马歇尔是一个非常随和且不拘小节的人。这让讲究锦衣豪宅美酒的政敌杰斐逊很是不满：马歇尔“不拘小节的风格使他受到了里士满大部分民众的欢迎”③。外表上，他不修边幅，衣着常常皱皱巴巴，“与被奉为偶像的曼斯菲尔德勋爵的优雅相去甚远”④。但在对宪法和法律的阐释上，马歇尔与曼斯菲尔德不

△ 纪念邮票上的马歇尔⑤

① ［美］伯纳德·施瓦茨著：《美国最高法院史》，毕洪海、柯翀、石明磊译，中国政法大学出版社2005年版，第37页。

② Charles Warren, vol. 1, p. 178. 黑尔、霍尔特和曼斯菲尔德都是英国著名的法学家和法官，他们对英国法律的发展做出了巨大的贡献。

③ Donald O. Dewey, *Marshall versus Jefferson: The Political Background of Marbury v. Madison*, New York, 1970, p. 37.

④ George L. Haskins and Herbert A. Johnson, *Foundations of Power: John Marshall, 1801-1815*, N. Y.: Macmillan, 1981, p. 105.

⑤ 图片来源：http://en.wikipedia.org/wiki/John_ Marshall，最后访问日期：2018年5月1日。

相上下。他不像大多数法官那样拘泥于法律的条条框框，而是以一种司法政治家独有的敏锐，塑造着最高法院，以宪法为据，使最高法院成为宪法的守护者和捍卫者；他的那些判决意见犹如联邦司法机构的一块块基石，历久弥新。

（郭巧华、任东来）

第二章　罗杰·坦尼：生不逢时命多舛

约翰·马歇尔终老在任上后，罗杰·B. 坦尼（Roger Brooke Taney，1777—1864）继任为美国最高法院历史上第五位首席大法官，任职长达28年（1836—1864）之久，仅次于马歇尔，而且在美国这个基督教传统非常强的国家，坦尼是第一位信奉天主教的首席大法官。

一、坦尼其人

坦尼上任之初，各界颇多微词。一来是前任马歇尔像一座只能仰视而无法逾越的高山一样，横亘在坦尼面前。前者的成就既为后世大法官的榜样，又是他们的阴影。显然，马歇尔的任何继任者都必须面对人们苛刻的目光，更何况是坦尼这样的民主党人。坦尼是马歇尔的老对头安德鲁·杰克逊（Andrew Jackson）总统选择的人，“对于那些忠心拥戴马歇尔的人来说，无论杰克逊选谁来出任首席大法官，都不会让他们满意，也许斯托里除外”①。马歇尔逝世后，一直是斯托里在主持最高法院的工作，但斯托里恰恰是除马歇尔之外，杰克逊最不喜欢的大法官。在美国二百余年的历史中，还没有哪一次任命最高法院首席大法官，“曾像杰克逊挑选罗杰·坦尼继任已故的马歇尔那样，引起了那么多的愤怒、憎恶和不安”②，而这一切都与美国最高法院独特的政治地位以及坦尼此前的从政经历密切相关。

作为美国联邦政治制度中分权与制衡的重要一环，最高法院是美国最高司法机构。1789 年成立之初，它权微言轻、无所作为。在一些政界名流看来，大法官的职位犹如“鸡肋”。首任首席大法官约翰·杰伊（John Jay）辞掉职位，跑回家乡纽约去竞选州长。而在州长任期届满后，他宁可闲赋在家，得罪好友亚当斯总统，也不接受其要他重新执掌最高法院的盛情邀请。不过，若他后来看到第四任首席大法官马歇尔的苦心经营，使最高法院成为美国政治三足鼎立之一足，他肯定会追悔莫及。

在马歇尔执掌最高法院的 34 年（1801—1835）间，最高法院已经成为美国宪法的最终解释者，确立了令立法和行政部门头疼不已的司法审查权。毫无疑问，最高法院的权威来自宪法，而不是大法官本人，但是，法律如果没有大法官的详细说明和阐释其微言大义，没有大法官相对公正地维护法治的权威，它不过是一纸空文。不过，在涉及具体案例时，大法官对宪法的解释将取决于大法官本人的经历、政治信仰及其所

---

① Bernard Schwartz, *A History of The Supreme Court*, Oxford University Press, 1993, p. 71. 本书有中译本（［美］伯纳德·施瓦茨著：《美国最高法院史》，毕洪海、柯翀、石明磊译，中国政法大学出版社 2005 年版。）约瑟夫·斯托里（Joseph Story, 1779—1845）是美国著名法官、律师、法学家，曾任联邦最高法院大法官长达 34 年之久（1811—1845），并长期兼任哈佛法学讲座教授（1829—1845），撰写了大量广为流传的论文与法学教科书。

② ［美］塞缪尔·埃利奥特·莫里森等著：《美利坚共和国的成长》（上卷），南开大学历史系美国史研究室译，天津人民出版社 1980 年版，第 673 页。

处时代。特别是在美国这样一个属于普通法系，遵循判例的国家里，一个案件的判决结果，不仅直接关系到案件当事方的权利和义务，更将成为日后类似案件的先例，甚至是规范，进而长远地影响着国家的政治和社会生活的方方面面，或泽被千古，或危害一世。通过审理的一个个有重大意义的宪法案件，大法官们在美国历史上刻下了自己独特的烙印。作为时代的产物，大法官们无法摆脱时代的影响。但是，他们又在某种程度上可以左右着时代。更重要的是，有些大法官在进入最高法院神圣的殿堂之前，都是一些有名的政治人物，他们强烈的政治观念和党派立场必然会影响到其司法实践。“从约翰·马歇尔到厄尔·沃伦，大多数最有影响的大法官都曾担任过政治职务，而且他们常常是具有很强党派观念的政治人物，一旦进入最高法院，这种政治经历就会对他们的处事风格构成影响。”①

坦尼就是这样。他早年曾是一名联邦党人，后“见风使舵”，转而支持极具平民色彩的民主党领袖杰克逊，为杰克逊1824年和1828年两次竞选总统出谋划策，尽心尽力。作为回报，1831年杰克逊任命他为司法部部长。在杰克逊同合众国第二银行的交锋中，坦尼坚决站在杰克逊一边，认为该行对公共资金的控制使其拥有很大的经济实力，支持杰克逊否决国会提出的延长银行特许证法案。他还建议杰克逊政府釜底抽薪，将存入该行的联邦存款转存到各州银行去，由此割断合众国第二银行的生命线，迫使它垮台。坦尼的所作所为深得杰克逊的赏识，后者一有机会就给坦尼“封官提干”。1833年他提名坦尼为财政部长，1835年他又提名坦尼为最高法院大法官，但两次都被联邦主义者占据多数的参议院给否决了。但是，赶得早不如赶的巧。对于坦尼来说，过了这村，还有那店，1835年7月马歇尔逝世，杰克逊再一次抓住机会提名坦尼为

① ［美］彼得·沃尔主编：《美国政府内幕——人物与政治》，李洪等译，社会科学文献出版社1992年版，第355页。

首席大法官。由于1836年选出了许多新的民主党参议员，尽管亨利·克莱（Henry Clay）、丹尼尔·韦伯斯特（Daniel Webster）等著名参议员极力反对，但这位身材瘦高、举手投足间颇具贵族气质，让人一见顿生威严之感的马里兰绅士，仍在1836年3月16日通过参议院确认，成为最高法院首席大法官，时年59岁。

坦尼这样的政治背景，特别是其重视州权的政治主张，让联邦党人担惊受怕，害怕他会推倒重来，把马歇尔为加强联邦（中央）权力而作出的各种宪法努力和成就化为乌有。当时纽约的一家报纸攻讦道："纯洁的联邦最高法院将因这位'政治小爬虫'（political hack）之接掌而受到玷污。"① 此时，最高法院的7名大法官中除了斯托里和史密斯·汤普森（Smith Thompson）外，其余的5名大法官都是总统杰克逊任命的"自己人"。那个时代最伟大的律师、政治家丹尼尔·韦伯斯特也担心地写道："斯托里大法官认为最高法院已经完蛋，我也觉得最高法院快要完蛋了。"② 就算是那些认可坦尼法律才华的联邦党人也感到，坦尼与杰克逊政府的联系太密切了，势必影响他的断案立场。待到1837年杰克逊离职、范布伦继任总统时，最高法院的大法官人数已由最初的6人增加为9人，其中民主党人达到了7名。直至共和党

△ 1836年前后的坦尼③

① Leon Friedman & Fred Israel, *The Justices of the United States Supreme Court*, 1789 - 1978, New York: Chelsea House Publishers, p. 640.

② Robert G. McCloskey, *The American Supreme Court*, The University of Chicago Press, 2000, p. 53. 本书有中译本（［美］罗伯特·麦克洛斯基著：《美国最高法院》，任东来、孙雯、胡晓进译，中国政法大学出版社2005年版）。

③ 图片来源：http://hd.housedivided.dickinson.edu/node/11540，最后访问日期：2014年5月1日。

人林肯就任总统、内战爆发，来自南部的民主党大法官一直占据着法院的多数席位。最高法院的这种政治结构，也使坦尼法院屡遭批评。

在一片攻讦声中，坦尼正式入主最高法院，开启了美国宪制史上的新时代，也开始了他后半生的荣辱沉浮。上任之初，坦尼体现在司法判决中的政治哲学、价值理念引来非议一片，尤其是 1837 年判决的三个案件，它们就好似分水岭般有别于马歇尔法院。这三个案件在马歇尔法院时期都曾经庭审过，却由于种种原因没有作出裁决。根据马歇尔密友斯托里大法官的看法，坦尼法院对每个案件的裁定都与马歇尔本该采取的立场相左。于是，“坦尼及其同事是激进的民主派，他们敌视财产权利、国家主义以及马歇尔的成就”① 的说法，一度甚嚣尘上并在历史上广泛流传。加之 1857 年的“斯科特案”中坦尼对于黑人“不论是自由人还是奴隶都不是公民”的判决，使坦尼的名字一度被打入冷宫，“假如我们能够抹去从大法官马歇尔的死到内战期间的这段历史，那最高法院就可以说没有留下任何污点了”②。尤其是在美国内战后的一段时间里，对于坦尼作为首席大法官的成就，人们仿佛患了集体失忆症。差不多直到 20 世纪 30 年代后，这种状况才有所改变。但最近一些年，“出现了一些截然相反的观点，把坦尼时代最高法院的各项司法原则看作好像是对马歇尔确立的所有重要趋势的继承扩展，好像在所有的场合政治的风向全无变化”③。

这样非此即彼、泾渭分明的两种观点，对坦尼来说实际上都不尽公平。的确，是马歇尔为最高法院赢得了司法审查权，初步确立了司法独立的精神，并通过司法判决加强了中央权力，从而推动了美国由松散的

---

① Robert G. McCloskey, *The American Supreme Court*, The University of Chicago Press, 2000, p. 54.

② ［美］约翰·赞恩著：《法律的故事》，刘昕等译，江苏人民出版社 1998 年版，第 361 页。

③ Robert G. McCloskey, *The American Supreme Court*, The University of Chicago Press, 2000, p. 55.

州际联盟变成统一的国家这一历史性转变；但坦尼同样也认为联邦至上，只不过觉得各州也应有一定“主权”，在“分权”这一主张下，应赋予各州以更广泛的自治权。显然，这同样也是为了最高法院的终极目标，即为了使宪法能够更有效地运作。面对马歇尔和斯托里这样的“国家主义者”以及强烈主张“州权至上”的分离主义分子，坦尼以赋予各州“警察权”的名义，走了一条调和妥协的中庸道路。实际上，这也正如约翰·马歇尔本人所讲：“（宪法）试图为未来的时代服务，并且，归根结蒂是要适应人类面临的纷繁事件。”①

就像每一滴海水所聚成的浪花都对“载舟覆舟”的选择起着关键的作用，坦尼政治生涯的每个足迹，都影响到他的所作所为。回过头重读当年的重大案例，就会感到孤零零的案例就像大海上漂浮的孤舟，需要给定其坐标才能判断它的方位。对每一个判例来说，这个坐标就是时代背景，就是当时的社会、政治、经济状况和潜在的发展方向。坦尼法院时期的代表性案例——“查尔斯河桥梁公司案”（*Charles River Bridge v. Warren Bridge*）、“斯科特案”（*Dred Scott v. Sandford*），以及“梅里曼案”（*Ex Parte Merryman*），显示了坦尼的立场，可以从经济、政治以及维护公民自由几个方面，了解坦尼荣辱参半、跌宕起落的首席大法官生涯，以及坦尼法院在美国历史上的地位。

二、“创造性毁灭”

作为由杰克逊总统任命的首席大法官，坦尼是杰克逊政治观点的忠实支持者。一位著名的美国宪法学者评价道，坦尼“是‘杰克逊式民主’最重要的代表人物之一，杰克逊党人（Jacksonian）的政治理论基

① ［美］史蒂文·巴克曼 文、［美］乔尔·佩特 图：《美国宪法入门》，初晓波译，东方出版社1998年版，第46页。

本上都在坦尼的著述和讲演中得到更好的发展、完善以及更具逻辑性的阐述。”① 1835 年 7 月马歇尔的逝世，是杰克逊和坦尼的天赐良机，使“杰克逊党人”能够改变由联邦主义者“最后掌控的联邦政府部门（最高法院），推行‘杰克逊式’的改革”。

此时，杰克逊的总统任期已走至第七个年头。在 19 世纪二三十年代，美国政治发生了一系列重要变化，主要是顺应政治越来越大众化的趋势，被后世称为“杰克逊民主”。随着工业革命的进行，经济的发展，产生了许多小手工业者，他们的进取和奋斗精神让他们相信明天会更好。同时，美国的领土不断向西扩展，产生了一个更为民主平等的西部，他们要求在政治上有自己的代表，不希望东部精英永远控制国家的政治。杰克逊当选总统正是西部各州民主化的结果，同时又进一步推动了美国民主的发展。杰克逊反对人为的等级差别，主张让更多的人参与政治，认为人人都应享有发财致富的公平竞争机会，他本人从平民到总统的奋斗史就是极好的典范。大众也把杰克逊看作自己的总统，把他的当选看作民主政治战胜寡头政治的“1828 年革命”。

作为美国第一位平民总统，杰克逊依靠的是自己的努力，特别是 1812 年英美战争中的赫赫战功。他从边疆的小木屋最终入主白宫的漫长征程，充满了传奇色彩。在他之前的六位总统，都是美国革命时期的领袖或社会上层人物，而这位人称“平民皇帝”的鲁莽军人和战争英雄，表面上看心眼不多，受制于党派政治，谁知入主白宫后，他却以非凡的魄力一再挑战传统的特权政治和寡头经济。政治上，他痛恨特权，反对以财产地位、学识教养取仕，打破了政治上的贫富差距。在他的任期内，选民财产资格限制取消了，所有成年白人男性都获得了选举权，各州的总统选举人也开始由选民直选，而非由州议会选举；普通民众参政

① Bernard Schwartz, *A History of The Supreme Court*, Oxford University Press, 1993, p. 72.

程度和议政热情大大提高，实际投票人数占合格选民的比例也迅速增长，大众的好恶情绪开始对政治产生影响。杰克逊并不反对政党之争，认为这是民主体制中能够活跃政治的积极因素，为此，他充分调动和发挥政党的作用，并公开实行“公职轮换”制度，将一部分公职分给自己党派的人作为酬劳，被人骂为“政治分肥”（即谁拥护自己上台，就给谁官做）。而且他的运气极佳，一连获得了六次任命最高法院大法官的机会，并无所顾忌地把这些位置统统给了自己的亲信和拥护者。他所任命的大法官人数仅次于首任总统华盛顿和后来当了四届总统的小罗斯福。

杰克逊声称，为了维护人民利益，他有责任打击少数人的特权垄断，捍卫普通民众的政治经济权益。在一定程度上，他继承了杰斐逊的传统农业共和主义，主张从严解释宪法，限制联邦政府职能。他认为强大的中央政府与个人自由相对立，因此赞成有限的联邦政府，把联邦政府干预经济看成是只有利于特权集团的活动。在竞选时，杰克逊就提出了“铲除特权利益集团、建立以平民利益为主的联邦”。在就职演说中，杰克逊保证他将以实际行动实现他许诺的“民主政治”，表示要精简政府，限制联邦政府的权力，尊重州的权力。①

为了实现自己的诺言，在 1832 年围绕合众国第二银行命运的斗争中，杰克逊动用总统否决权，否决国会提出的在该银行期满后再颁发许可证的议案，紧接着停止向银行存入联邦款项，且逐渐抽走存款，分别转存到几十家州银行，毫不留情地摧毁了汉密尔顿亲手缔造并被联邦党人视为美国经济基石的国家银行。杰克逊打这一恶仗的理由很明确：这个总部设在费城，支行遍布全国，拥有 3500 万美元资金的国家银行，实际上是个已成为危险的垄断性“魔鬼机构”，只为东部和外国少数有产者服务，是特权和垄断的象征。

---

① 王希著：《原则与妥协：美国宪法的精神与实践》，北京大学出版社 2000 年版，第 186—189 页。

在经济上，“杰克逊民主”更强调自由竞争，坦尼通过鼓励设立地方银行、商业授予公司从事州际贸易的权利，为自由竞争奠定了法律基础。马歇尔法院和坦尼法院所处的不同政治环境，以及两人政治理想、司法理念的不同，使得最高法院对宪法的解释也有了转变：一方面加强法院的权力与威信，另一方面赋予因太过简洁而语意不明的宪法条款以明确意义，使大法官们有能力调整法律方向，以适应美国急速多变的社会、经济需求。

坦尼扭转宪法解释的发展方向，使其有别于马歇尔法院的“国家主义”和经济保守主义，明显地表现在查尔斯河桥梁公司案的审理中。该案系1837年坦尼上任之初的所谓“司法革命”的一部分。当时，最高法院在一个月之内审理并作出三个有悖于马歇尔法院做法的裁决，被认为是两者司法理念和实践的分水岭。

“查尔斯河桥案”的案情并不复杂。早在1785年，为了连接波士顿与其北部的查尔斯镇（Charlestown），马萨诸塞州议会曾颁发特许状，授权组建查尔斯河桥梁公司，允许其建造一座横跨查尔斯河的桥梁以代替河两岸的渡口，并从1786年桥梁竣工投入使用起收过桥费40年。查尔斯河桥建好后，为公司的股东们①带来了滚滚财源。1792年，马萨诸塞州议会又颁发特许状，允许西波士顿桥梁公司建立一座横跨查尔斯河、连接波士顿和坎布里奇（Cambridge）的桥梁，对此查尔斯河桥梁公司表示反对。于是，马萨诸塞州又将该公司征收过桥费的时间延长了30年，共70年。州政府的这一举动为后来的争端埋下了隐患，因为查尔斯河桥梁公司的特许状并没有详细而又明确地说明“特许”（franchise）② 的范

① 哈佛大学也是股东之一，1640年10月，哈佛大学获得马萨诸塞海湾殖民地行政公署（The General Court of The Massachusetts Bay Colony）之核准，单独经营波士顿与查尔斯镇之间的渡船交通，并收取渡河费，后将渡河经营权租给查尔斯河桥梁公司。

② “特许”一词原是一个中世纪英文词，这个词又源于一个古老的法文词，意思是“自由”。因此，特许就是让人们做在没有许可的情况下不允许做的事。［美］丹尼尔·布尔斯廷著：《美国人：民主历程》，中国对外翻译出版公司译，生活·读书·新知三联书店1993年版，第484页。

围，对于其是否拥有经营横跨波士顿水域桥梁的排他性的权利或特权，也没有明确的文字表述，什么是不应受到别人侵害的权益，什么构成了它应得的权益，都悬而未决。“但查尔斯河桥梁公司的股东们却对自己的权利深信不疑，认为依据古老的英国普通法，他们的利益应该受到保护，免受竞争的伤害。”① 而且在 1819 年判决的“达特茅斯学院案”中，马歇尔法院主张，“公司的特许状属于受宪法契约条款保护的契约，这样，便将不可侵犯的契约权利授予了公司”，因此“公司的财产权也得到了契约条款的保护”②。据此，在查尔斯河桥梁公司看来，它因特许状而经营桥梁公司的收入（公司的财产权）受到宪法保护，理所当然。

波士顿一直是美国北部工商业中心，尤其是到了 19 世纪 20 年代，随着经济的迅猛发展，一座桥梁已无法满足往来商旅及周围人们生活的需要，征收过桥费更为人们所诟病，一度广受赞誉的查尔斯桥到那时已成为人们痛恨的垄断的象征。从 1823 年起，要求建一座免费桥梁的呼声日益高涨。1828 年，马萨诸塞州议会新颁布了法令，授权在查尔斯河上再建一座桥，由查尔斯镇的商人组成的沃伦桥梁公司负责建设，新桥桥址与老桥相距不过百码③，这就打破了查尔斯河桥对从北面进入波士顿的垄断地位。面对这一新的竞争者，查尔斯河桥梁公司自然是一百个不高兴。更令他们恼火的是，沃伦桥的收费年限仅为六年，之后，该桥将成为州的公共财产，供人免费使用。这意味着，届时老桥或者也取消收费，或者生意不再。

作为营利机构，查尔斯河桥梁公司不甘心自己财路将断，要求法院宣布这项法令无效，声称其所拥有的 1785 年的特许状是公司与州政府

---

① Andrew J. King, ed. , *The Papers of Daniel Webster*, *Legal Papers*, vol. 3: *The Federal Practice* (part 1), University Press of New England, 1989, p. 399.

② ［美］伯纳德·施瓦茨著：《美国法律史》，王军等译，中国政法大学出版社 1990 年版，第 74 页。

③ 1 码≈0.91 米。

之间的契约，并赋予了它一种垄断地位，因此，在波士顿和查尔斯镇之间修建和经营桥梁所产生的所有收入，都应该归该公司所有；目前建立新桥的决定侵犯了他们的财产权，违背了宪法第一条第十款的“契约条款”（contract clause）——“各州不得制定法律，破坏契约义务”。而且，根据马歇尔在达特茅斯学院案中建立的原则，州不能侵犯私人和法人（企业）的私有财产权。于是，查尔斯河桥的股东们具状马萨诸塞州最高法院，控告马州议会与沃伦桥梁公司侵害了他们的契约权利，要求州最高法院立即发出停建新桥的命令。遭到拒绝后，该案在1831年上诉至联邦最高法院。

查尔斯河桥梁公司选择了著名律师丹尼尔·韦伯斯特作为自己的辩护人，因为没有比他更好的人选了。正是韦伯斯特，在1819年的达特茅斯学院案中为达特茅斯学院辩护，与马歇尔大法官共同确立了“保护契约条款原则”，旨在“限制未来立法部门对财产权的违反”①。

显然，对于韦伯斯特来说，这又是一次保卫私有财产免受政府侵犯的圣战。该案上诉至最高法院时，依旧是马歇尔执掌最高法院，韦伯斯特自然信心十足，觉得胜券在握。但实际上，问题远比他想象的要复杂。由于对“既得财产权利”（vested property rights）的概念无法达成共识，加上个别大法官因病缺席，此案虽在1831年和1833年两次审理，但均未作出最后判决，待到1837年最高法院第三次审理时，坦尼已经代替过世的马歇尔成为首席大法官。伟大的韦伯斯特律师听到坦尼被任命为首席大法官，第一个反应便是“宪法完蛋了”，此刻必须与坦尼面对面地交锋了。

1837年1月24日，“查尔斯河桥案”公开审理，“开庭前，法院的里里外外挤满了人，女士们都盛装华服，头上飘扬的帽饰使法院呈

---

① 任东来、陈伟、白雪峰等著：《美国宪政历程：影响美国的25个司法大案》，中国法制出版社2004年版，第54页。

现出一种少有的热闹华丽的气氛”。这一案件之所以如此备受瞩目，“既是因为该案是联邦主义者和杰克逊派关于财产权宪法地位的一次正面交锋，也因为卷入此案的公司股东都是波士顿的头面人物，还有哈佛大学”①。

对于坦尼法院来说，查尔斯河桥梁公司一案，既代表了当时在许多州都存在的关于特许状的众多纠纷，又为最高法院提供了一个重新解释宪法相关条款的机会，借此可以“以牺牲某些既得利益为代价，取得新的判例适应时代的发展、技术的革新和经济的变化”②。当时各州没有管理公司的一般法律，③ 如果想组建公司，就要向州议会提出申请，以取得组建公司的特别法令，这就为徇私和贪污贿赂打开了方便之门。而且，州议会颁发的许可证常具有垄断性，或被解释为垄断性的。资本匮乏或势力渺小之人，不可能得到议会颁发的许可证，因而也就无法从事有利可图的大买卖，如银行、桥梁、铁路、收费公路和摆渡等重要行业。这种人为封锁机会的做法令普通民众怨声载道，认为这是造成生活必需品价格高涨的原因。一位杰克逊派人士曾说：“不向垄断公司纳贡就无法通过城市的一些区域；我们的面包、肉类、蔬菜、燃料，一切的一切，都得向垄断者纳贡。”④

“查尔斯河桥案”是坦尼经手的最引人注目的案件之一，也是其首席大法官生涯中判决的第一个案件。此案涉及宪法问题——查尔斯河桥梁公司拥有特许状是否意味着拥有特权，财产权不容侵犯？马萨诸塞州

---

① Bernard Schwartz, *A History of the Supreme Court*, Oxford University Press, 1993, p. 75.

② Stanley I. Kutler, *Privilege and Creative Destruction: The Charles River Bridge Case*, The Johns Hopkins University Press, 1971, p. 161.

③ 也有例外，纽约和康涅狄格两州分别于 1811 年和 1817 年通过了准许某些类型的制造业企业组建公司的法律。［美］理查德·霍夫斯塔特著：《美国政治传统及其缔造者》，崔永禄、王忠和译，商务印书馆 1994 年版，第 57 页。

④ ［美］理查德·霍夫斯塔特著：《美国政治传统及其缔造者》，崔永禄、王忠和译，商务印书馆 1994 年版，第 57 页。

立法部门发给沃伦公司特许状是否违反了宪法中“禁止各州侵害契约义务”的条款？

宪法还是那部宪法，案子还是那个案子，只是昔人已远，此时最高法院七名大法官中包括首席大法官坦尼在内，有五人是由杰克逊总统任命的，马歇尔时代硕果仅存的只有斯托里和汤普森两人了。虽然大法官的职责是秉“宪法”断案，但是就是再严格的法治，终究是“人”参与的过程，这里就有“人”对于法律的理解的问题，主观性就难以避免。尤其在历史发展的过程中，法律本身不可能尽善尽美。即使在某一个历史阶段已经比较成熟的法律，也会遇到新情况、新案例的冲击。在这种情况下，对于司法、对于大法官都是一个挑战，需要大法官理解案情并以敏锐的洞察力对社会进步方向作出判断。

对原告及其律师韦伯斯特来说，其重要的法律依据便是1819年的达特茅斯学院案判决。正像中国留美学者王希教授所评价的，在“达特茅斯学院案”中，“马歇尔第一次将合同法的原则用于企业，……钳制了州政府对私人企业权利的侵犯，使各种各样的私有性质的企业组织可以不受州政府的严格限制，鼓励了私人经济的发展”①。“这一判决，在好坏两方面都具有深远的重要意义。一方面，它保护了私立的学院、学校和同类机构，使它们免受政治干扰，并鼓励了对教育和慈善事业的捐赠。另一方面，它使法人社团有了一种不受干扰的豁免权”②，使其具有了垄断的苗头。根据这一判决，在公司的特许状中，授予特权就是一项契约，政府无权侵害。如果照此推理，在查尔斯河桥梁公司案中，马歇尔的立场就意味着确认查尔斯河桥梁公司的垄断权。这从马歇尔的同事、盟友斯托里的立场可见一斑。不过这也只是一种假设而

① 王希著：《原则与妥协：美国宪法的精神与实践》，北京大学出版社2000年版，第181页。

② ［美］塞缪尔·埃利奥特·莫里森等著：《美利坚共和国的成长》（上），南开大学历史系美国史研究室译，天津人民出版社1980年版，第510页。

已，毕竟时代在发展变化，马歇尔的立场是否会发生变化，人们已无从得知。

1837 年 2 月 12 日，最高法院以 4∶3 对桥梁公司案作出了裁决，驳回了查尔斯河桥梁公司的要求，支持马萨诸塞州法院的判决，裁定颁发沃伦桥梁公司的特许状属于马萨诸塞州的管辖范围之内。坦尼代表多数起草并宣读了最高法院的判决。在判决书中，坦尼拒绝承认沃伦桥梁公司特许状对查尔斯河桥梁公司存在着不合法的侵犯。“在特许状中并没有明确的条款说明给予查尔斯河桥梁公司的‘特许’（franchise）是唯一的，或者是禁止再建一座与查尔斯河桥相竞争的桥。”① 既然特许状中没有明示查尔斯河桥梁公司的唯一性权利，那么也不应该认为它拥有默示权力，未经具体赋予的权利不能从文件中望文生义，加以引申。

坦尼主张对特许状进行从严解释，认为查尔斯河桥梁公司的特许状中并没有任何字眼或段落说要免除竞争，如果仅凭推论就得出这一结论将是“司法权的滥用”。坦尼无法将特许状的文字与查尔斯河桥梁公司的法律诉求联系在一起，而是要将公司的特权限制在那些明确给予的权利范围内，以此来限制垄断的思想和带有垄断性质的特权，拒不承认授予了一项垄断权。坦尼强调：“联邦最高法院绝不会以隐含的名义将这种特权扩大，构造一个损害公众社会权利的法律。”②

因为“政府的目的是促进其赖以建立的社会幸福和富裕，削弱政府为实现这一目的的权力是无法想象的”。“如果仅凭暗示或想象就解除政府为实现它创立之初的目的所必需的权力，把它让渡到特权公司之手，那么这样的政府毫无存在的价值。”③ 判决书中写道：“在我们这样一个

① Bernard Schwartz, *A History of The Supreme Court*, Oxford University Press, 1993, p. 76.

② *Charles River Bridge v. Warren Bridge*, 转引自 Henry Steele Commager, Milton Cantor, ed., *Documents of American History to* 1898, Prentice Hall, 1988, p. 285.

③ *Charles River Bridge v. Warren Bridge*, 转引自 Henry Steele Commager, Milton Cantor, ed., *Documents of American History to* 1898, Prentice Hall, p. 286.

自由而又充满了活力和创业精神的国度里，人口和财富都在不断增长，无论是从商贸往来的角度出发，还是从人民的方便、舒适角度来说，对于新的交通方式的需求都在日益增加。”坦尼问道，如果最高法院使特许状中含有的垄断思想得以维持，将会出现什么情况呢？沿旧有的收费公路交通线建造的为数众多的铁路该怎么办？他认为答案是：“假如这些老公司发现他们原来的特许状中包含着默示的契约权利，给予了它们在交通线上的不甚明确的财产所有权，它们就会从睡梦中醒来，要求最高法院阻止新的交通运输改善工程，以保护其既得利益。收费公路沿线铁路和运河的千百万财产就会危在旦夕。”① 当地社会就无法像文明世界其他地方那样享受新发明的好处，会原地踏步甚至倒退。

坦尼承认，“私有财产权应予维护，神圣不可侵犯”，但“我们不应忘记，社会也有许多权利，每个公民的幸福和福利都有赖于忠实地维护这些权利”②。对于坦尼这一精彩看法，研究这一问题的专家柯特勒教授评论说：“对于现存的既得利益和各种新事物、新的财产形式之间的冲突，坦尼的解决之道就是强调公共需要以及公众权利”。③ 这大概可以算是私有财产的社会责任这一现代理论的初次出现，也是经济领域中“杰克逊式民主”的表现，反映了杰克逊主义对公共权利的重视。

坦尼认为，在特许状中并没有给予查尔斯河桥梁公司“横跨查尔斯河桥水域的排他性权利，没有给予该公司再建一座桥的权利，没有禁止其他人再建一座桥，没有禁止州或其他公司再建一座桥”，“因此对公司的授权应该作狭义的解释，以维护社会的权利：当私有财产权与公众的

---

① Henry Steele Commager, Milton Cantor, ed., *Documents of American History to* 1898, Prentice Hall, 1988, p. 287.

② Henry Steele Commager, Milton Cantor, ed., *Documents of American History to* 1898, Prentice Hall, 1988, p. 286.

③ Stanley I. Kutler, *Privilege and Creative Destruction: The Charles River Bridge Case*, The Johns Hopkins University Press, 1971, p. 167.

权利相冲突时，当以后者为先”[①]。这与马歇尔对契约条款的规定——“法人拥有它根据最初的特许状所转让的特权”相比，坦尼的判决并没有否定马歇尔在达特茅斯学院案中对契约条款的解释，依然承认政府颁布的特许状是应该遵守的契约，依然承认契约的神圣。只是对契约条款的定义加了一个限制，即契约的含义限于特许状中的明示条款。

通过对查尔斯河桥案的审理，坦尼法院确立了一项重要的法律原则，那就是“在必要时，私有财产权必须服从公众的需要”[②]。从此以后，各州所颁发给法人的特许状，均明文规定各州为了“公众的福利”保留修改或中止特许状的权力。这一政策的确立，使法人根据宪法中关于契约条款而提起的上诉案件大为减少。

坦尼法院的裁决：查尔斯河桥梁公司拥有的特许状并不意味着它拥有垄断权，马萨诸塞州有权颁发特许状给沃伦桥梁公司修建一座与之竞争的桥梁，显然是对州权的肯定和支持。这一支持是通过“治安权”（police power）这一概念来实现的。“美国政治上的所谓治安权，乃系指有关安全、健康、道德及社会福利的管理而言。这个权力在 20 世纪以前，无论在观念上或实际政治上，一向被视为各州的保留权，不容许联邦政府轻于侵犯。”[③] 是坦尼法院第一次赋予“治安权”以现代意义。在判决中，坦尼认为各州都有“治安权”：“我们不能根据法律的意图或仅仅是技术性的推理，就剥夺各州管理州内事务的权力，这对于各州的繁荣昌盛是不可缺少的。”“在坦尼看来，各州的治安权包括了所有联邦宪法所没有禁止的、处理州内事务所必须的权力。”[④] 当然，坦尼也

---

① Henry Steele Commager, Milton Cantor, ed., *Documents of American History to* 1898, p. 286.

② Bernard Schwartz, *A History of The Supreme Court*, Oxford University Press, 1993, p. 76.

③ 荆知仁著：《美国宪法与宪政》，三民书局 1984 年版，第 58 页。

④ Bernard Schwartz, *A History of The Supreme Court*, Oxford University Press, 1993, pp. 79 – 80.

意识到，对各州的权力进行如此广泛的解释，势必会与全方位行使个人权利发生冲突，于是“坦尼法院将治安权发展成为一种可将财产权控制在公共利益范围之内的重要工具”，这样，社会权利被认为“高于一切个人的权利。……根据必然的暗示的含义，个人权利最终都要服从于治安权，在一切情况下，必须对正当行使的治安权让步”①。而这正是坦尼的重要贡献之一。

正是通过对治安权概念的阐述，在法律中出现了各州有责任满足公共需求的宪法理论。政府被赋予了“实现政府创立目的的权力”。通过治安权，一个州可以“为了贸易的安全和便利，或者为了保护其公民的健康”，调整财产权以及个人的权利。因此马萨诸塞州不会置经济发展与人民的需要于不顾，而让查尔斯河桥梁公司独享收过桥费的权利。

在坦尼多数派看来，沃伦桥是新技术的象征，查尔斯河桥是既得权利的代表。为了社会经济的进步，前者有时要毁掉后者，但这是一种“创造性的毁灭”，说明美国法律不是只保护既得权利，而是更倾向于保护动态产权。后来，美国全国高速公路网的形成，航空运输领先于铁路客运，石油天然气压倒煤炭工业，都牵涉到这种创造性毁灭的法律诉讼。“美国法院和有关的联邦委员会基本上都是步坦尼法院的后尘，使代表变革、进步和创新的动态产权形式有了广阔的发展空间。”②

但在当时，由坦尼写就的法院意见，在联邦党人办的报刊以及大法官斯托里等人看来，简直是“无政府状态的宣言”，同杰克逊否决银行的咨文如出一辙。它在一向保守的法律界掀起了轩然大波，斯托里洋洋洒洒地写了三万五千多字的异议书，对其进行了猛烈地抨击。在给妻子

---

① Henry Steele Commager, Milton Cantor, ed., *Documents of American History to* 1898, Prentice Hall, 1988, p. 287.

② 韩铁：《美国法律史研究中有关私人产权的几个问题》，载《美国研究》2003年第1期。

的信中，他写道：“这是一个前所未有的显失公平的判决。”[①] 他说：“我承认，假如特许状的条件是加重公共的负担，或设置了障碍而有害于公共利益，那么就有充足的理由对这些条件进行有利于公共利益的解释，但是同时，我认为我们没有任何理由说，在这样的案件里，我们不能作出照顾获得特许权一方利益的解释，以保证他们能合理地享受自己的利益。”基于这种认识，斯托里认为，“在私人投资基础上所作的改革，如不照顾到投资方面的利益，恰恰是妨碍了改革”[②]。他认为，最高法院的判决侵犯了神圣的财产权，是给全国从事与公众有关的每一个此类性质的企业敲了警钟，坦尼的判决打开了没收和毁灭的闸门。

不过，颇具讽刺意味的是，更受有产者尤其是那些正准备开办公司的人欢迎的，不是斯托里的异议书，恰恰是坦尼的判决。正如美国最高法院研究的奠基者查尔斯·沃伦所说，这种观点鼓励了“所有工商人士，他们都在考虑，把资本投入新兴的公司企业，并且不再受旧许可证中含混条款中隐藏的垄断权的约束”[③]。“此案如同政界的反银行斗争一样，象征了司法领域的反特权斗争。坦尼拟就的多数裁决书是对杰克逊信念的经典阐述，在清除公司的垄断烙印方面迈出了一大步。”[④] 如果与“达特茅斯学院案”中马歇尔法院对“契约条款”的理解、对私人产权的坚决保护相比，坦尼在“查尔斯河桥梁公司案”中的判决看似损害了查尔斯河桥梁公司的财产权，带有反特权利益和反垄断利益的成分，但这并不代表坦尼法院敌视私有财产权。相反，坦尼法院赋予特许

---

① Bernard Schwartz, *A History of The Supreme Court*, Oxford University Press, 1993, p. 76.

② 周忠海、程正康、李铁编：《外国案例选》，山西人民出版社 1984 年版，第 362—363 页。

③ ［美］理查德·霍夫斯塔特著：《美国政治传统及其缔造者》，崔永禄、王忠和译，商务印书馆 1994 年版，第 66 页。

④ ［美］理查德·霍夫斯塔特著：《美国政治传统及其缔造者》，崔永禄、王忠和译，商务印书馆 1994 年版，第 65 页。

状以公共利益，开放了商业投资的途径（如本案中修建新桥会刺激经济增长），从而使所有人都得利，无论是对私人投资者还是对公众都是如此。

这是因为美国进入19世纪以后，随着经济的迅速发展，作为基础设施的交通建设显得尤为重要，人们逢山开路，遇水搭桥。如果给每一个现存桥梁或收费公司一项不受新型交通手段损害的排他性特权，把垄断权硬塞在现存的特许状中，那么，现代社会的发展将要听凭现存公司的摆布，社会也将丧失享受科学进步所带来的好处的权利。坦尼判决为以后的美国公司的发展奠定了基础，促使资本进入交通事业领域，找到有利可图的投放途径，并使铁路获得广阔的发展空间。坦尼法院的这一判决可说是为美国自由资本主义经济的发展准备了大功率引擎，为后来公司竞争机制的兴起开了先河。“事实是，坦尼法院以一种感觉到这个经济发展新时代需要的方式，改变了对‘契约条款’的解释。”①

三、州际贸易

除了对契约条款施加限制外，坦尼对最高法院以往的判决后果施加限制的第二个领域是州际贸易。这是因为美国不仅是一个联邦制国家，而且是一个联邦和州的分权关系特别复杂的国家，在法律领域中形成了联邦法与州法之间以及各州法律之间错综复杂的关系。尤其是在美国成立初期，在事关州际贸易的问题上，联邦至上和维护州权相互对立，争论尖锐。

美国建国之后，随着各地方、各领域、各方面相互联系的日益密切，州际贸易②所涉及范围越来越广。“州际贸易”究竟是指什么？对

---

① ［美］伯纳德·施瓦茨著：《美国法律史》，王军等译，中国政法大学出版社1990年版，第44页。

② 州际贸易条款（interstate commerce clause）系美国宪法第一条第八款，又称“商业条款”或“贸易条款”，授权国会“管理合众国同外国、各州之间以及同印第安部落的通商”。

于“州际贸易”，联邦政府究竟有多大范围的调控权？在缺乏国会立法行动时，是否绝对禁止各州调控州际贸易？这一系列的问题使得“商业条款”成了联邦权与州权较量的主战场，并且常常超出经济生活的范畴。在马歇尔法院时期，鉴于邦联当时经济的无序状况，“商业条款”成了扩大联邦权力、抑制州权的利器。从 1824 年的“吉本斯诉奥格登案”以来，马歇尔总是广泛地解释国会根据商业条款拥有的管理权力，尽管该案并未明确宣布宪法禁止各州去调控州际贸易，但“此后法院仍遵从一项绝对公式，即一旦受争议的事项被判定属于州际贸易范畴，那么各州就无权干预”①，也就是认为贸易条款隐含地禁止各州对州际贸易的调控。

但坦尼对联邦与州关系有着自己的理解。他对州权的支持，不仅表现在对治安权的阐释，而且也体现在对商业条款的严格解释。在 1837 年判决的“布里斯科诉肯塔基州银行案”（*Briscoe v. Bank of Kentucky*）中，最高法院推翻了马歇尔在“克拉格诉密苏里州案”（*Craig v. Missouri*, 1830）中作出的不允许州发行债券的规定。该案同样也是马歇尔法院的遗留案件，在马歇尔看来，宪法第一条第十款已明文规定“各州不得发行纸币”，坦尼法院却认为虽然肯塔基银行是州属银行，但债券是银行发行而不是州发行的。而发行债券又是银行所应拥有的职能。追根溯源，这与坦尼帮助杰克逊总统拒绝给合众国第二银行重新获得许可证是一脉相承的，为了避免中央银行的垄断，坦尼赋予了各州银行以更广泛的权力。不过，后来各州银行却滥用自己的权力，发行了过多的纸币，结果，部分地造成 1837 年的金融恐慌。

坦尼法院摆脱马歇尔时代国家主义影响的另一案件也是在 1837 年审理的。在“纽约州诉米尔恩案”（*New York v. Miln*, 1837）中，最高

---

① 张千帆著：《西方宪政体系》（上册·美国宪法），中国政法大学出版社 2000 年版，第 135 页。

法院肯定了纽约州管理入境外国旅客的立法和做法，实际上排除了联邦政府管理外贸与移民的专属权。其实，对于国会管理外贸的权力究竟是专属的，还是与各州分享，或是由各州来管理直至国会立法为止这个问题，坦尼和他的同僚们也颇费思量，众说纷纭。在1847年间的几件许可证案（*License Cases*）中，坦尼准许各州制定法规管理国外进口的酒水；而在1849年的“旅客案”（*Passenger Cases*）中，又禁止各州向那些到达各州港口的外国旅客征税。

在这摇摆不定之间，可见坦尼与马歇尔的不同之处在于，究竟该给各州管理商业保持多少权力。马歇尔认为，联邦政府管理的商业可解释为包括所有商业活动，国会的权力不仅是“全面的”，而且是“排他性的”，各州不得染指国会有优先管理权的任何方面，即使国会还未制定法律；同时，即使州法填补了联邦尚未认识到的某种需要，它们亦属无效。而坦尼在1847年的许可证案中提出了不同的论点：“管理对外和各州之间的通商贸易的最高权力，无疑是属于国会的。不过，按照我的判断，各州为了贸易上的安全或方便，或者为了保护本州公民的健康，仍可以为本州各口岸和商埠，以及为本州辖地制定商业条规，此等条规除非与国会的某一法令相抵触，均属有效。”① 也就是说，在坦尼看来，贸易条款本身并不禁止任何调控，除非被国会阻止，各州可以自由按它们认为合适的方式调控或征税。

对于坦尼法院的多数大法官而言，无论是在“纽约州诉米尔恩”案中，还是“许可证”案中，他们之所以支持州法，只是因为各州是在为公民的福祉来行使“治安权”，这与“查尔斯河桥案”的法理基础一脉相承。由于避开了贸易条款这一棘手的难题，坦尼法院实际上回避了联邦是否独占商事权的问题，因为对于这一问题，无论是肯定还是否定，

---

① ［美］塞缪尔·埃利奥特·莫里森等著：《美利坚共和国的成长》（上），南开大学历史系美国史研究室译，天津人民出版社1980年版，第674页。

都会激怒一部分人。因此，“治安权”实在是一个很好的权宜之计。但是，对于各州所采取的会影响到商业的具体做法，究竟是出于保护健康或福祉的动机，抑或是出于调节商业的动机，却实在难以界定。

直至1851年判决“库利诉费城港务监督案”（*Cooley v. Board of Wardens of Port of Philadelphia*），坦尼法院终于直面各州是否有权调节商业活动这一问题，并形成了一个统一的折中意见。该案抛弃了以往联邦对州际贸易的绝对专有权，转而采纳更为灵活的“选择专有权”原则，从而为注重联邦与各州利益平衡的现代理论树立了里程碑。该案的判决书中指出：“宪法授予国会的贸易权力并不包含任何文字，去明确排除各州对贸易事务行使权力。”它指出，当被调节的特定对象“就其本质而言是全国性的，或者只允许一种统一的调节制度时”，各州不能行使管辖商业的权力而是要求国会的专有立法；但当“这个特定对象的特征是地方性的，适合于多样化的调节方案，有赖于地方的特殊性，各州可以调节这类商事，直到国会选择管理这一对象为止”①，这就是此后不断被引用的“库利原则”。

通过此案，法院对各州调控贸易给予很大余地，确立了州际—州内贸易两分法，不再把调控权视为不可分割的单元，联邦和各州截然对立，而是根据特定情况，平衡统一性和多样性的价值冲突，使法院能在力求防止各州的保护主义和贸易歧视的同时，兼顾各州自行处理地方事务的需要，即国会有时禁止，有时允许。也就是说国会既可以准许各州以合宪方式调控州际贸易，也可以排除各州去调控影响州际贸易的地方事务。作为一项灵活的司法标准，“库利原则”为现代法院的利益平衡规则提供了历史根据。②

在联邦权力与各州权力的纷争中，坦尼法院对查尔斯河桥梁公司案

---

① Robert G. McCloskey, *The American Supreme Court*, The University of Chicago Press, 2000, p. 57.

② 张千帆著：《西方宪政体系》（上册·美国宪法），中国政法大学出版社2004年版，第196页。

以及其他涉及州际贸易案的判决，可以说是州权的胜利。这些判决适应了19世纪美国交通革命以及经济的发展，为坦尼本人以及最高法院都赢得了声望。但是，当州权不可避免地与奴隶制联系在一起时，坦尼遭遇了他首席大法官生涯中的“滑铁卢”。

四、奴隶制死结

美国两百多年的历史发展，以渐进变革为主，极少发生剧烈的武装冲突和社会动荡。但19世纪60年代内战却是例外，南北双方死伤惨重，战争给人们留下了长久不能愈合的创伤，也成为美国最大的历史研究课题。人们不断地在思索，在同一面旗帜下共处了近一个世纪的南北双方究竟有什么心结如此难解，而竟致兵戎相向，他们之间的矛盾又是如何演化成不可通融的两极？

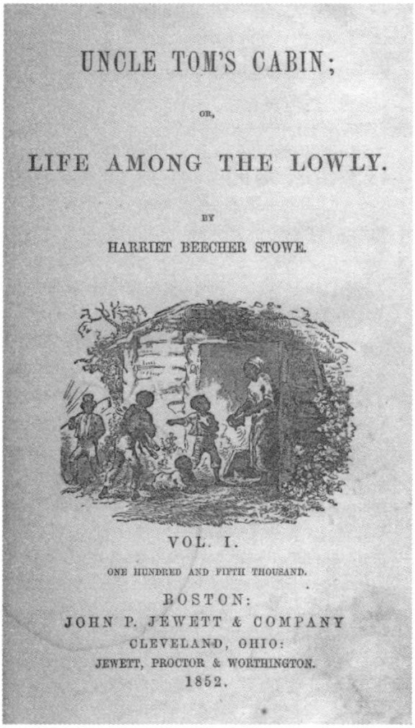

△《汤姆叔叔的小屋》②

最常见的说法有三种：1860年反对奴隶制的共和党人林肯当选总统，激起南方的不满；《汤姆叔叔的小屋》描述的南方黑奴苦难生活，“引起了一场南北战争”；“1857年斯科特诉桑弗特（*Dred Scott v. Sandford*，857）这个司法大案，认为是引发南北战争的一个重要的原因。”① 这三种解释，都有一个共同点：与奴隶制相关。

---

① 任东来、陈伟、白雪峰等著：《美国宪政历程：影响美国的25个司法大案》，中国法制出版社2004年版，第85页。

② 图片来源：http：//en. wikipedia. org/wiki/Uncle_ Tom's_ Cabin，最后访问日期：2014年5月1日。

不可否认，奴隶制曾是人类历史的一部分，在几乎整个有记载的人类历史中，都存在着各种形式的奴隶制。而美国的奴隶制在其建国前就已经出现，到17世纪50年代，黑人可作为奴隶的法律地位已经确定，由于当时英国人在土地肥沃、气候温暖的南部开发获利甚丰的烟草、糖料作物、棉花等，奴隶贸易遂在北美兴盛起来。不过当时北方由于气候寒冷，土地贫瘠，地理和经济条件不适宜实行奴隶制，所以奴隶制在北方未能盛行。可以说南北分歧的炸弹在此时就已经埋下。

随着18世纪启蒙运动在欧洲的兴起，道德上对奴隶制的谴责开始传播，1788—1864年，欧洲和美洲的其他国家已先后废除了奴隶制。而美国虽然在《独立宣言》中宣称“人人生而平等”，却在1789年成为世界上拥有黑奴最多的国家。奴隶制在19世纪40年代成为一个敏感的社会议题，受到美国全社会的关注，靠一场战争才得以结束。这要从美国唯一的一部宪法中去寻找根源，就好像一棵19世纪的树，种在18世纪的土壤里，离地面最远的一片叶子也含着土壤的养分。

在1787年费城制宪会议上，由于南北方蓄奴州与自由州势均力敌，“北方州反对奴隶制的立宪代表深知，当前面临的严峻任务，是建立一个既有足够的权威维护各州共同利益，同时又不损害各州主权和公民权利的联邦政府，而不是废除奴隶制”①。但又由于已有7个州废除了奴隶制，堂堂联邦宪法，当然也不能明目张胆以确切无疑的态度明文承认奴隶制度，结果双方达成了妥协。由于美国宪法文本从不修改，只是以修正案的形式来适应时间的变化和时代的发展，因此，它所有的历史痕迹都没有被抹去，我们可以轻而易举地找到这些妥协的内容。尽管这些条文现在已不具有任何意义，但却足以让我们一窥今天想来违反人性而在历史上却曾经真实存在过的奴隶制。

---

① 任东来、陈伟、白雪峰等著：《美国宪政历程：影响美国的25个司法大案》，中国法制出版社2004年版，第89页。

在宪法中直接涉及奴隶制或奴隶的条款有五个，间接涉及的有十多项条款，其中最重要的有三条，即所谓“五分之三条款”“逃奴条款”和“奴隶贸易条款”。

宪法第一条第二款即是“五分之三条款”：各州的众议员名额和直接税税额，按照各州人口比例进行分配。[①] 南方蓄奴州如果只计自由人的话，众议员人数将大大减少，因而南方州担心北方自由州若在众议院占据了优势会通过有损南方州利益的法案，为了换取南方州对立宪的支持，双方达成妥协，同意了南方在计产生众议员的人口数量时，一个非自由人等于五分之三个自由人，收税时也按此法计算。

又如，在宪法第一条第九款中，有一个移民条款，就是规定“现有任何一州认为得准予入境之人的迁移或入境，在一千八百零八年以前，国会不得加以禁止”。实际上这也是对南方的一个妥协。南方蓄奴州就是在这个条款下，争取到最后的进口奴隶的机会。其实这也是南方奴隶主的估算，到那时南方所需奴隶可以从国内黑奴的后代来补充，不需要再进口。

再有，就是宪法第四条第二款规定，凡根据一州之法应在该州服劳役者，如逃往另一州，另一州不得根据自己的法律，解除他的劳役，而必须将人交出。事实上，这就是指的南方逃往北方的逃奴。因为奴隶制度既已获得宪法的默认，并且又有自由州与蓄奴州之分，那么奴隶为了争取自由而逃往自由州乃是势所必然的事。

在这三个宪法条文里，无论制宪者们如何小心措辞，避免直接使用“奴隶”或“奴隶制”的字眼，事实仍是承认了南方蓄奴现状的继续存在。当年，这样的妥协无法避免，也正是由于这些妥协的达成形成了美国版的“一国两制”局面。

---

① 美国联邦宪法的中文译本取自李道揆著：《美国政府和美国政治》（下册），商务印书馆 1999 年版，第 775—799 页。

不过宪法中这些关于奴隶制的直接规定，并未发生过严重问题，但宪法其他关于奴隶制的间接规定，却成为嗣后争辩之源。如联邦宪法赋予国会“对合众国领土及其他财产以立法的权力”，国会初时认为此项规定赋权国会全权处理各领地的奴隶问题；但最后事态竟演变为国会是否有权在新获得的土地上禁止奴隶制度？联邦宪法授权国会管理州际商务，国会是不是就有权禁止跨州奴隶贸易？国会能否对新申请加入联邦的州设置先决条件？比如禁止奴隶制度。不知当年的制宪者们可曾料到，正是这些妥协引发了此后南北双方因奴隶制而起的一场场无法避免的争端，并进而演变成对美国联邦制和宪法性质的争论，对于1787年宪法究竟对奴隶制持何种立场，是支持还是反对，争端的双方皆以宪法为依据，“公说公有理，婆说婆有理”，各执一词，给后人留下了一个个回味无穷的历史案例。

之所以这样说，是因为随着历史的发展，出现了一个美国建国时没有想到的情况。随着美国西部边疆的拓展，建国时只有13个州的美国，到1819年时已有22个州。在此期间南方和北方“两大地区之间一直有着一种不言而喻的政治均衡，沿着旧的梅森—狄克逊线和俄亥俄河，划分出了蓄奴的各州和领地，以及奴隶制已被废除或处于消灭过程中的各州和领地”①。由于参议院交替接纳自由州和蓄奴州加入联邦，使得自由州和蓄奴州同为11个州，数目相等，在参议院的力量势均力敌。由于这种不言而喻（心照不宣）的政治均衡，所以还没有引发大的争端。

在1819年2月，当位于路易斯安那购买领土上的密苏里州要求以蓄奴州身份加入联邦时，南北双方发生了严重的争执。“因为在当时的国会力量对比中，北方因人口增长较快，已经牢固地占据了众议院多数席位。这样，南北双方在参议院保持同等席位，便成为维持南北力量均

① ［美］塞缪尔·埃利奥特·莫里森等著：《美利坚共和国的成长》（上），南开大学历史系美国史研究室译，天津人民出版社1980年版，第513页。

衡的惟一有效机制，无论密苏里州以何种身份加入联邦，都会打破这个均衡。”① 密苏里州究竟实行奴隶制还是成为自由州的问题不仅在国会两院，还在州议会上，报纸上和群众集会上引起了人们的广泛讨论。这是南北双方自 1787 年宪法通过以来第一次就奴隶制问题展开大辩论，“它是南、北部两种社会制度冲突尖锐化和明朗化的第一件大事，也是双方围绕奴隶制开展的第一场宪法争论”②。不过，“不是将它看作一个道义上的问题，而是看作一个地区权力和特权的问题”③。也就是说，这场争论的矛盾集中在对联邦的性质和联邦政府的权力上，联邦政府是否有权干涉新州蓄奴。此次危机因原属马萨诸塞州的缅因地区要求单独加入联邦而使南北双方达成妥协：国会同意缅因以自由州身份加入联邦，接受密苏里州以蓄奴州身份加入联邦，以保持自由州和蓄奴州在参议院投票权的平衡。同时为了防止再次发生危机，国会决定以北纬 36 度 30 分为界，对剩余的尚待建立新州的路易斯安那领地进行划分，此线以南地区允许奴隶制，此线以北地区（密苏里州除外）禁止奴隶制，但允许捕捉逃奴。此项法案史称“1820 年密苏里妥协案”。

“密苏里危机使南北之间关于奴隶制问题的争论大大政治化了，并变成了一个宪政问题。”④ “密苏里妥协案”只是暂时缓解了南北双方关于路易斯安那领地产生的冲突，并没有从根本上解决南北双方之间的矛盾。当时年已老迈的托马斯·杰斐逊曾写道：“这个重大的问题犹如深夜传报火警的钟声，惊醒了我并使我充满了恐怖之感。”⑤ 约翰·昆

---

① 任东来、陈伟、白雪峰等著：《美国宪政历程：影响美国的 25 个司法大案》，中国法制出版社 2004 年版，第 93 页。

② 李昌道编：《美国宪法史稿》，法律出版社 1986 年版，第 167 页。

③ ［美］塞缪尔·埃利奥特·莫里森等著：《美利坚共和国的成长》（上），南开大学历史系美国史研究室译，天津人民出版社 1980 年版，第 514 页。

④ 王希著：《原则与妥协：美国宪法的精神与实践》，北京大学出版社 2000 年版，第 215 页。

⑤ 刘绪贻、杨生茂等：《美国通史》（第 2 卷），人民出版社 2002 年版，第 358 页。

西·亚当斯则在日记里记道："我立刻认识到这是联邦的丧钟。我觉得当然如此的是，目前的这个问题只不过是一篇序言——只不过是一大卷悲剧集的标题扉页而已。"① 这些有识之士通过"密苏里妥协案"看到了南北冲突的严重性质及其所预示的不祥前景，同时，通过这一场冲突，南北双方的政治领袖都意识到西部领地对于争夺政治优势所具有的重要意义。

此后，随着美国边界迅速向西移动，联邦领土日益扩大，每次有新州加盟，都会成为南北双方的一场角力。南北双方的争吵围绕着在新州内是否允许奴隶制存在，这一宪法争端表明奴隶制没有随着时代的发展隐入历史，没有趋向消亡，反而力量越来越强，蓄奴州数目比制宪时不减反增。奴隶制不再是一个北方最初期望的可以由各州自己逐步解决的殖民地遗留问题，而成为这个新生国家面临的最大的现实问题。

随着北部反对奴隶制运动的高涨，南北双方在奴隶制问题的"战场"上开始了"寸土必争"的公开较量。内战前，美国的任何一次地区危机，如1846年的墨西哥战争、"1850年妥协"、1854年的《堪萨斯－内布拉斯加法案》(*Kansas – Nebraska Act*, 1854)、堪萨斯内战和1857年的斯科特判决都涉及领地上可否实行奴隶制的问题。各州各自通过针锋相对的州法，双方代表在国会也吵得不可开交，立法巨头如丹尼尔·韦伯斯特、约翰·卡尔霍恩和亨利·克莱就在那里短兵相接。

随着地区间关于奴隶制的争端愈演愈烈，黑白之间的纠纷、有关逃奴的讼案有增无减，坦尼法院也不可避免地牵涉其中。在1841年判决的"美国诉阿米斯达特案"(*United States v. The Amistad*) 可说是关于"奴隶问题的法律里程碑之一"②。1839年，从非洲被捕获的黑奴在奴隶

---

① ［美］塞缪尔·埃利奥特·莫里森等著：《美利坚共和国的成长》(上)，南开大学历史系美国史研究室译，第516页。

② 光明日报编辑部编：《牛津法律大辞典》，光明日报出版社1988年版，第208页。

贸易船“阿米斯达特号”集体暴动，杀死船主，夺船逃逸，后来在长岛被捕。经过康涅狄格州联邦地方法院初审后，坦尼法院审理了此案，以6:1的绝对多数裁决他们是自由人，应予释放，斯托里大法官撰写了法院意见。实际上此案并未动摇美国南方的奴隶制、与奴隶相关的法律以及由此引发的问题，因为他们是“自由的非洲原住民”，但它引起的兴奋和狂热的激情使得反对奴隶制的人们在以后不能接受对奴隶更苛刻的法律。这一案件成为“区分美国国民对黑人权利民意的一项最高法院判例”①，唤起了人们的反奴隶制情绪，所以16年后还是这个法院判决黑人不是公民时，引起的愤怒便可想而知了。

在北部反奴隶制情绪及运动高涨的同时，多数北部人也都认为奴隶制的最终解决要靠蓄奴州自身，而且他们也不想对南部的生活进行急剧的破坏。重要的是反对南部把奴隶制扩展到西部，把它限制在南部地区，时间一长，奴隶制就会因无发展前途而消亡。1840年、1844年的“自由党”，1848年的“自由土壤党”和1854年组织起来的共和党，都专注于这个目标。而南方人相信，为了奴隶制和种植园制度存活下去，他们只有而且必须向西部领地的新鲜土地发展。北方人认为限制奴隶制的扩张，是最终要求废除奴隶制的第一步，他们对未来的想象就是：取缔准州的奴隶制，从而产生许多新的自由州，使南部在众议院和参议院都处于劣势后再通过立法废除奴隶制。南部蓄奴派当然不能坐以待毙，他们在联邦参议院所享有的平衡是如此的不确定，便又祭起了“州权”的大旗。以来自南卡罗来纳的卡尔霍恩为代表的南方民主党人声称“联邦新取得的领土是联邦内各州的‘联合和共同的财产’，国会作为各州的代理机构，必须保障各州人民在联邦内享有平等的权益，而不能剥夺任何州人民的权利；联邦政府或国会禁止在新取得的联邦领土上实施奴

① 光复书局大美百科全书编辑部译：《大美百科全书》，（台北）光复书局企业有限公司1992年版，第11卷，第507页。

隶制是违宪的，也是侵犯州的固有权利，南部奴隶主有权把自己的奴隶财产带进新的联邦领土”①，主张参议院通过决议，重申州权原则，认为有关奴隶制的立法权在州一级。州权的理论加上“人民主权论”的概念使得关于奴隶制的辩论和政治危机从国会蔓延到民众中，从而使奴隶制问题全国化，使得每一个相关事件都有可能成为导火索，危机和内乱像达摩克利斯宝剑那样悬在这个国家的头顶。南方对于宪法赋予联邦政府的权力所作的解释采取愈来愈狭隘的态度，许多南方人考虑一切争端，不是根据争端本身的功过，而是时刻考虑这些争端是不是会对他们的“特殊制度”产生影响。

五、“斯科特案”

在坦尼法院审理的涉及奴隶制的案件中，最引人非议的便是 1857 年的“德雷德·斯科特案”。

斯科特（Dred Scott）出生于弗吉尼亚州的一个黑人奴隶家庭，1833 年被主人带至蓄奴州密苏里州圣路易斯市卖给军医约翰·艾默森（John Emerson）。1834 年至 1838 年期间，斯科特随着军医主人的换防，先后到过自由州伊利诺伊州和威斯康星自由联邦领地，1836 年还和主人的一名女奴结婚，有了两个孩子，1838 年斯科特一家随主人重返密苏里。在 1843 年，艾默森军医去世后，根据其遗嘱，斯科特成为主人遗孀艾默森夫人的财产。1846 年，在密苏里州白人废奴团体的帮助下，斯科特向密苏里州地方法院申诉，要求获得自由，理由是他曾在伊利诺伊州和威斯康星联邦领地上生活过，而两地均禁止奴隶制，所以他在两地居住时的身份应是自由人而不是奴隶。根据州际之间相互尊重法律的原则以及密

---

① 王希著：《原则与妥协：美国宪法的精神与实践》，北京大学出版社 2000 年版，第 224 页。

苏里州“一旦自由，永远自由”（once free, always free）的州法，即使他重新回到蓄奴州密苏里，其自由人身份也不应被剥夺。1850年，密苏里州地方法院作出了有利于斯科特的初审判决，准其获得自由。此时，斯科特已被再嫁的艾默森夫人从法律上转让给弟弟桑弗特（John Sandford），所以此案史称“斯科特诉桑弗特案”。眼看着失去一笔“财产”，桑弗特自然不答应了，将案子上诉，结果密苏里州最高法院和联邦巡回法院均推翻了地方法院的判决，斯科特的要求获得自由的诉讼请求被驳回，他仍是奴隶身份。斯科特的律师一不做，二不休，于1856年2月将官司打到了联邦最高法院，因为他认为，“斯科特跟随主人在威斯康星联邦领地的联邦军营里住过两年，由于联邦政府对这一地区拥有管辖权，所以斯科特实际上已具有美国公民身份”①，桑弗特是纽约州居民，不同州公民之间的法律纠纷的管辖权属于联邦法院。

本来，该案在密苏里州审理时还并没有什么政治影响。此外，仅就黑人要求获得自由而言，最高法院也经手过这类案件，也非首创。斯科特案之所以在最高法院备受争议，是因为围绕这个案子出现时的政治环境。坦尼法院在1856年2月审理此案时，正值堪萨斯内乱的高潮，由于《堪萨斯-内布拉斯加法案》的通过，“密苏里妥协案”的废除，使得全国都在讨论国会是否有权管理领地上的奴隶制问题。斯科特案也涉及这一问题。正如斯科特的律师在庭辩中所说：“这是一个非常重要的问题，比任何一个提交到最高法院的问题都重要。”②

出乎意料的是，桑弗特的律师在这个时候“除了提出了密苏里妥协的合宪性问题之外，还提出了非裔美国人的公民资格问题”③。他认为，

---

① 任东来、陈伟、白雪峰等著：《美国宪政历程：影响美国的25个司法大案》，中国法制出版社2004年版，第935页。

② Bernard Schwartz, *A History of the Supreme Court*, Oxford University Press, 1993, p. 112.

③ Lisa Paddock, *Facts About the Supreme Court of the United States*, New England Publishing Associates Inc., 1996, p. 110.

这个案子应该撤案，压根儿就不用再审了，因为不管斯科特是否是桑弗特的奴隶，美国黑人不是公民，根本没有诉讼资格。这似乎是棋高一着，因为这样一来，桑弗特就跳过了这个诉讼，可谓“出奇制胜”，而实际上这个“歪打正着”却触动了美国社会的软肋，也就是该如何给黑人在法律上定位的问题。这个问题对于当时半是蓄奴州半是自由州、绝大多数黑人还是奴隶的美国人来说，无疑是有点太超前了，甚至可以说，这个问题比国会是否有权管理奴隶制更重要。著名宪法专家施瓦茨曾经一语中的：“如果那些自由了的黑人不能获得公民资格，那么立法机关废除奴隶制只会流于形式。”①

这样，坦尼法院就好像被推到聚光灯下，成为世所瞩目的焦点，正如纽约一家报纸所说：“最高法院通过审理此案正使自己在接受审判。”但实际上，坦尼法院可以不回答这两个问题，可以引证“斯特雷德诉格雷厄姆案”（*Strader v. Graham*，1850）作为先例。在审理该案时，法院认为一个奴隶进入自由州后是否自动获得自由的问题应由他当时居住的州（肯塔基州）法院判决，既然肯塔基州认为他是奴隶，那么他就是奴隶，而忽略他们寄居自由地区时的身份问题，不作解释。既然斯科特所在的密苏里州最高法院已认定斯科特是奴隶，坦尼法院完全可以援引前例，而不去触动黑人奴隶的公民身份问题以及国会管理权，事实上他们也正准备这样做。1857 年 2 月 14 日，大多数大法官都决定这样做，纳尔逊大法官（Samuel Nelson）也拟好判词，可是人的命运，甚至是历史本身往往就是因为一念之差而改变。

几天后，法院一改初衷，决定发布一个讨论该案各个方面宪法问题的全面裁定。秘密的法庭诉讼程序使我们不能了解这一改变的真实和全面的原因。但是，有一点是可以肯定的，那就是大法官们受到来自全国

---

① Bernard Schwartz，*A History of the Supreme Court*，Oxford University Press，1993，p. 112.

各个方面的压力。在此期间，华盛顿一直盛传最高法院会抓住这个时机解决联邦领地（准州）根除蓄奴制的问题。在此之前就有许多政治家们希望最高法院能以直截了当的陈述给个说法，不只是南方人希望如此（因为南方人相信来自蓄奴州的大法官占多数的法庭会作出有利于他们的裁决），北方人亦如是，甚至后来猛烈攻击斯科特案判决结果的林肯在1856年时也希望最高法院能尽快判决，“最高法院会对这些问题作出判决，而我们将服从”①。

最高法院的声望让全国对其寄予了太大的期望，也让大法官们忘乎所以。二十年来，坦尼法院涉过了最初的险滩，并不断地建立起自己的声望。与马歇尔法院时期“国家主义”的高歌猛进不同，坦尼法院虽提倡州权，但克制而又理性，精心呵护司法尊严，小心谨慎地不多问“政治”。而此刻，作为众望之所寄的坦尼法院，在一些政治家和公众人物不断地夸大最高法院的权力②时，在面对普遍而强烈的要求以“大法官的政治家风度”去解决令人烦恼的领地问题时，③ 终于迈出了可怕的一步，接过了这个实际上超出其能力所及的“烫手山芋”。

除了这些外在的因素，也有内部的因素促使坦尼法院改变原来的决定。“坦尼法院改变立场关键并不在坦尼”，而是詹姆斯·韦恩（James Wayne）的建议。韦恩亲自告诉一名南方参议员说，“他为南方赢得了一场胜利，他已劝说首席大法官就领地的奴隶制问题作出裁决，法院将结束这种动乱”④。五位来自南方的大法官也有意如此，他们认为“司法

---

① Bernard Schwartz, *A History of the Supreme Court*, Oxford University Press, 1993, p. 111.

② Robert G. McCloskey, *The American Supreme Court*, The University of Chicago Press, 2000, p. 61.

③ ［美］詹姆斯·M. 麦克弗森著：《火的考验：美国南北战争及重建南部》，陈文娟等译，商务印书馆1993年版，第135页。

④ Bernard Schwartz, *A History of the Supreme Court*, Oxford University Press, 1993, p. 115.

△ 晚年的韦恩大法官①

裁决会给国家带来和平与安宁”，而两位来自北方的少数派大法官约翰·麦克莱恩（John Mclean）、本杰明·柯蒂斯（Benjamin R. Curtis）也不满足于法院的谨慎做法，希望有一个明确的裁定。

1857 年 3 月 6 日，坦尼法院对于斯科特案涉及的三个宪法问题作出了裁决。第一，斯科特是否是联邦公民，是否具备在联邦法院申诉的资格和权利？第二，根据州与州之间法律相互尊重的原则，斯科特是否可以因在自由州和联邦自由领地的短暂居住经历而获得永久的自由人身份？第三，国会是否有权力在联邦领地内禁止奴隶制？即 1820 年的“密苏里妥协案”是否有效？九位大法官各抒己见，每人写了一份意见书，仅宣读这些意见书便花了两天的时间。此时的坦尼已年届八十，身体虚弱，在宣读他自己的判决意见的两个小时中，声音微弱，几乎像在耳语。坦尼的意见书以 7∶2 的多数赞成成为斯科特案的判决书，斯科特要求自由的上诉被驳回。

对于第一个问题，坦尼的回答是，斯科特不是美国公民，因而不享有宪法赋予公民的权利，无权在联邦法院申诉要求获得自由。因为黑人，无论是奴隶还是祖先作过奴隶的自由黑人，都不是而且也不可能成为宪法意义上的“公民”。坦尼认为宪法开篇中的“我们合众国人民”（We the people of the United States）以及条款中提到的“公民”（citizen）是同义词。两者皆指“在我们的共和政体中，有权通过代议的方式参与政府、构

① 图片来源：http：//en. wikipedia. org/wiki/James_ Moore_ Wayne，最后访问日期：2018 年 5 月 1 日。

成主权的‘主权人民’（sovereign people）”①。而当前的问题就是要确定黑人是否是“人民”（people）、“公民”（citizens）的一分子。坦尼对此的回答是：“我们认为不包括他们，原来也没打算把他们包括在宪法中‘公民’（citizens）一词之内，因此不能要求宪法对合众国公民所规定和保证的权利和特权。相反，他们是为统治种族所征服的人，无论他们是否是自由之身。”②

坦尼的这个论据实际上站不住脚，当时有些北方州已给自由黑人政治权利。根据宪法含义，州能赋予公民权利，一个黑人可以成为一州的公民，在联邦法院有起诉权。为此，坦尼提出了州公民权和联邦公民权的区别，即所谓双重公民权。也就是说，在分治的前提下，美国人都是两个国家的公民，既是美国公民，又是他们所在的那个州，即一个有相当主权的小国家的公民。在那个时候，还没有一条法律证明这两个公民身份是可以相互自动切换的。他指出，在立宪建国前，只有州公民，没有联邦公民。宪法生效后，联邦管辖下的各州公民自动成为联邦公民。但宪法生效时黑人只是奴隶主的财产，并不具有州公民资格，所以没有自动归化为联邦公民。联邦成立后，联邦公民权由联邦宪法特别保留赋予国会行使，而不得由各州行使，州可以赋予州内任何居民以任何政治权利。但根据联邦宪法，无权使他们成为联邦公民，也不能让他们享受联邦宪法规定的州际公民权利。也就是说，尽管联邦成立后，一些北方州立法解放黑奴，使获得自由的黑人成为州公民，但不能使他们成为联邦公民。

坦尼不仅无视黑人的公民权利，而且还从“人”的角度对黑人进行

---

① Henry Steele Commager, Milton Cantor, ed., *Documents of American History to* 1898, Prentice Hall, 1988, p. 340. 该案例的译文部分参考了［美］保罗·布莱斯特等著：《宪法决策的过程：案例与材料》（上），张千帆等译，中国政法大学出版社2002年版。

② Henry Steele Commager, Milton Cantor, ed., *Documents of American History to* 1898, Prentice Hall, 1988, p. 340.

了一番解释。“他们一个多世纪以来一直被认为是低等种族，无论是在社会关系还是在政治关系上，都完全不能与白人种族相提并论；他们是这样低劣，以致他们不享有应该获得白人尊重的权利，黑人为了自己考虑而当奴隶，是正当的，合法的……”① 黑人仅仅是因为他们的血统、他们的肤色、他们被从一个美国人自己无法理解且认为不如自己“文明”的陌生文明贩运而来，就被区别对待、被歧视。这样的理论在今天不值一驳，然而在当时的美国，对黑人这样定位却是普遍存在的。其实，当时在整个世界范围内，大多数人对于种族差异的认知，都有着极大的局限性，“南蛮北夷”“吃人生番”的讲法，到处都很流行。白人认为黑人天生野蛮，倾向于暴力，无法教化，因此留在奴隶的层次上是合适的。如果让他们享有自由，“将他们视作联邦任何一州的公民，赋予他们随心所欲、单人或结队、随时随地不受阻碍、不需要任何通行证件去任何一州或在那儿定居的权利，除非他们违反了那些若是白人违反也一样要受到惩罚的法律；给予他们以充分的言论自由公开或私下里去谈论那些只有公民才可以谈论的话题，就政治问题举行公众集会，可以保有并随身携带武器，……这无疑会在他们中制造不满和反抗情绪，而这将危及各州的和平和安全”②。

坦尼在判决书中写道，“黑人在一个多世纪前就被认为是低劣的种族，……这一观点在当时的白人的文明世界中持久盛行。无论在道德上还是在政治上，这都被认为是一个‘公理’，没有人去辩驳，也没有人想去辩驳，所有等级和立场的人都习惯地遵守着它”。所以尽管《独立宣言》中宣称“所有人生而平等，都有生命、自由和追求幸福的权利”，但坦尼认为殖民地的领袖们并没有将作为财产的黑人包括在他们

---

① Henry Steele Commager, Milton Cantor, ed., *Documents of American History to* 1898, Prentice Hall, 1988, p. 342.

② Henry Steele Commager, Milton Cantor, ed., *Documents of American History to* 1898, Prentice Hall, 1988, p. 342.

所指的“所有人”中。因为“他们很清楚他们所使用的语言的含义，他们知道任何一个文明社会都不会将黑人种族包括在内，这符合当时的用语习惯，不会被任何人误解”。而且坦尼认为，“宪法中有两个条款直接而明确地指出黑人种族是被分离出的部分，表明黑人不属于组成政府的人民或公民的一部分”。一个是“奴隶贸易”条款，一个是“逃奴条款”，“这两个条款都并没有意图赋予黑人或其后代以自由的权利，或是任何审慎地赋予公民的权利”。在坦尼看来，对于《独立宣言》的解释加上宪法本身的明文规定，“如果任何关于宪法解释的事情可被认为是确定的，那就是我们现在给予‘公民’和‘人民’的解释”①。

显然，桑弗特的律师提出的黑人公民权问题已经不是简单的黑人自由问题，甚至不仅仅是废除奴隶制或者赞成奴隶制一个对待奴隶制的态度问题，而是更进一步的黑人政治权利要求的问题。就这样，桑弗特的律师把一个历史遗留问题，在条件还不成熟时，提前推到了最高法院和所有人面前。问题的死结就打在“黑人奴隶是主人的财产”这个关节上，解开这个死结最为有效的途径就是承认黑人的公民权。但是，假设坦尼在判决中承认斯科特有控告其主人的权利，那么，他就得到了与其他白人同样的公民权。如果承认了黑人的联邦公民地位，那么也就意味着所有的黑人都有公民权，这必然会引申出黑人的选举权和被选举权、陪审员资格等问题，这在黑人比例相当高的南方蓄奴州极有可能导致政治灾难和社会动乱。在150年前的美国，在白人妇女都还没有选举权和陪审员资格的情况下，要求黑人的政治权利无疑是天方夜谭。

由此看来，不论斯科特是否是自由之身，他都不具备联邦公民身份，因此不能享有联邦公民受联邦宪法保护的公民权利，自然也不能到

---

① Henry Steele Commager, Milton Cantor, ed., *Documents of American History to* 1898, Prentice Hall, 1988, p. 342.

联邦法院来告状。如果坦尼法院仅仅是依照逻辑分析判定黑人不是联邦公民、不具备在联邦法院申诉的权利而就此打住，维持密苏里州最高法院对斯科特奴隶身份的界定，也许斯科特案还不会激起美国社会的惊涛骇浪。既然斯科特不是联邦公民，联邦法院对此案自然也就没有管辖权，就不应该再接着审下去了。

可是，面对新州加入争端必起的局面，面对着南北对逃奴问题针锋相对的做法以及国会和执法部门一筹莫展的困境，坦尼法院决心借助斯科特要求自由的理由（曾在自由州伊利诺伊州和自由联邦领地威斯康星居住过），快刀斩乱麻、一劳永逸地结束这种看上去无休止的争吵，这也就是斯科特案涉及的第二个问题。

坦尼法院对此的裁决是，斯科特不能因在伊利诺伊州短暂居住过而获得人身自由。因为伊州是根据禁止蓄奴的 1787 年《西北土地法令》新建的自由州，斯科特的律师将此视为斯科特应该获得自由的重要法律依据。而坦尼陈述的法律理由是，1787 年西北土地归属合众国管辖时，邦联政府徒有虚名，联邦政府尚未成立，因此西北土地的真正拥有者是 13 个原始州。联邦政府成立后通过的联邦法令，照理不得损害 13 个原始州人民的利益。如果斯科特随主人在伊利诺伊短暂居住就使他自动拥有自由人身份，那将是对蓄奴州人民利益的严重损害，这显然是不公正也不合法的。[①] 在坦尼看来，“1787 年的《西北土地法令》是 13 个原始州的共同协定，具有一种共同管理共享利益的效用；联邦成立后《西北土地法令》成为联邦处理联邦领土问题的原则，但该原则的适用必须有益于所有的 13 个原始州人民的共同利益，或者说，不能损害这些州人民的利益。所以，即便一个奴隶到了原西北土地上建立的自由州（如伊利诺伊），他还是不能改变他的奴隶身份，因为改变身份就意味着对其

---

① 任东来、陈伟、白雪峰等著：《美国宪政历程：影响美国的 25 个司法大案》，中国法制出版社 2004 年版，第 98—99 页。

他原始州公民财产权利的损害。”① 此外，坦尼还引证了“斯特雷德诉格雷厄姆案”（*Strader v. Graham*，1850），并推断斯科特一家的身份也应根据他们离开又返回的州——密苏里州法律来确定，他们短暂居住的伊利诺伊州的法律对他们的身份不再有影响。斯科特在密苏里州是奴隶，那么，他再回到该州依然是主人的财产。而奴隶的身份和奴隶制是联邦宪法保留给各州行使的，密苏里州最高法院裁决斯科特是奴隶，联邦自然也无权干涉。

在这里，坦尼实际上忽略了一个基本情况：“密苏里州早先曾经按照一般公认的州际礼让通例，在七个案子中对曾在自由土地上居住过的奴隶认可其自由身份要求。而国会对各领地内奴隶制问题的决定权，则是七十年来一直为政府每一部门所承认的。”② 来自北方、主张废奴的少数派大法官本杰明·柯蒂斯和约翰·麦克莱恩就认为，斯科特在自由州居住，应该成为自由人。“按英国法律规定，奴隶一进入英国领地自动地成为自由人，美国北方包括伊利诺伊州在内的各州，都有和英国相同的法律，斯科特在该地居住数年，自然取得居住权而成为自由人。”③ 由此可见，在案子的审理过程中，援引不同的法律会导致不同的审判结果。此刻，坦尼法院正站在一个牵涉历史大辩论的关键案例面前，可以说是面临一个历史关口，在可以依据的法律尚有矛盾，这个矛盾有可能形成不同判决的时候，大法官的选择不仅仅是对于案情的分析、对于法律的理解，还应该是判断人类进步的方向，用人类面临的永恒的审判标准，即“人人生而平等”来判断是否合乎人性和人道。

对于威斯康星领地的奴隶制问题，坦尼认为，虽然宪法规定“国会对于属于合众国的领土或其他财产，有权处置和制定一切必要的条例和

① 王希著：《原则与妥协：美国宪法的精神与实践》，北京大学出版社2000年版，第236页。

② ［美］塞缪尔·埃利奥特·莫里森等著：《美利坚共和国的成长》（上），南开大学历史系美国史研究室译，天津人民出版社1980年版，第778页。

③ 李昌道编：《美国宪法史稿》，法律出版社1986年版，第170页。

规章”，但同时也规定“本宪法条文不得作有损于合众国或任何一州的任何权力的解释”，“密苏里妥协案”中规定的部分地区不得实行奴隶制就是对原有蓄奴州人民权利的剥夺。对于那些合众国后来获得的领土，当它们申请加入联邦时，联邦政府作为各州人民的共同代表，就不能因管理联邦的领土而剥夺一部分美国公民的权利，而是负有“促进联邦全体人民利益的责任和义务”。

坦尼还强调，“国会对公民的人身和财产所享有的权力绝不是任意的权力。当一个地区成为美国的一部分时，自然受到联邦宪法的管理，联邦政府进入该地区的角色就受到宪法的界定，政府对公民的权力就受到宪法的限制，不能超出宪法赋予它的权限，不能否认公民应拥有的权利”，没有谁会主张允许国会剥夺人们的言论和新闻自由、和平集会、要求陪审团审判等个人权利，与这些个人权利一样，“公民拥有财产的权利同样受到宪法第五条修正案的保护”。黑人没有公民权，在南方奴隶制下，黑人是主人的“财产”，而且“既然宪法承认奴隶是主人的财产，同时没有区别这种财产和公民所有的其他财产的不同，那么无论是立法机关也好，行政机关也好，或司法机关也好，都没有权力划分这个界限，或拒绝公民享受为保护私人财产，免受政府侵害而规定的条款和保证的利益”。那么，南方白人显然应该享有“财产保护权”，根据宪法的规定“不经正当法律程序，任何公民不得被剥夺自由、生命和财产”。“如果合众国公民未曾违反任何法律，仅仅因他自身或带着他的财产进入合众国的某一特定地域，就被国会的立法剥夺自由或财产，那么这项法律就很难说是正当的”；如果国会禁止南部各州人民将奴隶带入新的联邦土地，无疑就是剥夺了他们的财产权。“在宪法中，没有哪一个语句赋予国会对于奴隶这一财产以更大的权力，或给予这种财产比其他财产以更少的保护。”①

---

① Henry Steele Commager, Milton Cantor, ed., *Documents of American History to* 1898, Prentice Hall, 1988, p. 344.

这样推断下来，在分治的原则下，废奴似乎只有在一个情况下才是可行的，那就是这个地方的人民自己投票自决，或是由各州人民直接选举出来的州议会立法来宣布自行放弃这样的“财产权”。坦尼的这种州权至上的观点，不可避免地与1820年的“密苏里妥协案”相冲突。因为国会通过的“密苏里妥协案”，规定了北纬36度30分以北不得蓄奴。根据坦尼的逻辑，这是一个凌驾于各地区之上的外部立法，侵犯了当地人民以及各州的主权，剥夺了这个地区人民的“财产权”。因此，坦尼毫不含糊地裁定，“密苏里妥协案”违宪，国会无权在联邦领地禁止奴隶制。

虽然马歇尔大法官在1803年的“马伯里案”（*Marbury v. Madison*）中第一次确立了司法审查权，但“他在1806年和1830年曾告诫他的同僚，行使这项权力要慎之又慎，不要玩火。实际上，他在34年任期内多次与杰斐逊总统、杰克逊总统及其控制的国会发生严重的冲突，但并没有再使用过这个‘杀手锏’”①。虽然不时宣布一些州的法律违宪，但他此后一直没有宣布任何一项国会通过的法律违宪。据一些美国宪法学者的研究，在此后相当长的时间内，马歇尔判决的这一深远意义，确实一直为人们所遗忘和忽略。裁定“密苏里妥协案”违宪是美国最高法院第二次行使司法审查权，从这种角度来说，只是到这时，司法审查作为一种制度、一个原则才可以说真正得以确立，然而，竟然是从宪法高度来维护奴隶制！

坦尼法院通过对“斯科特案”的裁决，给立宪以来奴隶制与宪法的关系作了清楚的结论：黑人不是联邦公民，不享有联邦宪法赋予公民的权利；奴隶制向联邦领地扩张是有法可依、名正言顺，联邦无权干涉。这个判决使黑人奴隶制度在全国范围内合法化，不但在南方奴隶州是合

---

① 任自昌：《南北战争前美国最高法院扩大联邦权力的作用》，载史焕章主编：《华东政法学院法学硕士论文集》，上海社会科学出版社1988年版，第221页。

法的，而且在自由州及一切领地内也成为合法的制度了，这更加强了南方蓄奴州维护奴隶制的决心。关于这一点，马克思作了深刻的分析，他写道："如果说，1820 年的'密苏里妥协案'扩展了奴隶制度在各领地的地理界限，1854 年的《堪萨斯－内布拉斯加法案》又取消了任何地理界限，换上一个政治的障壁，即垦殖者多数的意志，那么，美国最高法院则是通过 1857 年的判决，把这个政治障壁也拆掉了，从而把共和国现在和将来的一切领地从培植自由州的地方变成了培植奴隶制度的地方。"①

虽然 9 位大法官们对于"斯科特案"涉及的宪法问题的意见并不相同，但坦尼的裁决因得到多数大法官的赞同而成为法院意见。在南北方剑拔弩张的危急时刻，最高法院的判决并不是什么药到病除的良方，没有起到居间调停、兜转危机的作用，对"斯科特案"所涉及的宪法问题作非此即彼的表态，使得南北双方进一步走向不可通融的两极，妥协机制在这个社会第一次失去了效用。一直以来，美国社会依赖国会维持自由州和蓄奴州的平衡，坦尼的判决使国会不再具有这种平衡能力。从法理和历史的角度来看，坦尼的判词乃是一个彻底的失败。"坦尼对公民权问题的解释完全忽视了革命时期北方各州将黑人变成州公民的事实"②，来自北部的大法官本杰明·柯蒂斯和约翰·麦克莱恩发表的不同意见就认为，自由黑人在 1787 年联邦成立之前就已经是各州的公民，可以自动转换成联邦公民的地位，宪法允许联邦政府对包括联邦领地和奴隶制在内的一切问题作出裁定，所以"密苏里妥协案"是合宪的。

在"斯科特案"之前，联邦政府从未对奴隶制问题作过决断明确的表态，从未表示过对奴隶州的奴隶制有管辖权，也从未以成文法的形式

---

① ［德］马克思：《北美内战》，载《马克思恩格斯全集》第 15 卷，人民出版社 1965 年版，第 351 页。

② 王希著：《原则与妥协：美国宪法的精神与实践》，北京大学出版社 2000 年版，第 238 页。

承认和建立过奴隶制。奴隶制自联邦成立以来一直是被看成一个由地方法律允许和支持的地方性体制，而斯科特判决却将这种现象逆转过来。奴隶制可以蔓延全国，不受任何限制，而禁止奴隶制的做法反而成了地方性的规定，这样的判决及其包含的政治意义极大地激化了本来已经尖锐对立的南北争执。

因为最高法院的判决是终审判决，国会和总统都不能改变，除非通过宪法修正案否决这个判决，而当时在联邦参议院里，南北双方势均力敌，大家在奴隶制问题上根本达不成一个绝对多数的意见。于是“北方各州法院开始公开抵制联邦最高法院的判决，拒不服从联邦命令，使联邦司法部门陷入半瘫痪状态。执法部门也睁一只眼闭一只眼，不再在北方州严格执行逃奴追缉法”①。执法部门有法不依的现象使得最高法院一夕之间威信扫地，“通过审理‘斯科特案’，最高法院置自己于被告席上”②。这正印证了托克维尔的观察：联邦大法官的“权力是巨大的，但这是受到舆论支持的权力。只要人民同意服从法律，他们就力大无穷；而如果人民忽视法律，他们就无能为力”③。坦尼亦因此案而千夫所指，“斯科特案”因此成为美国最高法院历史上最糟糕的判例之一，成为最高法院历史上以及坦尼首席大法官生涯中无法抹去的污点。

许多人认为，之所以会有“黑人不是美国公民”这样的判决，主要是因为最高法院首席大法官是来自南方的奴隶主，而且来自南方蓄奴州的大法官占据了多数席位，实际上这种看法并不全面。因为最高法院大法官来自南方或者本身是奴隶主，这在当时是很普遍的，但在与奴隶制有关的投票中，并不一定就存在着这样的相关关系。如1842年的“美

---

① 任东来、陈伟、白雪峰等著：《美国宪政历程：影响美国的25个司法大案》，中国法制出版社2004年版，第108页。

② Lisa Paddock, *Facts About the Supreme Court of the United States*, New England Publishing Associates Inc., 1996, p. xxi.

③ ［法］托克维尔著：《论美国的民主》，董果良译，商务印书馆1997年版，第169页。

国诉阿姆斯达号案”（*United States v. Amistad*）中，同样是这个坦尼法院，却以 8∶1 的绝对多数作出了有利于黑奴的裁决，使杀死白人船主的黑奴不但被无罪开释，而且获得了人身自由。

时代的局限使得最高法院的大法官们左右为难，当时的人们还无法设想一个种族融合的社会。应该说，坦尼对于黑人种族的认知局限在当时是普遍存在的。即使在强烈反对奴隶制的北方，依然有大量的人认为，解放奴隶是毫无疑问的，但解放以后，则必须为他们另找一个居住的地方，让他们自己生活，这样无论对白人，还是对黑人自己都是有好处的。林肯对黑人的基本观点也是如此，给奴隶以自由，然后将他们送回非洲。1817 年，“美国黑人协会”成立，所做的事情就是送那些获得自由的黑人回到他祖先的大陆上去。当时的美国人还无法想象如何与这些尚未“开化”的野蛮人共同相处，平起平坐，更不要说给他们以政治权利了。对于维持斯科特的奴隶身份，黑人不能成为公民这个“臭名昭著”的判决获得了其他 6 位大法官的同意，就很说明问题。宪法中的三个妥协条款，也成为最高法院不可逾越的障碍。因为最高法院只有依“宪法”进行司法判决的权力，是解释宪法，不是立法，它的“司法审查权”的依据是宪法，而如今争议的焦点，就是宪法本身的妥协条款，最高法院就无能为力了。

“斯科特案”之后，坦尼法院威信扫地，原来尊重它的北部各州也开始公开抵制坦尼法院的决定，最具代表性的案例便是“艾伯曼诉布思案”（*Ableman v. Booth*，1859）。布思是威斯康星州一位赞成废奴主义的报纸编辑，由于帮助一名逃亡奴隶而违反联邦逃奴法，被联邦法院判处监禁。该法要求全体美国人在抓捕和交还逃奴方面予以合作，但是威州与其他几个州通过一项人身自由法，禁止在这些州内执行逃奴法。威州法院同情废奴主义者，根据布思的请求发出人身保护令，释放了布思。联邦地区法院执行官艾伯曼从最高法院得到了再审命令，重新审查州法院的决定。最高法院的全体大法官一致同意撤销威州法院的判决，坦尼执笔写了法院意见：州法院无权干涉联邦法院处理的案件，不准各州签发人身保护令释放联邦的罪犯，同时确认逃奴法符合宪法。坦尼法院确认了联邦的最高权力而拒绝州司法机关干预联邦案件，因此，联邦政府重新逮捕和监禁了布思。也就是说，当联邦的权力受到各州的干涉时，坦尼主持下的最高法院也像马歇尔时代一样，坚持联邦至上，维护联邦权力，只是此刻看起来坦尼此举是再一次服务于“蓄奴的权力”（slave power）。①

△ 位于马里兰的坦尼塑像②

当然，美国内战自有其深刻复杂的经济、文化和思想根源，法院既压不住它，也不能负主要责任。但内战的爆发的确指出宪法存在许多弱点和毛病，南方以维护州权提出分离，北方则是为了拯救联邦而战，南北战争的起因并非为了解放奴隶，但不可否认，南北冲突的焦点是奴隶制。不管怎么说，坦尼法院没有作出一个跨时代的判决，没有解开奴隶制死结。奴隶制的公民权问题要到南北战争结束后，由1868年通过的宪法第十四条修正案才得到解决。

（翟艳芳、任东来）

---

① Leon Friedman & Fred Israel, *The Justices of the United States Supreme Court*, 1789 - 1978, New York: Chelsea House Publishers, p. 653.

② 图片来源：http://www.panoramio.com/photo/48973513，最后访问日期：2014年5月1日。

第三章　斯蒂芬·菲尔德：雄心勃勃谋名位

斯蒂芬·菲尔德（Stephen J. Field）也许是19世纪末期最重要的大法官，他生于东部康涅狄格，在西部边陲加利福尼亚闯荡成名，与加州结下了不解之缘。他先后出任加州与联邦最高法院大法官，并曾有意参选总统，还因为在加州结下的恩怨，险些命丧仇家之手。

一、早年生活

1816年11月4日，斯蒂芬·菲尔德出生于康涅狄格州的一个公理会牧师家庭，父亲是严格的清教徒，在家也像在教堂一样，要求孩子们早晚祷告，全家一起读《圣经》。母亲迪金森氏出身新英格兰望族，相夫教子，依靠丈夫微薄的薪金，将九个孩子拉扯大，培养成人。斯蒂芬·菲尔德排行老六，上有哥哥姐姐、下有弟弟妹妹。长兄戴维·达德利·菲尔德（David Dudley Field, Jr.）是美国著名法学家，法典化运动的领军人物；弟弟塞勒斯·菲尔德（Cyrus West Field）是美国著名资本家，大西洋电报公司与海底电缆的奠基人。另一个弟弟亨利·菲尔德（Henry Martyn Field）是著名牧师与作家。姐姐埃米莉亚（Emilia Ann

Field)，嫁给牧师布鲁尔（Josiah Brewer），其子布鲁尔（David Brewer）后来也成为最高法院大法官，与菲尔德是甥舅兼同僚关系。

△ 戴维·达德利·菲尔德②

1819年春，不到三岁的菲尔德跟随父母迁往麻省西部斯托克布里奇（Stockbridge），在伯克希尔山（Berkshire Hills）脚下度过了自己的童年时光。年幼的菲尔德体弱多病，当地的医生说他活不过17岁。老菲尔德为了强健儿子的体魄，特意将他送往附近的农场寄养。在与伙伴们的奔跑打闹中，菲尔德逐渐成长为一个棕发蓝眼、充满活力的少年。① 与其他小伙伴一样，菲尔德也在当地学校上学，但在他孩提时代所受的教育中，家庭却起到了更大的作用。当牧师的父亲很自然地利用《圣经》和神学教义引导孩子们做正直、勇敢的人，虽然只有最小的儿子亨利继承了父业，但几个哥哥的成就与声名远在他之上，足以证明老菲尔德教子有方。

当然，对于年幼的斯蒂芬·菲尔德，除了读万卷书外，他还获得了行万里路的难得机会。1829年年底，菲尔德的姐姐、姐夫（布鲁尔夫妇）前往希腊传教，13岁的菲尔德随船同行，他们在土耳其的士麦那（今天的伊兹密尔）登陆，遭遇了骇人的瘟疫，只好暂时放弃传教计划，在士麦那停留下来，救死扶伤。瘟疫过后，菲尔德曾随另一个美国传教士到雅典等地游历，古希腊的神庙遗址给他留下了深刻的印象，而土耳其人的虔诚与诚实，更是让他终生难忘。

---

① Carl Brent Swisher, *Stephen J. Field*, *Craftsman of the Law*, Chicago: The University of Chicago Press, 1969, p. 6.

② 图片来源：http://en.wikipedia.org/wiki/David_ Dudley_ Field_ II，最后访问日期：2018年5月2日。

1832 年夏，为了应付大学入学考试，在中东生活了两年半之久的菲尔德回到斯托克布里奇老家，当年秋天，哥哥乔纳森刚刚从威廉斯学院毕业，建议弟弟也报考这所学校。威廉斯学院位于麻省威廉斯顿（Williamstown），当时还是一所名不见经传的年轻文理学院，只有八位教师、大约一百名在校学生。① 报考者先要参加地理、算术、几何与英文考试，成绩合格且品行端正者方可入学。

对于自幼接受家教、基础扎实的菲尔德而言，入学考试自然不成问题，但学院严格、刻板的作息生活，却让他苦不堪言。早晚钟声响起时要到教堂祷告，每天在室内学习六小时，不得污言秽语、游戏吵闹，违者开除。前三年的课程主要集中于自然科学、语言学、数学与逻辑学。只有到第四年才稍稍轻松一些，可以在导师的指导下研读自己感兴趣的书籍。从 1836 年秋开始，菲尔德花了一年时间，阅读了政治哲学、修辞学方面的大量著作，为日后投身法律事业打下了牢固基础。1837 年 9 月，菲尔德以第一名的优异成绩从威廉斯学院毕业，并作为学生代表在毕业典礼上发言。② 这时的菲尔德，离 21 岁生日还差两个月，踌躇满志，希望大展宏图。他不想留在学院当一辈子老师，也不愿像父亲一样，终生与教堂相伴。正在犹疑之时，菲尔德的长兄戴维·达德利·菲尔德给他发出了邀请：到兄长的法律事务所实习，像他一样成为一名律师。

19 世纪早期，美国的法学院还不普及，到法律事务所实习，然后申请律师执照，仍然是美国律师职业培训的主要途径，戴维·菲尔德就是这样一步步走过来。他深知，在版图急剧扩张、经济迅速发展的美国社会，律师的作用与地位无可取代，法律职业永远是有志青年的第一选择。这一

---

① Carl Brent Swisher, *Stephen J. Field, Craftsman of the Law*, Chicago: The University of Chicago Press, 1969, p. 17.

② Carl Brent Swisher, *Stephen J. Field, Craftsman of the Law*, Chicago: The University of Chicago Press, 1969, p. 20.

想法与希望出人头地的菲尔德不谋而合。1838年年初，怀揣着十美元、一部《圣经》，还有父亲的祝福，菲尔德离开家乡，奔赴纽约投靠兄长。

从1838年到1841年，菲尔德跟随兄长实习三年，其中有一年半是在州首府奥尔巴尼度过的。除了兄长外，律师事务所的其他合伙人也带着菲尔德出庭，指导他起草各种法律文书，熟悉州法院的审判程序。1841年，菲尔德正式获得纽约州律师资格，并顶替退休的合伙人，与兄长共同经营律师事务所。

有了弟弟的协助，戴维·菲尔德开始将主要精力投入另一项让他着迷的事业：推动制定纽约州法典。1846年的纽约州制宪会议采纳了他的建议，并在随后几年实现了民事诉讼程序的法典化。随着纽约州的法典化运动逐渐波及其他州，戴维·菲尔德的名声也越来越大，使他完全无暇顾及自己的律师事务所，斯蒂芬·菲尔德一人承担了事务所的主要工作。但是日复一日的烦琐劳作，也让菲尔德产生了厌倦感，他渴望更丰富多彩的生活。1848—1849年，菲尔德再次到欧洲游历，并在伦敦与弟弟亨利·菲尔德重逢。1848年是欧洲历史上的革命之年，大陆上的法国、普鲁士、奥地利都很不平静，菲尔德在巴黎、维也纳、罗马短暂逗留之后，便启程回纽约。1849年10月1日，当他在纽约上岸时，西海岸加利福尼亚发现金矿的消息已经成为街头巷尾热议的话题，年轻人跃跃欲试，都想到西海岸赌一把，菲尔德也不例外。

△ 通往加利福尼亚之路①

那时候，还没有横贯北美大陆的铁路，巴拿马运河也要等到半个世纪后才通航。从东海岸到西海岸

① 图片来源：http: //collections. museumca. org/? q = collection - item \ a68901，最后访问日期：2014年5月2日。

有三条路线可走：一是陆路，主要靠马和马车横穿大陆；二是海路，绕过南美洲最南端的合恩角，从大西洋到太平洋；三是中路，先乘船到巴拿马，穿越巴拿马地峡后，沿太平洋北上加利福尼亚。陆路人最多，但越往西越难走，要翻越荒无人烟的高山与沙漠，异常艰险；海路最远，也最费时，走的人相对较少；中路最安全、最舒适，也最贵。为了赶时间，早日到达旧金山，菲尔德决定走中路。

二、初到加利福尼亚

1849 年 11 月 13 日，菲尔德乘船离开纽约，经过一个星期左右的航行后，抵达巴拿马地峡东边小城查格雷斯（Chagres），然后长途跋涉 60 英里，来到地峡西面的巴拿马城，与大批淘金的人群一起等待开往旧金山的轮船。在巴拿马拥挤、潮湿的环境里，菲尔德大病一场，直到 12 月初才乘火轮“加利福尼亚号”离开。

“加利福尼亚号”上的情况比巴拿马更糟，核定载客 210 人的火轮，硬是挤上了 1200 人，病菌在闷热的船舱内迅速繁殖、传播，很多人都病倒了。① 经过 22 天的航行，“加利福尼亚号”于 12 月 28 日傍晚驶入旧金山海湾。好不容易上岸后，菲尔德立即遇到另一个重大问题：钱不够用。当时的旧金山，挤满了从世界各地赶来的淘金者，人口从 1848 年的不到 1000 人，爆炸式增长到 1850 年的 10 万人，② 住房与生活用品奇缺，价格畸高。据菲尔德后来回忆，最便宜的早餐都要两美元。③ 好在菲尔德早有准备，利用当地人对外界信息的渴望，他出售了从纽约带来的报纸，暂时缓解了经

---

① Stephen J. Field, “Personal Reminiscences of Early Days in California, With Other Sketches”, *Journal of Supreme Court History*, Vol. 29 (2004), No. 1, p. 12.

② Paul Kens, *Justice Stephen Field: Shaping Liberty from the Gold Rush to the Gilded Age*, Lawrence: University Press of Kansas, 1997, p. 11.

③ Stephen J. Field, “Personal Reminiscences of Early Days in California, With Other Sketches”, *Journal of Supreme Court History*, Vol. 29 (2004), No. 1, p. 27.

济压力。更重要的是，他手中握有一个老朋友写给他哥哥的欠条，这位老朋友比他早来旧金山，已经发了财，菲尔德顺利收回欠款，手头的资金增加到四百多美元，可以投资一项事业了。他决定继续干自己的老本行，开一间自己的律师事务所。1850 年年初，菲尔德以每月 300 美元的租金，租了一间街角的房子，挂牌开业。但十余天只接到一个客户，最后只好关门大吉，另寻出路。[①] 正在这个时候，菲尔德听说萨克拉门托河边一个叫弗农（Vernon）的地方聚集了很多淘金者，要建一座新城，他决定过去碰碰运气。可等他乘船过去一看，才发现洪水早已淹没了弗农，他只得继续坐船往上游走，在另一个淘金定居点玛丽斯维尔（Marysville）上岸。

菲尔德到达玛丽斯维尔时，正赶上这个数百人的定居点在组建政府。菲尔德几乎是当地唯一的律师，精通土地转让等契约格式，很快就跟当地的土地投机者熟悉起来。在 1850 年 1 月 18 日的建镇选举中，菲尔德当选为该镇的镇长（Alcalde）。当时的加利福尼亚，虽然已经割让给了美国，但还是准州，一切法律制度仍沿用墨西哥统治时期的惯例。菲尔德这个镇长，其实相当于该地的治安法官，负责维持社会秩序。

对于墨西哥法律，菲尔德一无所知，但他了解当地定居者的品性，懂得如何赢得他们的认同，顺利执行自己的判决。在短短几个月的治安法官生涯中，菲尔德最乐于回忆的是当众鞭打惩罚小偷。当时的玛丽斯维尔，遍地都是淘金者的帐篷，几乎每个人都有数量不一的金沙，偷盗事件时有发生。可是没有监狱，抓到小偷后，如果不加惩罚就释放，可能被周围的人殴打致死，为了避免私刑，菲尔德不得已采用最原始的惩罚方式。而且，小偷受到鞭笞后，一般都会远遁他乡，不会再次危害本地人。

---

① Stephen J. Field, "Personal Reminiscences of Early Days in California, With Other Sketches", *Journal of Supreme Court History*, Vol. 29 (2004), No. 1, p. 27.

在这样初创的边陲小镇，木头房子都很少，自然不可能为治安法官设置专门办公室，因此，菲尔德时常借助酒馆、赌场听取争议双方的陈述、申诉。在这些人多嘈杂的地方审案，还有一个意想不到的好处：容易召集陪审团。当然，在习惯了自我救济的西部领地，治安法官的判决也不免会遇到抵制。有时候，菲尔德甚至会与当事人刀枪相见，以勇气威慑对方。①

为了更好地执行自己的判决，菲尔德还私自招募了一名法警。由于没有预算，只得自己想办法筹集经费，他说服赌场老板，每张桌子每星期缴纳五美元治安管理费，以保障赌场不受骚扰。② 据菲尔德后来回忆，他这一招非常奏效，玛丽斯维尔就像新英格兰小镇一样平静有序，夜不闭户，没有暴力，远离私刑，成为远近闻名的遵纪守法模范镇。③

在担任治安法官的这段时间里，菲尔德的个人财富也与日俱增。刚到玛丽斯维尔时，他曾以个人名声作担保，购买了大片土地。建镇之后，土地价格上涨，他转手将这些土地卖出，空手套白狼，没花一分本钱，就获利数千元。他还在玛丽斯维尔建立土地所有权登记制度，利用担任治安法官的便利条件和掌握的法律知识，收取土地所有权登记、转让费用，收入也颇为丰厚。

正当菲尔德公私事业蒸蒸日上时，加利福尼亚通过全民公投，于1850年9月正式成为美国的第三十一个州。在此之前，准州议会已经重划了司法区，选举、任命了各级法官。菲尔德也曾参选地区法官，可惜未能如愿。1850年6月，新任地区法院法官特纳（William R. Turner）取代菲尔德成为玛丽斯维尔的最高司法长官。④

---

① Paul Kens, *Justice Stephen Field: Shaping Liberty from the Gold Rush to the Gilded Age*, Lawrence: University Press of Kansas, 1997, pp. 29 – 30.

② Carl Brent Swisher, *Stephen J. Field*, *Craftsman of the Law*, Chicago: The University of Chicago Press, 1969, p. 33.

③ Stephen J. Field, "Personal Reminiscences of Early Days in California, With Other Sketches", *Journal of Supreme Court History*, Vol. 29 (2004), No. 1, p. 39.

④ Paul Kens, *Justice Stephen Field: Shaping Liberty from the Gold Rush to the Gilded Age*, Lawrence: University Press of Kansas, 1997, p. 32.

在菲尔德眼中，生长于得克萨斯的特纳是个狭隘、偏执的家伙，拥护奴隶制，尤其反感北方来的废奴主义者，而菲尔德恰恰是厌恶奴隶制的北方佬。特纳到玛丽斯维尔后，菲尔德原本准备回纽约，可一个朋友坚持要他代理自己的案子，只好又留了下来。① 6月7日，菲尔德出庭应诉，法官不是别人，正是特纳，两人因法律解释发生争议，菲尔德满腔怒气，出言不逊。特纳异常生气，判菲尔德藐视法庭，数百美元罚款加数小时监禁。但是菲尔德却从另外一个法官处获得了人身保护令，一场法律混战由此开始，直到加州最高法院出面，才平息此事。但是菲尔德从此与特纳结下仇怨，一心要把他从法官席上拉下来。为此，菲尔德参加了1850年秋天的州议会选举，以独立候选人身份四处发表演说，自费招待选民。

1851年1月，菲尔德顺利进入加州议会，他提出的第一个议案就是改划司法区，最终以立法的形式将特纳法官调离玛丽斯维尔。他还试图弹劾特纳，但未获成功。② 在州议会，菲尔德仍旧我行我素，几乎与另一个议员拔剑决斗。当然，他也广交朋友，施展才能，制定了加州民事与刑事诉讼法典。据菲尔德自己讲，加州的刑事程序法，是后来周边几个州的立法范本，他将法案交给州长时，州长连内容都没看，就签字批准了。③

由于经济压力太大，菲尔德只在议会干了一届，就回玛丽斯维尔重操旧业了，并很快东山再起，成为当地著名律师。1854年年底，菲尔德回东部老家住了几个月，见到了阔别数年的父母，纾缓思乡之情。④

---

① Stephen J. Field, "Personal Reminiscences of Early Days in California, With Other Sketches", *Journal of Supreme Court History*, Vol. 29 (2004), No. 1, p. 42.

② 数年后，特纳法官谋求连任，但选举结果有争议，上诉至加州最高法院时，菲尔德正任该院法官，由于个人恩怨，菲尔德回避了此案。Carl Brent Swisher, *Stephen J. Field, Craftsman of the Law*, Chicago: The University of Chicago Press, 1969, pp. 49 - 50.

③ Stephen J. Field, "Personal Reminiscences of Early Days in California, With Other Sketches", *Journal of Supreme Court History*, Vol. 29 (2004), No. 1, pp. 55 - 56.

④ Stephen J. Field, "Personal Reminiscences of Early Days in California, With Other Sketches", *Journal of Supreme Court History*, Vol. 29 (2004), No. 1, pp. 70 - 71.

虽然不在政府任职，菲尔德依然热心政治活动，并与加州民主党领袖布罗德里克（David Broderick）建立良好关系，协助其当选联邦参议员。作为回报，加州民主党支持菲尔德竞选加州最高法院法官。1857 年 9 月，菲尔德以多数票顺利当选。同年 10 月，菲尔德从玛丽斯维尔迁居萨克拉门托，正式就任州最高法院法官。

三、担任州最高法院法官

当时的加州最高法院，共有三名法官，其中一名是首席法官，按照规定，只要获得两名法官的同意，判决即可生效。可是与整个加州一样，初创时期的州最高法院，处于激烈变动之中，七年之内就换了八位法官，最高法院常常只有两名法官在任，而由于政治立场不同，利益诉求各异，这两名法官又时常意见不一致，致使在最初几年内，州最高法院基本上一事无成，没有作出堪称先例的重要判决。① 这一状况到菲尔德就任之后，才慢慢有所好转。

菲尔德到法院时，担任加州最高法院首席法官的是一个名叫戴维·特里（David S. Terry）的南方人，拥护奴隶制，支持州权。按照菲尔德的说法，特里充满了那个时代南方白人所有的傲慢与偏见。② 1859 年秋，任期即将届满的特里谋求连任，但是州民主党领袖布罗德里克不支持，两人发生龃龉，恶语相向，最后引发决斗，致使布罗德里克死于特里枪下，特里也因此辞职，提前离开加州最高法院。

特里辞职后，菲尔德接替他的职位，成为首席法官，这是特里与布罗德里克决斗给菲尔德带来的最直接影响。但是布罗德里克的死，也让

① Carl Brent Swisher, *Stephen J. Field, Craftsman of the Law*, Chicago: The University of Chicago Press, 1969, p. 73.

② Stephen J. Field, "Personal Reminiscences of Early Days in California, With Other Sketches", *Journal of Supreme Court History*, Vol. 29 (2004), No. 1, p. 72.

菲尔德对特里心生怨恨，因为布罗德里克是菲尔德的好友，对他有知遇与提携之恩。菲尔德视特里为杀害布罗德里克的凶手，他要伺机惩罚特里，为布罗德里克报仇。菲尔德与特里由此结下恩怨，直到三十年后，菲尔德的警卫射杀特里，这段仇怨才算了结。此是后话，暂且不表。

△ 戴维·特里①

在加州最高法院的最初几年里，菲尔德接触最多的是土地纠纷案件。美国从墨西哥手中获得加利福尼亚领地时，曾表示会尊重墨西哥法律，承认墨西哥大地产者的土地所有权。但是，原墨西哥的大地产者获得大片土地后，并没有能力开发，只好任其荒芜，而从美国各地赶来的垦居者（squatter）误以为是无主的土地，可以自由垦殖，掀起了一场占地垦殖运动，垦居者与大地产者的冲突由此出现。垦居者认为，人人都有权获得一份安身立命的土地，况且他们的开发与劳作，增加了土地的价值；而大地产者则主张，土地所有者拥有毫无争议的所有权。面对这种美国宅地传统与墨西哥领地制度的冲突，菲尔德虽然同情垦居者，但仍然站在大地产者一边，要求垦居者要么购买，要么退出垦殖的土地。

除了占地垦殖外，围绕土地产生的另一大纠纷是地下矿产的开采权问题。按照墨西哥法律，土地与地下矿产是分离的，土地所有者并不拥有地下矿产。因此，在垦居者侵蚀大地产制之时，采矿者也开始开采地下的“天然”矿产。但是，由于美国法律支持土地所有者的地下矿产所

① 图片来源：http：//en. wikipedia. org/wiki/David_ S. _ Terry，最后访问日期：2018年5月2日。

有权，大地产者于是主张自己拥有地下矿产所有权，禁止其他人开采。法律适用上的冲突，使两者之间的矛盾愈演愈烈，甚至升级为武装对峙。① 面对这种冲突，加州最高法院的多数法官选择尊重墨西哥的法律传统，认为加利福尼亚领地归属美国之后，地下矿产随之转到美国政府名下，应由政府转让或出售地下采矿权。对此，菲尔德表示反对，他坚持认为，完整的所有权包括地面土地与地下矿产，美国政府获得的只是加利福尼亚领地的主权，而非土地所有权，地下矿产是土地所有权的一部分，应随土地一同流转。②

菲尔德的解释，更贴近本国法律传统，但却非常不受欢迎，引起本地采矿者的一致抵制。他们纷纷向政府施压，要求政府同意他们继续采矿。无奈之下，加州政府只好默认他们的采矿权，但前提是必须缴纳一定的费用，办理开采执照。

在所有的土地纠纷案件中，最有影响、也最富争议的还不是垦殖者、采矿者与大地产者之间的冲突，而是旧金山市区的土地归属问题。根据墨西哥法律，每个城镇（pueblo）设立之始，都可以获得4平方里格（League）③ 土地，新建立的政府，可以将这片土地划成小块，分给定居者，也可以出售其中一部分，换取市政发展所需资金。旧金山建城之初，也曾获得4平方里格的土地，但由于首任长官铺张浪费，欠下不少债务，后任者只好贱卖土地还债。建城之后，随着城市的繁荣，市区土地日渐升值，流转也更加频繁，引发了大量产权纠纷，特别是持有地契的名义所有人与实际占有者之间，经常对簿公堂，聚讼纷扰。为此，

---

① Paul Kens, *Justice Stephen Field: Shaping Liberty from the Gold Rush to the Gilded Age*, Lawrence: University Press of Kansas, 1997, pp. 83 – 84.

② Paul Kens, *Justice Stephen Field: Shaping Liberty from the Gold Rush to the Gilded Age*, Lawrence: University Press of Kansas, 1997, pp. 88 – 89; Stephen J. Field, "Personal Reminiscences of Early Days in California, With Other Sketches", *Journal of Supreme Court History*, Vol. 29 (2004), No. 1, p. 84.

③ 里格，西班牙等国家曾经使用过的长度单位，1平方里格约等于18平方公里。

市议会通过特别立法，以1855年1月1日为界，承认在此之前实际占有土地者拥有土地所有权。尽管受到质疑，加州最高法院还是肯定了这项立法。菲尔德与另一名法官都认为，旧金山是按照墨西哥传统建立的，4平方里格土地是公共信托土地，不得用于谋取个人利益；低价私卖土地不受法律保护，实际占有并使用土地的人，才是土地的真正所有者。①

4平方里格相当于70多平方公里，是一片非常大的土地，边界很难确定。因此，旧金山的四郊，哪些是城镇公用土地，哪些是可供私人垦殖的开放土地，也就很难分辨。为此，联邦土地调查委员会还专门到旧金山勘察定界。但是，旧金山市政府并不同意联邦土地调查委员会的结论，要求联邦法院裁决。案子到达联邦巡回法院时，菲尔德刚刚受命出任联邦最高法院大法官，恰好分管加州所在的巡回区，便接了过来，判决市政府胜诉。联邦土地调查委员会一方不服，向联邦最高法院上诉，菲尔德又说服加州来的联邦议员，在两院通过一项特别立法，以旧金山土地案件复杂为由，剥夺联邦最高法院对旧金山土地纠纷案的管辖权，致使联邦最高法院无权受理此案。菲尔德以政治途径干预司法，虽然于法有据，但却有悖常规，当时就受到很多人批评。不过，也有学者提出，菲尔德以非常之手段，快刀斩乱麻之势，迅速解决了当地的土地纠讼，显示出超凡的政治胆识与法律智慧。②

也许正是因为菲尔德熟悉加州的情况，又具备这种政治胆识与法律智慧，才促使林肯总统提名他出任联邦最高法院大法官。

---

① Carl Brent Swisher, *Stephen J. Field*, *Craftsman of the Law*, Chicago: The University of Chicago Press, 1969, pp. 96 – 97; Paul Kens, *Justice Stephen Field*: *Shaping Liberty from the Gold Rush to the Gilded Age*, Lawrence: University Press of Kansas, 1997, pp. 102 – 103.

② Paul Kens, *Justice Stephen Field*: *Shaping Liberty from the Gold Rush to the Gilded Age*, Lawrence: University Press of Kansas, 1997, pp. 104 – 105; Carl Brent Swisher, *Stephen J. Field*, *Craftsman of the Law*, Chicago: The University of Chicago Press, 1969, pp. 100 – 101.

四、出任联邦最高法院大法官

在担任加州最高法院法官期间，菲尔德曾有机会出任联邦巡回法院法官，但他拒绝了，明确表示只对联邦最高法院大法官职位感兴趣。[1] 菲尔德很快等到了这个机会。1863 年 3 月，国会改组联邦司法机构，在太平洋沿岸划出了一个新的联邦司法巡回区，并增加一名最高法院大法官。当时，南方已经从联邦分离，为了稳固西部，林肯总统希望挑选一位加州出身的大法官，而且最好是民主党，以显示战时政府的跨党派联合色彩。而菲尔德恰恰符合这两项条件，他自 1849 年以来几乎一直在加利福尼亚生活，又是忠于联邦的温和民主党人。除此之外，菲尔德出任大法官，还得到了加州政界领袖及其兄长戴维的支持。加州派往华盛顿的国会议员悉数赞同，时任州长的铁路大王斯坦福（Leland Stanford）[2] 也力挺菲尔德。兄长戴维从民主党转入共和党后，一直与林肯内阁成员联系密切，在华盛顿为其弟奔走活动，直接促使林肯提名任命菲尔德，[3] 并很快得到参议院同意。

出任最高法院大法官后，除了继续负责太平洋沿岸司法巡回区外，菲尔德每年还得穿越巴拿马地峡，到首都华盛顿出席最高法院的判决活动。当时正值内战，分裂分子在北方的破坏活动颇为严重，出于地区安全与战争的需要，林肯曾暂停一些地区的人身保护权，并同意由军事委员会审判有通敌嫌疑的平民。对此，菲尔德颇不以为然，与同事一起反对林肯的做法。他事后评论说，这些州并没有参加叛乱，这些人也不是敌方战斗人员；在法院仍然存在的地方，就不应该由军事委员会审判平

---

① Stephen J. Field, "Personal Reminiscences of Early Days in California, With Other Sketches", *Journal of Supreme Court History*, Vol. 29 (2004), No. 1, p. 77.

② 如今的斯坦福大学就是斯坦福夫妇为了纪念早逝的儿子而捐资设立的。

③ Paul Kens, *Justice Stephen Field: Shaping Liberty from the Gold Rush to the Gilded Age*, Lawrence: University Press of Kansas, 1997, p. 96.

民；无论是战时还是平时，都只有一部同样的宪法。①

战争结束后，联邦与各州开始清算叛乱分子，虽然没有审判定罪，但普遍限制他们重新担任公职，其中，密苏里州的做法最具代表性。该州1865年重新制定了新的州宪法，并于当年生效。宪法正文共十三条，包括权利宣言、立法、执行、司法、教育、军事、修宪程序的诸多方面的规定，其中第二条专门对参政权进行了限定：曾经以武力反抗，或者以任何形式支持武力反抗联邦的人，不得参选政府职位，也不得出任教育、宗教方面职务（第三款）；出任这类职位之前，必须进行忠诚宣誓，发誓从未参加过任何形式的叛乱活动，或是对联邦与本州有任何不忠行为（第六款）；不服从上述规定者，一律去职，并处罚金。② 约翰·康明斯（John A. Cummings）是密苏里的一位天主教神父，拒绝忠诚宣誓，被州政府罚款500美元，密苏里州最高法院支持这一处罚。在南方保守派的支持下，康明斯向联邦最高法院上诉。

在今天看来，这个案子很简单，密苏里州的做法无疑违背了《权利法案》中所保障的宗教自由、不得自证其罪等条款。可在那个时候，宪法第十四条修正案尚未出现，《权利法案》只限制联邦政府，对州政府无效，要想为康明斯辩护，还得从宪法正文中寻找依据。几位辩护律师找到了宪法第一条第十款中限制州政府立法权限的几个条款：各州不得制定溯及既往的法律，不得通过剥夺公民权利的法律。他们还提出，密苏里州所要求的强制性忠诚宣誓，剥夺了康明斯先生从事宗教职业的自由，而且使其不能以此为生，从而也间接侵害了他的财产。自由与财产是个人的基本自然权利，任何政府不得侵犯，密苏里宪法中的忠诚宣誓条款因此无效。③

---

① Stephen J. Field, "Personal Reminiscences of Early Days in California, With Other Sketches", *Journal of Supreme Court History*, Vol. 29 (2004), No. 1, pp. 94 – 95.

② *Cummings v. Missouri*, 71 U. S. 279 – 281 (1867).

③ Paul Kens, *Justice Stephen Field: Shaping Liberty from the Gold Rush to the Gilded Age*, Lawrence: University Press of Kansas, 1997, p. 114.

多数大法官同意几位辩护律师的看法，菲尔德在法院多数意见书中写道，宣誓作为任职前的一项法律程序，是为了保证任职后的行为符合法律与职业规定，而非以过去的经历惩罚、限制某些人，将他们排除在公共职业之外；密苏里州的强制宣誓要求，具有毫无疑问的针对性，属于剥夺公民权利的州法，理应禁止；生命、自由与追求幸福，是个人的自然权利；因此，所有的职业、荣誉与职位，都应该向所有人开放。①

康明斯案是菲尔德就任大法官后主笔的第一起重大案件，从中不难发现，他对生命、自由与财产的理解，富有浓厚的自然法色彩，这也是他三十多年大法官生涯中秉承的一贯原则。

最高法院审理康明斯案时，联邦国会正在讨论制定宪法第十四条修正案，公民权利与个人生命、自由与财产，也是国会激烈争议的话题。最终，1868 年第十四条修正案正式生效，明确规定，“任何州都不得制定或实施限制合众国公民特权与豁免权的法律，不经正当法律程序，不得剥夺任何人的生命、自由或财产”。

虽然第十四条修正案的主要目的是保护新近获得自由的黑人，但若抛开肤色不论，实际上也是肯定了菲尔德在康明斯案中的判决，进一步明确限制州政府以立法形式剥夺任何人的基本权利。所以，数年之后，当最高法院在“屠宰场案”中第一次面对该如何解释第十四条修正案时，菲尔德毫不犹豫地表示，州政府的治安权不得超越个人的基本权利。

“屠宰场案”源自重建时期路易斯安那州的一项立法，为了改善新奥尔良地区的卫生状况，该法授权成立一家全新的大型屠宰场，禁止个体屠户私自屠宰牲口。路州立法建屠宰场时，第十四条修正案刚刚生效，面临失业的个体屠户认为该法侵犯了他们作为美国公民的特权，剥

---

① *Cummings v. Missouri*, 71 U. S. 316 - 331 (1867).

夺了他们的从业自由，要求最高法院判定该法违宪。但多数大法官却判决说，屠户们既是美国公民，也是各州公民；作为美国公民，他们所享有权利的种类与范围都有限；他们的权利与州紧密相连，应该尊重州政府的管理。也就是说，第十四条修正案并不禁止各州合理地治理本州事务。

△ 19世纪70年代的菲尔德②

但菲尔德不这么看，他在异议中重申，公民的从业自由不受限制，在任何地方，所有的职业都应对所有的人平等开放。州可以监管，但必须是出于维护公序良俗、提升公共健康的目的，而且监管措施应该对所有的公民一视同仁。“这正是我们的制度赖以生存的基本理念，如果不能在立法中自始至终加以贯彻，我们的共和政府将图具虚名。在我看来，第十四条修正案要求各州的立法平等地尊重所有公民的权利。路州的法律完全背离此道，本院多数意见竟然认可这样的法律，我对此深表遗憾……”①

菲尔德的遗憾，实际上也是最高法院乃至整个国家的遗憾，因为多数大法官局限于第十四条修正案的具体背景，没有看到种族之外，社会经济的巨大变动，已经在慢慢改变联邦与州的关系。州政府的主权逐渐削弱，个人与联邦的关系日益紧密，除了正当法律程序，第十四条修正案同样要求各州给予所有人法律上的平等保护。

---

① *Slaughter - House Cases*, 83 U. S. 36, 110 (1873).

② 图片来源：http://en.wikipedia.org/wiki/Stephen_ Johnson_ Field，最后访问日期：2018年5月2日。

五、法律的平等保护

简单地讲，法律的平等保护指的是所有人在法律面前一律平等，同样的情形应该适用同样的法律，不能差别对待。具体到第十四条修正案，就是说，各州在立法过程中，不得差别对待不同的人群。这是对州主权的一种新限制，虽然主要是为了防止各州侵害新近获得公民身份的黑人，但首先从中获益的，却是来自中国的移民。

众所周知，19 世纪 40 年代加利福尼亚的淘金热潮，不但吸引着美洲大陆东部的欧洲移民，也引来了数量巨大的华人，他们怀揣发财梦想，漂洋过海，胼手胝足，闯出一片天地。淘金热潮消退后，他们又投入美国铁路建设大潮，为修筑第一条横贯美洲大陆的铁路，献出了智慧、热血，乃至生命。但是，由于华人与欧洲移民外貌特征迥异，生活习惯也大相径庭，很难融入以欧洲移民为主的美国社会。外加他们勤劳肯干，工资比白人低，深受雇主欢迎，无形之中抢了白人工人的饭碗，引起了白人的强烈不满。为此，加州等几个华人较多的州相继出台法律限制华人移民、就业，乃至变相剥夺其开业权利。加州甚至修改州宪法，禁止在公共工程中雇佣华人。①

对于移民问题，由于宪法明确规定，联邦有权制定全国统一的归化法律，因此，各州并无独立的移民管理权。但州政府往往借其他理由，比如卫生、安全等，来限制某一类移民入境。地处边境海岸的加州，就曾立法限制疯子、弱智、残疾人、罪犯与妓女入境，并对载这些人入境的船主征收一定的费用，因为这些人会成为社会的负担。但这为最高法院所推翻，法院认为，加州如此征费，过于随意，而且如何判断是否为

---

① Paul Kens, *Justice Stephen Field: Shaping Liberty from the Gold Rush to the Gilded Age*, Lawrence: University Press of Kansas, 1997, p. 203.

罪犯、妓女，并无一定标准。由于加州华人社区男多女少，娼妓盛行，新入境的华人女性往往会被移民官员默认为妓女，地位不利。[①] 法院虽然没有直接提及平等保护条款，但意思很明显：州的任何法律，都不得让某一类人处于明显不利境地。而这正是平等保护条款的真义。

由于加州所在的联邦司法巡回区由菲尔德直接负责，因此，这类华人要求法律平等保护的案件，一般都会由他经手判决。那个时候，中国正处于清朝末年，大清帝国的男人背后都拖着长长的“尾巴”，即便是远涉重洋，到加州淘金，他们也很少剪辫易服。因为传统中国讲究，身体发肤，受之父母，不得毁伤；而且，他们淘金发财后，还要衣锦还乡，荣归故里，更是不能剪发从洋，背弃祖宗。然而，正是这条事关大清子民身份与性命的辫子，却引出了菲尔德对美国宪法的新解释。

事情的起因要从加州的两部法律说起。1870 年，加州议会以保障公共健康为由，要求每间住所为每位住客至少提供 500 平方英尺的生活空间，违反者将被处以 50 美元以下罚款或者短期监禁。这一表面看似公平的法律，对华人特别不利，因为当时旧金山等地的“唐人街”拥挤杂乱，根本达不到法律要求的最低生活空间。但这样的法律又无明显歧视，华人无处申冤，只好甘愿受罚。不过，他们也显示出了中国人的忍耐与聪明：只选择短期监禁，绝不缴纳罚款。监狱有政府管吃管喝，不用自己操心，关几天后出来，照样可以继续住，短期内不会再次受罚。为了对付华人，旧金山市政当局又想出了一个点子：每个收监的男性犯人，都要统一剪发，只留一英寸长的板寸。这下，留着长辫、视发如命的华人可真急了，不惜花重金起诉当地的执法官，誓死捍卫头顶的辫子。幸运的是，他们遇到了对中国人似乎毫无偏见的菲尔德大法官。在代表巡回法院撰写的司法意见中，菲尔德认为，旧金山当局的立法，完全是针对华人的残酷惩罚，因为他们知道辫子对于华人具有非比寻常的

---

① *Chy Lung v. Freeman*, 92 U. S. 275 (1875).

神圣意义；这部法律，给华人带来了巨大的身体与精神损害，违反了法律的平等保护原则。①

第十四条修正案中的平等保护条款，原本是用来限制各州的立法行为，严格地讲，旧金山市政当局的法令，不在禁止之列。但在这起“剪辫案”中，菲尔德特意提出，第十四条修正案既限制各州的立法，也涵盖该州各部门、下属各县市的法令，因此旧金山市也不例外。菲尔德还强调，平等保护条款保护的是所有居住在美国的人，不限于美国公民，华人与犹太人一样，虽然生活习惯多有特殊之处，但立法机构不能以此为由，制定针对某一人种、群体的歧视性法律。②

“剪辫案”虽然只是一起联邦巡回法院的判决，但由于涉及的宪法条款十分重要，判决之后，立即引来了当地报纸的激烈评论。为了表明自己的法律与政治主张，菲尔德还同意将该判决以小册子的形式发表，并附上报纸对旧金山市居住空间与剪辫法令的评论。③ 由此可见菲尔德对此案的重视。

在加州的排华浪潮中，菲尔德的“剪辫案”判决堪称惊人之举，需要极大的勇气和毅力，菲尔德也由此赢得了华人保护者的名声。因此，遇到法律困境时，华人也十分乐意找这位“洋青天”。在菲尔德所审理的华人案件中，比较多的还是洗衣店案件。开洗衣店是华人继淘金和修路之后找到的另一个安身立命职业，19 世纪 80 年代旧金山的 300 余家

---

① Paul Kens, *Justice Stephen Field: Shaping Liberty from the Gold Rush to the Gilded Age*, Lawrence: University Press of Kansas, 1997, pp. 204 – 206; Circuit Court of the United States, District of California, *Ho Ah Kow v. Matthew Nunan*, *The American Law Register* (1852 – 1891), Vol. 27, No. 11, New Series Volume 18 (Nov., 1879), pp. 677 – 683.

② Circuit Court of the United States, District of California, *Ho Ah Kow v. Matthew Nunan*, *The American Law Register* (1852 – 1891), Vol. 27, No. 11, New Series Volume 18 (Nov., 1879), pp. 681 – 682.

③ Paul Kens, *Justice Stephen Field: Shaping Liberty from the Gold Rush to the Gilded Age*, Lawrence: University Press of Kansas, 1997, p. 204, p. 326.

洗衣店中，有一多半是华人开的。① 他们依山搭建简陋的木屋，取水洗衣，昼夜经营，给周边的居民造成了一定影响。为此，旧金山市政当局颁布法令，开办洗衣店必须获得邻居同意，得到本社区12位以上公民签名之后，方可营业。由于华人大多没有获得公民身份，在不友好的排华氛围中，要找白人公民签字同意，可谓比登天还难。为此，只得再次对簿公堂，主持巡回法院的菲尔德又一次否决了旧金山的法令。在他看来，洗衣店并不像污染性工厂一样会扰民，若如此严格限制，势必给店主经营带来巨大负担。这不禁使人想起菲尔德在"屠宰场案"中的异议，也许他潜意识里也认为，经营洗衣店是个人选择职业的自由，不应受到干涉。当然，这种经营自由也并非绝对，当旧金山市政当局规定晚十点到早六点，洗衣店不得涣洗熨烫衣服时，菲尔德表示支持。②

在旧金山市规范洗衣业的一系列法令中，最严酷的还是勒令所有在木制建筑中开办、经营的洗衣店，都要到市政府重新申请备案，绝不服从者将被处以罚款或者监禁。由于市政当局没有同时颁布申请标准，结果，所有华人洗衣店老板的申请均被拒之门外，而所有白人申请者皆一路绿灯，获得批准。一个名为益和（Yick Wo）的洗衣店店主，在旧金山开洗衣店已经20余年，通过了消防局的检查，认定其洗烫设备运行良好，不会对周边的财物造成威胁。结果，却同样没有得到市政当局的批准备案。像益和这样无法重新备案的华人店主多达150余人。他们决定状告市政当局的歧视行为。案子进入最高法院后，虽然主笔撰写司法意见书的不是菲尔德大法官，但法院一致肯定了他在"剪辫案"中确立的原则：第十四条修正案的平等保护条款适用于所有人，既包括美国公民，也包括居留美国的华人；市政当局要求洗衣店重新备案的法令，看似公允，但过于武断，从执行的结果来看，也十分不公正地剥夺了特定

---

① *Yick Wo v. Hopkins*, 118 U. S. 358 – 359 (1886).

② Carl Brent Swisher, *Stephen J. Field*, *Craftsman of the Law*, Chicago: The University of Chicago Press, 1969, pp. 224 – 226.

人群的经营自由，违反了法律的平等保护原则。由此法院得出结论：表面公正的法律，如果渗入了权力部门的邪恶动机，以不公正的方式加以实施，也同样违背了宪法的平等保护精神。[①]

至今为止，这起由华人洗衣店主引发的益和案，是最高法院讨论平等保护条款时最常引用的案例，堪称美国宪法史上的里程碑，而其发轫，正是菲尔德主持巡回法院时所判决的“剪辫案”。这两起案件，也可以称得上是普通中国人对美国法治的最大贡献。

虽然菲尔德强调法律的平等保护不分种族、肤色，但对于华人，他还是主张尽量拒绝入境。所以，当国会一步一步限制乃至终止华人移民时，菲尔德表示完全支持，他主笔的判决书，不仅仅是尊重国会管理移民事务的权力，[②] 也体现了那个时候华人的真实处境。当然，移民问题涉及的是国会的权力，已与限制各州的平等保护条款无关。

六、铁路公司

第十四条修正案的平等保护条款，旨在保护所有人（person）不受各州恶法侵害，当时的立法目的是保障新近获得自由的黑人能与白人一样，享有美国公民的特权与豁免权。然而，最高法院的解释，却使其偏离了航向，先是在华人身上小试牛刀，否决了加州与旧金山的几部法令，紧接着，铁路公司又进入了最高法院的视线。

铁路是19世纪后半期美国经济迅速发展的强大动力，其中最著名的当然是1869年贯通北美大陆的太平洋铁路，这条铁路东起内布拉斯加州奥马哈，西至加州萨克拉门托，由联合太平洋铁路公司和中央太平洋铁路公司分头修建。中央太平洋铁路的总部就在加州，由斯坦福等四

① 任东来、陈伟、白雪峰等著：《美国宪政历程：影响美国的25个司法大案》，中国法制出版社2004年版，第141—145页。

② *The Chinese Exclusion Case*, 130 U. S. 581 (1889).

巨头联合出资开办。由于兴建铁路投资巨大，为了鼓励民间资本参与，19世纪60年代，国会制定《太平洋铁路法》时曾赠予铁路公司大批土地，使其可以卖地换钱，筹集资金。除了卖地外，铁路公司还通过抵押资产、发行债券等形式，与东部的金融巨头紧密结合，形成铁路大亨。

为了敦促铁路公司还本付息，美国政府曾要求铁路公司提前还款，但被最高法院拒绝。[①] 1878年，国会又通过立法，要求铁路公司将净收入的25%存入一个还债基金（sinking fund），以供偿债之用，得到法院肯定。多数大法官认为，铁路公司多由政府立法授权成立，担负着重要的公共服务职能，理应受政府管理。但菲尔德等却提出不同意见，他坚信，政府规定的铁路公司章程，是政府与铁路公司之间的契约，不得随意更改、损害；未经同意就动用公司收益，就是不经正当法律程序剥夺私人财产。[②]

尽管铁路大亨财大气粗，但在民主政治中，仍敌不过手握选票的民众。1879年，加州修宪，不但成立专门的铁路委员会，负责调查、监管铁路，而且规定，铁路公司抵押出去的资产，照样征税，不得减免；而普通民众的抵押财产免税。制宪者如此区分对待，主要的考虑是，铁路公司的资产，几乎全部抵押，如果像普通民众的抵押财产一样免税，铁路公司几乎就不用缴纳财产税了，州政府将损失大笔税收。这种赤裸裸的差别待遇，自然遭到铁路公司的抵制，他们纷纷诉诸州法院，希望法院能改变这种不公平的税收政策。但民选的州法官，并不同情铁路公司的苦境，依然强调州政府有权制定、调整税收种类与方式。[③] 无奈之下，铁路公司只好求助于联邦法院。但加州铁路公司的税负问题，只是州内

---

① Carl Brent Swisher, *Stephen J. Field, Craftsman of the Law*, Chicago: The University of Chicago Press, 1969, p. 246.

② *Sinking Fund Cases*, 99 U. S. 732 – 744 (1878); Carl Brent Swisher, *Stephen J. Field, Craftsman of the Law*, Chicago: The University of Chicago Press, 1969, pp. 246 – 248.

③ Carl Brent Swisher, *Stephen J. Field, Craftsman of the Law*, Chicago: The University of Chicago Press, 1969, pp. 250 – 252.

争议，不涉及联邦问题，联邦法院是否受理，仍是问号。

为了说服联邦法院接受他们的申诉，铁路公司高薪聘请了当时的顶尖律师。他们提出，加州的新税制，不合理地剥夺了铁路公司的财产；作为法人，铁路公司也像普通人（person）一样，享有宪法第十四条修正案赋予的正当法律程序与法律的平等保护的权利。面对这种扩大甚至是扭转第十四条修正案的新解释，主持巡回法院的菲尔德最初还是很谨慎，并没有贸然接受。在他看来，各州的铁路公司，由各州颁布章程成立，州政府可以自由修改章程，可以改变税收方式，这毫无疑问是州的主权与职责所在；问题在于，加州的新税制，确实显失公平，应该修改，至于如何修改，由州政府自行决定。①

对于这样的判决，铁路公司当然不满意，他们一面上诉联邦最高法院，一面提起更多诉讼，希望联邦法院能从宪法的角度，彻底解决铁路公司的公平待遇问题。其间，由于斯坦福与菲尔德两家的亲密关系，据说菲尔德还与铁路大亨们有过私人接触，参加过他们的宴会。②

1886 年，最高法院正式就加州的铁路税收案作出判决，多数大法官接受了铁路公司的主张：第十四条修正案所规定的法律的平等保护，同样适用于公司。③ 也就是说，公司也是第十四条修正案意义上的人（person）。但法院只是点到为止，并没有过多阐述第十四条修正案与禁止税收歧视、财产保护之间的关系，而是着重区分了铁路税收的对象，认为有些财产不在州政府的征税范围之内。对此，菲尔德颇不以为然，他相信，公司的人格化是个重大问题，最高法院应该在这方面多加解释。④

---

① Carl Brent Swisher, *Stephen J. Field*, *Craftsman of the Law*, Chicago: The University of Chicago Press, 1969, p. 253.

② Carl Brent Swisher, *Stephen J. Field*, *Craftsman of the Law*, Chicago: The University of Chicago Press, 1969, p. 257.

③ *Santa Clara County v. Southern Pacific R. Co.*, 118 U. S. 396 - 397 (1886).

④ Carl Brent Swisher, *Stephen J. Field*, *Craftsman of the Law*, Chicago: The University of Chicago Press, 1969, p. 261.

菲尔德的预感非常准确，公司人格化后，第十四条修正案的保护比以前的契约条款更为便利，也更为有效。从1873—1888年的15年间，只有不到70个案件是基于第十四条修正案裁决的，但在1888—1918年的30年间，这个数字猛增到了700多个。[①] 其中很大一部分都跟铁路公司有关。

除了横跨大陆的长线铁路，各州还修建了本州或跨州的支线铁路，19世纪结束时，美国基本上形成了遍布全国的铁路运输网。铁路建成后，很快就面临着运输费率的问题。最初，出于竞争和拉拢顾客的需要，铁路公司往往给长途货运或者固定客户以价格优惠，而对短途运输收取高价，给小农场主与小企业带来沉重经营负担。为此，他们纷纷要求州政府出面，监管铁路运输。截至19世纪70年代末，共有10个中西部州成立了专门的铁路委员会，负责管理铁路运费。[②] 对此，铁路公司多有不满，认为铁路委员会规定费率范围，不但干涉了企业的经营自由，而且损害了公司的私有财产。但最高法院最初并没有采纳他们的看法，在1886年判决的铁路委员会案中，多数大法官表示，铁路运输事关公共利益，州政府有权进行监管，只要管理措施适当、范围适度，就不能视为侵犯铁路公司的财产权利。菲尔德不同意这种看法，他认为铁路公司要收回投资，就必须拥有充分的定价权，合理的价格歧视，是公司的经营自由；州政府限定费率，损害了铁路公司的财产权利。[③]

当然，费率问题并不仅限于铁路公司，还有仓储公司。为了转运货物，码头或者车站附近都会设有临时存放货物的仓库，也要收取一定的费用。地处五大湖岸边的交通枢纽芝加哥，就曾有多家专门经营这种口岸仓储业务的公司。1871年，为了防止仓储公司联合起来哄抬收费标

---

① Christopher Tomlins, ed., *The United States Supreme Court: The Pursuit of Justice*, N. Y.: Houghton Mifflin Company, 2005, p. 136.

② 王希著：《原则与妥协：美国宪法的精神与实践》，北京大学出版社2000年版，第352页。

③ *Stone v. Farmers' Loan & Trust Co.*, 116 U. S. 343 – 347 (1886).

准，伊利诺伊州曾制定法律，对该州人口十万以上城市的仓储公司，进行价格监管，限定最高收费标准，作为全国性大城市的芝加哥首当其冲。有家公司因违反这部限价法，不服罚款处罚，诉诸法院，并成功上诉最高法院。出于尊重州主权与治安权的考虑，法院多数大法官肯定州政府有权制定这样的价格监督法。法院认为，仓储公司与中西部地区的农场主紧密相连，他们生产的谷物，都要通过这些仓储公司转运东部市场，仓储公司发挥着重要的公共职能，其经营状况，理应受政府监管；至于怎样才算是合理的收费标准，由各州民众自己决定。公司虽然是私人财产，但根据普通法传统，当一项财产用来提供公共服务，就不再是纯粹的私人财产了，使用方式也应受到一定制约。菲尔德极不赞成法院对于私有财产的这种激进观点，在他看来，所有的私人财产都可能与公共利益发生关系，难道都应该受州政府摆布？伊利诺伊州的这部限价法，丝毫没有考虑到刚刚生效的宪法第十四条修正案，完全是不经正当法律程序，就剥夺个人的财产。①

最高法院判决这起芝加哥仓储公司案之时（1877 年年初），正值海斯与蒂尔顿为争总统职位难分难解之际。国内的报纸都在关注总统之争，对这起意义重大的判决报道甚少。菲尔德的异议在当时并没有太大影响。

七、壮志未酬

海斯与蒂尔顿的总统职位之争，最终由国会两院与最高法院派员组成的特别委员会裁定解决，菲尔德也是委员之一。委员会的投票，完全源自党派立场；作为民主党成员，菲尔德很自然地投给了蒂尔顿。

像林肯任命的其他大法官一样，进入最高法院的菲尔德依然没有放弃自己的政治理想。他曾两次谋求民主党总统候选人提名，但均败北。1888

① *Munn v. Illinois*, 94 U. S. 113 - 144 (1876).

年，首席法官韦特（Morrison Waite）逝世后，适逢民主党总统克利夫兰（Grover Cleveland）在任，在最高法院历练二十余载的菲尔德，本以为首席大法官一职非己莫属，谁知半路杀出个名不见经传的富勒（Melville Fuller），“横刀夺爱”。那两年，对于70多岁的菲尔德而言，确实流年不利，祸不单行，不但失去了心爱的首席大法官职位，而且险遭仇家刺杀。

菲尔德的仇家不是别人，正是他在加州最高法院任上的同事、当时的首席法官戴维·特里。两人同是在1849年到加州“淘金”，同任加州法官。1859年，特里因与加州联邦参议员布罗德里克发生冲突，与其决斗，将其射杀。作为布罗德里克的好友，菲尔德立下毒誓，绝不放过特里。当时的加州，地处美国边陲，决斗恶习尚未根除，决斗杀人并不犯法。后来，菲尔德荣升加州首席法官，继而擢任联邦最高法院大法官，主持包括加州在内的第十巡回区。离职后的特里，也开始自己开业。在他的客户中，有一位漂亮女子，自称是内华达州前联邦参议员的妻子，这位参议员刚刚去世，留下大笔遗产，此女子要求继承一部分。但她并没有充分的材料，证明她与这位参议员曾举行过合法的婚礼。参议员的儿子于是拒不承认有这样一位继母。双方对簿公堂，主审法官不是旁人，正是在此地巡回骑乘的菲尔德。此时，特里与他的女委托人日久生情，竟结为连理。菲尔德的判决对他们不利，特里夫妇在公堂之上，大打出手，被监禁数月。出狱后，旧恨新仇一起涌上心头，特里扬言要除掉菲尔德。鉴于此，1889年，当菲尔德要重返加州巡回骑乘时，总统和司法部部长决定为他提供贴身警卫，并授权其相机行事。最终，当特里夫妇尾随菲尔德准备动手之时，警卫先发制人，将特里射杀。①

---

① Paul Kens, *Justice Stephen Field*: *Shaping Liberty from the Gold Rush to the Gilded Age*, Lawrence: University Press of Kansas, 1997, pp. 275 – 283. 总统授权警卫如此行为，是否存在宪法依据，也是随后一起著名案件（*In re Neagle*, 135 U. S. 1, 1890）的争论焦点。Lee Epstein & Thomas G. Walker, *Constitutional Law for a Changing America*: *Institutional Power & Constraints* (Washington D. C.: Congressional Quarterly Press, 3rd ed., 1998), pp. 183 – 185.

晚年的菲尔德，身心俱疲，但他拒不退休，为的是超过约翰·马歇尔大法官创下的任职记录（34 年零 5 个月）。1897 年 12 月，当他从最高法院退休时，终于圆了这个梦（34 年零6 个月），他也因此成为19 世纪美国任职时间最长的大法官。

（胡晓进）

第四章　奥利弗·霍姆斯：法律魔镜照现实

“法律的生命不是逻辑，而是经验。”① 法律史上这句经典名言的作者奥利弗·温德尔·霍姆斯（Oliver Wendell Holmes, Jr.），是美国联邦最高法院的一位大法官，也是美国法学史上著名的法学家。后来的大法官对他大为赞赏，法兰克福特把他誉为“哲学之王”，本杰明·卡多佐法官称赞他为“我们时代法理学领域最伟大的人，也是我们时代最伟大的人之一”②。学者的赞誉更是多如牛毛。极端的说法是：“汽车工业有亨利·福特，爵士乐有路易斯·阿姆斯特朗，好莱坞有玛丽莲·梦露，棒球有巴比·卢斯，美国法有奥利弗·温德尔·霍姆斯。”③ 霍姆斯的司法实践和思想给美国宪法留下了一笔巨大的遗产，在美国历史上也留下了光辉的形象。“他是美国宪法史上能够列为无可争议、少有的一个伟人。他被 65 个最高法院问题观察家中的 61 人评价为‘伟大’，

---

① ［美］小奥利弗·温德尔·霍姆斯著：《普通法》，冉昊、姚中秋译，中国政法大学出版社 2006 年版，第 1 页。

② Sammuel J. Konefsky, *The Legacy of Holmes and Brandeis: A Study in the Influence of Ideas*, The Macmillan Company, 1956, p. 7.

③ Mathias Reimann, “Why Holmes?”, *Michigan Law Review*, Vol. 88, No. 6, 1990, p. 1912.

只有约翰·马歇尔和路易斯·布兰代斯排在他的前面，而布兰代斯仅比他占有一票的优势。”①

在其长达91年不凡的生活经历中，霍姆斯扮演着不同的人生角色：“早餐桌上的独裁者”的儿子，古怪妻子的丈夫，内战中第20军团的长官，波士顿律师，法律评论文章的作者，游历欧洲的旅行家，庆祝典礼上的演说家，《普通法》的著者，哈佛法学院教授，马萨诸塞州最高法院法官，联邦最高法院法官。霍姆斯精彩的一生见证了美国历史上不平凡的年代——内战、重建、镀金时代、进步主义时代和罗斯福新政早期。时势造英雄，霍姆斯成为当时社会改革和变动中风口浪尖上的人物。

作为法官，霍姆斯经历了美国历史上伟大变革的时代——进步主义时代，目睹了层出不穷的社会问题，写下了许多经典案例意见，这些案例涉及美国当时面临的极其棘手的问题。面对着法院中强大的保守主义势力，霍姆斯不畏压力，秉承宪法解释的司法克制原则和现实主义原则，发出了在当时振聋发聩的时代最强音，他的宪法实践和思想遗产深深影响了后来乃至今日的最高法院。可以毫不夸张地说，霍姆斯的伟大不仅体现在他的理论上，更重要的还在于他近50年的司法实践，尤其在他担任联邦最高法院法官的早期，因为一再反对最高法院的保守态度，为保护劳工权益和言论自由而战，被称为“伟大的异议者”。

一、新英格兰之子

1861年，20岁的霍姆斯在哈佛大学班级纪念册的个人自传中写道：

---

① ［美］亨利·J. 亚伯拉罕著：《法官与总统——一部任命最高法院法官的政治史》，刘泰星译，商务印书馆1990年版，第143页。

“我，奥利弗·温德尔·霍姆斯，于 1841 年 3 月 8 日在波士顿出生。我的父亲出生于坎布里奇，毕业于哈佛大学，在巴黎学习医学，然后返回波士顿在那里做了多年的执业医生。放弃了医生的工作后，他成为哈佛医学院的教授，开讲座并著书来养活自己。随后于 1840 年和波士顿的杰克逊法官的女儿阿米莉娅·李·杰克逊结婚。”①

霍姆斯的轻描淡写并不能掩饰其世家望族的出身。霍姆斯对于祖辈相当的骄傲和自豪，“我全部的三个名字表明了我所渊源的家族。”② 在美国历史上，老霍姆斯不仅仅是一位很有名气的医生，还是一位真正的文人雅士和诗人，其诗歌散文集《早餐桌上的独裁者》（*The Autocrat of the Breakfast – Table*），畅销美国和英国，使他名声大起。霍姆斯的母亲阿米莉娅·霍姆斯出自名门，为马萨诸塞州最高法院首席法官的掌上明珠。霍姆斯的父母对他的出生充满了惊喜，在他出生的第二天，老霍姆斯在一封信中写道，将来要成为美国总统的人“此刻正满足于抓挠他的脸蛋和吮吸他的食指”③。

外表上，又高又瘦的霍姆斯更多地遗传了他的母亲而不是矮而圆脸的父亲，同时，他也深受其母亲的影响。阿米莉娅把自己的一生献给了她的丈夫和三个孩子，小霍姆斯是她的长子，也是她最喜欢的孩子。1866 年，在给欧洲旅行的丈夫的信中，她写道：“我向你保证，世界上任何东西都没有比我的孩子让我更挂念的了……”④ 同时，霍姆斯也表

---

① Oliver Wendell Holmes, Jr., “Autobiographical Sketch”, in Max Lerner, *The Mind and the Faith of Justice Holmes: His Speeches, Essays, Letters and Judicial Opinions*, Boston: Litter, Brown and Company, 1945, p. 6.

② Oliver Wendell Holmes, Jr., “Autobiographical Sketch”, in Max Lerner, *The Mind and the Faith of Justice Holmes: His Speeches, Essays, Letters and Judicial Opinions*, Boston: Litter, Brown and Company, 1945, p. 6.

③ Sheldon M. Novick, *Honorable Justice: The Life of Oliver Wendell Holmes*, Boston: Little, Brown and Company, 1989, p. 7.

④ G. Edward White, *Justice Oliver Wendell Holmes: Law and the Inner Self*, New York: Oxford University Press, 1995, p. 14. 本书中译本见［美］爱德华·怀特著：《奥利弗·温德尔·霍姆斯：法律与本我》，孟纯才、陈琳译，法律出版社 2009 年版。

现出了对母亲的深情：在内战中霍姆斯给她的信总是以“上帝保佑你，亲爱的，我爱你”和“晚安，我至亲至爱的人”来结尾。

阿米莉娅热衷于慈善事业。美国内战时，她对联邦有着强烈的信念，义务在波士顿组织领导支持北方军队的工作。在给朋友的信中，她写道：“我仅仅希望和祈祷战争直到每一个奴隶获得自由，我的孩子随时准备为保卫人类而战。”接着，她说她厌恶流血，但她更厌恶奴隶制。① 阿米莉娅温柔、慷慨、善良、和蔼可亲，霍姆斯在后来说道“从我母亲那儿承袭了怀疑的性格”和一种强烈的责任感，一种在每一个24小时里实现某些明确目标的责任感。

很显然，霍姆斯和母亲的关系很亲密，但是与有名望的父亲的关系却不怎么和谐。在一篇日记中，小说家亨利·詹姆斯的妹妹，记载了老霍姆斯和其父亲之间的对话，老霍姆斯问詹姆斯是否发现他的儿子轻视他。② 霍姆斯父子俩的关系十分微妙。老霍姆斯年轻时代弃法从医，在1855年发表了一篇有关分娩热病的文章，使其在医学界崭露头角。当时这种热病夺取了许多分娩后女性的生命。老霍姆斯小心求证，得出的结果一度饱受非议，但最终获得了医学界的承认。虽然老霍姆斯热爱医学，但他并没有将自己完全献身于医学职业。在他做医生的早期，他仍旧不断写诗，在1849年成为哈佛大学医学院教授之后，彻底放弃了行医生涯。

老霍姆斯在文学上的成就来得似乎迟了点。就像好友爱默生所形容的那样，他大器晚成，“就像十年来无所作为的老梨树，最后开始枝繁叶茂。”③ 1858年发表的《早餐桌上的独裁者》使他成为家喻户晓的人

---

① G. Edward White, *Justice Oliver Wendell Holmes*: *Law and the Inner Self*, New York: Oxford University Press, 1995, p. 14.

② G. Edward White, *Justice Oliver Wendell Holmes*: *Law and the Inner Self*, New York: Oxford University Press, 1995, p. 11.

③ Sheldon M. Novick, *Honorable Justice*: *The Life of Oliver Wendell Holmes*, Boston: Little, Brown and Company, 1989, p. 19.

物，当时小霍姆斯刚开始上大学。作为名作家的儿子，霍姆斯没有丝毫松懈，举步不前，而是下定决心要超越父亲的名声。当然，霍姆斯父子的关系并不总是紧张的，老霍姆斯也在一定程度上对儿子霍姆斯产生了积极影响。在一封抱怨其父亲老是批评他的信中，霍姆斯说父亲“教给我许多，并为我带来了很多好处”①。

除了优越的家庭环境外，波士顿浓厚的文化氛围也熏陶着霍姆斯。他出生时，波士顿人口还不足10万，但已经成为新英格兰的商业中心和美国的文化中心。“在新英格兰，根深蒂固的宗教感情仍然存在。爱默生和梭罗曾在此‘交战’，霍索恩在此酝酿充满罪恶的黑色故事，梅尔维尔不久要回到此地来消化他在南太平洋的长期冒险旅行。废奴主义、女权主义、先验论和傅立叶主义正在搅动着人们的良心，改革运动冲撞上流社会的传统，成群的纺织锭盘实现了过去的梦想，也带来了新工厂城镇的肮脏。”② 19世纪中叶，波士顿是美国历史上第一个知识精英活跃的集中地。当时的哲学家、散文家、诗人爱默生，作家霍森和诗人朗费罗等人经常在学校街的“拐角书店”聚会，讨论文学和艺术问题，影响着当时的文学界和思想界。

在这样的家庭背景和社会环境下，霍姆斯逐渐成长起来。少年时期的霍姆斯相当活跃。1849年，母亲得到了一大笔遗产，一家人于是在附近乡间建造了一所消夏的别墅，他们愉快地称它为“草地上的独木舟”。此后的每年暑假，霍姆斯都是在此度过的。在小河里捕鱼、游泳，在树林里散步、射猎，成为他乐此不疲的活动。那里蔚蓝色的天空和地面上的栗子树、榆树、白桦树、铁杉的亮绿、亮黄、亮棕色相互辉映。60年后，这些美丽的景色依然清晰地留在霍姆斯的脑海中：“我喜欢花岗岩

---

① G. Edward White, *Justice Oliver Wendell Holmes: Law and the Inner Self*, New York: Oxford University Press, 1995, p. 11.

② Max Lerner, *The Mind and the Faith of Justice Holmes: His Speeches, Essays, Letters and Judicial Opinions*, Boston: Litter, Brown and Company, 1945, p. xx.

石和伏牛花丛，这是因为它们同我过去生命中最早的快乐有着某种关联。"[①] 此时，霍姆斯还学习了雕刻，"他可以一整个下午待在门口，在一个从草坪里捡来的满是苔藓的石头上，耐心地刻出一副类似狮子头的奇怪图形"[②]。从此，雕刻成了他毕生的一个业余爱好。

度过愉快的青少年生活之后，1857 年，霍姆斯注册为哈佛大学 1861 届学生。大学期间，对霍姆斯智力发展影响最大的，不是来自课堂，而是来自课外。当时，老霍姆斯逐渐成为波士顿沙龙和文学俱乐部的核心人物。家中的会客厅里经常群贤汇聚，真可谓谈笑皆鸿儒。在这样浓厚的文化氛围中，英国的卡莱尔和美国的爱默生这两位人文大家，成了霍姆斯年轻时期崇拜的偶像。卡莱尔的《法国大革命》备受霍姆斯推崇，成为他最喜欢的作品。有一次在玩室内游戏时，老霍姆斯问了霍姆斯这样一个问题："在荒岛上，你会随身带哪本书?"霍姆斯毫不犹豫地回答道："《法国大革命》。"[③] 如果说卡莱尔的影响来自书本，那么，爱默生的榜样则来自生活。没有人比爱默生更深刻地影响了霍姆斯的成长，尽管在霍姆斯后期的作品中很难再找到和爱默生相似的思想。爱默生是他父亲的常客，霍姆斯称他为"沃尔多叔叔"。霍姆斯后来回忆说，在十多岁的时候，"我看到了街对面的他（爱默生），于是跑过去对他说：'如果我有所成就的话，我会将大部分的功劳归于你。'"[④] 爱默生通过鼓励霍姆斯研究和写作，将哲学探究的"酵母"传给他。霍姆斯发表的第一篇文章《书籍》就是对爱默生同名文章的仿效。1860 年，还是学生的霍姆斯发表了两篇文章，一篇有关雕刻，另一篇有关柏拉图哲学。

---

① Max Lerner, *The Mind and the Faith of Justice Holmes*: *His Speeches*, *Essays*, *Letters and Judicial Opinions*, Boston: Litter, Brown and Company, 1945, xxi.

② Sheldon M. Novick, *Honorable Justice*: *The Life of Oliver Wendell Holmes*, Boston: Little, Brown and Company, 1989, p. 12.

③ Sheldon M. Novick, *The Collected Works of Justice Holmes*: *Comlete Public Wrtings and Selected Juditial Opinions of Oliver Wendell Holmes*, University of Chicago Press, 1995, p. 20.

④ Sheldon M. Novick, *Honorable Justice*: *The Life of Oliver Wendell Holmes*, Boston: Little, Brown and Company, 1989, p. 17.

前者表达了对爱默生的敬意，后者则是对其思想的攻击。爱默生看过那篇文章后，只说了一句话："当你袭击一个国王时，你必须杀了他。"①

当然，大学课堂里的霍姆斯绝非平庸之辈，逐渐崭露出非凡的口才和结交朋友的能力。大学的第一年，霍姆斯表现并不突出，学年末的成绩仅排在班级99人中的第22名。进入二年级，霍姆斯渐入佳境，学得游刃有余，对他来说，课程也没有以前那么困难了。在外表上，霍姆斯几乎完全不像父亲，但他和父亲一样，都是天生的话篓子和诗人。霍姆斯充满自信，行为优雅，能言善辩，总是能够和别人愉快相处，经常参加各种俱乐部活动，结交了许多朋友。到大三结束的时候，霍姆斯的学习成绩已经达到了全班第12名。此时，他还对文学、哲学和艺术产生了浓厚的兴趣，被遴选为班级诗人，并为《哈佛杂志》做文学编辑，发表了有关柏拉图的文章。

表面上，霍姆斯过着宁静和与世无争的书斋生活，但是，社会上各种思想的冲突和社会力量的碰撞还是深深地影响了他。当时，达尔文发表了他的《物种起源》，其"物竞天择"和"适者生存"的理论开始成为争论的焦点。霍姆斯后来自称是进化论者，并受到达尔文思想的影响。当时在英美复活并流行的骑士精神，成为塑造青年霍姆斯人生态度的另一个源泉。受这种精神熏陶，霍姆斯的一生都表现出对理想的忠诚和温文尔雅的行为举止。"骑士精神是责任的规则，它是霍姆斯所寻求的——并最终相信他所找到的——科学的理由。"② 在霍姆斯读大学期间，美国北方和南方，由于思想观念、生产和生活经济不同，相互的对抗逐步升级，已到了剑拔弩张的时刻，大有"山雨欲来风满楼"之势，国内战争一触即发。

---

① Sheldon M. Novick, *Honorable Justice: The Life of Oliver Wendell Holmes*, Boston: Little, Brown and Company, 1989, p. 28.

② Sheldon M. Novick, *The Collected Works of Justice Holmes: Comlete Public Wrtings and Selected Juditial Opinions of Oliver Wendell Holmes*, University of Chicago Press, 1995, p. 9.

二、内战斗士

1857 年，在霍姆斯 16 岁的时候，最高法院作出了“斯科特案”判决，堪称美国最高法院判决中最臭名昭著的一个。它维护了奴隶制，激化了本来已尖锐对立的南北争执，刺激了南北战争的爆发。当南北战争最终因为林肯当选、南方退出联邦而爆发时，霍姆斯还是一名哈佛大学的大四学生。他放弃了即将到手的毕业证书，毅然投笔从戎，加入联邦军，成为马萨诸塞州第二十步兵团的一员。和他同时代的许多热血青年一样，霍姆斯勇敢地承担起了维护联邦、结束奴隶制的重任。

在奔赴前线之际，霍姆斯被任命为陆军中尉。1861 年 10 月，霍姆斯参加了一场血战，布尔斯悬崖战役。是役，第二十步兵团 1700 人损失过半。霍姆斯本人胸部中弹，受伤位置靠近心脏，差一点丧命。就像 1981 年里根所中的子弹一样，这颗子弹也差点改变了司法历史。但是，霍姆斯大难不死，经过几个月的修养，逐渐康复，重返战场。一年后，在著名的安提塔姆战役中，已升为上尉的霍姆斯再次受伤，这一次子弹打穿了他的颈部。得知霍姆斯负伤后，老霍姆斯立即丢下手边繁忙的工作，近乎发狂地寻找和搭救这位年轻的英雄。后来，他在《大西洋月刊》上向他的读者叙述了自己“寻找上尉”的故事。两次负伤，并没有让年轻的霍姆斯有丝毫的退缩。在波士顿修养康复后，霍姆斯重返前线。第二年的春天，霍姆斯第三次受伤，一枚弹片击中了他的脚后跟，他再次回到波士顿疗伤。1864 年 1 月，霍姆斯痊愈返回部队，被任命为团首长赖特准将的副官。他在战斗中表现得无比勇敢，但绝不是有勇无谋。当时流传着一个著名的故事。1864 年 7 月，华盛顿保卫战中，林肯前往前线视察，在枪林弹雨中，霍姆斯对林肯大喊："趴下，你这个白痴。"① 至于霍姆斯是否真的说了这句话，就不得而知了，但可以肯定的是，这两个身材瘦长的人都没有中弹。遗憾的是，在此后不到一年的时间里，林肯就被暗杀了。

在战场上的残酷经历，让霍姆斯对人生和人性有了新的认识。战争中，他从没有放弃他的信念：战争对于维护联邦完整和结束奴隶制是必要的。他坚持认为人类行为的最基本的动机，有时是唯一的动机，就是为了生存。30 年后，在一篇题为"士兵的信念"的演讲中，他指出："战争和痛苦依然是人的命运。""生命的抗争是世界的规则，在此，烦恼也是徒劳。"② 对于没有完成学业的霍姆斯来说，战场成了真正的大学。他亲眼看到身边最亲密的朋友一个个倒下，懂得了"只要人居住在地球上，他的命运就是战斗，而且不得不冒着战争的危险"③。

内战的经历给霍姆斯留下的影响，远比他后来在法学院学到的法律原则和案例对他的影响要大。"不是你死就是我亡"的战争结果，加深了霍姆斯对达尔文进化论在人类社会的适用，他开始强调生存竞争。内战的生死经验，让原本一介书生的霍姆斯变得无比坚强。霍姆斯在退役后志愿攻读法律，以及在他以后任马萨诸塞州法官和最高法院法官时期，面对着具有压倒性优势的保守派，孤军奋斗，绝不言败，写下不少具有历史意义的反对意见，这不能不说与其内战经验密切相关。

三年的血腥战争，让霍姆斯筋疲力尽，他决定三年服役期满后离开军队。尽管父母都劝他继续留在部队中，因为他已经在军中崭露头角，

① William D. Pederson & Norman W. Provizer, *Leaders of the Pack*: *Polls & Case Studies of Great Supreme Court Justices*, Peter Lang Publishing Inc., 2003, p. 77.

② Oliver Wendell Holmes, Jr., "Autobiographical Sketch", in Max Lerner, *The Mind and the Faith of Justice Holmes*: *His Speeches*, *Essays*, *Letters and Judicial Opinions*, Boston: Litter, Brown and Company, 1945, p. 19.

③ Oliver Wendell Holmes, Jr., "Autobiographical Sketch", in Max Lerner, *The Mind and the Faith of Justice Holmes*: *His Speeches*, *Essays*, *Letters and Judicial Opinions*, Boston: Litter, Brown and Company, 1945, p. 20.

但他还是毅然在1864年7月退伍回到波士顿。这时，霍姆斯来到了人生的关头：对未来职业的抉择。早在1861年7月，霍姆斯曾经写道，如果他能够在战争中生还，会选择法律作为他的职业，“或者至少作为一个新的起点”①。但到了选择的时刻，霍姆斯依然感到困惑和苦恼。霍姆斯后来（1932年）回忆说，刚从战场返回的他，对未来的职业没有作任何决定，文学、哲学和医学似乎都有可能。然而，他说，我的“主人”却没有听到这些可能性，“促使我走向法学院——我的意思是它强制地施加了它的判断权威”②。最终，霍姆斯选择了终生与法律为伴。原因正像他1885年一次演讲中指出的那样：“毫无疑问，如果思考并去理解事物之间的相互联系，任何事情都饶有趣味。当你不懈地追求，每一种职业都很了不起。但任何职业都不能像法律那样给予如此开阔的眼界，去感受人类灵魂内在的能量，去深刻体验生命的激流。它能够让它的从业者以目击者和参与者的身份，去分享生命的情感、奋斗、失望和凯旋。”③

三、美国的“布莱克斯通”

1864年秋，霍姆斯进入哈佛法学院。与一头栽进法院案例海洋中的标准法科学生不同，课余时间霍姆斯经常和后来成为美国实用主义哲学奠基者的威廉·詹姆斯、查尔斯·皮尔斯等人聚会。在这些聚会中，这群年轻人喝着威士忌，伴随着几缕从烟管中冒出的青烟，谈论着人生和

---

① Max Lerner, *The Mind and the Faith of Justice Holmes: His Speeches, Essays, Letters and Judicial Opinions*, Boston: Litter, Brown and Company, 1945, p. 8.

② Mark Dewolfe Howe, “Oliver Wendell Holmes at Harward Law School”, *Harvard Law Review*, Vol. 70, No. 3. (Jan., 1957), p. 401.

③ Oliver Wendell Holmes, Jr., “The Law: Adress to Suffolk Bar Association Dinner, February 5, 1885”, in Sheldon M. Novick, *The Collected Works of Justice Holmes: Comlete Public Wrtings and Selected Juditial Opinions of Oliver Wendell Holmes*, University of Chicago Press, 1995, p. 469.

现实。就是这些聚会形成了美国哲学史上著名的“形而上学俱乐部”。1866 年夏天，从法学院毕业的霍姆斯，带着父亲给他的引见函，前往英国和欧洲大陆，拜访了约翰·密尔（即穆勒）这样的哲学和学术巨擘。此次游历，霍姆斯还结交了许多社会才俊和著名的法律人，与他们结下了终生的深厚友谊。

返回波士顿后，霍姆斯于 1867 年获得律师资格，加入波士顿一家律师事务所，开始了长达 15 年之久的执业律师生涯。1872 年，霍姆斯和青梅竹马的范妮·迪克斯维尔结婚，后者的父亲是开办拉丁语学校的迪克斯维尔先生，少年时期霍姆斯就曾在此学习过。他们的婚姻长达 57 年之久，直到范妮病故。遗憾的是，他们一生无子。霍姆斯曾经写过“我是如此怪异反常，以至于我很高兴我没有（孩子）”。不过，他接着又写道：“当然，如果在死之前我身体垮掉的话，没有一个像孩子那样照顾我的人是很尴尬的。但是，我猜想我的侄子和朋友将会规划一些事情。”① 老朋友伦德·汉德法官曾问过霍姆斯：“法官先生，你为没有孩子而感到遗憾过吗？”霍姆斯回答道：“这不是一个我想带其他人进入的世界。”② 范妮和她的丈夫完全不同，她不是一个知识分子，在欧洲旅行时记下的日记被称用词笨拙、语法错误连篇。而且，范妮婚后不久就染上风湿病，终身未愈。因此，在霍姆斯外出时，范妮经常蜗居在家。在几次欧洲之旅中，范妮并没有陪伴霍姆斯。霍姆斯称他的妻子“是一只非常孤独的小鸟，如果她的责任感不驱使她去做……她将是个绝对的隐遁者。”两人 57 年的婚姻生活还是非常和谐幸福的。在范妮去世的当天，霍姆斯写道：“60 年来，她是我生活的诗歌。”③ 此后，霍姆斯每个

---

① Albert W. Alschuler, *Law Without Values: The Life, Work, and Legacy of Justice Holmes*, University of Chicago Press, 2000, p. 35.

② Albert W. Alschuler, *Law Without Values: The Life, Work, and Legacy of Justice Holmes*, University of Chicago Press, 2000, p. 36.

③ Albert W. Alschuler, *Law Without Values: The Life, Work, and Legacy of Justice Holmes*, University of Chicago Press, 2000, p. 35.

月都要前往范妮的墓地去探望。

在从事法律业务之余，霍姆斯也开始了法律写作。1870 年，霍姆斯被聘为哈佛法学院的宪法讲师。1873 年，他重新编辑和注释了美国法律大家詹姆斯·肯特1830 年的《美国法释义》，并开始给新出版的《美国法律评论》撰稿。1880 年至 1881 年，霍姆斯应邀在“洛厄尔讲座”作系列演讲，并选择“普通法”作为演讲的主体。他抛开传统的分析方法而从制度的角度来看待法律，将法律看作“国家发展故事”的具体化。这些演讲稿后来结集，在他 40 岁生日的前几天出版。

《普通法》一面世，便洛阳纸贵，在大西洋两岸的英美法律界备受赞誉，被称为美国法律史中最伟大的著作之一，是“一位美国法学家对普通法历史所做的第一次伟大贡献”①。《普通法》开篇写道：“法律的生命不在于逻辑，而在于经验。”当霍姆斯写下这些话的时候，他为法学新时代指明了道路——“推翻已成为美国法律内在生命的形式主义和空洞传统主义的围墙”②。贯穿于书中的“经验”“权宜”“必要性”“生活”等词语对当时的读者来说是极其陌生的，因为当时的法律书籍所用的完全是异样的词语：“规则”“先例”“逻辑”“演绎”。霍姆斯反对法律制度可以像数学公式一

△ 1881 年版的《普通法》③

① Sheldon M. Novick, *The Collected Works of Justice Holmes: Comlete Public Wrtings and Selected Juditial Opinions of Oliver Wendell Holmes*, University of Chicago Press, 1995, p. 10.

② Bernard Schwartz, *A History of the Supreme Court*, Oxford University Press, 1993, p. 191. 中译本参见［美］伯纳德·施瓦茨著：《美国最高法院史》，毕洪海、柯翀、石明磊译，中国政法大学出版社 2005 年版。

③ 图片来源：http://en.wikipedia.org/wiki/The_Common_Law，最后访问日期：2014 年 5 月 2 日。

样推导出来。相反，他宣称：“法律体现于一个国家整个世纪的发展历程当中，不能以算术中的公理和推论来处理法律。”100多年后，在其所编辑的《霍姆斯文集》中，谢尔顿·M. 诺维克写道：“《普通法》被称为美国法律学术领域最伟大的作品。它是社会学法学的开山之作，后来又被现实主义法学奉为圭臬，最近更为法律实用主义和法律的经济分析学派所推崇。”①

1882年10月，霍姆斯应哈佛法学院院长兰德尔的邀请，放弃了执业律师生涯，开始在哈佛法学院任教。当时，他和法学院约法三章，如果他能得到马萨诸塞州最高法院的任命，便可以自由离职。两个月后，他真的得到了任命。霍姆斯后来说：“这是改变我整个人生轨迹的一道闪电。”其实，对霍姆斯来说，改变其命运的这道“闪电”来得并不突然，因为早在几年前，就有传言说他可能会被提名为联邦地区法院法官。老霍姆斯听到这个好消息，非常高兴。在写给朋友的一封信中，他调侃说：“如果我行为不规矩的话，我的法官儿子会把我送进监狱的。”②霍姆斯曾说过，一个人40岁以前必须做出点成就，否则恐怕很难再有什么作为了，而此时的霍姆斯刚刚40岁出头。作为出色的执业律师、鸿篇巨制《普通法》的作者和哈佛法学院的教授，这些在常人看来已是非常伟大的成就了，但对于霍姆斯来说，却不能使他满足。他后来在给自己年轻的朋友法兰克福特的信中，解释了自己的选择：“学术生活仅仅是生活的一半——它回避了斗争，除了在世外桃源思索如何表述事情的奥妙之处外，其他不用费什么心思。而在社会工作中则不会那么幸福，甚至常常有些卑鄙，但总是挑战你的能力，美化残酷的事实，它使

---

① Sheldon M. Novick, *The Collected Works of Justice Holmes*: *Comlete Public Wrtings and Selected Juditial Opinions of Oliver Wendell Holmes*, University of Chicago Press, 1995, p. 10.

② Max Lerner, *The Mind and the Faith of Justice Holmes*: *His Speeches*, *Essays*, *Letters and Judicial Opinions*, Boston: Litter, Brown and Company, 1945, p. xxviii.

你的性格更加坚强。而在我看来，这往往更能体现人的价值。”① 显然，作为内战老兵，他喜欢挑战，不畏惧斗争；他希望自己能更直接地塑造法律，而不仅仅是研究法律。

四、州法官

1883 年 1 月，霍姆斯成为马萨诸塞州最高法院的新成员。当年他已步入不惑之年，但在该院全体法官的合影中，看起来更像是个年轻人。打那时起，霍姆斯一干就是 20 年，撰写了 1300 多份法律意见书。1899 年，他升任马州高院的首席法官。

然而，霍姆斯并没有感到如鱼得水般的从容自在。从某些方面说，马州法官的经历是一次不成功的经历。不仅审判的大多数案件是些“琐碎的和短暂的”小案，而且，他希望的重塑法律原则的机会也无比稀少。由于判决的案件都是些鸡零狗碎的小案，也就不足以引起一些法律专家的注意。法院审判案件的范围十分广泛，大部分是些有关抵押、破产、继承、保险和婚姻的私人纠纷。虽然可以愉快地行使司法权处理这些案件，但是，它们对于提高霍姆斯所渴望的同行赞美和认同几乎没有什么帮助。尽管如此，霍姆斯对此项工作很是卖命和充满激情。1883 年 3 月，霍姆斯在给老友、英国法律大家波洛克的信中写道：“我已经完全放弃了外出吃饭，我要为第二天的工作做准备而不能那样做。”②

和当时一些美国联邦最高法院大法官一样，霍姆斯一生的职业生涯从学者开始，进而成为州法官，最终晋升为最高法院的一员。然而，霍

---

① ［美］爱德华·怀特著：《奥利弗·温德尔·霍姆斯：法律与本我》，孟纯才、陈琳译，法律出版社 2009 年版，第 252 页。

② G. Edward White, *Justice Oliver Wendell Holmes: Law and the Inner Self*, New York: Oxford University Press, 1993, p. 256.

姆斯和其他人的不同之处在于，霍姆斯任州法官时期形成的法律思想在联邦最高法院的舞台上似乎没有用武之地。他在州法院判决的案件基本都在普通法的范围内，这和霍姆斯想做宪法“工匠”的初衷多少有些背道而驰。可以说，霍姆斯宪法思想的形成主要是在其联邦最高法院的司法实践中，是其在最高法院的30年（1902—1932年）的司法实践造就了霍姆斯伟大的声名。不过，霍姆斯在马州高院时期一些案件的意见，还是为他后来在联邦司法系统的工作打下了良好基础。

1882年至1902年的马州法院法官任期，是霍姆斯一生中鲜为人知的一个时期。但是，对于他整个的司法生涯来说，却是一个极其重要的阶段。确实，霍姆斯在此期间处理的案件主要是在侵权、刑事、契约等私法领域，也就是那些他在《普通法》一书中所讨论的问题，无法直接塑造美国的宪法传统。但是，不容忽视的是，霍姆斯在一些案件中所表达的思想，已经预示了他基本的宪法思想——司法应该尊重立法部门的意志。他的一位传记作者写道：马州二十多年的司法生涯，“清晰预示了霍姆斯日后在最高法院的司法实践，他使用在马州法院时期发展的普通法规则去解决宪法问题，以及他在州法院学到的对立法的宽容使他获得了广泛的关注，并且最终发展成为一个名字——司法克制”①。霍姆斯在一些案件中发表的前瞻性见解，恰恰预示了他后来最光辉时段的“伟大异议者”的美誉。

霍姆斯的前瞻性见解主要体现在以下几个方面。首先是工业化时代政府权力的扩大。伴随着马州的城市化和工业化，社会冲突不可避免。上诉到州最高法院的新问题逐渐凸显出来：工业事故中的雇主责任，公共财产事故的市政责任，规范公共服务、公共教育和公共健康的州治安权，涉及市政为公共目的征用土地的权力。同时，商人和雇

---

① Liva Baker, *The Justice from Beacon Hill: The Life and Times of Oliver Wendell Holmes*, New York: Harper Collins, 1991, p. 301.

主正在寻求法律手段使政府的这些限制无效，或者至少改变政府的限制，保证公司和企业的自由发展。当时马州宪法授权州长和立法机关可以在制定某重要的法律之前向法院征求意见。

1892 年，立法机关要求法官决定一项尚未最后通过的立法的合宪性。该法授权本州内市镇政府为其居民购买木材和煤作为燃料，并建立存放木材和煤炭的场所。在那个时代，许多美国人视集体主义为虎狼，对政府侵害自由企业的威胁高度敏感。他们害怕市镇政府这一做法，会像病毒一样威胁着自由企业。接到立法机关这一咨询后，法官们也举棋不定。“我不能写太长，”霍姆斯在给波洛克的信中写道，“因为今天早上，我必须准备我的意见，关于立法机关是否能批准建立市镇的木材和煤场地——一个通向共产主义的步骤。我很有可能在少数人中，并认为他们可以授权，但我也有可能站在另一边。”① 当法院多数用坚定的声音给予立法机关否定答复时，一些人如释重负。在多数法官们看来，如果不约束政府积极卷入燃料生意的行为，那么，政府就会得寸进尺，逐步开始全面干预社会生活。

经过深刻和冷静的思考后，就像他最初预料的那样，霍姆斯发现自己站在少数一边。在一条不到 150 字的意见中，他认为政府提供木材与煤炭和提供其他生活必需品没有本质的区别。因为，法院多数认同了市政府为其居民提供生活用水和教育。两年前，法官也同意市政府将电力和煤气分配和销售给本地的居民。“我认为，当公共机构无区别地使用资金来为公众提供普遍必需的物品时，不论这些物品指的是木材或煤，还是指的水、天然气、电或教育，两者相比，前者并不缺少公共性。”② 霍姆斯因此认为，否定立法机构有权行使涉及相关问题的法律，没有任

---

① Max Lerner, *The Mind and the Faith of Justice Holmes*: *His Speeches*, *Essays*, *Letters and Judicial Opinions*, Boston: Litter, Brown and Company, 1945, p. 95.

② Max Lerner, *The Mind and the Faith of Justice Holmes*: *His Speeches*, *Essays*, *Letters and Judicial Opinions*, Boston: Litter, Brown and Company, 1945, p. 96.

何司法基础。

《波士顿邮报》的社论十分赞赏霍姆斯的异议，称他是“与人们的进步主义运动全面保持一致”，希望“其他（法官）以后能够赶上。”霍姆斯这一异议与多数意见的对立和矛盾暗含着霍姆斯后来处理宪法问题的法理基础。许多法官试图在宪法中寻找判断具体立法行为的根据，就像多数法官陈述的那样：“让居民能够买卖和使用像煤炭和柴火这样的东西，也被视为政府的普通功能。在宪法中没有任何条款显示，建立政府的目的是销售和购买这些商品……”如此古板而又狭隘地使用宪法条款，而不是宽泛地理解宪法的原则，以适应经济和社会的变化，是当时法院运用宪法的一个特点。霍姆斯则认为，任何假定都应该是支持立法的有效性。他相信，立法机关拥有绝对的力量。“除了宪法明示或暗示禁止的权力——问题往往是你在哪里发现的禁止——而不是你在哪里发现这一权力。”在霍姆斯看来，法官释法，关键是要在宪法中找出对立法机构的“禁止”，而不是非要找出对其的“授权”。① 不去证明一条法律的合宪，而是找出它是否违宪，成了霍姆斯解释法律的习惯。

随后，马州的立法者们向最高法院提交了另一个颇受争议的问题：通过全州公投来决定妇女的选举权。② 马州高院的法官认为没有宪法基础，立法机关将要决定的公投行为违背了美国代议制政府的基本原则，他们害怕一旦建立起公民投票的机制，就会带来无限的可能性，挑战传统的治理观。然而，霍姆斯却不这样看，再次与同僚意见相左。他同意他们所说的州宪法建立的是一个代议制的政府，而不是一个纯粹的直接民主政府。但霍姆斯呼吁他们不要用他们日益习惯的程序去束缚立法机关的双手，警告他们“解释宪法时，我们应该记得它为持不同意见者和

---

① Liva Baker, *The Justice from Beacon Hill: The Life and Times of Oliver Wendell Holmes*, New York: Harper Collins, 1991, pp. 303 - 304.

② Max Lerner, *The Mind and the Faith of Justice Holmes: His Speeches, Essays, Letters and Judicial Opinions*, Boston: Litter, Brown and Company, 1945, p. 103.

未来的政府提出了框架，因此，不能鲁莽地将我们自己的观点或者仅从过去的做法中推出的限制灌入其中。”① 霍姆斯又一次扮演了法官席上的“坏男孩”。在给波洛克的信中，霍姆斯写道：“过去的两三年里，我发现在一些重要的宪法问题上，我和我的同僚意见不合；……在那些可敬的人中竟有人把我看作危险的激进主义者。”②

其次是有组织劳工的权利问题。如果说霍姆斯肯定公投让同人认为他是一个激进主义者的话，那么，他支持劳工罢工时设立和平纠察线的权利以及成立工会权利，则可以看作一个工会的支持者。19 世纪后半叶，美国劳工组织的力量逐渐增强。1886 年时，最早的全国性劳工组织——劳工骑士团的成员人数达到最高的 70 万人。美国劳工联合会（AFL）也在同一年成立，它是一个全国技工的联合组织，提倡减少工时、提高工资。一些隶属于马克思主义和社会主义组织的劳工团体也相继成立，法院开始承担起了处理劳资纠纷的责任。

在“马萨诸塞州诉佩里案”中③，霍姆斯书写了第一份劳工关系案件异议。1891 年，州议会通过了一项法律，禁止地方纺织工厂雇主因为雇员工作不尽完美而罚款或拒绝发放工资。纺织品制造商佩里，因工人工作瑕疵而对工人罚款 40 美分。法院陪审团认定佩里有罪。马州高院的法官们推翻了下级法院的判决，在他们看来，立法机关实施各种立法仅仅是对选民要求的回应，违背了古老的法律精神。法院多数意见认为，涉案法律侵犯了“签订合理契约的权利”，并认为这一权利可以从受马州权利法案第一条保护的“获得、拥有和保护财产”的权利推断出来。

---

① Max Lerner, *The Mind and the Faith of Justice Holmes: His Speeches, Essays, Letters and Judicial Opinions*, Boston: Litter, Brown and Company, 1945, p. 104.

② 转引自 Sammuel J. Konefsky, *The Legacy of Holmes and Brandeis*, New York: The Macmillan Company, 1956, p. 16.

③ Max Lerner, *The Mind and the Faith of Justice Holmes: His Speeches, Essays, Letters and Judicial Opinions*, Boston: Litter, Brown and Company, 1945, p. 92.

虽然霍姆斯对法院意见表示了异议，但并非没有犹豫。在以往的很多案件中，尽管他多次表达自己的不同意，但只是说说而已，并没有具体写下异议，因为他感到异议会损坏多数意见的权威。此案的重要性促使霍姆斯坚持异议，当时，霍姆斯正在思考日益成熟的复杂的城市工业社会中，法官应该如何对待民主立法。他认为立法机关代表了社会的需要，在这类经济规制问题上，司法应当遵从立法。霍姆斯在异议中说："如果我假定宪法的创建是正确的，从一个政治经济学家角度来说的话，我同意宣判这一立法无效。然而，我不愿也不认为自己有权利据此推翻立法，除非我认为一个诚实的意见分歧是不可能的，或者接近于此。"① 这一观点成为霍姆斯司法学的关键，也为后来最高法院时期奠定了基础。他没有必要赞同他支持的立法，大多数的立法让他很烦恼。他不"尊敬平等的热情"，对"人们努力通过财产重建社会"也没有兴趣。私下，他也有和同事们一样的偏见。他对劳工没有任何爱意。但是，他可贵的地方在于，他坚信个人的偏见不能构成推翻立法的根据。就像他所认为的"至少在司法领域，法官的功能不是权衡公共政策的社会智慧"②。

"维奇兰诉甘特纳案"③ 是霍姆斯在马州法院最著名的法律意见，构成了后来他在经济问题和公民自由问题上司法观的雏形。在19世纪90年代的波士顿，许多工人都是外来的移民，排外心理在上层社会很流行。在本案中，维奇兰工厂的装饰工联合起来，提出9小时工作制和增加工资的要求。老板维奇兰拒绝，工人于是罢工，并且派出纠察队在工厂前面的街道上示威，建立警戒线，阻止其他工人进厂。维奇兰向法院

---

① Max Lerner, *The Mind and the Faith of Justice Holmes: His Speeches, Essays, Letters and Judicial Opinions*, Boston: Litter, Brown and Company, 1945, p. 94.

② Sammuel J. Konefsky, *The Legacy of Holmes and Brandeis*, New York: The Macmillan Company, 1956, p. 17.

③ Max Lerner, *The Mind and the Faith of Justice Holmes: His Speeches, Essays, Letters and Judicial Opinions*, Boston: Litter, Brown and Company, 1945, p. 109.

提起诉讼，要求禁止此纠察队的做法。1896 年 11 月，法院以 6 比 1 作出判决，裁定雇主拥有宪法保护的权利来雇佣任何愿意为其工作的人，雇工也有相应的权利进入或者待在愿意雇佣他们的工厂或公司中。纠察队的行为是对这些权利的非法干预。10 年后，在最高法院时，霍姆斯同样遇到这样的推理，那时的根据被称作联邦宪法第十四条保护的“契约自由”。

通常，当霍姆斯不能“使他的同伴们共享他的信念”时，霍姆斯“一贯做法”是“沉默地顺从他们”。① 然而，在维奇兰案中，霍姆斯认为应该说出“法律上不受欢迎的观点”。他认为允许商人们为了竞争而建立组织，却反对劳工联合的权利，这样的法律制度是不公平的。工人和雇主之间的“自由竞争”关系贯穿于整个经济体制，日益增长的联合力量是它的一部分，并终将会导致整个世界的联合。因此，反对这种不可避免的趋势徒劳无益。② 在霍姆斯看来，经济体制中的“自由竞争”实际意味着为了获得一个竞争的机会而联合的自由。因为联合而阻止竞争是必然的，问题不是联合，而是允许这种联合发展到何种程度。在本案中，霍姆斯认为和平警戒线并没有达到需要限制的程度。在他的意见中，有关联合的界限有严格的标准——达到谈判力量的平等。

在“维奇兰诉甘特纳案”中，就劳资关系，霍姆斯发表了支持劳工组织的异议。四年后的“普兰特诉伍兹”③ 一案，又向霍姆斯及整个法院提出了另一个难题：如何判决相互竞争的劳工组织之间的诉讼。此案中，工会的联合抵制不是雇主行为造成的，而是两个劳工组织竞争造成的。被告是马州一个地方油漆工工会会员，该工会隶属于在巴尔的摩的

---

① G. Edward White, *Justice OliverWendell Holmes: Law and the Inner Self*, New York: Oxford University Press, 1995, p. 288.

② Max Lerner, *The Mind and the Faith of Justice Holmes: His Speeches, Essays, Letters and Judicial Opinions*, Boston: Litter, Brown and Company, 1945, p. 115.

③ Max Lerner, *The Mind and the Faith of Justice Holmes: His Speeches, Essays, Letters and Judicial Opinions*, Boston: Litter, Brown and Company, 1945, p. 117.

全国组织。他们的一些油漆工同伴建立了与之对抗的新工会，隶属于在印第安纳州的全国组织。为了保存自己，老工会的人请求雇主帮忙，迫使新工会参加者（变节者）回原工会，或者将他们开除。如果雇主没有满足只雇用某一个工会成员的要求，工会就要罢工。

马州高院的多数意见裁定认定，禁止工会使用罢工威胁等方式来强迫"变节者"重返他们的组织。他们认为，"一个人有充分的自由处理自己的劳动力"，就像"维奇兰案"中雇主的自由。霍姆斯再次表达了异议，他认为被告的罢工威胁是允许的，因为这一意图包含了合法的目标，即为了较高的工资和较好的工作条件。工人要求工厂只雇用一个工会的成员显然与这个目标有关。他批评他的同事对待雇主和雇工采取两套不同的法律标准。他们经常支持雇主联合抵制共同的商业对手，但是，当联合抵制被工人用于工会组织时，却被他们认为非法。

至于工会组织会威胁契约自由的观点，霍姆斯却认为，劳工的集体谈判权不仅是现实发展的趋势，而且也是旧普通法中契约自由的理想条件。有趣的是，在异议的结尾，霍姆斯表现出与"激进经济原则"拉开距离的渴望："我想最好加一句，我对罢工的意义和效果不抱有任何的幻想。"① 著名的法学教授、后来的大法官法兰克福特指出，这一案件是霍姆斯"超越个人的爱好和对社会政策的私人观点，真正成为宪法的客观声音"的一个实例。的确如此，需要指出的是，虽然霍姆斯的异议给人的感觉是同情劳工，实际上，霍姆斯根本不会考虑同情哪一方。他只是觉得，法官应该尊重民主政治中胜利的一方，用同样的司法原则平等地对待对立派。

显然，霍姆斯的异议没能扭转反劳工的司法倾向。但是，它们却使霍姆斯开始引人注意。在他后来出任马州法院首席法官时，波士顿《先

---

① Max Lerner, *The Mind and the Faith of Justice Holmes: His Speeches, Essays, Letters and Judicial Opinions*, Boston: Litter, Brown and Company, 1945, p. 121.

驱报》指出，“霍姆斯法官可能看起来是一位激进主义者，然而却是一位实用主义者，”并引用“维奇兰案”作为例证。“一位激进主义者的特点可能明显地表现在他在工业问题上的观点。……他的法律意见倾向于劳工一边，……他认为……工人们可以联合起来去获得最大收益，就像资本可以联合起来以获得最大可能的回报一样。那么，一旦联合起来他们就有和联合的资本一样的自由，通过辩论、说服和他们的合法控制这些优势来给予或拒绝保护他们的利益。”①《先驱报》指出，作为一名法官，霍姆斯表现出了渊博的知识和深刻的思想。

最后一个值得关注的领域是霍姆斯对言论自由的看法。马州法院时期，霍姆斯也有限地接触了一些言论自由案，最早的一个案件是“麦奥里夫诉新贝德福德”②。由于参加公务员法禁止的政治活动，约翰·麦奥里夫被当地警察局解雇。这位警官向法院提起诉讼，理由是其言论自由的宪法权利受到了侵犯。在代表全体一致的法院意见书中，霍姆斯否定了麦奥里夫的论点，甚至没有提出言论自由的问题。他称，警官“可能有谈论政治的宪法权利，但是他没有宪法权利成为一名警察”③。言下之意，成为警察就意味着放弃了自己某些宪法权利。

接着，1895 年，又一涉及言论自由的案件“马萨诸塞州诉戴维斯案”④ 走进霍姆斯的视野。未经允许，戴维斯便在波士顿广场发表演说，因此举违反了当地的法律而被判有罪。戴维斯声称这种做法侵犯了其言论自由的宪法权利。霍姆斯代表法院宣称，此案不涉及言论自由或集会自由，不过是波士顿公共场所的使用方式。对立法机关来说，它有

① G. Edward White, *Justice Oliver Wendell Holmes: Law and the Inner Self*, New York: Oxford University Press, 1995, p. 291.

② *McAuliffe v. New Bedford*, 引自 Liva Baker, *The Justice from Beacon Hill: The Life and Times of Oliver Wendell Holmes*, New York, N. Y.: Harper Collins, 1991, p. 302

③ *McAuliffe v. New Bedford*, 引自 Liva Baker, *The Justice from Beacon Hill: The Life and Times of Oliver Wendell Holmes*, New York, N. Y.: Harper Collins, 1991, p. 302

④ Max Lerner, *The Mind and the Faith of Justice Holmes: His Speeches, Essays, Letters and Judicial Opinions*, Boston: Litter, Brown and Company, 1945, p. 106.

权控制公共场所的使用："禁止在公路和公园发表公共演说，与私家房屋的主人禁止在其房子里这样做一样，都不是对社会成员权利的侵犯。"① 在本案中，霍姆斯为什么会采取如此狭隘的观点，可能的原因是，霍姆斯生活在一个相对较少骚乱和动荡的社会环境中。同时，不容忽视的是，公民自由还没有引起霍姆斯的兴趣，他关注更多的是法院中大量的普通法侵权案件。

以上几个方面的真知灼见以及在审理普通法案件中所表现出的司法智慧和技巧，显示了霍姆斯作为法官的卓越素质。在州法官任上，他所展现的司法才能足以让他跻身美国州法院历史上最重要的法官之列。马州高院的20年（1882—1902），正好是霍姆斯从40岁至60岁的人生壮年。他将自己的法律学识应用到司法实践，充分展示了自己的司法智慧和技艺，做出了创造性的工作。

在有限的涉及宪法问题的案件中，霍姆斯的意见书表现出了对于劳工运动的同情，也正是因为这些案件，让霍姆斯作为一名州法官而广为人知。遗憾的是，在19世纪末20世纪初的"镀金时代"，在看似平等的"自由放任"原则下，社会达尔文主义盛行，霍姆斯的异议无法阻止业已形成的反劳工倾向。但这些案例意见都已经预示了他的基本宪法思想，司法应该尊重立法部门的意志，这一原则成了霍姆斯一生操守的信条。"即使霍姆斯后来无缘成为联邦最高法院的大法官，他仍旧是一个一流的法律人。……霍姆斯属于美国州法院历史中最重要的六位法官之一。"② 其实，在马州法院20年的司法实践中，尤其是其在几个劳工案上的异议，霍姆斯被扣上了"激进主义者"的帽子。然而，正是这一"荣誉"使得他得到当时西奥多·罗斯福总统的赏识，并成为联邦最高

① Max Lerner, *The Mind and the Faith of Justice Holmes*: *His Speeches*, *Essays*, *Letters and Judicial Opinions*, Boston: Litter, Brown and Company, 1945, p. 107.

② Max Lerner, *The Mind and the Faith of Justice Holmes*: *His Speeches*, *Essays*, *Letters and Judicial Opinions*, Boston: Litter, Brown and Company, 1945, p. 90.

法院法官。“备受大铁路和大公司成员批评的劳工意见，是我强烈地支持霍姆斯的原因。”① 罗斯福在给参议员亨利·卡伯特·洛奇的信中如是说。

五、托拉斯

显然，马州高院的法庭不足以让霍姆斯尽情挥洒其法律才能。他在等待另一道“闪电”。1902 年 7 月，来自马州的最高法院大法官格雷健康恶化，其继任者人选便提到白宫的议事日程。当时执掌白宫的是共和党改革派总统罗斯福，他颇为欣赏霍姆斯在一些劳工权益案件中同情弱者的立场。但是，法官的政治倾向远比具体的司法意见更受到总统的关注。为此，罗斯福便向自己的密友参议员洛奇征求意见，要他直接询问霍姆斯。洛奇对霍姆斯说：“我已经告诉总统你始终是一个共和党人，从来都不是骑墙派。”“骑墙派?”霍姆斯大声回答说，“我想不是。”② 这下，罗斯福算是吃了一颗定心丸。1902 年 12 月 2 日，罗斯福把霍姆斯的名字送到参议院，两天后，这项提名就获得了一致通过。

在华盛顿，霍姆斯以其智慧和优雅很快赢得了极高的社会声誉，并且成了白宫的常客。然而，在罗斯福打破托拉斯垄断的司法攻坚战中，霍姆斯的一纸异议，让两人的友谊画上了句号。当时，罗斯福亲自投入了反对铁路托拉斯的斗争之中，要司法部以违反《谢尔曼法》为由，将一个巨型铁路控股公司——北方证券公司告上法院。尽管罗斯福对霍姆斯寄予厚望，希望他能助政府一臂之力。但霍姆斯根本不买账，而是根据《谢尔曼法》的字面含义，认为该法只是反对“专断”，并没有说要

---

① 转引自 Sammuel J. Konefsky, *The Legacy of Holmes and Brandeis*, New York: The Macmillan Company, 1956, p. 15.

② John A. Garraty, “Holmes's Appointment to the U. S. Supreme Court”, *The New England Quarterly*, Vol. 22, No. 3 (Sep., 1949), p. 296.

保护竞争，以保护竞争为由来拆解北方证券公司，于法无据。在给洛奇的信中，罗斯福抱怨说："霍姆斯本应是法官席上的理想人物，但实际上，他让人有点失望。"①

在19世纪后期的美国镀金时代，随着大量新技术的采用和全国市场的统一，许多行业里工厂的规模迅速扩大，产量大幅增加，但是各个行业的容纳能力终归是有限的，其结果就是竞争加剧、价格下降。在这些行业里，企业力图通过控制价格或产出来减少竞争和风险。托拉斯就是这样的一个机制，在这一机制下，许多原先是竞争对手的公司把自己的股票交给一个托管人持有，托管人将为托拉斯作出决策。1882年美国历史上第一家大型托拉斯——标准石油托拉斯的建立拉开了美国第一次企业合并浪潮的序幕。棉籽油、制糖业、酒业、矿产、电力、烟草等多个部门也纷纷效仿标准石油公司的做法，建立了各自的托拉斯组织。一时间托拉斯如雨后春笋林立于美国经济之中。企业联合浪潮对美国社会经济生活与人们的心理造成了巨大的冲击。许多人担心，工业革命带来的日益增多的"富可敌国"的大企业会威胁美国的民主。他们认为，自由、机会均等、个人独创精神被视为立国根本，而垄断权则被视为扼杀这些精神和原则的罪恶。

反托拉斯的群体形成了一股强大的政治和思想力量。1890年，联邦政府在民众的强烈要求下通过了反托拉斯的《谢尔曼法》。法令规定："凡以托拉斯或其他类似形式的契约和联合，以及以限制州际贸易及对外贸易为目的的秘密协议，均属违法。任何人如缔结此类契约，或从事任何此类联合或秘密协议，均应认为犯罪。"然而，垄断资本家反对该法，认为是对合法商业的打击，对经济发展不利，因而在司法部执行过程中处处掣肘；加上存在一系列理论和实践方面的难题，实际上司法部

① G. Edward White, *Oliver Wendell Holmes: Sage of the Supreme Court*, Oxford University Press, 2000, p. 91.

门未能认真执行该法。因而《谢尔曼法》在相当长时期内徒有虚名。1895 年，联邦最高法院就“联邦诉奈特公司案”① 作出判决，宣布可能会涉及州际商务的大型垄断性制造公司不在《谢尔曼法》的禁止之列，此举极大地削弱了联邦政府控制托拉斯的努力。

面对着托拉斯这个 20 世纪初美国最敏感、最关键和最错综复杂的难题，罗斯福采取了惊人之举，复活了《谢尔曼法》，对一系列民愤极大的大托拉斯集团提起诉讼并迫令其解散，由此赢得了“托拉斯杀手”的绰号。他的第一个目标就是北方证券公司。北方证券公司是在金融家摩根操纵之下于 1901 年组建的一个铁路垄断集团，是由北方太平洋铁路、大北方铁路、芝加哥－柏林顿－昆西铁路三家铁路联合组成的庞大的控股公司，控制了美国西北部的铁路交通运输。

在这一案件中，罗斯福有着十足的信心取胜。他认为可以 7 比 2 获胜，最坏也得是 6 比 3。对于霍姆斯，罗斯福考虑到他是自己刚从马州提拔上来的新人，自然就毫无怀疑。最终，最高法院以 5 比 4 判决政府取得了胜利。最高法院修正了它在“奈特案”中的立场——控股公司不直接涉及州际商务，指出反托拉斯法适用于任何一种联合或联合企图，因为他们会消除从事州际商务、有竞争关系的铁路间的竞争，结果导致对此类贸易和商务的限制。

然而，对于那些自认为自己已经知道结果的人来说，最让他们惊奇的是霍姆斯的异议。不单纯是他投票反对政府的事实和反对解散北方证券公司的事实，而是他坦率和强硬的话语：

> 伟大的案件像棘手的案件一样会制造坏的法律。因为，伟大的案件之所以伟大不是因为它们在塑造未来之法中的重要性，而是因为诉诸感觉和歪曲法官判决的直接的压倒性利益。这些直接利益……使得先前明确的东西变得可疑，在它面前，甚至牢固建立的法律原则也会屈服……

---

① *United States v. E. C. Knight Co.*, 156 U. S. 1 (1895).

第一点，就铁路而言，联合是一个不可避免的事情……很明显，联合是为了达到其他的目的，而不是垄断……

霍姆斯所撰写的异议，主要是基于其对《谢尔曼法》字面的理解。他认为该法没有一个地方提到竞争，它只禁止专断，并没有保护竞争。保护竞争可能是禁止专断原则的一个后果，或者是这一原则的基础或目的，但它毕竟不是原则本身。因此，以保护竞争为由裁定北方证券公司违反《谢尔曼法》站不住脚。这一立场实际上与其“维奇兰诉甘特纳”一案的意见是一致的。他当时作出了支持劳工组织的判决，他认为日益增长的联合的力量和范围，将会导致整个世界的联合；他又说道，反对这种有益的和不可避免的趋势是无用的。根据同一逻辑，此时也没有理由来反对公司的联合。在他看来，产业间的合作、集中化也就是垄断化在所难免，势在必行。他相信，原始竞争的时代已经过去，资本主义进入了一个新的阶段，新的组合和集中形式将主导经济。规模经济不可抗拒，且永无终结。因此，他认为对立法机关或其他任何人来说，试图阻止历史发展的步伐是徒劳的，事实上也是可笑的。对于霍姆斯来说，最高法院的存在是为了根据美国宪法来解释法律，而不是对富人或者穷人的鞭笞棒。如果在《谢尔曼法》下，北方证券公司被证明是限制了贸易，它应当被解散。否则，它就应该存在。霍姆斯已经不止一次地说过，法官必须记住社会中经济的变化，“感于时代的必要性”。至于法院的良心，霍姆斯认为如果法院依靠法官的良心来判决，那么，法院将不再是法院。法律既不是道德，不是政治，也不是权宜之计，也不是艺术。[①] 霍姆斯在北方证券公司案里的意见预示了他在最高法院时期整个司法生涯的态度和立场。

---

① Catherine Drinker Bowen, *Yankee from Olympus: Justice Holmes and His Family*, Boston: Little, Brown and Company, 1944, p. 368.

六、劳工

如果就此认为霍姆斯是资本家的代言人，那就大错特错了。他在北方证券公司案中的异议使得罗斯福大失所望，罗斯福挖苦说："我用一根香蕉制造的法官也比他更有骨气。"[①] 不过，在维护弱者权利、保护公众自由方面，霍姆斯却没有让罗斯福失望。

南北战争后，社会达尔文主义思潮传入美国，加剧了美国思想中的个人主义和自由放任主义，同时也为其涂上了一层冠冕堂皇的理论保护色。达尔文主义也渗透至美国法律秩序的各个方面，自由放任政策成为一切法律的试金石。正如布兰代斯大法官所说，"19 世纪早期不完备的科学真理，如'适者生存'，通过司法上的认可，被上升为一种道德准则"[②]。教条主义的法理学认为：法律具有普遍性而且一成不变；美国宪法是一项"神圣的"文献，是上帝智慧和"灵感"的体现；对于它，只能作"严格解释"而不能作"宽松解释"，不能随意夸大联邦政府的职权。[③] 美国经济迅猛发展的态势与亦步亦趋地沿袭英国传统的法律制度严重脱节。一时间，最高法院成了新旧宪法原则辩论交锋的战场，成了风暴中心，成为这些争论的最后仲裁者。

在有争议的美国宪法条款中，1868 年通过的宪法第十四条修正案最具争议。其中的正当程序条款规定：各州"不经正当法律程序，不得剥夺任何人的生命、自由或财产；也不得拒绝给予任何人以平等法律保护"。在法官的笔下，这个原本用来保护黑人的条款，被解释为保护雇主与工人之间的"契约自由"。法官们认为，进步主义立法，诸如最高

---

① Liva Baker, *The Justice from Beacon Hill: The Life and Times of Oliver Wendell Holmes*, New York: Harper Collins, 1991, p. 405.

② ［美］伯纳德·施瓦茨著：《美国法律史》，王军等译，中国政法大学出版社 1990 年版，第 125 页。

③ 余志森主编：《崛起和扩张的年代》，人民出版社 2001 年版，第 260 页。

工时和最低工资法，都是对“契约自由”原则的挑战，这一宪法原则就是雇主和雇工都有宪法权利，按照他们的意愿购买或出卖自己的服务和劳务。

著名的“洛克纳诉纽约州案”① 是霍姆斯担任最高法院大法官后，面对的第一桩重要的劳工权益案。1897 年纽约州议会制定了一项法律，规定面包房工人每天工作不能超过 10 个小时，以保护他们的健康。一位名叫约瑟夫·洛克纳的面包房老板因为违反此项法律而被罚款 50 美元。其律师辩称，纽约州此项法律过分偏袒劳工，违反“平等的法律保护”；洛克纳和他的工人，两厢情愿签订契约，乃是宪法所赋予的契约自由，法律剥夺了他的此项自由，并连带剥夺了他对自己财产的控制权。

联邦最高法院于 1905 年 4 月 17 日作出判决，高龄的大法官鲁弗斯·佩克汉姆代表最高法院宣判说：“本院认为纽约州没有理由用限制工作时间的办法，去干涉面包坊从业者之人身自由及签订自由契约的权利。”同时，“没有理由认为，面包房工人作为一个阶层，在智力和能力上，与其他行业或做体力工作的人不一样；没有理由认为，缺少了州政府的保护，以及对他们独立的判断和行为能力的干预，他们就没有能力行使自己的权利和照顾自己。在任何意义上，他们都不是政府的监护对象”②。纽约州政府没有能够说明，为什么面包房工人的健康，而不是其他行业工人的健康，需要特别的保护。这位大法官认为纽约州此项法律显然是多管闲事，面包工人对于自己的权利自然懂得如何去维护，他们能关照自己，用不着州议会来越俎代庖。③

霍姆斯和哈兰四位法官在本案中却提出了反对意见。霍姆斯说：“某些法律，包含了一些信念或偏见，有些法官同意，有些则不同意。

---

① *Lochner v. New York*, 198 U. S. 45, 76 (1905).

② *Lochner v. New York*, 198 U. S. 45, 57 (1905).

③ *Lochner v. New York*, 198 U. S. 45, 58 - 63 (1905).

但宪法并非旨在体现一种特别的经济理论，或是家长制，或是公民与国家有机体关系论，或是自由放任。它是为拥有根本不同思想观念的人制定的，当我们意外地发现某些观点是自然和熟悉的，或者是令人诧异和震撼时，它都不应该影响我们对包含这些观点的法律是否与美国宪法冲突作出判断。”① 霍姆斯认为每一个人的自由，或其为所欲为的权利，应以不妨碍别人的自由与权利为限。他说：“除非被提议的法规侵害到人民权益和法律的主要原则，否则，如果仅凭联邦宪法第十四条修正案中的‘自由’一词去阻止大多数意见的结晶，则‘自由’一词，已受到曲解与滥用。”②

霍姆斯认为纽约州此项法律应被视为大多数人的意志，它并没有抵触联邦宪法。他认为洛克纳的财产权并没有受到剥夺，因为他仍然保有他的面包店。但是霍姆斯无法改变最高法院的主流看法，霍姆斯自知无法使他们改变初衷，他发表这些意见，主要是针对将来，以待后来者。他以无限的耐力对后世发言，希望后世的人能够改正现在的错误。

“洛克纳案”是霍姆斯司法异议最响亮的第一枪。在最高法院最初的15年里，除了几次获得哈兰和休斯的支持外，霍姆斯大多时候都是孤立的异议者。1916年，布兰代斯来到最高法院，成为霍姆斯坚强的同盟者，极力为立法机关促进工人平等的谈判权而战，为社会试验权力而战，为州和联邦社会立法而战，为政府在和平和战争时期的足够权力而战。在洛克纳案的异议中和其他著名的意见中，霍姆斯反对使用第十四条修正案的正当程序条款来阻碍州的社会和经济试验，发展出司法克制的理论。

洛克纳主义现在成为一个时代的象征：保守派法官在正当程序条款之下试图通过司法干预来阻止社会与经济改革的进行。“洛克纳案”之

---

① *Lochner v. New York*, 198 U. S. 45, 75 – 76 (1905).

② *Lochner v. New York*, 198 U. S. 45, 76 (1905).

后，雇主反对劳工的行为更加猖獗，胁迫劳工签订“黄狗契约”，禁止他们参加工会，否则就不予聘用。“考佩治诉堪萨斯州案”① 就是在这种背景下产生的。堪萨斯州的一项法律反对制定“黄狗契约”，最高法院却以6比3的票数宣判了该法违宪。多数意见认为，州法超越了它的治安权。虽然它没有质疑工会的合法性，但是，它要求雇主和雇工有自由缔结契约的神圣权利。“考虑到双方缔结契约的平等自由权，难道一方没有权利制定自己乐意接受的双方关系开始或者继续的条款吗？”② 这样，政府保护工会成员的做法被认定为与宪法不符。

霍姆斯再次提出异议，一份最简短的意见：“在现存的条件下，工人可能自然相信，只有加入工会，他才能保证获得对他公正的契约。……在长远来看，制定这类立法对工人是否明智，并非我的考虑；但我强烈认为，宪法并不存在任何条款去阻止这类立法。”③ 他坦率地批评说，“洛克纳案”是坏判决，应该被推翻。因为霍姆斯认为雇主拥有经济上的优势，这意味着工人的自由就受到了限制。只有允许工人参与工会从而获得平等的谈判地位时，他的自由才会真正实现。制定劳工立法来保护这一自由，将治安权用于平衡雇主和雇工的经济权利，契约自由才会有意义。

在此后的劳工案件中，霍姆斯一如既往地采取维护劳工权益的观点，抗击当时反劳工的恶潮。在“阿德金斯诉儿童医院案”④ 中，多数大法官宣布，联邦政府有关哥伦比亚特区妇女最低工资的立法违宪，理由是，既然通过宪法第十九条修正案，妇女已经获得了与男子同等的选举权，她们就不应该再受到政府的特殊保护。对此，霍姆斯反驳说：“我承认我不理解法院基于何种原则，在承认立法机关拥有限制（女

---

① *Coppage v. Kansas*, 236 U. S. 1, 42 (1915).

② *Coppage v. Kansas*, 236 U. S. 1, 12 (1915).

③ *Coppage v. Kansas*, 236 U. S. 1, 27 (1915).

④ *Adkins v. Children's Hospital*, 261 U. S. 525, 571 (1923).

工）最高工时权力的同时，否定其为妇女规定最低工资的权力。……不论你调控哪一半，交易都同样受到影响。……要说服我男女之间没有差别或立法机构不能考虑这些差别，仅靠第十九条修正案是不够的。”①

霍姆斯在最高法院任职之时，正值进步主义在美国方兴未艾之际。霍姆斯在劳工案中站在劳工一方，因此获得了进步主义者的青睐。进步主义者对他的赞赏，有助于霍姆斯公众地位的提高。当时，进步主义将一系列其认为重要的宪法案件打到了最高法院。这些案件主要关于州和联邦监管和干预市场立法的合宪性，政府能否干预私人的经济关系。在1903年到1923年的一系列意见中，霍姆斯宣称，他顺从立法试验的意愿，藐视那些利用宪法条款来推进自己社会或经济偏见的法官。尽管霍姆斯有着强烈的精英意识和责任意识，但却坦然地接受了美国社会的大众化发展趋势。

霍姆斯遵从立法的态度并不是其懦弱的表现，而是因为他相信，不能把法官的一己之见，作为推翻法律的根据，即不能根据法官好恶来宣布由代表民意的立法机关通过的法律违宪。不过，霍姆斯并非完全被动无为，作为一位知识分子和学者，如果他发现宪法明确规定的公众自由受到侵害时，当政府用法律手段来压制言论自由时，霍姆斯就毅然决然地拿起司法审查的杀手锏，为言论自由而战。

七、言论自由

随着美国加入第一次世界大战和俄国十月革命的爆发，美国对煽动性言论有了新的解释。1917年和1918年，国会通过了《反间谍法》（*Espionage Act of* 1917）和《反煽动叛乱法》（*Sedition Act of* 1918），规定任何人只要煽动和鼓励兵变，阻挠征兵，宣传任何对美国政府不满的

---

① *Adkins v. Children's Hospital*, 261 U. S. 525, 569 – 570 (1923).

言论均属违法。在这两个法律下，超过1900人因涉及言论、书籍、报纸文章、传单罪行而被起诉。20世纪早期国外日益加剧的意识形态竞争使得大批美国人惊恐起来，他们把社会主义、共产主义和布尔什维克主义看作是对美国生活方式的威胁。“一服装销售员只说了句‘列宁是最有头脑的世界领袖’，而被监禁6个月”。① 对陌生的和不能理解的思想的恐惧不断滋生着偏狭，偏狭则滋生着压迫。反对“红色威胁”的恐怖行为随即而来：不同政见者被迫害，无政府主义者遭到逮捕。

申克（Charles Schenck）是美国社会党总书记，在1917年征兵开始不久，他印刷和邮寄了15000张传单，认为《征兵法》违宪，并号召读者“醒悟起来”和“索要你的权利”。申克声称，征兵剥夺了个人的宪法保障，违背了人类的意志，只符合华尔街一小撮人的利益。于是他号召青年人维护自己的权利，抵制征召。② 政府以违反《反间谍法》逮捕申克，地区法院判处申克6个月监禁。申克不服，将案件上诉至最高法院。

经过将近两个月的辩论，1919年3月3日，霍姆斯宣布了法院意见。意见的第一部分是叙述控告的罪名。随后，霍姆斯将目标转向审判时的证据，然后总结了看似关键且已得到承认的证据——传单的内容和通过邮件寄送给应召入伍人员的事实。对霍姆斯和法院来说，这些都足已构成犯罪。“显然，如果被告没有使上述材料产生某种效力的敌意，那么，就不会从事寄送活动。在我们看来，除了意图影响有服役义务的人员以图阻碍征兵活动的执行外，被告的行为不存在任何其他目的。被告并不否认陪审团可能在这一点上作出不利于他们的事实认定。”即便有已被证明的犯罪密谋和犯罪意图——公然的行为和特殊的意图，被告辩称他仍然保有宪法权利，受到宪法第一条修正案言论自由的保护。霍

① 张千帆著：《西方宪政体系》（上册·美国宪法），中国政法大学出版社2004年版，第455页。

② Jeremy Cohen, *Congress Shall Make No Law: Oliver Wendell Holmes, the First Amendment, and Judicial Decision Making*, Iowa State University Press, 1989, pp. 27 - 29.

姆斯接着说，一般而言，言论不存在绝对的权利："即使对言论自由最严格的保护，也不会保护一个人在剧院谎报火灾，从而造成恐慌。"言论可能会因他人的错误理解而造成错误行事，因此要和其他行为一样受到管制。"每一个案件的问题是：言论是否被用于如此场合以至于将造成清楚和现存的危险，并带来国会有权禁止的实际的危害。这是一个关于迫近性和程度的问题。"① 从法律应用来看，这仅仅是霍姆斯把普通法中有关责任的一般原则应用到密谋和意图，也就是说，既然第一条修正案没有延伸出绝对的权利，那么，国会在一些案件中就有权对禁止的言论进行惩罚。

接着的问题是，已证明阻碍征兵的意图是否构成了"清楚和现存的危险"。如果国会有权去惩罚实际阻碍法律实施的表达，唯一的问题是它是否惩治企图妨碍征兵的未遂阴谋。霍姆斯总结了一个简明扼要的公式：就像其他的犯罪企图一样，在有关言论的蓄谋中，首先，政府被要求证明公开的行为必须被禁止，接着，证明被告有着导致被禁止结果的特殊意图。"如果行为（演说或者散发传单）表现出来的倾向以及实施该行动的意图相一致，我们没有理由说只有成功实施才使行动构成犯罪。"② 最后，霍姆斯说当所宣称的犯罪行为是言论时，宪法要求政府必须证明迫近性的客观标准和导致被禁止结果的特殊意图。

在这份意见中，霍姆斯没有论述清楚宪法和法律所要求的特殊意图是否是一个主观的意图：故意希望导致国会禁止的结果——就像霍姆斯在19世纪80年代所主张的那样，还是可以依据外部标准来判断的意图。如果标准仅仅是外部的，那么"倾向"和"意图"这两个词就是多余的。霍姆斯是在暗示，宪法要求的意图和普通法要求的意图是一样的：实际的主观意图引发犯罪。霍姆斯的同伴们可能不会同意霍姆斯的

---

① *Schenck v. U. S.*, 249 U. S. 47, 51 - 52 (1919).

② *Schenck v. U. S.*, 249 U. S. 47, 52 (1919).

这一观点，这很可能是霍姆斯避免对这一问题进行回答的原因。这也说明了为什么这一意见的发布用了如此长的时间。但是在稍后的案件中，对言论的限制是否依据危险加意图这两项标准，成为霍姆斯和大多数法官争论的关键。

自 1917 年《反间谍法》通过以来，一些低级法院和最高法院的大多数人一直把它看作国会有权禁止的言论表达，也就是限制反战言论，其含义是有阻碍法律执行的“不良倾向”。霍姆斯成功地将最高法院的注意力从禁止表达的类别转移到更小的问题上，即在案件发生的环境里被告的言论是否构成了真正的威胁。

然而，霍姆斯并没有把这一判断应用于他后来遇到的所有的言论案件中。“申克案”一周后，最高法院又裁定了“德布斯案”①。本案被告德布斯是美国著名的社会主义者，曾多次作为社会党候选人竞选美国总统。甚至因本案入狱后，他还在监狱中竞选总统，并获得了 90 万张选票。1918 年 7 月 16 日，德布斯在俄亥俄州坎顿市一个公园里发表反战演说，赞扬了三个帮助和支持他人拒绝征兵的“忠诚的同志”。他说：“我憎恶战争。如果我孤立一人也将反对战争。”他因此违反《反间谍法》而被判有罪。

霍姆斯支持了最高法院对德布斯定罪的认可，并再次撰写了全体一致的法院意见书。在法院意见中，霍姆斯指出，本案涉及言论的主题是社会主义、社会主义的发展及其必然胜利的预言，对此最高法院无从置喙。但是，如果这一比较广泛言论中的一部分或者讲话的明显意图是鼓励听众抵制征兵，并且在演说中直接传达了这样的鼓励，那么，上述一般性主题所获得的豁免，就不足以保护这样的言论。接着，霍姆斯详细引述了德布斯遭到指控的言行。针对德布斯声称，他是出于社会主义的信念而反对一切战争，霍姆斯则认为在当时情形下，赞扬因为反对战争

---

① *Debs v. U. S.*, 249 U. S. 211, 217 (1919).

而入狱的社会党同志，显然不仅仅是反对所有的战争，而且也是反对目前的这场战争。德布斯如此明确地反对战争，以致这一言论的自然和唯一的后果就是阻碍政府征兵。在这种情况下，上述言论就不能以是社会主义普遍纲领的一部分、表达的是一种普遍的信念为由，得到保护。①

霍姆斯强调，德布斯根据美国宪法第一条修正案提出的《反间谍法》违宪问题，在“申克案”中已经解决。德布斯去年亲自批准了《反战争宣言和纲领》，现在又发表上述演说，这些证据都证明，被告是通过示威、群众请愿和能用得上的一切手段进行了持续的、积极的和公开的反战活动。如果在这一演说中他使用的措辞有阻碍征兵的倾向，他就是故意让它们产生这样的后果。不过，霍姆斯最后还是强调，法院应十分仔细地指示陪审团：除非被告使用的措辞的自然倾向和合理的可能后果是阻碍征兵，除非被告心目中对此有明确意图，否则陪审团就不能因其鼓吹了某种见解，就认定其有罪。②

“德布斯案”显然试图进一步明确“清楚和现存的危险”标准，但霍姆斯并没有深入讨论第一条修正案。他强调这一问题在“申克案”中已经解决，因此本案更注重的是事实和根据，而不是宪法法理。但事实上，霍姆斯没有注意到“申克案”和本案在事实上的区别。申克等人是把传单直接送给应征者，德布斯则是在公共集会上对一般听众发表演说。但霍姆斯看来，德布斯所使用措辞的自然和合理的可能后果是阻碍征兵，其心目中对此有明确意图，这样，德布斯鼓吹的任何见解都被认定是一种犯罪。霍姆斯这一观点引起了言论自由至上论者的愤怒。在“德布斯案”判决后不久，报纸便披露说，霍姆斯被列在将会收到邮件炸弹的名单之列。为此，霍姆斯在给朋友、英国著名学者拉斯基的信中

---

① *Debs v. U. S.*, 249 U. S. 211, 212 – 215 (1919).

② *Debs v. U. S.*, 249 U. S. 211, 216 (1919).

自嘲道："正是因为德布斯案件，我才有此殊荣。"[①]

让霍姆斯感到惊讶的不是来自"激进分子"的威胁，而是一些其仰慕者的批评。在1919年的《新共和》杂志上，芝加哥大学法学教授弗洛伊德（Ernst Freud）严厉批评霍姆斯的法院意见。他认为，在一个"没有任何显示出实际的阻碍或试图妨碍任何征兵过程"的情况下，陪审团就宣判德布斯有罪，这根本就是在"猜想"德布斯言论的"倾向和可能的影响"。这和"申克案"中确立的"清楚和现实的危险"原则并不一致，在他看来，这使"言论自由的权利成为不安全的礼物"，完全受制于陪审团的一时的兴致（怪念头）。[②] 弗洛伊德的文章引起了霍姆斯的注意，他也收到了一些反对"德布斯案"意见的来信。霍姆斯告诉他的几个朋友，他很遗憾政府控告申克和德布斯。既然战争已经结束了，他希望德布斯能得到赦免（他最终的确获得了赦免），他说首席大法官怀特之所以选择他来起草《反间谍法》案件的意见书，是因为他是法院中对言论自由最有同情心的一名法官。同时，他继续坚持"申克案"和"德布斯案"的判罪都很适当。

1919年6月，哈佛大学法学院教授泽卡赖亚·查菲（Zechariah Chafee）在《哈佛法学评论》上发表了有关言论自由的文章。他评价霍姆斯的言论自由意见，认为它们抛弃了英国法权威布莱克斯通的观点，即对言论的限制仅仅是事前限制。他指出，第一条修正案的确不保护所有言论。问题的关键是如何区别应受保护的言论和不应受保护的言论。他认为霍姆斯在"申克案"和"德布斯案"中都未能阐述这一问题。"清楚和现实的危险"标准只说明了某些显然非法的言论属于非法。查菲特别强调，社会和政府最重要的目的之一就是，在普遍关注的问题上

---

① G. Edward White, *Oliver Wendell Holmes: Sage of the Supreme Court*, Oxford University Press, p. 114.

② G. Edward White, *Oliver Wendell Holmes: Sage of the Supreme Court*, Oxford University Press, p. 113.

发现和传播真理，要做到这一点就必须允许公开讨论，绝对不加限制。一旦以政府强力介入讨论，正确与否就会沦为一个机会，真理就黯然失色。查菲强调，尽管政府有维持治安的责任，不加限制地讨论有时的确会干扰政府履行这一责任，但寻求真理符合社会的最大利益，真理只有通过对政府经常的和激烈的诘问，才得以从谬误中彰显出来。查菲称霍姆斯是一位对各种社会利益进行出色法理思考的法官，但在解释和适用第一条修正案时，却没有充分认识到其权衡各种社会利弊的职责。①

霍姆斯不仅仔细阅读了查菲的文章，而且还在好友拉斯基的介绍下结识了查菲。拉斯基当时正在哈佛执教，他把自己《现代国家的权威》一书题献给霍姆斯。拉斯基在书中强调，思想自由是绝对的，寻求真理是一个不断的过程，在所有根本问题上发现真理，是一个国家每一个公民各自进行的探索。霍姆斯当时已经78岁高龄，德高望重，查菲才36岁，拉斯基只有26岁。两位年轻人友善的批评和提醒，与美国社会出现的“恐红症”结合在一起，促使霍姆斯反思自己在“申克案”和“德布斯案”中的观点。

1919年10月，在“阿伯拉姆斯诉合众国案”② 中，霍姆斯接受了查菲等人的批评意见，发表了他对第一条修正案所作的最著名论述，反对法院多数意见适用“清楚和现实的危险”标准来维持《反间谍法》。本案被告是5名来自俄国的犹太移民，信奉无政府主义。1918年夏天，这伙人在纽约反对美国军队干涉苏俄革命，散发了谴责美国总统威尔逊、号召进行总罢工的英语和依地语（Yiddish）两种传单。联邦地区法院分别判处他们15年到20年徒刑。阿伯拉姆斯向最高法院上诉，指控《反间谍法》违反第一条修正案。最高法院多数意见采用了霍姆斯的“清楚和现实的危险”原则，维持下级法院的判决。

---

① 邱小平著：《表达自由——美国宪法第一修正案研究》，北京大学出版社2005年版，第28页

② *Abrams v. U. S.*, 250 U. S. 616, 631 (1919).

克拉克法官撰写的法院多数意见指出，阿伯拉姆斯散发传单的目的是“在战争危机的紧张时刻，煽动不满、叛乱和骚乱”以及“为使政府难堪并在可能的情况下破坏政府军事计划”，这种带有“背叛和滥用性质的”语言很可能造成“直接反对总统和国会的行动”。他认为问题只有一个，那就是这些传单是否具有阻碍战争的“清楚和现实的危险”。传单中号召工人大罢工去阻碍美国干涉苏联，任何一个有理智的人都会明白这将会阻碍战争动员。他写道：“如果某人从事的行为可能产生某种后果，那么他必须被判定具有产生该后果的故意并承担责任。”①

然而，出乎很多人的预料，霍姆斯此时发表了他最著名的反对意见，其好友新任大法官布兰代斯也加入进来。他首先描述了对罪犯的四个指控并考察了相关的证据。主要的证据就是那两种传单，被告并不否认自己印刷并分发了它们。霍姆斯主要针对的指控是，被告阴谋“通过言论、文字、印刷与出版，蓄意违法怂恿、煽动并鼓吹削减从事战争所必需的军火生产”。证据主要是在依地语传单中，号召美国工人全体大罢工。法院多数认为这确实“鼓吹削减从事战争所必需的军火生产”②。但是，即使它可能有这样的不良倾向，也要证明确实有“削弱或阻碍美国从事战备的意图”。霍姆斯认为，“意图”一词在一般法律讨论中运用得很含糊，其含义不外是一种明知，即在做某一行为时明知后果而故意任其发生。按照普通法，如果某人做一行为时，明知某些事实从普通经验中就能证明会发生某些后果，这时不管他个人是否预料到这一后果，都可能被判处绞刑。但准确地说，除非某一后果是某一行为的目的，否则有意造成这一后果的行为就不能算完成。行为者显然知道某一后果的目的是某一具体行为的近因，否则就不能说完成了有意造成这一后果的行为，尽管其背后可能还有更深的动机。霍姆斯指出，必须从严

---

① *Abrams v. U. S.*, 250 U. S. 616, 617－621 (1919).

② *Abrams v. U. S.*, 250 U. S. 616, 625 (1919).

格和准确的意义上理解《反间谍法》的用法，否则会导致荒诞。为此，他做出了一个非常精彩的类比："一个爱国者可能认为我们在制造飞机上浪费钱财，或者在制造某类超过我们需要的大炮，并可能成功地倡议削减，然而，即使这类削减在实际上阻碍合众国从事战备，并且很多人在当时就认为这类削减显然会导致这种阻碍，也没有任何人会把这类行为当作犯罪。"①

接着，霍姆斯深入讨论了本案涉及的第一条修正案问题。他认为，没有理由怀疑最高法院关于"申克案"和"德布斯案"裁定的正确性。根据联邦宪法，美国政府可以惩罚造成或故意造成明显和迫在眉睫危险的言论，这一危险正在立即导致某些实体性罪恶，对此，政府根据联邦宪法可以寻求防止。政府的这一权力在战时比在平时大，因为战争带来了其他时候不存在的危险。但霍姆斯强调，不管是战时特有的危险，还是平时的危险，言论自由的原则始终如一。只有罪恶的现存危险或存在导致这一危险的意图，才能证明国会对言论表达设限是正当的。国会当然不能禁止所有改变国家思想的努力。不会有人说，一个匿名的人鬼鬼祟祟地散发一份愚蠢的传单，仅此而已，就会造成任何迫在眉睫的危险，其言论会阻止政府的军火生产，或者有任何明显的这种倾向。以阻碍军火生产为目的发表上述言论，或许会造成更大的危险，但无论如何这里只有未遂的性质。鼓吹罢工的第二份传单，如果是出于第四条指控的共谋煽动削减军火生产，或许应予惩罚。但是，显然单凭这一点远不足以对两份传单适用《反间谍法》。此外，要构成已遂，还必须有上面已经阐述过的实际意图。霍姆斯认为，从被告的任何言论中，任何人都找不到《反间谍法》要求的意图。实际的意图没有被证明出来，那么有关第四条的指控就应该被推翻。根据同样的推论，其他的指控可应被撤

---

① *Abrams v. U. S.*, 250 U. S. 616, 626 - 627 (1919).

销。[1] 霍姆斯对长达20年的徒刑愤恨不已。这一残酷的惩罚使得霍姆斯认为批评言论和战争准备没有任何的关系。"我认为本案只能施加名义惩罚，除非被告所受的惩罚并非是针对起诉的指控，而是针对他们所声明的信念。"[2]

最后，霍姆斯就言论自由发表了至今依然脍炙人口的著名论述：

当人们认识到，时间颠覆了众多值得为之斗争的信念，他们就可能会相信，甚至比他们相信自己行为的正当性还要确信，我们所追求的至善，惟有通过思想的自由交流才能更好地实现——检验真理的最好办法就是在市场的竞争中，让思想自身的力量去赢得受众，而且，真理是人类愿望得以安然实现的惟一基础。这正是我们的宪法理论。这是一场实验，就如同人生是一场实验一样。一年又一年（如果不是一天又一天），我们都不得不将得救的希望寄托在并不完善的认知上。当这样的实验也是我们制度的一部分时，我想我们应该永远警惕，防止那些要钳制思想表达——它们令我们讨厌或者深恶痛绝——的图谋，除非这些表达如此迫在眉睫地威胁、阻碍了法律的合法和重大目的，以至于必须立即采取措施才能拯救国家。我根本不赞同政府的看法，即宪法第一条修正案并不妨碍普通法上煽动诽谤罪的效力。在我看来，此种观点是违背历史的。我认为，多年以来，我们的国家一直都在后悔1798年通过的《反叛乱法》，并为此付出代价。惟有（only）在紧急状态下，根本没有时间肃清邪恶谣言带来的迫在眉睫威胁时，才能暂时背离第一条修正案的绝对规定。[3]

第一次世界大战后，最高法院多数仍继续采用"清楚和现实的危险"标准来打击美国的左翼组织和个人，具有讽刺意味的是，霍姆斯此

---

① *Abrams v. U. S.*, 250 U. S. 616, 627 - 628 (1919).

② *Abrams v. U. S.*, 250 U. S. 616, 627 - 628 (1919).

③ 任东来、胡晓进等著：《在宪政舞台上：美国最高法院的历史轨迹》，中国法制出版社2007年版，第269页。

刻站在了最高法院多数派的对立面，抵制最高法院积极限制个人自由的做法。双方的对峙在"吉特洛诉纽约州案"[①] 中达到顶峰。本案被告吉特洛属于美国社会党激进派，并是其理事会理事和机关刊物《革命时代》发行人。该理事会发表的《左翼宣言》鼓吹阶级斗争，号召无产阶级把群众性罢工发展成群众性政治斗争，以摧毁议会制，建立无产阶级专政。吉特洛印刷并散发了一万六千多份《左翼宣言》。在受到刑事指控并被州法院定罪之后，被告宣称州法违反了宪法第十四条修正案保障的正当程序。

最高法院以 7 比 2 通过裁定，维持州法院的判决。最高法院多数意见首次认为，第十四条修正案吸收了第一条修正案对言论自由和出版自由的保障，因而，这些权利也不允许各州的侵犯，由此开启了用第十四条修正案来吸纳《权利法案》从而约束地方政府的伟大进程。但是，法院多数意见并不认为纽约州法律违反了第一条修正案：法律"并不惩罚那些不带煽动和具体行动性质的纯教义和纯学术的言论和出版"，也不反对"纯历史或纯哲学的文章"，也不反对"那些鼓励用合法和宪法允许的方式来改变政府形式的主张"，但言论自由和出版自由不保护倾向颠覆或危及政府，或阻止，或妨碍政府履行其职能的出版物或思想；也不保护鼓动以武力推翻政府的刊物；任何人发表文章，倾向摧毁对保障自由和国家稳定密切相关的社会，都应受到惩罚。各州可以惩罚公然主张以暴力或其他非法手段推翻联邦和州代议制形式的言论。总之，言论自由和出版自由没有剥夺各州自我保护这一首要的和基本的权力，只要人类的政府存在，州的上述权力就不应被剥夺。[②] 多数意见还认为本案中吉特洛发表的言论，危及公共治安和国家安全，威胁着和平并最终导致革命。这一迫在眉睫的危险真实而重大。革命的星星之火可以燎原。各

① *Gitlow v. N. Y.*, 268 U. S. 652, 673 (1925).

② *Gitlow v. N. Y.*, 268 U. S. 652, 667 – 668 (1925).

州不应等到星星之火成燎原之势，才去努力扑灭这一火星。①

霍姆斯和布兰代斯再次提出异议。与其在“阿伯拉姆斯案”中的意见相比，霍姆斯的这次异议表达了更为激进的观点。多数意见认为《左翼宣言》并非只是一种理论，而是一种煽动。霍姆斯则认为，每一种思想都是煽动。思想本身会提供一种信仰，一旦获得相信，就会导致行动。接着，霍姆斯指出“意见表达”和“煽动”狭义上的区别在于，演说者对获得结果的热情程度。雄辩可使理性燃烧，但不管如何看待本案被告的言论，它都没有可能立刻造成星火燎原之势。“如果从长远看来，无产阶级专政的信仰注定会被绝大多数人接受，那么，言论自由的唯一意义就在于，给这一信仰以机会，任其存在和发展。如果《左翼宣言》试图立即而不是遥遥无期地煽起反政府暴动，那它就将另当别论。”②

在1929年“美国诉斯科维莫”③一案中，最高法院多数认定和平主义者斯科维莫因她的信仰而不能成为美国公民，霍姆斯又一次发表异议，他言简意赅，一语道出了他和布兰代斯的少数意见所表达的要旨：“在宪法的所有原则当中，思想自由原则最要求获得重视，（这项自由所保障的）并非那些我们所赞同的人，而正是那些受我们厌恶的思想。”④

即使是质疑霍姆斯观点的人，也不得不钦佩他为保卫言论自由而战的毅力和决心。霍姆斯的洞见不仅为现代宽泛的言论自由论打下了基础，也为以后美国宪法判决的双重标准做了铺垫，也就是比起限制经济自由的法律，限制言论和非经济自由的那些法律，要受到更为严厉的司法审查。这一双重标准构成了美国现代宪法的一个基本特点。

---

① *Gitlow v. N. Y.*, 268 U. S. 652, 673 (1925).

② *Gitlow v. N. Y.*, 268 U. S. 652, 672 (1925).

③ *U. S. v. Schwimmer*, 279U. S. 644, 655 (1929).

④ *U. S. v . Schwimmer*, 279U. S. 644, 654 -655 (1929).

八、思想超前

1932 年 1 月 11 日，在庭审结束时，霍姆斯突然脱去法袍，告诉助手，从明天起他将不再上班。这一退休决定多少有些出人意料，因为霍姆斯虽然 91 岁高龄，但仍然保持着敏捷的思维和乐观的态度。有趣的是，当天参加庭辩的一位政府检察官就是未来的首席大法官厄尔·沃伦。那是他第一次出现在最高法院的法庭上，他的朋友后来揶揄道，是他逼迫霍姆斯辞职："霍姆斯看到你，瞪了你一眼，于是说，我的事业结束了。"① 这当然是笑话。就这样，他戏剧性地结束了自己 50 年平静而又杰出的司法生涯。

退休后，霍姆斯丝毫没有减退对工作和生命的热爱，就像他在 90 岁生日时发表的广播讲话中所说的，"生活就是行动"，"比赛已经结束，但是当工作的力量尚存时，工作就没有结束"。② 在秘书的帮助下，他依然阅读书刊，并和多年的老友们写信交流，安详地等待死亡的来临。1935 年 3 月 6 日，霍姆斯去世。此时离他 94 岁的生日还差 2 天。

霍姆斯说过："如果美国法律由一个人物来代表，持怀疑态度的人和崇拜者都会毫无争议地同意仅此一个人即马歇尔。"霍姆斯通常被认为是最高法院最有影响力的大法官。可以说，如果美国的法律由第二个人物来代表的话，大多数法官会推选霍姆斯。正是霍姆斯确定了现代美国法学的道路和方向。确实，20 世纪最高法院的大部分法律原则是霍姆斯的"手工制品"。霍姆斯的主题思想在《普通法》中得以阐述："法律的生命不在于逻辑，而在于经验。"当霍姆斯写下这些话的时候，他

① Bernard Schwartz, *A History of the Supreme Court*, Oxford University Press, 1993, p. 228.

② Oliver Wendell Holmes, Jr., "Death Plucks My Ears", 引自 Max Lerner, *The Mind and the Faith of Justice Holmes: His Speeches, Essays, Letters and Judicial Opinions*, Boston: Litter, Brown and Company, 1945, p. 451.

为法学新时代指明了道路，正如弗兰西斯·比尔德所说，这一时代将“推翻已成为美国法律内在生命的形式主义和空洞传统主义的围墙”①。

著名法官、学者波斯纳认为，作为最高法院大法官的霍姆斯有两大贡献：其一，在“洛克纳案”中的异议和其他著名的意见中，霍姆斯反对使用第十四条修正案的正当程序条款来阻碍州的社会和经济试验，建立了司法克制的理论。其二，在申克案、阿伯拉姆斯案和吉特洛案的意见中，开创了言论自由“清楚和现实的危险”的试验和言论自由的“思想市场”观点。霍姆斯不仅为广阔的现代言论自由观点打下基础，也为宪法判决的双重标准做了铺垫，这一双重标准很明显是现代宪法的一个特点：限制经济自由的法律比起那些限制言论和非经济自由的法律要较少受到严厉的审查。

宽容立法的司法克制主题反复出现在霍姆斯的各类法院意见书中。在其20年的马萨诸塞州法官期间，他写下的宣布马州立法违宪的意见为数不多。尽管从内心里，霍姆斯把立法看作无原则的政治战场，但他相信，法官不应剥夺胜利者的战利品。在内战期间，霍姆斯就写道，他“讨厌肥手指的小丑，我们称这些人——尤其像野兽在政治中心粉墨登场——粗俗，自私，卑鄙”②，然而，霍姆斯很少阻碍这些人的道路。在1873年的一篇文章中，他表达了自己从未放弃过的立场：“立法应该容易并快速地，然而不能太快，去调整自己与社会事实上的最高力量的意志相一致……强大的利益必须或多或少地反映在立法中，从长远来看，立法必须有意帮助最适者的生存。”③ 40年后，霍姆斯又重申：“我仍然

---

① Bernard Schwartz, *A History of the Supreme Court*, Oxford University Press, 1993, p. 190.

② Albert W. Alschuler, *Law Without Values: The Life, Work, and Legacy of Justice Holmes*, University of Chicago Press, 2000, p. 58.

③ Oliver Wendell Holmes, Jr., “The Gas - Strokers' Strike”, 引自 Sheldon M. Novick, *The Collected Works of Justice Holmes: Complete Public Writings and Selected Judicial Opinions of Oliver Wendell Holmes*, University of Chicago Press, 1995, p. 323.

将大多数被称为好的法令看作仅仅转移紧张或摩擦的地方。”① 对民主的洞察，甚至让他认为，立法不过是“将不为人喜的负担从强者的肩上转移到弱者的肩上”②。

尽管如此，霍姆斯却比其他任何大法官都更服从立法，纵使他可能不尊重立法的拥护者；纵使他不止一次毫不客气地说立法使他“作呕”。1913 年，在一次校友聚会时，霍姆斯曾经说过这样的话：“我们要学会超越自己的信念，让有序的法律变化去废除我们曾经珍惜的东西。”③ 显然，霍姆斯的这一段话是讲给最高法院大法官同事听的。霍姆斯一直强调，法官不可根据自己的好恶去决定保存或推翻法律，推翻法官所不喜欢的法律绝不是司法的职能范围。对国家管制市场经济政策拥有最高发言权的不是法官，而是立法者。这样的一种法律是否合宪，不该由 9 个老男人中的 5 个人说了算。有一次，年迈的霍姆斯对新来的自由派大法官斯通说：“年轻人，大约在 75 年前，我得知我不是上帝。因此，当人们想要做某些宪法并没有明确予以禁止的事情的时候，我就说，无论我喜欢与否，‘……反正得让他们干！’”④

在给他的仰慕者和追随者法兰克福特（他后来也成为大法官）的信中，霍姆斯写道：“如果法律是反映社会统治阶级的意志，我会很赞同

① Albert W. Alschuler, *Law Without Values: The Life, Work, and Legacy of Justice Holmes*, University of Chicago Press, 2000, p. 58.

② Oliver Wendell Holmes, Jr., “Ideals and Doubts”, 引自 Sheldon M. Novick, *The Collected Works of Justice Holmes: Complete Public Writings and Selected Judicial Opinions of Oliver Wendell Holmes*, University of Chicago Press, 1995, p. 442.

③ Oliver Wendell Holmes, Jr., “L aw and the Court: Speech at a Dinner of the Harvard Law School Association of New York on February 15, 1913”, 引自 Sheldon M. Novick, *The Collected Works of Justice Holmes: Complete Public Writings and Selected Judicial Opinions of Oliver Wendell Holmes*, University of Chicago Press, 1995, p. 507.

④ ［美］亨利·J. 亚伯拉罕著：《法官与总统——一部任命最高法院法官的政治史》，刘泰星译，商务印书馆 1990 年版，第 144 页。

这条法律是一条好法律，即使它会把我们引向地狱。”① 对霍姆斯来说，司法自我克制的美德就是士兵的美德：“为了一个他几乎不理解的目的，为了一个他完全不明白的战役计划，为了他根本不知道用意的战术，服从于一个盲目接受的义务。”② 顺从错误的立法，就像霍姆斯所赞扬的士兵那样去遵守自杀式或者荒谬的命令。霍姆斯认为这是他的责任。就像他在给拉斯基的信中，就《谢尔曼法》说的那些话：“这是一个愚蠢的法律，但我希望并相信自己没有受到这个个人看法的影响。我一点也不怀疑这个国家喜欢它，就像你知道的那样，我经常说，如果我的同胞们想下地狱，我的任务就是帮助他们。”③

法兰克福特曾说过：“林肯因政府和霍姆斯因法律教导我们绝对论者是理性的敌人……即法律的独断论者，无论多诚挚，都是搬弄是非的人。”④ 对霍姆斯来说，法律中唯一的权威就是没有权威。推翻法官们不同意的法律绝不是司法功能所在。“没有比利用第十四条修正案……阻止一个社会所期望的社会试验更让我厌恶的了……即使这些试验对我来说似乎是无用的甚至是有害的。”⑤ 不是法官而是立法者拥有着政策考虑的最高发言权。法官的任务是去实施甚至“体现我所认为的错误的法律”。同样的主题，在不同的场合，霍姆斯重复了很多次。他坚持认为，作为一个法官，他不应关心一个受到攻击的立法法案背后的社会政策是否明智。决定实施什么措施来应对经济或其他社会问题的任务属于人民

---

① Albert W. Alschuler, *Law Without Values*: *The Life*, *Work*, *and Legacy of Justice Holmes*, University of Chicago Press, 2000, p. 59.

② Oliver Wendell Holmes, Jr. , “The Soldier's Faith”, 引自 Max Lerner, *The Mind and the Faith of Justice Holmes*: *His Speeches*, *Essays*, *Letters and Judicial Opinions*, Boston: Litter, Brown and Company, 1945, p. 20.

③ David Luban, “Justice Holmes and the Metaphysics of Judicial Restraint”, *Duke Law Journal*, Vol. 44, No. 3 (Dec. , 1994), p. 490.

④ Bernard Schwartz, *A History of the Supreme Court*, Oxford University Press, 1993, p. 219.

⑤ *Truax v. Corrigan*, 257 U. S. 312 (1921).

和他们选出的代表，而不属于法官。霍姆斯宣称，宪法不是给我们开了在其条款中加入我们的经济或道德信仰的空白支票。宪法绝不会包含权威。相反，立法者是人民自由和福祉的最终保护人。

在霍姆斯度过的内战后 70 年里，美国的主要斗争是劳资之间的斗争。他书写的每一个出名的意见几乎都涉及这场战争，他的基本出发点是允许双方当事人通过民主的方式表达自己的利益需求。当霍姆斯始终如一地为经济改革和言论自由进行司法辩护时，他成了改革论者和自由论者心目中的英雄。但是，霍姆斯和这些人的政治见解不同，他认为作为一名法官，不应对政治发表见解，但他也坦然地接受这些人对他的赞美。他曾解释说："加强那些我认为存在瑕疵法律的合宪性给我带来很多快乐，从而有助于我在应阻止的事和宪法允许的事之间加以界定。"①

霍姆斯认为法律应该"有感于时代的必要性"，即法律要与时俱进，适应不断变化的生活。这使他成为最高法院最为光彩照人的一位法官。但曾有一段时间，最高法院多数仍旧对他基本的宪法观点表示强大的敌意。然而，当最高法院不断地把宪法与放任主义等同时，人们开始把霍姆斯的异议看作新时代的曙光。新政的宪法危机和罗斯福法院重组计划的争斗为霍姆斯宪法观点的采纳开辟了道路，特别是 1937 年"宪法革命"后，最高法院开始把他众多的不同意见转化为多数意见，"孤独的异议"最终成为宪法解释的主流。

霍姆斯的司法克制思想，只限于政府的经济规制，而止于民众的基本自由和权利领域。因为在霍姆斯看来，像言论自由这样的基本权利，不能够像经济规制立法那样，取决于多数人的选票。霍姆斯认为，《权利法案》本身就特别地将言论自由奉为其中心原则。在 1928 年的一份

---

① ［美］路易斯·梅南德著：《哲学俱乐部：美国观念的故事》，肖凡等译，江苏人民出版社 2006 年版，第 55 页。

异议中，他写道："如果宪法中存在比其他原则更命令式地要求附属（固定、增加）的原则，它便是自由思想的原则。"① 因为言论自由是任何自由观念的基础，霍姆斯对立法侵犯这一领域极为敏感。为此，法兰克福特评论说，是历史告诉了霍姆斯，人类思想的自由表达是社会发展必不可少的先决条件。

霍姆斯的言论自由观点直接承袭于约翰·弥尔顿和约翰·斯图亚特·密尔。在"阿伯拉姆斯案"中的异议，他阐明了第一条修正案的基础是"思想的自由交流"，检验真理最好的方式是思想通过竞争被人民接受。或者就像霍姆斯在一封信中说的："我是为了给所有起泡的信念鼓气——绝不可能如此快地让它们变得平坦。"就像弥尔顿和穆勒，霍姆斯强调真理在知识市场中胜出的能力。要使这种情况发生，必不可少的要素是思想的自由交换。在该异议关键的一段中，霍姆斯告诉我们，统治者太经常地寻求在"法律中表现（他们的）意愿并将所有的反对一扫而空"，包括言论的反对。他们忘记了时间可能推翻他们"值得战斗的信仰"和政府本身就是试验的过程。宪法也"是一场试验，如所有的生命是一场试验"。要使试验成功，必须为将挑战旧思想的新思想寻找空间，因为"思想的自由交换能更好地达到所期望的最终的善"。"真理最好的检验是思想在市场的竞争中被接受的力量，真理是他们的意愿安全地被实现的唯一的基础。"尽管霍姆斯不承认自己是一个实用主义者，他曾经对他的好朋友、实用主义创始人威廉·詹姆斯表示鄙夷，认为实用主义就是企图在伪科学的掩饰下伺机将宗教信仰混入现代思想。但是，他认为生活就是一场试验，既然我们没有办法确定结果，那就必须容忍不同观点，这些思想完全符合詹姆斯的思想。②

从1798年通过《反煽动法》以后，直到第一次世界大战，美国国

---

① *Unites States v. Schwimmer*, 279 U. S. 644, 654 – 655 (1928).

② *Abrams v. U. S.* , 250 U. S. 616, 630 (1919).

会再没有通过一项限制言论的立法。但是在这期间，有些州却通过法律来限制各种表达。但因为长期以来，包括第一条修正案在内的《权利法案》只适用于限制联邦政府，而没有被宪法第十四条修正案吸纳到用来限制各州政府，因此，这些法律很少在联邦最高法院受到挑战。另外，19 世纪传统的言论自由思想来源于英国的法律学者威廉·布莱克斯通。在其最有影响的《英国法释义》中，布莱克斯通写道，言论自由仅在于免受“事前限制”（政府的审查）的保护。他认为颠覆性言论或其他不恰当言论一旦发表，就可以受到惩罚。起初的霍姆斯非常认可布莱克斯通的观点，这表现在 1907 年和 1915 年的两个有关案件中，当时霍姆斯反对用言论自由来挑战州立法。1919 年，当一批挑战《反间谍法》的案件打到最高法院时，霍姆斯在所有的案件中都采取了支持立法的态度，并书写了法院一致意见。在 1919 年 3 月的“申克案”中，霍姆斯开创了判断言论自由的“清楚和现实的危险”标准。尽管标准如查菲等人批评的那样，不无缺陷，但它代表了支持言论自由迈出的真正一步。正像布兰代斯所描述的那样，霍姆斯的这一标准“是理性规则。如果准确应用，它将是保护言论自由权免受专横的、善意的、多数的压制和不负责任的、狂热的、少数的滥用。”①

霍姆斯考虑到这一原则有可能被滥用，逐渐对这一标准的使用进行限定性界定，并在不久后的“阿伯拉姆斯案”异议中体现出来，这份异议被认为是美国人对于言论自由问题的最出色表述。在此案中，霍姆斯阐明了第一条修正案的基础是“思想的自由交流”，即思想通过竞争来争取人民的接受。他宁可让一种思想与其他思想在竞争中一决生死，也不愿受到审查或其他压制，无论这种思想多么有害。在这里，霍姆斯为美国宪法第一条修正案的解释和适用提供了一个哲学基础，并据此对

---

① Bernard Schwartz, *A History of the Supreme Court*, Oxford University Press, 1993, p. 223.

"清楚和现实危险"原则做了两点极为重要的修正：第一，将"清楚和现实的危险"原则向前推进一步，认为只有这些言论对国家安全的威胁迫在眉睫之时，才可以干涉；第二，将"清楚和现实的危险"原则从一条允许干预言论自由的肯定性规则转化为禁止干预言论自由的否定性原则，从如果言论带来"清楚和现实的危险"，国会便有权预防，转化为唯有在（only）威胁"迫在眉睫"时，才能采取拯救国家的措施。霍姆斯思想自由竞争的论说成为20世纪所有言论自由倡导者的共同哲学基础。霍姆斯的洞见不仅为现代宽泛的言论自由论打下了基础，也为以后美国宪法判决的双重标准做了铺垫。

霍姆斯对"清楚和现实的危险"原则的这种"创造性转化"，实际上是要求政府不到万不得已，不能干预言论自由，这的确堪称当今美国言论自由绝对化的先声。但是，这种声音在当时却有点曲高和寡，得不到多数大法官的理解和支持。在次年（1920年）判决的另外两起有关《反间谍法》的言论自由案中，虽然霍姆斯、布兰代斯两人仍坚持"清楚和现实的危险"原则，但多数大法官还是按照传统的"恶意"原则，裁定两上诉人有罪。① 在1925年"吉特洛诉纽约案"中，最高法院通过第十四条修正案的正当程序条款，将第一条修正案纳入其中，如此一

△ 邮票上的霍姆斯②

---

① *Schaefer v. United States*, 251 U. S. 466（1920）; *Pierce v. United States*, 252 U. S. 239（1920）．"恶意"原则是指政府可以以言论具有某种破坏政府稳定、国家安全的倾向为由，施加惩罚。与"清楚和现实的危险"原则不同的是，"恶意"原则根本不用证明言论实际上造成的威胁，而"清楚和现实的危险"原则给政府施加了明确的举证责任。

② 图片来源：http：//en. wikipedia. org/wiki/Oliver_ Wendell_ Holmes，_ Jr.，最后访问日期：2018年5月2日。

来，各州监管言论的立法，也不得减损第一条修正案所保护的言论自由。尽管20世纪20年代（以及20世纪30年代初），最高法院审理了很多涉及各州控制言论自由的案件，但是，除了霍姆斯和布兰代斯外，最高法院的多数大法官一如既往，并未采用“清楚和现实的危险”原则。直到霍姆斯逝世后，在1937年的“赫恩登案”[1] 中，最高法院多数意见才重新启用“清楚和现实的危险”原则，并在20世纪40年代扩大至保护耶和华见证会的传教自由，[2] 以及不得强迫学童向国旗敬礼[3]等问题。至此，“清楚和现实的危险”原则得到了普遍适用。

霍姆斯的言论自由观点来自他一生不懈的战斗和学习。法治的意思是生存的斗争将公平与和平地得到开展。一个法官的义务就是确保不同政治观点的自由和平地交锋，即使他个人的生存，或者保有他所有价值的社会秩序的生存正在危险之中。在法律之下的和平政府最终不在于被统治者的权利，而在于法官对公平的荣誉和感觉，在于他们甘愿冒着一切危险，甚至他本身的生存，来保证公平存在于对生活无边的、无秩序的斗争中。

九、神化形象

在霍姆斯长达50年的法官生涯中，他的许多著名意见掀起了在法律界甚至美国全社会的一个又一个狂澜。在这些判决意见中，他强调了对上述问题的司法克制，坚持了自由主义的立场，认为宪法和最高法院应当允许公民的言论自由、出版自由，以及他在一定程度上保护工人利益的劳工立法。

此外，霍姆斯独来独往、从不屈服外界压力的个性，也是美国法官

① *Herndon v. Lowry*, 301 U. S. 242 (1937).

② *Cantwell v. Connecticut*, 310 U. S. 296 (1940).

③ *West Virginia State Board of Education v. Barnette*, 319 U. S. 624 (1943).

们效法的榜样。在任大法官期间，霍姆斯不关心舆论，也从没有在总统选举中投过票。在他成千上万的私人书信中，也从不提及国家的政治问题。对他来说，裁决案件、发表司法意见主要是法学思想和技巧的演练。他认为法官的判断应该遵从立法，因为民主国家中的立法机构代表了普通大众的观点。

霍姆斯对于法律的贡献要比本文所论述的宪法规则大得多。他指出了一条法学新时代的道路。霍姆斯的法律观点本质上是现实主义的。他曾经写道："如果二十个教授告诉我法院判决不是法律，如果我知道法院将会实施它，我不会介意受到谴责。"他反对当时的法律机械形式主义。早期他就抨击"在法律发展过程中唯一起作用的动力是逻辑"这一观点。霍姆斯在其《普通法》的开篇就写道："法律的生命不是逻辑，而是经验。一个时代为人们感受到的需求、主流道德和政治理论、对公共政策的直觉——无论是公开宣布的还是下意识的，甚至是法官与其同胞们共有的偏见，在决定赖以治理人们的规则方面的作用都比三段论推理大得多。"① 他特别指出，绝不能将法律看作数学教科书。

由此可以看出，霍姆斯的法律观念和同时代占主流地位的法学思想有着本质的不同。对霍姆斯来说，自觉地制造法律以使促进社会需要的政策生效是必需的。逻辑和"优雅的法学"都不是法律的生命；法律的生命是建立在"什么是对社会最有利的考虑"之上的法院工作。霍姆斯这一看法的关键在于他的"法律的生命不是逻辑，而是经验"。而在那个时代，占主流的法律原则认为法律只能被发现，而不能被创制；法律是一个封闭的、逻辑的体系；法官不能造法，他们仅仅宣布已经存在的法律。司法功能被限制于发现法律，在法律适应不断变化的需要方面，它们无能为力。与之相反的是，霍姆斯的法律观点建立在对法院立法功

---

① ［美］小奥利弗·温德尔·霍姆斯著：《普通法》，冉昊、姚中秋译，中国政法大学出版社2006年版，第1页。

能的承认上。在1909年的一份意见上，霍姆斯写道：“法律是环境的陈述，在环境里，公共力量通过法律给人们施加压力。”在深层意义上说，霍姆斯宣称法院的工作是立法。在霍姆斯看来，正因为法院本质上是在立法，因此，就更应该谨慎行事，在社会经济规制领域，不能用自己的偏见来代替立法机构的判断，慎用司法审查权。

霍姆斯还认为，法律的制定应该满足社会的需要。法院判决法律是否违宪不是依据逻辑，而是它的效果和结果。不仅如此，法律可以被塑造以获得最适合社会的结果。霍姆斯曾经说过这样一句著名的话：“法律就像魔镜，反映的不仅是我们的生活，而且是曾经存在过的所有人的生活！每当我想到这一宏伟的主题，我都难以自制”。[①] 然而，对霍姆斯来说，法律不仅仅是社会的反映，它还可以服务于它所反映的社会。

正是基于对人类社会和法律本质这样的深刻认识和观察，霍姆斯对长久把持美国法学界的“司法审查”原理进行了反击，认为法律应该适应社会不断发展变化的情况，过去美国法律体制的传统主义所形成的保守性和僵化性，应对其加以改革。因为，昨日之法无约束法官今日判案之效力，判案要根据“是”的精神：法律的生命不在于逻辑，而在于经验。长期以来，司法部门固守社会达尔文主义的信条，凭借其“司法审查”阻挠变革，为保守势力服务，成为保守主义的强大堡垒。霍姆斯的现实主义在很大程度上促使了20世纪上半叶的美国法学论坛上最有影响的社会法学与现实主义法学的产生，对于摧毁司法部门的专断、推动国家干预影响巨大。在霍姆斯的影响下，越来越多的法官在司法实践中也开始将法律和社会改革联系起来，不再简单地视犯罪行为为个人弱点所致，而同样将其看作社会问题的结果。

从19世纪80年代到20世纪40年代，霍姆斯成了美国法学界最令

① Robert A. Ferguson, “Holmes and the Judicial Figure”, *The University of Chicago Law Review*, Vol. 55, No. 2 (Spring 1988), p. 543.

人关注和尊敬的人物之一，甚至被誉为“美国英雄”。“霍姆斯去世后出现的很多法学流派都把他看作‘牧羊人’。”① 如果说，19世纪是一个法律达尔文主义的世纪，那么，20世纪最终将是大法官霍姆斯先生的世纪。② 怀特法官在描述1932年至1940年美国人心目中的霍姆斯时，感叹说他被神化了。而在美国200多年的历史上，几乎没有其他法官拥有这种被神化的形象。

（刘慧英、任东来）

---

① Frederic Rogers Kellogg, *The Formative Essays of Justice Holmes: The Making of an American Legal Philosophy*, Greenwood Press, 1984, p. ix.

② ［美］伯纳德·施瓦茨著:《美国法律史》，王军等译，中国政法大学出版社1990年版，第173页。

第五章　路易斯·布兰代斯：人民律师为人民

霍姆斯与最高法院主流司法理念格格不入，坚持自己的看法不动摇，遂有“伟大的异议者”之称。但是，他并不孤独，因为在他身边，还站着另一位异议者路易斯·布兰代斯（Louis Dembitz Brandeis，1856—1941）。

1916 年，美国最高法院法官约瑟夫·J. 拉马尔去世，大法官职位出缺，伍德罗·威尔逊总统提名布兰代斯填补空缺。此举非同一般，因为布兰代斯是犹太人，而当时美国反犹情绪盛行，司法界对犹太法律人的抵触情绪非常强。就是在这样的背景下，布兰代斯成为美国最高法院历史上第一位犹太人法官，开始了其长达 23 年（1916—1939）的大法官生涯。

与很多同样伟大的法官不同的是，在进入最高法院之前，布兰代斯既没有在地方或者联邦法院任职，也没有做过民选政客或政府文官。虽然 19 世纪不乏从律师直接成为大法官的法律人，但这样的人物成为伟大法官的却寥若晨星，这更显得布兰代斯的鹤立鸡群。布兰代斯是美国进步主义时代的弄潮儿，致力于社会进步和社会改良。但与进步主义时代的那些“扒粪者”（muckraker）一味揭发并批判黑暗面不同的是，他更倾向通过法律的武器改正弊端推动进步。做律师时，他不计报酬，为民请命，反对垄断，支持社会中的弱势群体；担任大法官时，他不怕孤单，坚持自己的理想，反对保守派同僚的司法能动主义，支持政府对市场的规制；退休后，他全身致力于犹太复古主义运动，成为这一运动的领袖人物。

20 世纪 70 年代初，美国 65 个宪法专家曾就 1789 年到 1971 年期间美国最高法院近一百位大法官（96 位）打过一次分，评价他们在美国司法史上的地位和贡献。最终结果是，有 12 人被认为属于“伟大”的第一方阵，15 人被认为是“接近伟大”，55 人被认为处于“平均”水平，6 人被认为属于“平均以下”水准，还有 8 人被判定为“失败”。马歇尔名列榜首，获得了所有的 65 票。大名鼎鼎的霍姆斯，在排名中位于第三，获得 61 票。而排在这两位法律巨人之间的就是布兰代斯，他获得了 62 票。

一、成为律师

1856 年 11 月 13 日，布兰代斯出生于肯塔基州西部边界城市路易斯维尔市一个犹太商人家庭，父母是来自欧洲波西米亚地区（位于今天捷克的中部）的移民，属于参与了 1848 年欧洲革命的“48 年人”。犹太家庭重视教育、关心社区公益事业，“48 年人”对自由的珍爱和不屈不挠的韧性，塑造了布兰代斯的品格。布兰代斯的父母乐善好施，经常是宾客满堂，均为各路才俊，尤以音乐人居多。

布兰代斯很小的时候，他的母亲弗雷德里克·德姆比兹（Frederika Dembitz）就经常带着他做些公益。美国内战爆发时，布兰代斯只有四岁。当时肯塔基是一个蓄奴州，但大部分人反对分裂和退出联邦。其中路易斯维尔的居民，尤其是那里的德国移民社区对联邦军队非常友好。这显然与他们的背景有关，这些人很多是欧洲 1848 年革命失败后，流亡美国、寻求政治自由的移民，他们坚决反对剥夺“天赋人权”的奴隶制。在布兰代斯最早的记忆里，有着这样一幅图景：母亲经常带着他，带着食物和咖啡，来到北方军队的驻地，送给年轻的士兵。[①]

父亲阿道夫·布兰代斯（Adolph Brandeis）是位精明的谷物商人，但同样有服务公共的善心。他对教育的重视、对人生更高价值的追求，潜移默化地影响了布兰代斯。19 世纪 60 年代中期，为了提升居民教育水平，阿道夫积极参与筹建德语学校，和其他三位志趣相投的伙伴筹资 25000 美元，买下一块土地建立学校。父亲的身体力行，让布兰代斯理解了教育的价值。60 年后，他承继父亲的遗志，致力于筹建路易斯维尔大学。在他去世后，他将自己当大法官以外的文件全部捐献给了这所大学。

布兰代斯父子对教育的重视，很重要的原因在于，教育是传播民主理念、培养公民意识的重要手段。阿道夫对自由的执着追求深深地影响了布兰代斯的世界观。阿道夫曾经就读于布拉格科技学院，希望成为一个建筑设计师，但是，1848 年的欧洲民主革命打乱了他的人生规划。旧王朝的复辟和对民主运动的镇压，封建社会残余对个人自由和发展的限制，促使阿道夫在 1849 年毅然作出移民美国的决定。在他心目中，"个人自由以及对人类尊严的关注，是美国精神的核心"[②]，子承父志，布兰代斯民主理念中重要的一点就是对自由的执着追求。

如果说父母为布兰代斯树立了精神和道德上楷模的话，那么，布兰代斯的舅舅刘易斯·德姆比兹（Lewis Naphtali Dembitz）则为布兰代斯树立了职业榜样，让其认定律师业是投身公共服务的最好途径。刘易斯是路易斯维尔一位出色的律师，同时又通晓法理，他结合自己的司法实践，撰写出一系列关于肯塔基州法的优秀论文。他兴趣广泛，熟悉多国

---

① Leonard Baker, *Brandeis and Frankfurter: A Dual Biography*, New York: Harper & Row Publishers, 1984, p. 20.

② Philippa Strum, ed., *Brandeis on Democracy*, Lawrence, K. S.: University Press of Kansas, 1995, p. 3.

语言，还是天文和数学方面的专家，深受当地人尊重。刘易斯广泛的兴趣及其高尚的道德，深深地吸引了少年时代的布兰代斯，他决心将自己中间的名字改成舅父的姓氏，取名路易斯·德姆比兹·布兰代斯（Louis Dembitz Brandeis）。①

作为精明的犹太商人，布兰代斯的父亲准确地预计到了1873年的经济萧条，提前一年结束了自己的谷物批发业务，带着全家回到了德国，开始了三年的欧洲游历。期间，布兰代斯在德国上了两年大学预科性质的高中，他后来回忆道："那时我调皮捣蛋，无拘无束，德国的家长制做法让我心烦。"② 虽然他不喜欢德国军队一样严厉的校纪校规，刻板和形式主义的教育方式，但他后来发现，正是这些乏味和严格的古典和科学训练，让他掌握了科学的思维方式，打下了扎实的基本功，这为后来在法学院拔得头筹铺平了道路。

1875年回美国后，布兰代斯顺利进入哈佛大学法学院读书，离19岁还差几个星期，这是他一生中最得意的时刻。那时，哈佛法学院还不是一个研究生院，虽然它更愿意录取本科毕业生，但如果能够通过有关普通法和拉丁文的考试，高中生也可以录取。布兰代斯就是这样被录取了，一个移民的后代，家境平平，讲英语还有肯塔基的乡音。法学院两年制，第一年学费150美元，第二年100美元。因为当时美国的律师培养还是律所学徒和学院培养"双轨制"，很多人学了一年后就辍学去了律所，为了留住学生，学院便降低二年级的学费。布兰代斯父亲的业务并不很好，他只好先向大哥借钱来支付学费，自己做法律家教来偿还。家教挣得的钱，不仅还清了哥哥的借款，而且还有剩余。毕业前，他两次给哥哥寄去500美元和250美元，让他帮助投资债券。就这样，在读

---

① 对于这个说法，也有不同意见。布兰代斯的出生记录已经找不到，但中学和哈佛法学院的记录显示，其名字一直是路易斯·德姆比兹。Leonard Baker, *Brandeis and Frankfurter: A Dual Biography*, New York: Harper & Row Publishers, 1984, p. 20.

② James E. Leahy, *Freedom Fighters of the United States Supreme Court: Nine Who Championed Individual Liberty*, London: McFarland & Company, 1996, p. 75.

书期间，他不仅掌握了法律技能，还学会了理财投资。他不喜欢股票，只是购买一些比较好的债券。布兰代斯一直认为，“投资是必要的恶，尽可能少地沉湎其中为妙”。

布兰代斯从小成长于“两 B”（布尔乔亚和波西米亚）社区，耳濡目染，培养出了崇尚自由、探究知识的人文气质，因此，他立即迷恋上了哈佛所在地坎布里奇的氛围，视为自己理想的精神家园。作为一个南方人、犹太人，他与那些来自新英格兰的见多识广的富家子弟，存在一些差距，但他天资聪颖，又刻苦努力，很快就适应了新的环境，接受了新英格兰知识青年的生活方式。

两年后，布兰代斯以年级第一名的成绩从法学院毕业。其平均成绩是惊人的 97 分，包括 3 门 100 分，2 门 99 分。这一成绩之高，创下了学院的最高纪录，至今无人可以匹敌。虽然有这个惊人的成绩，布兰代斯却差点儿没能拿到学位。当时法学院规定毕业生必须年满 21 岁才能拿到法律学位，布兰代斯还差 5 个月！即便找到了校长，也无济于事。正当布兰代斯无望的时候，学校的董事会在毕业典礼那天的早上临时开会，决定搁置这项规定，为他开绿灯。

布兰代斯进入哈佛法学院求学时，正值美国著名法律教育家克里斯托弗·哥伦布斯·兰代尔（Christopher Columbus Langdell）执掌法学院（1870—1895）。在 19 世纪后期，基于自己的 6 年开业律师经验，兰代尔倡导一种教授法律的全新方法：案例教学法，从而促成了美国法律教育方法的真正革命，学院制逐渐代替学徒制，成为律师的最主要来源。兰代尔认为法律是一门科学，而“研究科学的方法就是寻根溯源”，就法律而言，其“源头就是已经判决的判例汇编。应该通过对经过选择的判决意见的批判性分析去学习法律”①。除此之外，兰代尔还强调法律

---

① ［美］伯纳德·施瓦茨著：《美国法律史》，王军等译，中国政法大学出版社 1997 年版，第 167 页。

不是僵死不变的，关键要符合社会发展的需要，因此法律应当适当地修正，以适应社会环境的转变。在多年以后，布兰代斯回忆说，兰代尔教授告诉学生，“法律也和其他科学一样，能够通过原始资料来学习……。老师的主要目的应该是教学生如何按照法律的方式来思维，他应该在法律推理方面教导和培养学生在智力上独立思考的习惯”①。

法学院毕业后，布兰代斯先留校做了一年类似研究生的工作，主要是辅导学生，帮助教授监考，随后去中西部中心城市圣路易斯一个亲戚的律所做律师。但他非常留恋波士顿的人文环境，那是他心目中的“世界中心”。而此时，他在哈佛的好友萨缪尔·沃伦打算自己创业。沃伦非等闲之辈，其父亲是当地的社会名流，他本人从哈佛法学院毕业时成绩仅次于布兰代斯。毕业后，他先去了大名鼎鼎的霍姆斯律所工作。但他不愿意在名人的庇护下成功，更愿意自己创业，于是，他向布兰代斯发出邀请。就这样，1875 年，离开八个月后，布兰代斯重返哈佛所在地坎布里奇。但布兰代斯并没有创业的基金，他拒绝了沃伦垫付开办费的好意，通过为马州最高法院首席大法官格雷做法律助理，挣来了第一年开办费。② 两位青年才俊的小所，只有一间办公室。但霍姆斯前来捧场，参加律所的开门盛典。基于他们的法律才能，加上沃伦家族在当地的人脉，这个不起眼的小所很快客户盈门，业务蒸蒸日上，名扬全城。

19 世纪 80 年代末，沃伦离开律所，去继承父亲的产业。布兰代斯成为唯一的创始合伙人。在他的领导下，律所改变 19 世纪律所合伙人和律师单打独斗的工作模式，开始分工合作，取长补短，开了 20 世纪综合性法律公司的先河。

除了律师业务外，布兰代斯还从事法律的教学和研究。他在麻省理

---

① Leonard Baker, *Brandeis and Frankfurter: A Dual Biography*, New York: Harper & Row Publishers, 1984, pp. 23 - 24.

② 由此，布兰代斯无意中也成为美国现代法官助理制度的第一人，参见任东来、胡晓进等著：《最有权势的法院：美国最高法院研究》，南京大学出版社 2011 年版，第 176 页。

工学院讲授商法，与沃伦合作，在1890年的《哈佛法律评论》上发表了《隐私权》（*The Right to Privacy*）一文。他们敏锐地注意到，现代社会无所不在的媒体将会侵犯个人隐私，并将保护个人隐私的重要性与保护私有产权相提并论。后来的哈佛法学院院长罗斯科·庞德认为该文“不亚于为我们法律增添了一章节”①。

就个人生活而言，布兰代斯可谓是先立业后成家。1890年3月，在老家参加姐姐的葬礼时，他遇见了远方表妹，来自纽约的爱丽丝（Alice Goldmark），遂坠入爱河。一年以后，他们结婚，此时布兰代斯已经34岁。婚后五年内，他们生了两个女儿。与那个时代传统女性不同，爱丽丝尽管身体一直不好，但有自己的理想，在相夫教子之余，畅言政治改革，支持妇女选举权运动，追求社会正义。此时，布兰代斯的年收入已经达到5万美元，而当时律师的平均收入只有5000美元。布兰代斯曾经说过：“重要的是，人应该在经济上自由。有两种途径可以做到这一点。其一是赚大钱；其二是不要花太多。”② 他和爱丽丝富而不奢，过着简朴的生活，规定每年的家庭开支不得超过1万美元。当汽车开始进入美国家庭并成为一种成功的象征和时尚时，布兰代斯和太太一辈子都没有购买和拥有汽车。这自然有犹太人勤俭持家的传统，同样像布兰代斯自己所总结的，我小小的成功来自“内在的压力”，而这一压力与其说是“源于成为人上人的诱惑”，不如说是来自“一种深深的义务感”③。对他来说，这样的义务感就是一套严格的个人行为规范，包括自我牺牲、节制中庸和道德正确。

---

① Leonard Baker, *Brandeis and Frankfurter: A Dual Biography*, New York: Harper & Row Publishers, 1984, p. 30

② Leonard Baker, *Brandeis and Frankfurter: A Dual Biography*, New York: Harper & Row Pubilishers, 1984, p. 32.

③ G. Edward White, *The American Judicial Tradition*, New York: Oxford University Press, 1978, p. 161.

二、“人民的律师”

布兰代斯并不满足于律师业务带来的成功，哈佛培养出来的探索和怀疑精神，促使他抓住任何一个诉讼机会，去思考背后的社会和经济内涵。他深信：“一个不研究经济学和社会学的律师，很可能成为一个坏律师。”当他把目光从手头的案例转向其背后的深层结构时，布兰代斯开始冷静地思索镀金时代经济繁荣所掩盖的社会矛盾：劳资冲突剧烈，大公司垄断地位形成，官商勾结。在这一社会矛盾加剧、阶级冲突凸显的时代，正像他所说的，“一个真正敏感的人，如果不是改革者、真诚的进步派，那将是不可想象的”①。这一信念让他以法律专业知识投身到争取社会正义的进步事业中，致力于帮助社会弱势群体赢得应有的权利和利益，这一美国式“为民请命”的努力让他博得了“人民律师”的美誉。

在从一名收入丰厚的公司律师转变为一位享有盛名的“人民律师”过程中，1892年宾州霍姆斯泰德（Homestead）钢铁厂的暴力冲突对布兰代斯的震动很大。该厂是美国最大的一家钢铁公司，属于钢铁大王卡内基。其拒绝与工人续签合同，当工会领导工人罢工时，工厂雇用私家侦探公司300人来保护工厂以及在工会罢工期间雇用的非工会工人。双方冲突的结果造成10人死亡，60人受伤。伤亡者大都是工人。宾州州长动员国民警卫队来保护工厂，罢工失败。美国劳资冲突的最悲惨的一幕惊骇了所有的人，但在惊骇之余，布兰代斯却意识到，以往的法律已经无法适应工业化时代雇主和雇工的关系，他开始“转向探究工业化时代的劳资关系”②，成为当时极少的几位苦苦地思索改善劳资关系的美

---

① Leon Friedman & Fred Israel, *The Justices of the United States Supreme Court*, 1789 - 1978, New York: Chelsea House Publishers, p. 2044.

② James E. Leahy, *Freedom Fighters of the United States Supreme Court: Nine Who Championed Individual Liberty*, London: McFarland & Company, 1996, p. 80.

国思想家。

但布兰代斯的可贵之处在于，他不仅思考，而且还付诸行动，致力于用自己的法律技能来解决劳资冲突，争取实现双方的共赢。一个鞋厂老板，因为业务不景气，要降低员工的工资，员工不同意，并威胁罢工。他找到布兰代斯，希望他帮忙调处。布兰代斯发现，老板所云员工工资相对不错，的确是事实。问题是，这一工作是季节性的，没有活干时，就没有收入。于是，他劝老板重新组织他的工厂，让工人全年都有活干。闲时可以搞样品展示，接受个人订单，保证及时发货，等等。老板按照他的建议去做，果然成功，结果双方都满意。布兰代斯以此为例，劝说其他有类似情况的企业也这样做，让他们了解长期的雇佣关系有助于企业的凝聚力，对劳资双方都有好处。

1905 年，纽约的国际女衣工人工会（International Ladies' Garment Workers Union）罢工。劳资双方的争论焦点是，工会要求工厂只能雇用参加工会的工人，也就是所谓的“单一工会工厂”（a closed union shop），资方不同意。双方最终坐下来谈判，并且请布兰代斯主持。布兰代斯发现，劳资双方代表都是犹太人，而且还比较能够换位思考。布兰代斯遂提出一个折中方案，这就是只有在工会工人条件不符合工厂招工要求时，资方才可以招收非工会工人。劳资双方最后接受了这个安排，这个后来被称为“工会工厂”（union shop）的条款被广泛地用于劳资合同之中。

从这些法律实践中，布兰代斯进一步确定了法律人应该去推动社会进步的信念。1905 年 5 月 4 日，布兰代斯接受哈佛大学伦理协会（Harvard Ethical Society）的邀请，发表题为“法律中的机遇”（The Opportunity in the Law）的演讲。面对即将步入法律实务的后辈校友，布兰代斯强调了法律人的社会责任。他指出，在追求自身成功的道路上，法律人应该选择恰当的方式。用何种方式追求自己的职业目标远比他所选择的职业更重要。

他从英美历史谈起，强调法律和律师的重要性。“英语民族最伟大的成就，是通过法律获得自由。”在北美人民争取自由的斗争中，律师成为中流砥柱。“那时，几乎每一个伟大的律师都是一个政治家，而每一个政治家，无论他是否伟大，都是一个律师。”这一现象并没有因为革命成功而结束，反而因为立宪建国而得以加强。“我们制定一部成文宪法，法律在日常政治生活中发挥的引领作用远比英国法律更多。”

在他看来，美国“律师的训练方式促使一个人判断力发展”。而律师的法律实践帮助他理解日益纷繁和复杂的世界：“律师的意见只是从他收集的事实中产生，他必须将他理解的事实作为推理的前提。以此种方式从事法律业务的律师，他的视野终有一天将触及商业和生活的各个层面。对现实积累的各种理解将使他的判断力进一步成熟……，他观察事物，更洞悉人性。他还要接触各式各样的人，知晓他们内心深处藏匿最深的秘密，并且要在能够考验人性的情形中观察他们。这样，他才能成为一个有着良好判断力的人。”①

布兰代斯承认，在高度工业化的时代，“现今的律师在很大程度上已经成为企业和金融系统的一部分”。但是，他却很坦然地认为这是社会发展的自然结果，不值得担忧，“或许律师界变得越来越唯利是图与商业变得越来越专业化有关，正是这个原因致使律师成为商业世界的重要组成部分”。在他看来，“虽然在政治中律师发挥的作用不如从前，但律师的影响力仍然和过去一样，那么问题就简单地变成了律师应该如何运用自己的影响力”。②

遗憾的是，美国有太多“公司的律师”，太少“人民的律师”：“美国的精英律师大都置身于力挺公司权益的工作中，经常为逃避、消解极度粗糙的法律而殚精竭虑，这些法律是立法机关用来规制公司权力或遏制其过度行为。……律师原本应该在富人与民众之间持一种独立的立

---

① Philippa Strum ed., *Brandeis on Democracy*, University Press of Kansas, 1995, p. 55.

② Philippa Strum ed., *Brandeis on Democracy*, University Press of Kansas, 1995, p. 56.

场，遏制两者的过度行为，但实际却是，精干的律师在很大程度上让自己沦落为大公司的附庸，忽略了用自己的权力去保护民众的义务。”①

演讲最后，布兰代斯表达了自己对法律职业的未来和新一代律师的期望：“法律之中一直存在着伟大的机遇。新一代必将见证有产者和无产者之间持续和递增的斗争。工业世界处于一个动乱的状态，这种动乱大体上是和平的，在一定程度上悄然无声。但是，今天人们普遍感受到了民主政治与产业集权之间不协调。人们开始质疑，长远来看，民主与集权是否能够长期共存在于同一共同体；开始质疑，财富分配中巨大的不公有没有正当理由，因为财富的急剧增长比阿拉丁神灯的魔咒还要不可思议。人们已经开始思考，在各方面的证据也表明，他们也趋向行动。”他呼吁他的听众，成为律师后用和平的方式解决这些争议，寻求公正。“这是一种召唤，要求法律职业为这个国家努力担负重责。”②

这场演讲既是布兰代斯对法律人职业道德的明确论述，也是他对自己“人民律师”称号的自白，更是进步主义时代对律师职业道德呼唤的最强音。三年后，在“穆勒诉俄勒冈案”中，布兰代斯身体力行，践行着自己的职业理想。20 世纪初，在进步主义者的努力下，1903 年俄勒冈州立法机关通过一项法律，规定女工最长工作时间每周不得超过 70 小时。当时，该州洗衣房女工每日工作时间超过 17 小时已是司空见惯。波特兰洗衣房业主卡特·穆勒因为违反法律而被处罚，他不服，遂以州法违反宪法第十四条修正案为由，援引“洛克纳案”先例，向最高法院申诉。经由全国消费者协会③推荐，布兰代斯义务为俄勒冈州辩护。

---

① Philippa Strum ed. , *Brandeis on Democracy*, University Press of Kansas, 1995, p. 57.

② Leonard Baker, *Brandeis and Frankfurter: A Dual Biography*, New York: Harper & Row Pubilishers, 1984, p. 40.

③ 全国消费者协会（The National Consumers' League）。19 世纪末 20 世纪初美国一些接受过高等教育的中产阶级女性积极筹建了一些进步的社会改革组织，全国消费者协会是其中一个，创建于 1899 年，它致力于改善妇女的工作环境，减少工作时间并鼓励妇女成立工会，还为城市贫民义务提供住房以及生活设施。

因为1905年最高法院在“洛克纳诉纽约州案”中推翻了该州面包房最高工时的立法，因此，先例原则不在俄勒冈一边。布兰代斯必须另辟蹊径。在他的诉状中，布兰代斯只有从1到24页论述了相关的法庭判决和先例，接下来话锋一转，用了大量篇幅（90多页）来详细论述众多社会和医学专家的研究数据，这些数据分析女性与男性在身体结构上的差异，妇女作为母亲的社会角色，长期过度劳动对女工及其孩子身心造成的不良后果，以此证明公共利益要求对女工进行特别的保护，来解释有关劳工的保护性立法的目的。在这些权威证据面前，最高法院一致认为，妇女抚育后代的特殊社会责任需要对其进行特别的保护，因为“健康的母亲为强壮的后代所必需，为了种族体格的强健，妇女身体健康必须成为公众利益保护和关怀的一部分”①，因此，《俄勒冈最高工时法》有效。不过，最高法院的这一判决强调了其适用对象的特殊性，指出它在“任何方面”都没有削弱洛克纳案的判决。显然，在保护劳工的利益方面，还有漫长的路要走。

布兰代斯这一诉讼战术，即引用案件所涉及的社会事实和统计数据，而不是法律先例，来说明立法必要性和合理性的做法，开创了新的法律辩护形式。这种法律辩护形式和文件统称为“布兰代斯诉讼法”(Brandeis brief)。半个多世纪后，美国反对种族隔离的律师们就是用同样的办法，撕开了美国种族隔离的篱笆。

“穆勒诉俄勒冈案”中布兰代斯的表现可圈可点，影响深远。首先，此举开了后来美国公益法律援助的先河，也确立了相应的标准。布兰代斯接受俄勒冈州邀请的原因在于，他认为通过这个案例不仅能够寻求社会正义，而且能够通过法律来推动社会变革。布兰代斯为了洗衣房女工利益和俄勒冈州法律走上法庭，不收取任何报酬。一方面他代理的是社会的弱势群体——女工，另一方面代表的是公众利益——俄勒冈州法

---

① *Muller v. Oregon*, 208 U. S. 412, 421 (1908).

律，社会弱势群体和公众利益成为公益律师选择代理的对象，而他们追求的也是社会正义。

其次，布兰代斯将社会调查、医学研究数据引入法律中，奠定了社会法理学的基础。它改变了以往纯粹就法论法的抽象论辩方式，使得法律论据切实建立在事实论据而不是纯粹理论的基础上。在此之前美国律师界在研究案例时很少有人会去认真收集事实依据，而在布兰代斯的法律思维中，事实是法律的基础，任何法律都不能够脱离事实。他认为一个出色的律师在接到一件案例后，首先要研究跟案例有关的事实，该法则被美国律师界广泛接受。

再次，布兰代斯也遵循传统的诉讼方法，寻找有利的先例，从侧面巧妙地挑战“洛克纳原则”。在布兰代斯所整理的复审被告辩护的摘要中，布兰代斯指出规制女工劳动时间的立法是有先例可循的，它们不仅来自有关各州，同样来自其他工业化国家，由此证明：保护女工权益在国内外已经达成共识，规制女工劳动时间已经得到美国州政府以及国外立法部门的广泛关注。

最后，布兰代斯还挑战了“洛克纳原则”赖以成立的基础理论：契约自由和法律达尔文主义。在“洛克纳案”中，法院将契约自由和宪法第十四条修正案的自由放任原则推向顶峰，而在“穆勒案”的法庭意见中，虽然没有完全否决，但对此进行限制，“对于个人签订合同的普遍权利，是为宪法第十四条修正案所保护的个人自由的一部分，然而同样正确的是，该项自由不是绝对的，也不能延伸到所有的合同，各州有权在不与宪法第十四条修正案相抵触的情况下，对个人的合同权进行多方面的限制”①。

尽管他一向同情弱者，但是，布兰代斯并不是一个“民粹主义者”，他信奉的是一种中庸的哲学，反对任何极端倾向，他认为，律师在很大

① *Muller v. State of Oregon*, 208 U. S. 412 (1908).

程度上应该是个中立者，“既独立于富豪，也独立于民众，时刻准备遏制两者任何的过度行为”①。他继承了犹太民族崇尚节俭、反对浪费和奢侈的美德，深信大企业的垄断导致资源的浪费。他相信科学，注重工作效率，对当时新出现的泰勒的科学管理法情有独钟，尽管工会对此不以为然。布兰代斯以法律业务起家，主要是依靠企业大客户，因此，他对现代企业制度的利弊了如指掌。当他开始从事公益诉讼时，他利用自己的这一长处，收集充分的数据，对影响民众日常生活极大的公用事业的垄断问题发起了法律攻势，其中包括民用煤气、城市电车、人寿保险、银行和铁路，均大获成功。从最终的结果看，诉讼的受益者与其说是终端消费者，不如说是相关的竞争企业。但对布兰代斯来说，他要让企业意识到中庸、效率和社会责任的重要性。

三、参与政治

为了让更多的人了解垄断，特别是银行垄断的害处，应著名通俗杂志《哈泼周刊》（*Harper's Weekly*）邀请，业已成名的布兰代斯开始写有关金融的专栏，从1913年8月持续到1914年1月。1914年，这些文章以《别人的钱以及银行家如何使用它》② 为名结集出版。在这本书中，针对美国经济市场日益高度垄断、金融帝国操控市场的现实，布兰代斯坚持中庸的原则，强调大的并非都是完美的，他极有预见性地指出：财富的积聚和规模的扩大是有限度的，超过限度就会损害效益。托拉斯就是最好的说明。在消除了规模总是带来效益的幻觉后，他强调以个人的彻底发展来获得效益，指出这是经济民主的必由之路，要做到

---

① G. Edward White, *The American Judicial Tradition*, New York: Oxford University Press, 1978, p. 163.

② Louis Brandeis, *Other People's Money and How the Bankers Use It*, New York: Frederick A. Stokes Company, 1914. 中文译本参见［美］路易斯·D. 布兰代斯著：《别人的钱：投资银行家的贪婪真相》，胡凌斌译，法律出版社2009年版。

这一点，国家不能仅仅是一个守夜人的角色了。由于市场缺陷的存在，国家应该积极地介入经济生活，才能维持市场的竞争秩序，保有经济民主和自由。

需要注意的是，作为经济规制理论的提出者，布兰代斯并不像人们所想的那样反对自由，而是坚信自由的斗士。所以，对于种种社会和经济弊端，他在本书中提出的救济措施并非国家规制一切，而是主张实现公开性。“阳光是最好的消毒剂，灯光是最有效的警察”，这句公开性的经典概述就出自本书。人们有决定自己事务的自由，但是他有权利获得那些可以帮助其准确作出决定的信息。

为公众写作表明，布兰代斯不仅是一个出色的律师，而且是一个善于与普通民众对话的公共知识分子。尽管他登记为共和党人，但是他忠于自己的理想和操守，不以党派画线，而是支持所有他认为倡导革新的政治候选人。1904 年，他支持进步派共和党人西奥多·罗斯福竞选总统，1908 年他把票投给了共和党保守派总统威廉·塔夫脱。1912 年，他先是为著名的进步派候选人、参议员罗伯特·拉福莱特摇旗呐喊，接着又转向支持倡导新自由的新泽西州州长、民主党人威尔逊。布兰代斯转而支持威尔逊，一方面是因为拉福莱特气数已尽，另一方面，他非常赞赏威尔逊在新泽西州进行的一些进步主义改革。布兰代斯对威尔逊的公开支持，让威尔逊喜出望外，迅速将其纳入帐下，视为自己的智囊。

1912 年的总统大选非常激烈。除了拉福莱特和威尔逊外，现任总统塔夫脱和前任总统老罗斯福也投身其中。他们两人都是共和党人，而且，塔夫脱本来是老罗斯福的“钦定接班人”。但因为老罗斯福对塔夫脱缺少改革的施政不满，两人分道扬镳，老罗斯福另组进步党参选。共和党因此分裂，给民主党一个极好的机会。美国内战后，民主党一蹶不振，缺少强有力的总统候选人，自 1896 年以来，就一直与白宫无缘。威尔逊是多年来难得一见的候选人，美国最早的一位政治学博士，做过普林斯顿大学校长和新泽西州州长。但他的主要对手老罗斯福也非同一般。后者做过纽约州州长和七年总统（1901—1908），两人都属于改革派。

托拉斯问题成为1912年总统竞选的关键，他们两位各自提出了自己的解决之路。老罗斯福提出了“新国家主义”（New Nationalism）。新国家主义也倡导国家干预经济，借此实现社会正义。老罗斯福认为：“工业化时代中有两种势力威胁着国家利益，即只谋求本阶级利益的自私自利的大公司与试图通过暴力推翻私有财产的社会下层。”① 要解除这种威胁，对大公司或者托拉斯进行管制和监督是最好的选择。因为拥有巨额财富的托拉斯本身就是国家财富和权力的一部分，如果消灭它们不符合国家利益。因此只要对其进行规制，使其在合法范围内进行活动，就不会危及经济发展。

美国总统大选，更多的时候是一场政治营销和民众狂欢。不仅要抓住民众关心的问题，更需要有技巧地推销自己的主张。因此，通俗易懂、与众不同的标签口号极为重要。面对老罗斯福宏大的“新国家”，威尔逊以响亮的“新自由”与之抗衡。这一竞选纲领可以说深受布兰代斯的影响。在1912年8月两人第一次见面之前，威尔逊就在一些演说中开始引用布兰代斯的系列观点。两人见面后，惺惺相惜，相见恨晚。布兰代斯告诉威尔逊，托拉斯是市场经济发展的必然产物，有规模效益，不能因为其存在弊端就“逢托必反”。托拉斯的致命缺陷在于它抑制了正常的经济竞争，妨碍了经济自由。因此，政府规制的重点是规范竞争而非管理垄断，以保护公平竞争的市场环境。这样，威尔逊就可以把自己与反托拉斯杀手老罗斯福区别开来。后者认为可以将托拉斯区别为好坏两种，政府应该管理垄断；前者则认为管制竞争能够“使中小业

---

① 李庆余、周桂银等著：《美国现代化道路》，人民出版社1994年版，第200页。

主有平等的竞争机会”①。

在威尔逊接受自己的锦囊妙计之后，布兰代斯从 8 月底到 10 月 25 号这段时间，利用自己雄辩的口才在新英格兰、匹兹堡、底特律、圣保罗和奥马哈发表多次演说，为“新自由主义”摇旗呐喊，为威尔逊站台助选。不仅如此，布兰代斯还亲自写信给以前的朋友们，建议他们支持威尔逊。1912 年总统大选以威尔逊的胜利告终。

威尔逊获胜后，非常感谢布兰代斯的贡献，自然要“论功行赏”，对其“加官晋级”。他曾有意任命布兰代斯为司法部部长，此前还没有犹太人入内阁的先例。布兰代斯的犹太人身份和进步主义倾向，让保守派认定他是危险的激进派。在一个保守派竞选资助者的劝说下，威尔逊打消了念头。好在，布兰代斯对很多人羡慕的“政治回报”并不热衷，继续其律师业务。同时，他继续为威尔逊出谋划策，成为一名“非正式”的智囊，甚至参与立法起草。

布兰代斯为威尔逊提供的众多建议中，有两点转化为威尔逊政府的显著成绩。第一是建立联邦储备委员会。威尔逊上台后遇到的首要问题就是金融改革，从 19 世纪 20 年代，杰克逊总统扼杀第二合众国银行之后，美国已经有 80 多年没有中央银行了。在威尔逊看来，一个现代国家，没有中央银行就没有管理货币供应的能力，也就无法掌控国家的经济，最近一次金融危机就是明证。如果不是摩根等几家大财团联合救市，美国股票及金融市场就会遭遇灭顶之灾。当时，他面前摆着两套国家银行体系的方案，一种是由私人银行家组成董事会来管国家银行（美联储）；另外一种是由联邦政府组成文官委员会直接控制。民主党内自由派看好后者，保守派主张前者。威尔逊左右为难，只好咨询布兰代斯意见。布兰代斯强调“发行货币的权力应该掌握在政府手中，政府政策和金融家、大资本家的欲望之间是一对永远难以调和的矛盾，对大资本

---

①　李庆余、周桂银等著：《美国现代化道路》，人民出版社 1994 年版，第 203 页。

势力的妥协最终只会是徒劳”①。布兰代斯认为，银行家一旦拥有了发行货币的权力，他们就会滥用别人的钱。最终，布兰代斯和自由派意见占据上风，由政府官员而非银行家们组成了大名鼎鼎的美联储。

第二就是增修反托拉斯法。19世纪末，国会就通过了《谢尔曼反托拉斯法》，但因为最高法院的相关判决，以宪法授权国会管理“州际商务”为由，将现代大型产供销一体的生产企业排除在该法管辖范围之外，导致法律的执行很不理想，垄断趋势并未得到有效遏制。1913年年末，布兰代斯向威尔逊政府递交了一份很长的政策建议备忘录，其中包括了反托拉斯的立法建议。主要内容有两点，其一是将反托拉斯法的重点放在会削弱竞争或导致垄断的州际商业行为；其二是建立监管和执行反托拉斯法的政府行政机构来保护公平竞争，纠正不利于竞争的贸易活动。次年1月，在给国会的国情咨文中，威尔逊吸收了布兰代斯的建议，敦促国会尽快立法。秋天，这两个建议最终以《克莱顿—反托拉斯法》和《联邦贸易委员会法》的形式通过。

威尔逊对布兰代斯的帮助始终铭记于心，一直等待答谢的机会。1916年机会终于来了。1916年1月初，大法官约瑟夫·拉马尔去世，威尔逊获得了第二次提名大法官的机会。此时，他刚刚连选连任，无须再顾及党内外保守势力的作梗，下决心把布兰代斯送到最高法院法官席上。1月28日，在事先保密的情况下，他突然向参议院提名布兰代斯。就是这一提名，不仅成为到那时为止最长的一次大法官“任命战役”，而且也开启了参议院举行大法官提名听证的先河。

那些被布兰代斯公益诉讼搞得焦头烂额的有产者，城市电车、铁路、保险和公用事业的所有利益攸关方，团结起来，试图阻止这一提名的通过，以报过去的一箭之仇。这些人把布兰代斯形容为“商业囮子

---

① Leonard Baker, *Brandeis and Frankfurter: A Dual Biography*, New York: Harper & Row Pubilishers, 1984, p. 95.

（business－baiter），教唆者，惹是生非的诉棍，摧毁信心者，红包劫掠者（spoiler of pay envelopes）”。连他的律师界同行也不放过他。美国律师协会（ABA）七位前任会长也包括在内，联名给参议院写信，认为布兰代斯“不是一个合适的大法官人选”①。由于各方意见不一，参议院司法委员会辩论这一提名的听证会，断断续续拖了四个月之久。这一期间，布兰代斯丝毫不受影响，照常上班，从不反击，就像一切都没有发生一样。最后，司法委员会以10∶8的多数票赞成提交全体大会，6月1日参议院以47∶22批准了布兰代斯的任命。据他自己回忆：“反对他的主要原因是，他被认为是一个激进主义者和一个犹太人。”② 一位同情他的参议员认为：布兰代斯“唯一的罪过是他没有站在财神爷一边”。任命通过后，布兰代斯的朋友和支持者向他道贺，并为他打抱不平，但他却很坦然地说：让他不舒服的不是“反对者的攻击，无论它们多么恶毒和无中生有，而是那些并不反对我甚至是同情我的人的沉默和漠然”③。

四、大法官

1916年秋天，花甲之年的布兰代斯穿上了黑色的法官袍，成为美国第一位犹太人大法官。在其23年的大法官生涯（1916—1939），最高法院大部分时间是由那位曾经反对过他的塔夫脱领导（1921—1930）。塔夫脱颇有司法领导才能，正是在他的努力下，最高法院那个华美的神殿般大厦得以落成。但是，他的政治哲学非常保守，拘泥于宪法的原意和文本，完全忽略现代美国对宪法提出的“与时俱进”的要求。塔夫脱和

---

① Leon Friedman & Fred Israel, *The Justices of the United States Supreme Court*, 1789－1978, New York: Chelsea House Publishers, p. 2047.

② Phillippa Strum, *Louis D. Brandeis: Justice for the People*, Cambridge: Harvard University Press, 1984, p. 293.

③ Leon Friedman & Fred Israel, *The Justices of the United States Supreme Court*, 1789－1978, New York: Chelsea House Publishers, p. 2047.

其他几位保守派同僚，一概反对立法机构对市场的规制尝试，认为宪法的目的就是要制止立法机构对财产权和契约自由的限制。同时，他们却常常认可了立法机构对言论和精神自由的限制。而布兰代斯却和伟大的异议者霍姆斯站在一起，与这些保守派同事的立场正好相反。在涉及经济和市场立法时，他支持立法部门的实验；在涉及言论自由等精神领域的立法时，他质疑立法部门的做法。

1921年的“特鲁瓦克斯案”① 最典型地体现了布兰代斯的这一立场。在19世纪后期，为了阻止工人罢工，资本家经常申请法院下达禁令，禁止罢工。法院常常满足他们的要求，下达罢工禁令。如果工人违反禁令，法官可以不需要陪审团就以蔑视法庭定罪。在进步主义运动的推动下，亚利桑那州议会立法规定，除了特殊情形，州法院不得在劳资纠纷案件中下达禁令。该州的一个饭店老板申请法院禁令，禁止其原来的员工在其饭店门口示威，理由是这一活动导致其营业收入减少了50%。未果后，他上诉到最高法院，声称州法未经正当程序剥夺了其财产权，也没有给予他法律的平等保护。

最高法院以5∶4作出了有利于饭店老板的决定，塔夫脱在5∶4的法院多数意见中指出，饭店营业就是一种财产权，现在，工会阻挠顾客进入饭店就餐，就是剥夺了店主的财产权。另外，州法规定不准在劳资纠纷的案件（而不是所有案件）中使用法院禁令同样违反了平等保护条款。针对州可以进行立法实验的进步主义法律观，塔夫脱认为，如果这样的实验是要剥夺基本权利的话，那么，法院就要加以严格的审查。

布兰代斯完全不同意上述看法。他坚持认为财产权不能超越立法的管辖，众多先例证明它从来就不是绝对和不受干涉的。本案涉及的问题不是简单的对错问题，而是两种相互竞争的权利之间的冲突。财产权与

---

① *Truax v. Corrigan*, 257 U. S. 312 (1921).

其他权利必须“因时而变”。当社会条件发生变化时，就应该允许政府进行实验，废除那些无法适应环境变化的旧法律，制定新的规则。在考察了民众普遍反对在劳资案件中使用法院禁令之后，他告诫法院，“不要关闭立法机构的法律试验”，在他看来，“寻求禁令的真正动机并非平常的阻止财产受到侵害，或者是保护所有者使用自己的财产，而是赋予财产一种积极和好斗的权力，让产权主导人权。换句话说，在保护财产权的幌子下，雇主正在寻求主权（sovereign power）”。布兰代斯的结论是：“在应对社会不稳定背后力量的时候，既有的财产法已经不再合适。财产权和个体自由必须与时俱进，以面对社会变化的要求。”直到1937年，布兰代斯的这一立场才为最高法院大多数意见所接受。

在他看来，利用法院对罢工发布的禁令是完全错误的。一方面工会已经取得了很多的成就，体现着高尚的阶级兄弟情谊，“当它做了坏事时，我们有责任不要攻击它、不要像鸵鸟一样回避现实拒绝承认他们，而是应当批评其弊端……。如果工会不受法律约束，限制并惩罚他们的违法之处；如果他们是武断的，则应抑制其武断之处；如果他们的要求是不合理的或者不正当的，则要拒绝他们的无理要求；但是不要和工会发生严重的冲突比如诉求法院禁令”①。另一方面禁令容易激化劳资冲突，将工会以及广大劳工都推向了完全

△ 1930年7月7日《时代》封面上的布兰代斯②

① Louis Brandeis, “The Incorporation of Trades Unions”, in Philippa Strum, *Louis D. Brandeis: Justice for the People*, Cambridge: Harvard University Press, 1984, pp. 77 –78.

② 图片来源：http://topics.time.com/Louis – D. – Brandeis，最后访问日期：2014年5月2日。

对立的阵营，更不利于缓解社会矛盾。更何况在更多时候，不适当地使用禁令，会影响劳工表达冤情的合法权利。

布兰代斯对州立法的支持，很大程度上基于他的尊重民主（立法）和发挥联邦制长处、鼓励地方试验的政治哲学。在 1932 年“新州制冰公司诉利伯曼案”① 中，这一观念在他的异议中得到淋漓尽致的体现。该案起因于俄克拉荷马州的一项立法，它认定冰块的制售系公用事业，其营运需要获得政府的许可。获得许可的新州制冰公司花费 50 万美元建立了一个新的制冰厂，但这时，没有许可证的利伯曼也开始制售冰块。据此，新州制冰公司要求法院禁止后者营运，后者不服，认为州法剥夺了其做生意的权利。

最高法院以 6∶2 作出判决，认为政府的确可以规制公用事业，但是，制冰业不属于此类事业。因此，将其划归公用事业就是为“施加特殊限制寻找借口”，违反了正当程序条款，不合理地限制了从事合法业务的普通法权利。从布兰代斯的反垄断、保护竞争的立场看，他应该支持这个判决。但是他却发表了长达 31 页的异议，一共有 57 个脚注，几乎每一个脚注都有各种文献支撑，用以证明在俄克拉荷马炎热的内陆气候条件下，冰块与工农业及人民的日常生活密切相关，制冰业完全可以说是公用事业。

布兰代斯利用这些事实试图说明，在事关国计民生的问题上，立法机构比司法机构有更大的发言权。他从四个方面论述了这一点。首先，当政府寻求一种解决经济和社会问题的途径时，从经验中获得的事实，经常与这一途径高度相关；其次，法官并不具备寻找解决社会和经济难题的种种手段；再次，相对说来，立法机构可以比司法机构更好地从事调查、发现事实，了解问题的相关性，进而找到解决经济和社会难题的途径；最后，宪法包含了民主偏好，希望由人民选举的部门通过立法来

---

① *New State Ice Co. v. Liebman*, 285 U. S. 262（1932）.

解决问题。因此，司法机构应该尊重立法机构的新尝试。由此，他得出了两个影响深远的论断。其一，在最高法院与州的关系问题上，布兰代斯提出了著名的“州试验理论”：“认可联邦权力并不意味着要否决州权……，坚持在社会和经济事务中的试验是一项艰巨的责任。否认试验的权利将给国家带来严重的后果。如果一个勇敢的州，在其人民的选择下，成了一个试验室并尝试新的社会和经济试验，而且不会对国家的其他部分带来危险，那么，这对联邦制度来说将是一件可喜之事。”其二，关于最高法院与立法机关的关系，在肯定司法审查权的同时，他提出了最高法院的自我约束：“两级政府都必须拥有权力，通过试验，来重塑我们的经济行为和经济制度，以满足变动的社会经济需求……，本法院有权制止一项试验。我们可能会否决一项立法，因为在我们看来，它赖以成立的依据是任意武断、随心所欲和毫无理性……。但是，在行使这一大权时，我们必须时刻警惕，免得将自己的偏见融入法律原则中。如果我们被理性之光指引着，那么，我们就必须大胆地解放思想。”[①] 正是这两个论断，指明了未来美国宪法的新方向。根据美国最大的法律出版社西部法律出版公司的统计，在最高法院的意见和其他法律文献中，布兰代斯的异议被引用了 1679 次。

州试验理论对后来的影响很大，在涉及美国宪法第二修正案持枪权的“麦克唐纳案”中，自由派大法官布雷耶再次利用布兰代斯的意见来为自己的观点背书。布兰代斯厘清美国联邦制下“中央”与“地方”关系的另一个贡献是推翻古老的“斯威夫特原则”（rule of Swift）。该规则出自 1842 年“斯威夫特诉泰森案”[②]，它宣布了这样一条规则：在行使跨州诉讼管辖权（diversity jurisdiction）时，联邦法院可以不受州司法判决的约束，而根据“一般商法原则”（Common Commercial Law）完全

① *New State Ice Co. v. Liebman*, 285 U. S. 262, 311 (1932).

② *Swift v. Tyson*, 41 U. S. 1 (1842).

独立地裁决案件。由法律天才斯托里提出的这一原则，扩大了联邦的权力，将州际贸易从各自为政的地方性约束中解放出来，避免了美国商法的巴尔干化。因此，美国学者认为，这一规则“不仅受到联邦下级法院，而且也受到州法院的普遍欢迎和从宽解释。结果，在19世纪后半叶，美国最高法院成了一个庞大的商事法院”①。

但是，到了20世纪，这一规则的弊端开始显现。在涉及跨州商事案件中，保守派主导的法院一贯保护东部财团在南方和西部的投资，规避来自州立法机构的规制。1928年，联邦法院就曾用“一般商法原则”推翻州的反垄断法，霍姆斯对此明确指出这样做“不合乎宪法”，他的观点得到了布兰代斯的支持。1938年，在布兰代斯即将从最高法院引退之际，“伊利铁路公司诉汤普金斯案”来到法庭，② 他终于有机会改变这一原则。

该案案情并不复杂：1934年7月，宾夕法尼亚州居民哈里·汤普金斯在穿行伊利铁路的人行道时，被货运火车挂伤，被迫截肢。根据宾州判决先例，汤普金斯无权使用这条小路，他是一个“越轨者”，铁路不承担任何责任。为了寻求对自己有利的赔偿，汤普金斯避开宾州法院，选择纽约的联邦地区法院起诉在纽约注册的伊利铁路公司。联邦和地区上诉法院均判铁路公司赔偿3万美元。非常有趣的是，铁路公司一方面不愿意赔偿，另一方面也不愿意直接挑战“斯威夫特原则”，因为在大多数情况下，这个原则可以让它避开州法规制。

但布兰代斯却以巧妙的发问，迫使原告律师将问题集中在原则本身。就这样，一件“疏忽伤害”的赔偿案例演变成“联邦管辖权”恰当与否的宪法诉讼。布兰代斯一直认为，从宪法和社会价值两个方面，

---

① ［美］保罗·布莱斯特、桑福·列文森、杰克·巴尔金、阿基尔·阿玛编著：《宪法决策的过程：案例与材料》（第四版·上册），陆符嘉、周青风、张千帆、沈根明译，中国政法大学出版社2002年版，第143—144页。

② *Erie Railroad Co. v. Tompkins*, 304 U. S. 64 (1938).

都有理由推翻“斯威夫特原则”。就宪法而言，“斯威夫特原则”破坏了联邦制下的分权。因为在他看来州在具体运作方面有着很多联邦所不具备的灵活性，州更能够掌握本地区的实际情况，尤其是在进行社会改革方面，州更适宜充当一个“试验场”。直到 1937 年宪法革命为止，在遏制联邦立法、行政部门权力膨胀的同时，联邦法院却扩展了自己的管辖范围。这让布兰代斯深感忧虑。他认为联邦法院应当从“伊利案”开始限制自己的司法管辖范围，消除因为审查新政立法而造成的不良影响。

从社会效果方面来讲，推翻“斯威夫特原则”也是非常必要的。第一，这一原则鼓励了技术性诉讼策略的膨胀，非常有利于大企业和大公司，它们可以聘请精通此道的律师。第二，迫切需要改善联邦法院的公众形象。罗斯福政府 1937 年的“改组法院计划”虽然没有成功，但却反映了联邦司法与政治部门的潜在对抗关系。为了缓解这一对抗，法院需要缩小其管辖范围，自我限制权力。

在代表法院 8∶1 的判决意见书中，布兰代斯开门见山：“是否应该否决屡次遭受挑战的‘斯威夫特原则’？”① 为了推翻这业已存在一个世纪之久的原则，布兰代斯对 1789 年《司法法》的来源、含义和文本进行了精致的考证，力图证明当年斯托里的理解有误。② 最后，他以该原

① *Erie Railroad Co. v. Tompkins*, 304 U. S. 64 (1938).

② “斯威夫特原则”涉及 1789 年《司法法》(*Judiciary Act of* 1789) 第 34 款的解释问题。该款内容是：“除了宪法、条约或者联邦法律要求或者规定的领域，在联邦法院普通法审判中，在联邦适用的案例时，各州的法律应该被视为判决时遵循的规则。”也就是说，第 34 款明确规定联邦法院应该遵守州的法律 (laws)。裁决 1842 年的“斯威夫特案”时，斯托里对该款中“法律” (laws) 的内涵进行了狭义解释，他认为，“法官的判决至多仅仅是法律是什么的证据而已，其本身并非就是法律”。“州的法律通常更多地被理解成立法机关颁布的规则或者法令，或者具有法律效力的、长期存在的惯例。”由此，将州法院的判决排除在“法”的范围之外。布兰代斯则援引一位学者最新的研究成果来说明斯托里的说法有误。该款的本意仅仅在于要确定，在行使跨州诉讼管辖权时，联邦法院要适用各州法律，这里既包括制成法，也包括法官的判决。

则违反宪法第十条修正案[1]为由，将其打入冷宫。由此，为了规避所在州的规制法律，大企业选择法院的机会大为减少。

“斯威夫特案”涉及的根本问题是联邦法院与州法院之间管辖权的冲突。斯托里主张通过漠视州法院判决强调联邦判决规则，在当时的确有着巩固新生共和国的积极意义。但时过境迁，美国此时的问题已经是联邦法院不适当地干涉了州的司法权力，并以此来保护强势集团。因此，布兰代斯指出，在“斯威夫特原则”下，联邦法院不正当地扩大了联邦司法管辖权限：“除了那些归联邦宪法或者国会立法管辖的问题，在任何案件中适用的法律应该是州的法律。”[2]

布兰代斯对立法机构的尊重，对州规制权的宽容，体现了其司法克制的思想，但这一克制仅仅限于社会和经济领域。一旦涉及人类的精神自由：信仰、言论、出版自由，布兰代斯立即变成了一个司法能动者（judicial activist），力主使用司法审查权来阻止立法部门的侵害。在这一点上，他的态度斩钉截铁，他的立场从不退让，他的异议振聋发聩。

△ 1937年11月15日《时代》封面上的布兰代斯[4]

在“一战”后全美“恐红症”的氛围下，很多社会主义者与和平人士因为违反联邦《反间谍法》（*Espionage Act of* 1917）而被捕。就在“阿伯拉姆斯案”后四个月，最高法院又判决了“舍费尔案”[3]，这次是由布兰代斯发表异议，霍姆斯加入其中。

---

① 宪法未授予合众国，也未禁止各州行使的权力，由各州各自保留，或由人民保留。

② *Erie Railroad Co. v. Tompkins*, 304 U. S. 64 (1938).

③ *Schaefer v. United States*, 251 U. S. 466 (1920).

④ 图片来源：http：//lts. brandeis. edu/research/archives - speccoll/exhibits/brandeis/legacy/legacy. html，最后访问日期：2014年5月2日。

本案的人物是一个德裔教会人士，仅仅因为散发四页纸的反战传单“我们付出的代价”（the price we pay）而被定罪。在最高法院，法庭的多数意见认可了下级法院的有罪判决，因为这份传单是份“斗志昂扬的文件”，“意在阻挠政府的运行”。但在布兰代斯眼里，它只是在讨论战争的原因，没有什么危害。他强调，与自然科学不同，社会科学中的真理有赖于自由的演说，说到底，有赖于百家争鸣的权利（the right to differ）：“对行使司法权的诸位来说，摆在面前的这份传单，其对现存不幸的描述欠妥，其观念预设有误，其推理无据，或者其语言刻薄。如果仅仅因为这一点，就将其解释为不服从现存法律的有罪煽动，那么，通过新立法和新制度，自由人争取更好条件的基本权利将不再留存，因为这一传单就是为确保这一权利而对公民同胞的一种言说而已。”①

《反间谍法》是美国联邦政府战时通过的一项临时法律。但是，联邦政府这项镇压性法律产生了示范效应，各州也通过了类似反对社会主义和无政府主义者的法律，打压他们的言论自由。由于包括言论自由在内的《权利法案》在宪法的传统中，一直是被用来限制联邦政府，而不能被用来限制各州政府，因此，各州这类法律往往可以为所欲为。但是，通过宪法第十四条修正案，美国最高法院开始将《权利法案》所保障的权利，逐步纳入联邦法院的管辖之中，此乃“吸纳”原则。“惠特尼诉加利福尼亚案”② 就是这一原则的最初尝试。

安妮塔·惠特尼（Anita Whitney）系出名门，她的一个叔叔就是菲尔德大法官。但她“背叛”了自己的阶层，成了一个社会主义者。后来，美国社会党分裂，惠特尼和一些激进派另外组建“共产主义劳工党”（Communist Labor Party）。该党号召举行大罢工和革命性群众运动

---

① *Schaefer v. United States*, 251 U. S. 466, 483 – 490 (1920).

② *Whitney v. California*, 274 U. S. 357 (1927).

来推动政治变革，因而违反加州《反工联主义法》（Criminal Syndicalism）。她被定罪后，没有提出其罪行是否符合“清晰和明显标准”，而是直接指向《反工联主义法》本身，认为它违反美国宪法。出于其州试验理论，布兰代斯和其他法官一起，驳回了她的申诉，认可了州法对她的定罪，但与其他法官不同的是，布兰代斯发表了一篇激情四射的附议，尽情讴歌了言论自由的价值，成为所有言论自由倡导者心中的“圣经”：

为我们赢得独立的一代人认为，政府的最终目的，是使人有自我发展的自由，在政府中，协商的力量应该胜过专断的力量。他们珍视自由，认为自由既是目的又是手段。他们相信，幸福的秘诀是自由，自由的秘诀是勇气。他们相信，思想自由和表达自由是发现和传播政治真理的不可缺少的条件；没有言论和集会自由，商讨属于徒劳。有了这些自由，商讨通常能提供适当的保护，阻止有害学说的传播；对自由的最大威胁是民众的无动于衷。公共讨论是一项政治职责，这应该是美国政府的基本原则。他们认识到人类的所有制度都面临着风险。但他们知道，不可能仅仅靠人们对违法要受惩治的恐惧感来维护秩序，禁锢思想、希望与想象是危险的，恐惧导致压迫，压迫孕育仇恨，仇恨威胁政府的稳定。安全之策是有机会自由地讨论可能的困苦与拟议的解救之方，纠正坏政策的办法是提出好政策。相信公共讨论终能够诉诸理性的力量，他们杜绝了法律钳制下的缄默——其最坏的形式就是强制。他们还意识到，居于统治地位的多数人难免会有暴虐行为，因此增补了宪法，保障言论自由与集会自由。

仅仅是害怕遭受严重伤害不能成为压制言论和集会自由的理由。人们曾惧怕女巫而焚烧妇女。言论的作用在于摆脱人们无理性的恐惧，要证明压制言论自由的正当性，必须有合理的根据担心言论自由的行使会导致严重恶果；必须有合理的根据相信所忧虑的危险迫在眉睫；必须有合理的根据相信所防范的恶果极其严重……

靠革命为我们赢得独立的一代人不是懦夫。他们不畏惧政治变革，他们不是以牺牲自由来巩固秩序。对于勇敢、自立、相信民治中的自由和无畏的理喻力量的人来说，除非所担心的恶果是如此迫在眉睫以至不容展开全面讨论，否则任何出自言论的危险都不会是明显和现实的。如果有时间通过讨论揭露错误和假象、通过教导避免恶果，那么，应采用的方式是更多地畅所欲言，而不是压制人们的声音。压制只可出现在紧急情况下。这是欲容纳自由的政权所必须实行的原则。依我之见，这是《宪法》的要求。因此，美国人民永远可以通过证明不存在紧急情况而向限制言论和集会自由的法律发出挑战。①

五、政治民主与司法克制

布兰代斯的一生丰富多彩，同时看似有些矛盾复杂。他是一位出色的商事律师，却又关注社会弱势群体以及公益事业的利益；他登记为共和党人，却对民主党人威尔逊的进步主义事业矢志不渝；他是一位公司律师，却一直为了社会正义与大资本势力作坚决斗争；他是最高法院的大法官，却不时通过法兰克福特等人向白宫以及立法部门灌输自己的社会改革计划。

这些多种多样的活动以及不同的角色中有着一个共同的主题：对社会进步与正义的永恒追求。在布兰代斯看来，要促进社会进步、寻求正义，民主能够为它提供最好的外部政治环境。生活在民主社会里的人能够通过教育完善自己，实现对政府的监督，并且能够积极发挥个人的创造力来参与公共事务。

布兰代斯的民主理念主要是从个人和政府两个层面考虑的。他认

① *Whitney v. California*, 274 U. S. 357, 375 -377 (1927)，译文参见［美］马克·图什内特编：《反对有理：美国最高法院历史上的著名异议》，胡晓进译，任东来、任裕海校，山东人民出版社 2012 年版，第 78—81 页。

为，民主社会离不开两个前提，其一要有合格的公民，其二要有按照民主程序运转的政府。因此，教育在布兰代斯的民主理念中占有重要的地位。在布兰代斯看来，要维护民主社会就必须要有受过良好教育的选民，因此他“强调在公共事务方面教育人民”①。民主社会意味着公民对经济政治生活都有发言权，并且积极地参与其中，同时也能够通过公共事务实现自己的意志。而这就对公民提出了比较高的教育标准，一方面，“公民应该理解工业和商业领域那些重大而且很难的问题，还有其他的一些问题”，因为“这些问题最终会成为政治问题”。② 只有当公民对公共事务有一定的了解，才能够对政府进行有效的监督，从而避免那些金融阴谋家所酿造的经济灾难、避免盲从于那些野心勃勃的政治家所作的政治煽动。另一方面，教育必须是持久而且广泛的，布兰代斯认为教育不仅包括学校教育，而且包括人走上社会通过参与社会生活所接受的培训。“教育必须是持续终生的。一个国家绝对不能被那些仅仅在学校里接受教育，并获得智力上的发展的统治者治理得很好。”③ 教育的形式也是多种多样的，人不仅可以从学校的讲台上学到知识，也可以从俱乐部的论坛讨论中获益，阅读期刊、报纸或者书籍都可以扩展人的视野。按照布兰代斯的逻辑，民主社会的民众基础就是那些有着浓厚社会责任感的公民，对社会的责任与关怀会激励他去关注这个社会中发生的政治和经济事务，发现其中的问题并寻求方法来解决问题。这样从某种意义上讲也是推进社会进步的一种方式。

---

① Edward A. Purcell, Jr., *Brandeis and the Progressive Constitution: Erie, the Judicial Power, and the Politics of the Federal Courts in Twentieth – Century America*, New Haven and London: Yale University Press, 2000, p. 116.

② Louis Brandeis, “Address to the New England Federation (1906)”, in Philippa Strum, *Louis D. Brandeis: Justice for the People*, Cambridge: Harvard University Press, 1984, p. 32.

③ Louis Brandeis, “True Americanism (1915)”, in Philippa Strum, *Louis D. Brandeis: Justice for the People*, Cambridge: Harvard University Press, 1984, p. 27.

就政府而言，布兰代斯在尊重立法机构的基础上，非常注意权力的平衡。首先是联邦与州之间权力的平衡，其次是在政府中行政、立法和司法的权力平衡。从美国企业规模不断变大、垄断逐渐形成的现实中，他进一步意识到政府，特别是联邦政府的权力不断扩大的趋势。和其他组织一样，政府要正常地履行自己的职能，就必须有一定的规模。但是，像垄断会损害竞争一样，政府过大，会损害公民社会。因此，尽管他认为政府对经济和市场的干预非常必要，但他还是觉得，像“新政”这样的干预是大萧条特殊的历史背景下的权宜之计。即便是对“新政”，他也持有保留态度，比如与保守派一起，推翻了宪法基础不牢、立法非常粗糙的《工业复兴法》。在富兰克林·罗斯福提出法院改组建议后，他深深地担忧，行政部门独大，会威胁到权力的平衡，并与首席大法官休斯一起，用给参议院写信的方式，来挫败罗斯福的企图。

△ 布兰代斯大学校徽①

六、薪火相传——菲力克斯·法兰克福特：满腹经纶仍谦抑

1905 年 5 月的一天，布兰代斯在哈佛伦理学会发表“法律中的机遇”这一著名演讲。在数百名法学院学生听众中，一个个子不高的二年级犹太学生听得聚精会神。当布兰代斯号召这些未来的律师，“为这个国家增光添彩”时，这位同学热血沸腾，将布兰代斯视为自己人生的精神导师，看到了自己未来事业的榜样。这个年轻学生就是菲力克斯·法

① 图片来源：http：//en. wikipedia. org/wiki/Brandeis_ University，最后访问日期：2018 年 5 月 2 日。

兰克福特（Felix Frankfurter，1882—1965）。

1962 年 8 月 28 日，菲力克斯·法兰克福特大法官宣布辞职，结束了其近四分之一世纪的最高法院生涯。在随后给其大法官同僚的一份回函中，他最后一次正式阐述了其对法院角色的看法：

> 我在最高法院的生涯，只是加深了我原有的信念：最高法院秉承其优良传统，为国家福祉所必需。在我们的宪法制度下，必然会出现种种法律争议，这些问题的性质注定全国不能期望最高法院的成员有一致的看法，甚至也不能指望他们在作出裁决时有共识的思路。全国唯一可以指望的是，那些被召唤到最高法院的人们有着目标上的和谐。这意味着，在处置法院面对的争议时，他们一以贯之地追求理性。因此，在分析待决问题的有关因素时，要保持智力无涉（intellectual disinterestedness）。这反过来又要求严格的自我审查，去发现并防止任何可能导致偏离这种无涉的任何影响。[①]

法兰克福特这段层层递进的夫子自道，最重要的结论就是反对司法能动，倡导司法谦抑。在其成年后的生活中，法兰克福特的职业与最高法院密不可分。作为法学教授，他讲授最高法院的课程；作为公共知识分子，他评论最高法院判决的成败得失；作为大法官，他是最高法院的“情人”。正因为他如此深爱最高法院，他也对这个法院提出了教授般挑剔的最高标准。马歇尔曾经说过，这是一部需要法院解释的宪法，法兰克福特或许会说，是一个法院在解释宪法。这从一个侧面说明了，在法兰克福特眼里，最高法院为什么必须谨慎行事，遵守司法谦抑。

作为教授和大法官，法兰克福特的司法理念和实践极其丰富，但贯

---

① Leon Friedman & Fred Israel, *The Justices of the United States Supreme Court*, 1789 - 1978, New York: Chelsea House Publishers, p. 2401.

彻始终的一条就是司法谦抑[①]：法院在裁判案件的过程中，在司法自由裁量权的范围内，基于各种原因对立法机关和行政机关，保持谦让与自我克制。[②] 在整个 20 世纪美国宪法的历史上，法兰克福特是司法谦抑理念最卖力的布道者，没有任何一个大法官能够像他那样，把这一理念贯彻得如此彻底。

（一）法兰克福特其人

菲力克斯·法兰克福特是典型的美国梦成功的例子。他出生于奥地利维也纳一个并不富裕的犹太人家庭，12 岁时随家人移居到纽约下东区，日子清贫艰苦。

他自幼学习勤奋，20 岁时以第三名（全校 775 名毕业生）的优异成绩毕业于纽约城市学院。

在从事短暂的社会工作之后，他立志成为一名律师，并发现自己的兴趣在公共法律方面，于是他选择去哈佛法学院继续深造。哈佛大学的求学经历彻底改变了法兰克福特的人生，学校的精英教育让他意识到“英雄莫问出路”，出身存在巨大差异的人，也可以为同样的目标而奋斗。1906 年，年轻的法兰克福特又以第一名的成绩从哈佛毕业。当时他理想的工作单位是华尔街一家著名律师事务所，但该所从来没有招聘过犹太人。他们希望法兰克福特改变自己犹太姓氏的拼写，改用地道的英国姓氏。他拒绝了这个要求，律所求贤若渴，还是雇用了这个哈佛精英。但法兰克福特很快意识到，公司律师不是其理想职业，他需要更广阔的天地。

正好，机会来临了。共和党政治家、名律师亨利·史汀生（Henry Stimson，1867—1950）授命出任纽约市联邦检察官，向腐败的商业行为

---

① 对应英文为：Judicial restraint（司法克制）或者 Judicial self - restraint（司法自制），两者用法相同，本文取其综合含义译为司法谦抑。

② 黄先雄著：《司法谦抑论：以美国司法审查为视角》，法律出版社 2007 年版，第 1 页。

开战，为此，他需要雇用年轻的律师精英为其工作。最初，法兰克福特有些犹豫。毕竟，政府律师的收入比华尔街公司律师少一大截。一连几个晚上，他和好友鲁特（Elihu Root, Jr.）一起，徘徊在纽约街头，思考着自己的抉择。鲁特后来回忆说："我们两个都非常清楚，华尔街的办公室通向财富；而地区检察官的办公室则通向公共服务。"法兰克福特写信给哈佛法学院院长寻求帮助。后者回函说："追随你职业的主导冲动。"[①] 他接受了院长的建议，毅然加入了史汀生办公室，开始了其追求服务而非财富的职业生涯。

作为华尔街律师出身的政治家，史汀生为国家服务了整整40年。他对律师角色的看法深深地影响了法兰克福特，加强了其"法律不仅是谋生的工具，更应该是服务民众的职业"这一信念。史汀生曾写道："我感到，美国的律师应该把自己视为政府的后备官员和法律及宪法的捍卫者。如果有一天这一传统消失，律师只是成为事业的仆人，那么，我们自由的未来必将黯淡无光。"[②]

在史汀生办公室工作三年后，法兰克福特随史汀生来到华盛顿，后者被塔夫脱总统任命为陆军部长。法兰克福特则出任美国陆军部岛屿事务局的检察官，是整个联邦政府中最年轻的司局级官员，此时他还不到29岁。在这个位置上，他先后6次代表政府出庭，在最高法院打了6场官司。

在华府期间，法兰克福特和一批专业精英还都是单身汉，他们住在一个大房子里，满怀理想，天南海北，经常彻夜深谈，讨论着政治、法律、文学和艺术问题。因为往来无白丁，谈笑皆鸿儒，他们所住的房子遂有了"真理之家"（House of Truth）的雅号。那栋房子，不仅住着法

---

① Leonard Baker, *Brandeis and Frankfurter: A Dual Biography*, New York: Harper & Row Publishers, 1984, p. 64.

② Henry L. Stimson McGeorge Bundy, *On Active Service in Peace and War*, New York: Haper & Brothers, 1948, p. XXII.

兰克福特和李普曼这样的美国未来的大人物，甚至也吸引了大律师布兰代斯和大法官霍姆斯的不时光顾。在这样的环境中，法兰克福特感到如鱼得水，眼界进一步开阔。

1913 年，在华府工作两年后，法兰克福特再次面临着新的职业选择。塔夫脱竞选连任失败，民主党人威尔逊当选总统。像其他政治性官员一样，他必须重谋职业。法兰克福特有意回归执业律师，但他提出了一个很古怪的条件：不能见客户。因为当时很多大客户非常傲慢，对为其服务的律师缺少起码的尊重。法兰克福特虽然出身贫寒，但却一身傲骨。此前，塔夫脱曾经有意任命他为联邦地区法院法官，却被他婉言谢绝，因为总统的任命，重要原因是他的犹太人身份，是希望讨好犹太选民，并非看重他的才华。

就在此时，幸运之神又一次降落在他身上。他的母校为他提供了一个教授职位。1914 年 1 月，年仅 32 岁的法兰克福特成为哈佛法学院的行政法教授，他生动而精湛的讲课风格，深受学生欢迎。在潜心钻研学术的同时，法兰克福特还活跃于各种社会公共事务领域。

他积极帮助国内的犹太人争取享有一个美国公民应有的权利，他曾为美国共产党领导人辩护，他还和一群同样杰出的律师共同抗议司法部门的非法操作。20 世纪 20 年代初，他还出于司法正义，力图挽救两名被判谋杀罪的嫌疑犯的生命，这一事件使他一时间名声大振，享誉全国。①

20 世纪 30 年代“新政”期间，他成为好友——罗斯福总统的重要私人顾问，向政府推荐了大量年轻而出色的律师。1939 年 1 月 30 日，在罗斯福的提名下，声名显赫的法学权威法兰克福特正式成为美国最高法院的九名大法官之一。终于实现梦想的法兰克福特，凭着他无人能及的专业学识以及非凡的睿智，在联邦最高法庭这个万众瞩目的舞台上大

---

① *Commonwealth v. Sacco and Vanzetti*, 1921.

放异彩。1962年，在大法官这个职位上整整坚守了23年的法兰克福特因中风退休，3年后与世长辞。

法兰克福特本人极富争议性，最引发争议的事实就是他自任职后，突然从被寄予厚望的自由派战士倒向了保守派。但这一举动引发的争议并不能盖过人们对这位大法官法学理念的关注与探讨。而法兰克福特本人最引人瞩目，同时也是他最主要的法学理念便是司法谦抑。也许在整个20世纪都没有哪位大法官像他那样推崇司法谦抑学说。

（二）法兰克福特与司法谦抑

法兰克福特最早接触司法谦抑理论是在哈佛大学求学期间。在哈佛念法学院时，他认真拜读了詹姆斯·布莱德利·赛耶（James Bradley Thayer，1831—1902）教授的名著《美国宪法学说的起源与范围》（*The Origin and Scope of the Americia Doctrine of Constitution Law*）。赛耶在书中指出立法者本身便是一群具备足够能力和忠诚信仰的理智者，“考虑到民选立法者的力量和智慧，法官必须对自身的决定有所限制，他们所解释的法律正是这些人通过的”，因此法官们最好不要推翻议会立法。[①] 究其原因，赛耶认为如果法庭经常性地挑战民众授权的话，最终会失去其权威和力量。赛耶的司法谦抑论深深影响了法兰克福特。此外，法兰克福特的恩师——大法官霍姆斯（1902—1932年任职）、布兰代斯（1916—1939年任职）都是司法谦抑的有力提倡者。没有人比法兰克福特更好地继承了他们的精神遗产。他在很大程度上吸收、融合了两人的司法理念，形成了自己的法律哲学观，司法谦抑亦成为法兰克福特终身信奉的原则。霍姆斯曾在法庭意见书中写道：“宪法的规定必须慎重使用。有些行动必须得到宪法各个环节的许可，而且我们必须牢记一点：立法机构在相当程度上和法庭一样，是民众

① James F. Simon, *The Antagonists: Hugo Black, Felix Frankfuther and Civil Liberties in Modern America*, New York: Simon & Schuster, 1989, p. 33.

自由与幸福的最终保护者。”[①] 法兰克福特对此理解为，霍姆斯澄清了法庭和立法机构各自的职责所在，法律的责任在于立法者而非法庭，因为他们是直接对选民负责的人，“而法庭唯一的、有限的功能便是去判断被广泛授权的立法机构做出的判断是否合理”[②]，从而明确划分法庭的权限范围。

实际上，法兰克福特提倡司法谦抑，根本上来说，离不开美国独特的政体与司法制度。在美国这样一个三权分立的国家，联邦最高法院享有宪法解释权，且独享司法审查权（Judicial Review）。司法审查制度正是司法谦抑理论的实际束缚对象。但法院的这项权力并非宪法赋予，而是在司法实践中替自己争取到的。美国建国之初最高法院的权威、地位比较有限，但司法审查的影子早已有迹可循。从美国宣布独立到 1803 年，州法院宣布州法律违反州宪法因而无效的案件时常发生。[③] 此外，1789 年颁布的《司法法》授权法院废止违反联邦宪法和法律的州宪和州法。随着时间的推移和司法实践的不断深入，1803 年美国第四任首席大法官、强势的约翰·马歇尔通过轰动一时的“马伯里诉麦迪逊案”，最终确立了最高法院的司法审查权。他在法院意见中明确了司法机构的职责：“解释何为法律显然是司法部门的权限与职责”[④]，并大胆宣布 1789 年《司法法》第十三条因违宪而无效。时至现今，司法审查已经成为美国最高法院的三大基本原则之一（另两项分别是司法独立与司法主权）。“联邦法院，特别是最高法庭，能够以自己对宪法的理解，确认或推翻联邦其他政府部门以及州政府和法院的决定。”[⑤]

---

① *Missouri, k. & T. R. Co. of Texas v. May*, 194 U. S. 267, 270 (1904).

② *West Virginia State Board of Education v. Barnette*, 319 U. S. 624, 649 (1943) (dissenting).

③ 李道揆著：《美国政府和美国政治》，商务印书馆 1999 年版，第 41—42 页。

④ *Marbury v. Madison*, 5 U. S. 137, 178 (1803).

⑤ 任东来、胡晓进等著：《在宪政舞台上：美国最高法院的历史轨迹》，中国法制出版社 2007 年版，第 448 页。

但是司法审查并非易事。掌握宪法解释权的大法官能否把握好分寸，在每一次审查中既不逾矩又不失职，确保结果的合宪性？法兰克福特对于最高法庭的本质抱有非常消极的看法。美国宪法第三条明确规定："合众国的司法权属于一个最高法院以及由国会随时下令设立的低级法院……，司法权适用的范围，应包括在本宪法、合众国法律、合众国已订的及将订的条约之下发生的一切涉及普通法及衡平法的案件……"此外，大法官由总统提名，终身任职。在法兰克福特看来，宪法的这些规定，令最高法院变成"本质上是寡头统治"的机构。① 拥有宪法解释权和司法审查权的联邦最高法庭，仅由九人组成，且实行终身任职制，这本身便是一种"寡头"体制。

1927年，法兰克福特在《哈佛法律评论》上发表《大法官霍姆斯与宪法》一文，认为"宪法中的'自由''财产''正当法律程序''平等的法律保护'等词汇，是判决社会与经济领域事实的基础……，然而，这些作为司法裁判规范的词句，本身是极其含混不清的"。这样一来，大权在握的大法官们在行使权力的同时，却缺乏具体的工作标准，这就存在着个人意志与宪法的要求相混淆，甚至使司法审查走向极端的危险。因此，为了保证司法公正，体现司法审查权的尊严，法兰克福特主张严格限制司法审查程序，倡导司法谦抑。他同意"大法官行使权力的唯一监督就是法官自身的克制意识"这一观点。

法兰克福特长年关注着最高法院的日常活动，每年都会专门发表一篇文章讨论最高法庭的工作，他在1934年的文章中提出了一个结论："随着政府的问题日趋复杂，科技进步带来的影响越来越大却越来越难以预测，经济互赖的影响力要求更多的确定性和创新性，来维持一个更加简单却更令人满意的社会，以法院的自我克制来应对不恰当或仓促的

---

① *AFL v. American Sash & Door Co.*, 355 U. S. 538, 556 - 57 (1949) (concurring opinion).

干涉（这些干涉最终都包含了政治上的争论），成为我们这个时代最深刻的智慧。”①

△ 1939 年 1 月 16 日《新闻周刊》②

成为大法官之后，法兰克福特以之后的数十年时间，在他的实际行动中深入贯彻了这一观点。对司法谦抑的无条件推崇使他成为法律的服从者，即便法律本身并非完美无缺。在法庭的日常工作中，司法审查无可避免地成为法兰克福特执行司法谦抑理念的重头戏。

正因如此，他对司法审查秉持着十分谨慎的态度，建议在司法审查过程中最好不要去涉及宪法问题，而应尽力去找其他途径解决，即便立法机构颁布的法律法规确实令宪法遭到了挑战，在“违宪”与“有效”之间，法庭也应该倾向于选择法令“有效”。他甚至认为大法官发表法律意见书或者法律文章都是一种越权，大法官们应该尽可能地谨言慎行。在他看来，国会的法律法规就算不合常理，修改起来也并非难事，而且人民可以通过替换议会成员来表达对某些法规的异议。但是“法庭作出的每一项违宪判决都会带来持久而深远的影响……”③

举例来说，法兰克福特在 1940—1943 年的有关国旗致敬的两个著名案例中，身体力行了上述观点。法兰克福特上任之际，第二次世界大战日益逼近。这期间一系列涉及公民自由权与国家立法相冲突的案件被

① Felix Frankfurter & Henry M. Hart, Jr. , “The Bussiness of the Supreme Court at October Term, 1934”, *Harvard Law Review*, Vol. 49, No. 1, p. 107 (1935).

② 图片来源：http://lawprofessors. typepad. com/conlaw/2013/04/daily - read - snyder - on - frankfurters - popular - constitutionalism. html，最后访问日期：2014 年 5 月 3 日。

③ *United States v. Lovett*, 328 U. S. 303, 319, 329 (1946) (concurring opinion).

提交至最高法院，亟待解决。法兰克福特在这个特殊的时代背景下，推广司法谦抑的同时，更将该理念与他强烈的爱国主义精神结合在一起，在多数案件中都站在了立法者一方——即使联邦采取的措施明显违反了《权利法案》赋予公民的权利。1936 年，宾夕法尼亚州迈诺斯维尔（Minersville）小学的学生威廉和莉莲因为宗教信仰不同，拒绝像所有公立学校的学生那样向国旗致敬、宣读《效忠誓词》，而向国旗致敬是当时宾夕法尼亚的一项州法，公立学校必须执行。几番调解劝说无效后，校方勒令二人退学。孩子的家长戈比蒂斯（Gobitis）以麦诺斯维尔学校侵犯孩子的宗教自由为由向当地地方法院提起诉讼，法院判其胜诉。1940 年，不服气的学校上诉至联邦最高法院，结果最高法院以 8 比 1 的悬殊票数判学校胜诉，此即麦诺斯维尔学校诉戈比蒂斯案，[①] 通称“国旗致敬第一案”。

当时，代表最高法院起草并宣读多数意见的正是法兰克福特大法官。他在判词中强调说，宪法明确保证了公民的宗教自由权，但是宗教自由的前提是国家安全。政府保障各项民权的前提是存在一个有组织的政治社会；而通过一代代人培养起来的共同情感，即团结统一精神，则是维系这个自由社会的根本基础。国旗正是被赋予了这样的象征意义，它在宪法的框架之下代表着我们整个民族的团结精神，这一精神超越了国家内部的所有差异。因此，向国旗致敬是必要的。而法庭要做的不是宣布向国旗致敬这样的立法是否违宪，而是决定立法机构是否无法决定，他们为了激发这种统一精神所采取的各种举措是否适当。法庭的决定是，“即使我们确信这一措施（指强迫孩子向国旗致敬以培养爱国主义精神），是非常愚蠢的，但这并不能成为它违宪的证据”[②]。

---

① *Minersville School Dist. v. Gobitis*, 310 U. S. 586 (1940).

② *Minersville School Dist. v. Gobitis*, 310 U. S. 586, 598 (1940).

法庭的判决冲击了不向国旗致敬者的正常生活，甚至连他们的人身安全都得不到保障，引起全国范围内的批评与抗议之声。这一强制灌输爱国情感的规定，显然违背了美国自由、民主的传统，数名大法官包括雨果·布莱克（Hugo Black，1937—1971 年任职）、威廉·道格拉斯（William Douglas，1939—1975 年任职）和弗兰克·墨菲（Frank Murphy，1940—1949 年任职），也在事后表示不安和后悔。因此，当 1943 年一桩类似的诉讼①被提交至最高法院时，法院趁机彻底推翻了原先的立场，以 6 比 3 的结果，判定拒绝向国旗致敬的行为合法。法兰克福特大为不满，他写了该案唯一的一份异议，长达 26 页。在异议中，他强调法官应该排除个人情感对于法律的好恶，法官唯一的责任是确定立法者是否合法地颁布了法律，而法院的职能只是“判断这一项或那一项立法是否无效”，而不是去对法律内容本身指手画脚，“它不能改动或修正（法律）”，“它不能违规去迎合民众的需要”。② 因为立法者由民众选举产生，直接对选民的要求负责，他们的责任是颁布法律并对其内容负责，法院的职责是处理二者之间有分歧的问题，如若由法院插手法律内容问题，无异于混淆政府机构的职能。因此法院应该严格克制自身的职能，坚决不越雷池一步。

法兰克福特还大段引用了他的精神导师赛耶的话，再次强调了司法谦抑的重要性。最后他严肃地指出：“当然，爱国主义情感并不能通过向国旗致敬来强制灌输，但自由主义精神也不能通过法院判决反自由的法律的无效，得到强制实现……，只有对于自由社会信仰的积极的解释被贯彻到大众的信仰、习惯和行动之中，才是抵制持续不断的、束缚人

① 即西弗吉尼亚州教育局诉巴内特案（*West Virginia State Board of Education v. Barnette*，319 U. S. 624），通称“国旗致敬第二案”。

② *West Virginia State Board of Education v. Barnette*，319 U. S. 624，651（1943）（dissenting）.

类自由的诱惑的最终依靠。”[①] 因此他虽然清楚强迫学生向国旗敬礼的不合理之处，却依然坚决不同意法庭的判决。

太平洋战争爆发后，美国全面卷入“二战”，军方和政府怀疑日裔美国人会成为日本间谍、充当日本攻打美国本土的先头部队，因此对西海岸的日裔美国公民实行圈禁，将他们集中迁往内地居住。不满的日裔公民纷纷起诉国家剥夺了其应有的公民权利。最高法庭在1942年、1943年先后接受了数个相关诉讼，但无一例外地以国家安全为由，判起诉者败诉。[②] 法兰克福特每次都坚定地站在了多数派一边，判决国家那些明显违背《权利法案》规定的措施是合宪的。一直以来，法兰克福特的移民身份反而促使他更加强调爱国主义精神，再加上特殊的“二战”背景，他的选择在当时看来情有可原。有学者认为，整个20世纪50年代前后，美国自由民权的进一步发展受到的阻碍，与法兰克福特在联邦最高法庭的表现不无关系。[③]

（三）对法兰克福特司法谦抑观的评价

法兰克福特在司法审查过程中的表现看上去是极其保守的，这也是长久以来他被看作最高法庭内保守派领袖的一个重要原因。[④] 对于法兰克福特的作为，学术界有人批评他将司法谦抑过分推崇到了极端，以至于远远背离了法庭内的革新派成员。[⑤] 也有学者认为法兰克福特司法实践的方式过于机械，他最初只是将司法谦抑运用在反对垄断的经济法律

---

① *West Virginia State Board of Education v. Barnette*, 319 U. S. 624, 670 (1943) (dissenting).

② 主要案例有：*Hirabayashi v. United States*, 320 U. S. 81 (1943), *Korematsu v. United States*, 323 U. S. 214 (1944)

③ Wallace Mendelson, “Mr. Justice Frankfurter and The Process of Judicial Review”, *University of Pennsylania Law Review*, Vol. 103, p. 345 (1954).

④ 学术界普遍认为在罗斯福—杜鲁门时代的最高法庭分为鲜明的两派：自由派与保守派，其代表人物分别为大法官布莱克与法兰克福特。

⑤ Joseph P. Lash, *From the Diaries of Felix Frankfurter, with a Biographical Essay and Notes by Felix Frankfurter*, New York: W. W. Norton & Company, 1975, p. 73.

方面，这在经济大危机时代带有积极的意义。但是等经济危机过后，法院的工作重点从经济转向公民自由方面时，他却依然坚持司法谦抑，这最终促使他走向了保守。更为激烈的观点则毫不客气地指责法兰克福特已经将司法谦抑学说无限拉长到“荒谬”（absurd）的境界，并进一步讽刺说他的司法谦抑论实际上是一种个人精神病的产物。①

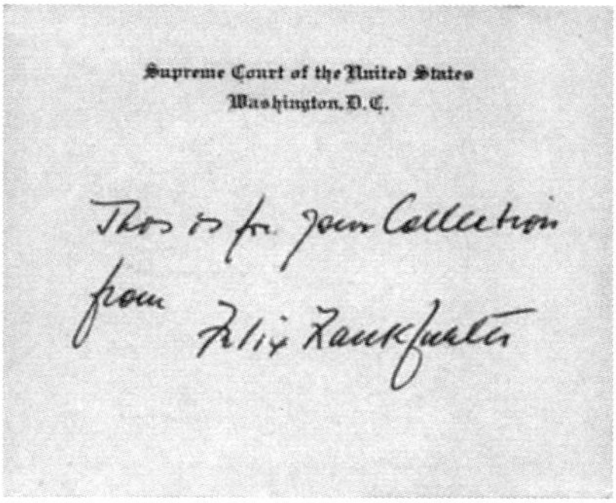

△ 法兰克福特大法官的签名②

在今天看来，法兰克福特在司法审查中对司法谦抑的推崇毫无疑问是必要的。在司法体系较发达的宪法国家，司法谦抑已经成为一种被法官们广为遵循的、比较成熟的司法理念。美国联邦法院的法官们在司法审查的实践中，基于司法谦抑理念，对受案时间、受案范围、审查方式、判决形式等多方面创立了一些谦抑的原则、标准或做法。③ 但是，法兰克福特显然走向了一个极端。法兰克福特本人对此毫无觉察。传统观点认为，在实践中以理性战胜自我情感，最能体现一个法官的伟大之处。非常自负的法兰克福特就以这样的人物自居，自然不会去反省自己对司法谦抑近乎布道般推崇的行为是否存在不妥。正如有些学者认为的那样，法兰克福特根本不在乎自己被贴上怎样的标签，也不在意司法审查的结果到底是保守还是自由的，他只是对自己的信仰坚信不疑，并坚定地给予执行。④

---

① Mark B. Rotenberg, Politics, “Personality and Judging: The Lessons of Brandeis and Frankfurter on Judical Restraint”, *Columbia Law Review*, Vol. 83, p. 1881 (1983).

② 图片来源：http://www.historyinink.com/511903_Frankfurter_TLS_8-9-1956.htm，最后访问日期：2014年5月3日。

③ 黄先雄著：《司法谦抑论：以美国司法审查为视角》，法律出版社2007年版，第2页。

④ Wallace Mendelson, “Mr. Justice Frankfurter and The Process of Judicial Review”, *University of Pennsylania Law Review*, Vol. 103, p. 320 (1954).

美国前国务卿迪恩·艾奇逊（Dean Acheson，1893—1971）在给友人的信中毫无保留地称赞了这位大法官："就如任何其他大法官那样，法兰克福特以浓厚的兴趣致力于完善法庭执法过程中的方法和程序，和大法官布兰代斯、范德文特或是大法官塔夫脱相比，他毫不逊色。在同事的共同努力下，他对培养能完善法庭审判程序的最佳环境，做出了不可磨灭的努力和贡献。"①

法兰克福特一生历经了 20 世纪美国历史上的诸多重要时刻，凭着自己鲜明的司法理念和坚决的实际行动，在美国联邦最高法院叱咤风云长达四分之一个世纪，是美国历史上最引人注目的大法官之一。长期以来由他引起的争议一直不曾终止，尤其是他的司法谦抑观与具体实践，但这也从一个侧面反映了其法学理念所包含的巨大价值及深远影响。

（于英红、李雪峰、任东来）

① Dennis J. Hutchinson Source, "Felix Frankfurter and the Business of the Supreme Court," *The Supreme Court Review*, Vol. 1980, p. 144.

第六章　雨果·布莱克：自由至上为民权

美国是一个法制相对健全的国度，在自己的合法权利受到侵犯时，几乎每位美国公民都会选择诉诸法律，甚至可以说，除了上帝外，美国人最信仰的就是法律了。爱屋及乌，对于确保法律实施的司法机构，美国人也怀有敬仰之情，于是，联邦最高法院大楼又被称为大理石神殿。1936 年，当这座大理石神殿落成时，多数大法官都觉得过于奢华，不愿离开他们"蜗居"的国会大厦。但是，有一位年轻大法官，觉得新楼更能体现最高法院的地位，率先搬了进去，他就是当时联邦最高法院最年轻的大法官雨果·L. 布莱克（Hugo L. Black）。

布莱克大法官是富兰克林·罗斯福总统提名任命的第一位最高法院大法官。在长达 34 年的大法官生涯中，布莱克倡导并发展了一种"文本论"宪法观，在维护个人权利和自由方面做出了杰出贡献。有鉴于此，在一项由 65 位专家参与的评选中，布莱克大法官与马歇尔、霍姆斯、布兰代斯、卡多佐等大法官一起，被列为 1801 年至 1969 年间联邦最高法院最伟大的十二位大法官；此外，布莱克大法官也被视为 20 世纪美国最具影响力的人物之一。①

---

① William D. Pederson & Norman W. Provizer, *Leaders of the Pack: Polls & Case Studies of Great Supreme Court Justices*, Peter Lang Publishing Inc., 2003, p. 132.

一、从亚拉巴马山乡到华盛顿的大理石神殿

在那些对最高法院和大法官感兴趣的人看来，布莱克大法官是一个谜一样的人物，不仅是因为他在临终时命令自己的长子烧掉了自己的私人资料和信件，更是因为在他身上充满了矛盾和冲突。他成长于南北战争后的美国南部腹地，曾是三 K 党的一员，但却大力支持罗斯福新政，极力维护黑人的宪法权利。他主张，依据宪法第十四条修正案，将《权利法案》所保障的公民基本权利纳入联邦的保障范围，使之不仅适用于联邦，也适用于各州，以此来扩大民权的范围，为此一度成为最高法院内自由主义的旗手。但是，到了晚年，面对 20 世纪 60 年代日益暴力化的民权运动，他开始脱离了自由派大法官阵营，反对各种示威活动；面对自己昔日密友道格拉斯大法官提出的宪法隐私权，他更是坚决反对。他曾宣称，在美国的每一寸土地上，依据宪法条文，每个被告，都有拥有辩护律师的权利；但是，他又声称，美国人民生活在犯罪行为中，每个人身边都围绕着各种各样的犯罪，因此，为了有效遏制犯罪，对于那些行为恶劣的罪犯，必须杀无赦。这个看上去自相矛盾的人物，却以他的执着、坦诚、智慧，在法官席上赢得了人们的广泛爱戴。

布莱克刚成为大法官，就遇到了一件大麻烦。他曾经是三 K 党成员，舆论质疑、反对任命他担任大法官。《时代》周刊讽刺道：“雨果不必去买法官长袍了，他可以把他的白袍直接染黑。”① 然而，谁也没有想到，正是这位雨果，在三十几年后又一次成了《时代》周刊的封面人物，这次却是因为他作为大法官的光辉成绩。在为他写的悼词中，曾经共事十余年的沃伦首席大法官称布莱克的过世为“一位泰坦神陨落了”②。

---

① ［美］霍华德·鲍著：《宪政与自由：铁面大法官雨果·L. 布莱克》，王保军译，法律出版社 2004 年版，第 118 页。

② Earl Warren, “A Tribute to Hugo L. Black”, *Harvard Law Review*, Volume 85, Number 1, November, 1971.

在1971年9月布莱克的葬礼上，对最高法院颇有微词的尼克松总统，率其众多阁员高官参加了法官的葬礼，他还下令全美联邦机构一律下半旗致哀。作为美国宪法第一条修正案的最坚定维护者和自由至上论者，布莱克成为大家心目中的平民英雄，备受人们的尊重，同时，他的司法实践深深地影响了美国人对自由的理解。

（一）亚拉巴马时光

布莱克出生于美国南部的一个偏僻的山乡，是家中八个孩子里最小的一个。本来，按照家族习惯，他的名字应该叫作胡斯。但是布莱克出生时，他的一个姐姐正在阅读法国文豪维克多·雨果的作品，她坚持自己的小弟弟应该用雨果这个与众不同的名字。

布莱克的祖先是爱尔兰人，18世纪末，因为在当地闹革命失败而逃亡美国。雨果出生时，布莱克家族已经在亚拉巴马扎根，其父亲威廉·布莱克经营着一家杂货店，同时还向当地农户提供高利息的借贷。在布莱克3岁时，布莱克一家搬到了亚拉巴马州的阿什兰德，一座有350人的小村镇。比起美国东北部的新英格兰地区，美国南方山区简直就是蛮荒之地。不过，威廉·布莱克和他的妻子非常重视孩子们的教育，为他们建立了一个不错的图书室，囊括从莎士比亚、马丁·路德到布莱克斯通等的重要人物所著的西方经典。满室的书香，熏陶着布莱克。10岁之前，布莱克在母亲的引导下就阅读了大量超出其年龄阶段的书，同时也养成了对书籍的终身挚爱。其中，布莱克非常推崇古希腊民主，在他为人父后，便不断建议子女阅读古希腊的经典著作；在成为大法官之后，也一直向其法律助手推荐各种阅读书目，闲暇时，他还喜欢在办公室给助手们朗读自己喜欢的章节。直到晚年，他还每天早起准时收看一档讲述希腊历史的讲座节目。

少年时代，布莱克对音乐产生了浓厚的兴趣。哼唱自己喜欢的歌曲，是布莱克一生的兴趣，甚至在后来撰写的法律意见中，他偶尔也会引用自己喜欢的歌词。

说出来很难让人相信，最吸引少年布莱克的事情居然是法律和政治。6岁左右，布莱克就喜欢待在父亲的商店里或者广场上听人们讨论法庭上的事，这是他最好的童话故事。稍大一些，他就会在法庭开庭时跑去旁听。那时，县法庭每月只有一个下午开庭；而巡回法庭每六个月只开庭两周。每到开庭期，他便会静静地坐在法庭的最后一排，听着律师们询问、辩论，想象着如果自己是那位律师应该如何做，怎样做才能更好，这时他已经完全把自己想象成了一名大律师，与那些当时的大律师进行着默默的辩论。庭间休息时，他还会向律师追问："下一步要怎么做呢?"于是，布莱克得了个"法院里的小鬼"的称号。① 他也曾郑重向家人宣布，长大后他要做一名律师。

同样，政治活动也深深吸引着小布莱克的注意力。当时，美国出现了一个具有民粹主义色彩的平民党（Populist Party），为社会下层，特别是农民的利益奔走呼号。布莱克聆听了几乎所有平民党政治集会中的演讲，触发了他对广大下层人民的理解和同情。此外，在每次选举期间，布莱克都要到当地投票点，一直待到最后一张选票被统计完毕，最终的胜负结果出现。有一次，年仅10岁的他，居然为此熬到第二天早上7点钟。

17岁时，在家人的敦促下，布莱克同他的一位哥哥当年一样，进入伯明翰医学院学习。短短一年的时间里，他就顺利地完成了医学院两年的课程。暑假时，布莱克来到哥哥的诊所实习。但是，布莱克无法忍受病人大量的流血，更无法面对一位难产妇女及其婴儿的死亡。于是他决定弃医学法，实现自己一直以来的梦想。1904年9月，布莱克来到了亚拉巴马大学法学院，跟随着学院仅有的两位法学教授学习法律。在两年的学习中，布莱克学到的是形式主义的法律条文，而不是新式的法律推

① 霍华德·鲍著：《宪政与自由：铁面大法官雨果·L. 布莱克》，王保军译，法律出版社2004年版，第33页。

理方法。为了弥补自己知识上的不足，布莱克还选修了历史、政治经济学以及文学，学会了如何尽量用简洁精短的文字表达自己的思想。1906年5月，20岁的布莱克以优异的成绩取得了他的法律学位，从此开始了他的律师生涯。

（二）伯明翰生活

布莱克选择家乡阿什兰德作为自己的事业起点。在回忆录中，布莱克解释了自己的选择："乡亲们是如此的纯朴、诚实、坚毅并具有强烈的爱国热情，我希望自己从业初期生活在他们中间，学习、吸收他们的优秀品质，并使之成为我宝贵财富的一部分。"① 不过，他的最终目标是到纽约从业，其野心勃勃的计划是，在家乡干5年后，积累些经验和资金，然后去伯明翰，在那通过竞选进入国会或者是到纽约做律师。

然而，事情的发展并不顺利。首先，在街坊邻居眼里，布莱克依然是个乳臭未干的孩子，而非干练的律师，因此，他的业务相当冷淡。布莱克没有让这段时间虚度，他利用空闲时间进一步学习，继续练习用精简的语言表达思想。为此，他开始给法学院的同学写信。在他的回忆录里，布莱克谈道："那些信与其说是对琐碎的日常生活的叙述，还不如说是一篇篇的命题作文。"② 1907年2月的一场大火烧毁了布莱克的办公室，打破了他的5年预期，也结束了他在阿什兰德轻松的律师生活。经过思考后，布莱克决定去伯明翰，随身仅有不足十美元。朋友们想帮他，但布莱克拒绝了，他说："我自己可以应付。"③ 当时，伯明翰是一座正在蓬勃发展的南方新城，以煤铁工业见长。城市两极分化严重，一边是骄奢淫逸的产业富豪，一边是每周要工作60或70个小时的苦力。

① Mr. Justice & Mrs. Black, *Mr. Justice and Mrs. Black: The Memoirs of Hugo L. Black and Elizabeth Black*, New York: Random House, 1986, p. 22.

② Mr. Justice & Mrs. Black, *Mr. Justice and Mrs. Black: The Memoirs of Hugo L. Black and Elizabeth Black*, New York: Random House, 1986, p. 22.

③ Roger K. Newman, *Hugo Black: A Biography*, New York: Pantheon Books, 1994, p. 22.

除了两极分化外，这座城市中的种族隔离现象也触目惊心，占人口总数43%的黑人，受制于各种隔离法律。当时，这座蓬勃发展的新兴工业城市又被称为“世界犯罪之都”①。

初来乍到的第一年，布莱克靠给人撰写人寿保险申请书维持生计。但他还是摸到了开展业务的门道，就是“结交尽可能多的朋友，认识尽可能多的人”②。广泛的社会网络，帮助他开始崭露头角。随着知名度的不断提高，1911年4月他开始担任当地的兼职治安法官。在这个相当于中国社区警察的位置上，布莱克干得相当出色。为了不影响自己的律师业务，他把每天的开庭时间定为早上的8:30，在上午两个小时的时间里，他通常要处理30件小的刑事和民事案子。他不仅工作效率高，而且能令当事人心服口服。布莱克的事迹，经过一位作家朋友查尔斯·曼迪在小报上的妙笔渲染，备受当地读者欢迎，使他成为当地的一位传奇人物。布莱克后来说：“曼迪开启我的政治生涯。”同时，雨果也承认，这段经历是珍贵的财富：“这是一段很有价值的经历，使我透彻地了解到了人类的本质。”③

治安法官的经历为布莱克的从政提供了经验和信心。1914年春，他竞选杰弗逊县的检察官获胜。在回忆录中，布莱克难掩兴奋、激动地写道：“在到达伯明翰七年后，这个来自山里的年轻人，在一个几乎完全陌生的地方，在亚拉巴马州人口最多的县，被选为了检察官。”④ 在这一新的岗位上，布莱克工作的高效率不仅再次得到了证实，而且布莱克还初次展现了他改革家的热情。

---

① Gerald T. Dunne, *Hugo Black and the Judicial Revolution*, New York: Simon & Schuster, 1977, p. 92.

② ［美］霍华德·鲍著：《宪政与自由：铁面大法官雨果·L. 布莱克》，王保军译，法律出版社2004年版，第55页。

③ Roger K. Newman, *Hugo Black: A Biography*, New York: Pantheon Books, 1994, p. 32.

④ Roger K. Newman, *Hugo Black: A Biography*, New York: Pantheon Books, 1994, p. 42.

在他接手检察官一职时，有3000多件刑事案件等着审讯，其中凶杀案就达100多个。布莱克仅用一年的时间，就将这些凶杀案处理完毕。此外，他还向南方普遍存在的私刑现象提出了挑战，并获得了成功。在一个案件中，四名白人警察将一名70岁的黑人关在一间房子里，并用拳头、棍棒、椅子等殴打这位老人，其中的一名警察供认，“用了一切我们能找到的东西”来殴打。① 这四名白人警察实施了如此暴行却毫无负罪感，因为在南方他们的同事们都是这么做的。但新任检察官布莱克却要挑战这一陋习。在报告中，布莱克写道：“他（那位被殴打的黑人老人）的基本人权不能因为被怀疑犯了某一罪行而被侵犯，相反，在他被拘留期间，他的合法权利应该受到保护。”大陪审团接受了他的报告，并禁止警察如此滥用职权。1917年，当布莱克辞去杰弗逊县检察官时，伯明翰的一家报纸评价道：“布莱克先生在杰弗逊县完美地履行了自己的职责。他清空了县里的监狱；清除了该县的乱收费现象，并且引起了人们关注该县一些陋习。”②

（三）通向最高法院之路

布莱克之所以辞职，是为了从军参战——参加第一次世界大战。经过三个月的集训，布莱克成为陆军炮兵上尉。等到他所在的部队接到命令开赴法国时，战争刚好结束。于是，在未向敌人开一枪的情况下，布莱克上尉就光荣退伍了。退伍后，布莱克继续自己的律师事业，成为伯明翰有名的个人损害赔偿案律师，并在1921年与约瑟芬·福斯特结婚。在拥有了幸福的家庭和成功的事业之后，布莱克开始追求自己的政治抱负。1925年，一位现任联邦参议员决定退休，布莱克决定抓住机会，竞选参议员。虽然布莱克已经是位小有名气的大律师，但毕竟只做过一个

① Leon Friedman & Fred Israel, *The Justices of the United States Supreme Court*, 1789 - 1978, New York: Chelsea House Publishers, p. 2324.

② Leon Friedman & Fred Israel, *The Justices of the United States Supreme Court*, 1789 - 1978, New York: Chelsea House Publishers, p. 2325.

△ 1935 年 8 月 26 日《时代》封面上的布莱克②

县的检察官。现在，直接竞选权力极大的联邦参议员，无疑是个巨大的挑战。但布莱克深深懂得“早起的鸟儿有食吃”的道理，比其他候选人整整早 6 个月开始了自己的竞选活动，走遍了亚拉巴马州的大城小镇，有个地方他竟去了 25 次之多。他把自己定位为下层人民的候选人，声称：“我永远不可能代表大公司的利益。”①

依靠这些竞选策略，布莱克最终赢得了参议员的席位，在担任一届六年之后，又成功连任。面对 20 世纪 30 年代的大萧条，布莱克积极支持罗斯福总统的“新政”，成为民主党紧急新政立法小组的成员，协助新政立法顺利在国会通过。他还领导了参议院对院外集团的调查，这些行为回应了人们的改革呼声，有力地支持了罗斯福的新政。当最高法院以违宪为名一再将新政立法置于死地时，布莱克表达了自己对最高法院的强烈不满：“对案件的研究使我确信，大多数大法官多年来一直在篡夺宪法所从未打算给予最高法院的权力。”③ 为了使新政措施能够顺利实施，1937 年 3 月，罗斯福总统不得不提出“最高法院填充计划”，即当某位现任大法官年满 70 岁时，总统可以再任命一名大法官。这一改组最高法院的计划，可谓石破天惊，遭到普遍的反对，但布莱克却积极响应。布莱克认

---

① Leon Friedman & Fred Israel, *The Justices of the United States Supreme Court*, 1789 - 1978, New York: Chelsea House Publishers, p. 2326.

② 图片来源：http://content.time.com/time/covers/0，16641，19350826，00.html，最后访问日期：2014 年 5 月 3 日。

③ ［美］霍华德·鲍著：《宪政与自由：铁面大法官雨果·L. 布莱克》，王保军译，法律出版社 2004 年版，第 105 页。

为："无论是为了迅速、有效的司法运作，还是为了保护这个国家的人民，以防司法越权，总统的计划都是明智的。"① 尽管布莱克为罗斯福的计划殚精竭虑，但还是无法挽救它在参议院失败的命运。但是，布莱克的诚心实意却赢得了罗斯福总统的信任。当罗斯福政府任内第一位大法官宣布退休后，罗斯福将这个机会给了布莱克。本来，布莱克是最高法院最激烈的批评者，由他来做大法官颇有讽刺意味。但罗斯福就需要这样的人，而且他也清楚，参议员们是不可能拒绝自己原来的同事的。1937 年 8 月 17 日，参议院以 63 票赞成、16 票反对的投票结果，通过了对布莱克的提名。

在宣誓就职后，布莱克便去欧洲休假了。这期间，《匹兹堡邮报》连续五天刊登了揭露布莱克参加过三 K 党的文章，在美国国内引起了轩然大波。当布莱克度假归来时，在码头迎接他不仅有亲朋好友，还有 100 多名记者。

事到如今，布莱克决定来个"竹筒倒豆子"，即通过广播电台向全国澄清事实。1937 年 10 月 1 日晚上 9:30，全美可谓万人空巷，人们守候在收音机前，等待着这位大法官的"坦白交代"。在一家餐厅里，面对着众多麦克风，布莱克开始了自己 1054 字的广播演讲。布莱克承认，自己在 20 年代曾经加入过三 K 党。"但据此说我有种族和宗教偏见是不公正的。……在成为参议员之前，我就停止了与三 K 党的来往。从那时起我就与它没有关系了。"② 在演讲的结尾，布莱克说："在结束这项声明时，我对这一问题的讨论也就终止了。"③ 在短短 11 分钟的广播中，布莱克使人们体会到了他的坦率，他得到了人们的谅解，这一事件便逐渐平

---

① ［美］霍华德·鲍著：《宪政与自由：铁面大法官雨果·L. 布莱克》，王保军译，法律出版社 2004 年版，第 108 页。

② ［美］霍华德·鲍著：《宪政与自由：铁面大法官雨果·L. 布莱克》，王保军译，法律出版社 2004 年版，第 121 页。

③ Mr. Justice & Mrs. Black, *Mr. Justice and Mrs. Black: The Memoirs of Hugo L. Black and Elizabeth Black*, New York: Random House, 1986, p. 69.

息。后来，面对众多对其参加三 K 党动因的猜测，布莱克从未给出过正面、清楚的回应；在私下里，他曾经告诉他的第二任妻子伊丽莎白："大家都说我是因为政治野心加入三 K 党的，这是不对的，我是为了自己在出庭时得到公正的对待才加入的，因为那时在亚拉巴马，无论是法官还是陪审团都是三 K 党成员。"①

事态平息后，自 1937 年 10 月始，布莱克坐上大法官席，这一坐就是 34 年，直到 1971 年逝世前 10 天才退休。作为美国第 75 位大法官，布莱克与 5 位首席大法官、28 位大法官共过事，几乎占了到那时为止美国有史以来大法官总数的 1/3。另外，布莱克在大法官任内写了近千份（969）意见书，其中不乏经典之作。

布莱克就职最高法院的 34 年，也是美国社会波澜壮阔的一段时期。20 世纪 40 年代，大萧条的阴影尚未走远，珍珠港事件接踵而至，从此美国全面卷入了"二战"。"二战"的炮声刚息，美国又陷入与苏联的"冷战"，在核战争的阴影中，全美上下因恐惧共产党而引发的麦卡锡主义猖獗一时，社会躁动不安。20 世纪 60 年代，美国开始逐步陷入越战的泥潭，国内黑人民权运动和反战运动蓬勃发展。这些都强烈冲击着美国社会，同时也使最高法院面临着新的挑战。其中最棘手的问题就是如何维护个人权利和个人自由，使个人免受政府的损害。

布莱克来到最高法院时，恰巧是"1937 年司法革命"的关键时期。这一年，保守的范德文特大法官宣布退休，由布莱克接任，再加上原有的三名比较开通的大法官——布兰代斯、斯通、休斯以及不断滑向自由派一端的罗伯茨大法官，最高法院中自由派的力量在不断增强。作为罗斯福总统任命的第一位大法官，罗斯福对布莱克寄予厚望，期待他参与到最高法院的变革之中。布莱克也不负众望，逐渐成为最高法院自由派

① Mr. Justice & Mrs. Black, *Mr. Justice and Mrs. Black: The Memoirs of Hugo L. Black and Elizabeth Black*, New York: Random House, 1986, p. 70.

旗手，在维护被告权利、取消种族歧视、维护个人宗教信仰自由及言论或出版自由等方面做出了建设性的贡献，大大改变了美国人民的社会生活面貌。

二、刑事被告的权利

早在治安法官和县检察官任上，布莱克就清楚认识到了州刑事司法方面的种种弊端。长期以来，刑事司法一直是各州的专属管辖，不容联邦政府染指。美国宪法《权利法案》（前十条修正案）所保障的刑事被告基本权利，只是适用于联邦司法程序，而不能适用于各州。读过美国《权利法案》的人都会发现，它对权利的列举采用的是否定语式，这体现了18世纪美国人的政府观。作为殖民地，美国长期受到英王的压迫，因此美国人对强大的政府有着一种本能的恐惧。他们经过流血牺牲争取来的权利绝不允许侵犯，因此为了确保这些来之不易的权利，政府的权力，尤其是联邦政府的权力必须受到限制。《权利法案》被写入宪法的目的就在于此，但是，当时他们忽视了州也会侵犯个人权利这一可能性。这一忽视就造成在美国，一方面有《权利法案》所许诺的被告的种种权利，另一方面各州又到处存在着不公正的刑事审讯和定罪。

1938年，布莱克就任不久就撰写了“约翰逊诉泽贝斯特案”的法院意见，这也是他的第一份引起人们注意的涉及《权利法案》的司法意见。这份意见书确认了在联邦司法程序中，政府有义务为贫困被告聘请律师。

该案涉及的被告约翰逊，在1934年和另外一个被告因非法伪造联邦储备券在南卡罗来纳州被捕。经过联邦地方法院审判后，他被判处四年半的监禁。由于他们没有足够的钱聘请辩护律师，在南卡罗来纳州也没有朋友，所以，他们是在没有辩护律师的情况下被审判的。在英美刑事审判过程中，辩护律师的作用非常关键。缺少了律师的帮助，文化水平不高的被告很难得到公正、合理的审判。为此，约翰逊向联邦最高法院提起上诉，最高法院受理了此案，并于1938年作出公开宣判，布莱克代表最高法院撰写了法院意见书。

在意见书中，布莱克强调了宪法第六条修正案以及其他的修正案是防止武断地、不公正地剥夺人类权利的有效工具。"剥夺公民所能诉求的唯一有效维护个人权利的方法（即拥有辩护律师的权利），不仅违背了最基本的公正原则，也破坏了宪法所具有的阻止非公正待遇的原始目的。……在当事人没有宣布放弃其权利前，任何机构不能够剥夺他的合法权利。"① 最后，最高法院以5比4的票数判定此案发回地方法院重审。因此，通过约翰逊一案，最高法院裁定，在各级联邦法院中，无论被告被指控了何种刑事罪名，法庭都有义务为贫困被告免费聘请律师。

但此项判决仅对联邦法院有效，在州的刑事司法程序中，很多州以财政负担为由，无意追随联邦的步伐。于是，各州是否也有义务为贫困被告免费聘请律师的问题也被提了出来，1941年的"贝茨诉布拉迪案"面临的正是这个问题。

贝茨（Smith Betts）是马里兰州一名贫困的农场工人，处于失业状态，他因为涉嫌抢劫而被捕，但贝茨坚持自己无罪。由于贝茨无力雇用辩护律师，他便要求法院为自己提供免费的辩护律师，但遭到了马里兰州法院的拒绝。无奈之下，他在审讯过程中只能靠自我辩护，结果被判处了8年的监禁。

最高法院在审理此案时，多数大法官认为，为贫穷被告免费提供律师并不属于宪法第十四条修正案中"正当法律程序"的保护之列，各州法院可以在没有律师辩护的情况下对被告定罪。于是，最高法院以6比3的票数明确裁定了各州没有为贫困被告提供免费辩护律师的义务。对

---

① Irving Dilliard, *One Man's Stand for Freedom*, *Mr. Justick Black and the Bill of Rights*: *A Collection of His Supreme Court Opinions*, New York: Alfred . A. Knopf, 1963, p. 54.

此，布莱克表达了强烈的异议；“否认贫穷被告在审判过程中有取得律师辩护的权利，无疑是对整个国家普遍正义的讽刺和践踏。对我而言，在我们这个民主国家的法律体系下，任何人都应该得到公平、公正的对待。”① 布莱克坚信，第十四条修正案的“正当法律程序”要求第六条修正案也可以约束各州。布莱克写道，在议会讨论通过第十四条修正案时，先贤们表达了他们通过此项修正案的意图，那就是确保各州不侵犯《权利法案》所列出的各项基本自由。布莱克表示，他无法接受最高法院多数的裁定，后继的大法官必将推翻这一判决。布莱克的这份异议引起了全国的强烈反响，并得到了广泛支持。

“贝茨案”的判决的确被推反了，而且是由布莱克自己和他的自由派同事们一起推翻的。21 年后，在著名的“吉迪恩诉温莱特案”（1963 年）中，布莱克的著名异议终于变成了最高法院的法院意见。

1961 年，吉迪恩因在佛罗里达州巴拿马市涉嫌入室盗窃被捕，在州地方法院接受审判。吉迪恩是个穷人，无力聘请辩护律师。如贝茨一样，吉迪恩也提出了为自己提供免费辩护律师的要求，同样遭到了拒绝，因为佛罗里达州只为被控死罪的贫穷被告提供免费辩护律师。吉迪恩只好凭借自己初中水平的知识为自己辩护，结果可想而知，和贝茨一样他也败诉了，被判处 5 年监禁。吉迪恩对这一判决结果非常不满，在服刑期间他给最高法院大法官写了一份“赤贫人申诉书”。

与贝茨相比，吉迪恩是幸运的。20 世纪 60 年代美国民权运动风起云涌，此时由沃伦领导的最高法院自由派占有明显优势，更何况还有一直期待推翻“贝茨案”的布莱克大法官。在收到申诉书后，最高法院决定审理吉迪恩一案，并指任当时著名大律师福塔斯（1965 年被约翰逊总统任命为大法官）为吉迪恩的免费辩护律师。在经过讨论后，1963

---

① Irving Dilliard, *One Man's Stand for Freedom, Mr. Justick Black and the Bill of Rights: A Collection of His Supreme Court Opinions*, New York: Alfred . A. Knopf, 1963, p. 96.

年3月18日，最高法院9位大法官全体一致裁决，律师权属于公平审判的最基本内容，属于宪法第十四条修正案“正当法律程序”的保护之列。首席大法官沃伦专门请布莱克主笔撰写这一划时代的意见书。

在意见书中，布莱克充满激情地宣布，“贝茨案”的判决是“错误的”，“理智和思维要求我们认识到，在我们抗辩式的刑事审判体系中，任何一个被指控的人，如果因贫穷请不起律师，就不会受到公正的审判，除非法院给他指派一个律师。对我们来说，这是显而易见的真理”①。布莱克的结论是：“在刑事法庭上，政府请律师起诉，有钱的被告请律师辩护，这最有力地说明了律师是必需而非奢侈这一普遍信念。……一切被告在法律面前平等，如果贫穷被告不得不面对指控而没有律师的帮助，这个崇高的理想就无法实现。”②

吉迪恩案判决后，布莱克非常高兴，对他而言这是一个极大的满足，是他几十年大法官生涯中一个难忘的时刻。布莱克情不自禁地说：“在‘贝茨诉布拉迪案’宣判时，我无论如何也想不到我会活着看到它被推翻！”③ 同样，此案的判决结果也是美国穷人的一大幸事，他们又多了一项保护自己基本权利的有效武器。

看到这样的结果，那些曾经因为一名三K党成员被送进了最高法院而提心吊胆的人是否松了一口气呢？没有，因为这些人最担心的还是布莱克在种族和宗教问题上的态度。在布莱克的三K党事件闹得沸沸扬扬的时候，黑人团体和一些宗教团体是最担心布莱克的一群人，甚至有宗教团体称将布莱克任命到最高法院是人类的一大灾难。④ 但是，布莱克

---

① 任东来、陈伟、白雪峰等著：《美国宪政历程：影响美国的25个司法大案》，中国法制出版社2004年版，第265页。

② *Gideon v. Wainwright*, 327 U. S. 335, 334 (1963).

③ ［美］霍华德·鲍著：《宪政与自由：铁面大法官雨果·L. 布莱克》，王保军译，法律出版社2004年版，第118页。

④ Gerald T. Dunne, *Hugo Black and the Judicial Revolution*, New York: Simon & Schuster, 1977, p. 203.

用在最高法院的实际作为给他们吃下了一颗定心丸，并逐渐受到了他们的信任和爱戴。

三、少数族裔的权利

美国自建国始就是一个移民国，但有一批移民却不是自愿而来，而是被人贩卖到北美，他们就是非洲来的黑人奴隶。在美国宪法中，黑人被剥夺了各项权利，不在宪法保护范围内，被划为另类，相当于白人的3/5来计算选民和纳税的基数。即使是经过了南北战争、黑奴获得自由之后，旨在保护黑人权利的宪法第十四条修正案也未能发挥它应有的作用。在很长一段时间里，第十四条修正案被用来保护企业的权利。面对这样一种情况，布莱克在就任法官后表示了严重的抗议，并开始了将第十四条修正案引上“正途”的不懈斗争。

身为一个来自美国深南部的白人，布莱克深受南方传统观念和习俗的影响，但同时他也是一名正直的和忠于宪法的法官。法官的天职让他做出了正确的决定，尽管他可能会因此疏远他在南方的亲朋好友。1940年判决的“钱伯斯诉佛罗里达州案”（*Chambers v. Florida*）中，由布莱克执笔的法院意见书坚决维护了黑人的宪法权利，从一个侧面证明了他作为一名大法官的觉悟。

此案发生在1938年佛罗里达州东南部的一个乡村。当时，有人抢劫并杀害了一名白人老者。为了获取此案的证据，在没有法院逮捕令的情况下，白人警察扣押了这一社区包括钱伯斯在内的几十名黑人佃户，并对他们进行了长时间的无间断审讯，在审讯过程中，不允许“嫌疑人”见律师或是自己的亲戚。在一次一整夜的审问后，钱伯斯等人终于崩溃并认罪。根据如此获得的供词，佛罗里达州法院确认嫌疑人犯了谋杀罪并判处他们死刑。

钱伯斯等人上诉至联邦最高法院，最高法院受理了此案。首席大法官休斯委任布莱克撰写此案的法院意见。布莱克看完案情陈述后义愤填膺："从他们被扣押到最终认罪的这段时间，他们不知道什么时候，他们中的哪一个将会被叫到四楼的那个房间，在那里，被白人官员和社区的居民包围着，接受审讯。在这个过程中他们唯一确认的事就是——审讯他们的人掌控着他们的生死大权。……在持续的威胁和精神折磨下，在无望的隔离和对自己生命的担忧中，他们终于认罪了。"① 在这种情况下，宪法第十四条修正案"正当法律程序条款"赋予他们的合法权利遭到破坏。布莱克写道，在宪法史上就第十四条修正案的应用及其应用的范围存在很多争议，但是，鉴于第十四条修正案制定的历史背景以及它的错误应用，人们开始怀疑，第十四条修正案的"正当法律程序"条款（就像第五条修正案一样），应该是用来确保法律程序得到充分的、恰当的执行，以保护嫌疑人或被告基本的宪法权利不被掌权者或权势集团侵犯。② 在判决书最后，布莱克写道："在我们的宪法体系下，法院坚决抵制那些压迫无助、弱势人群以及边缘人群的不良风气，并竭尽全力使他们免于成为司法偏见和公众舆论的牺牲品。……联邦最高法院最重要的职责就是不断为宪法注入活力，并依据宪法保护宪法体制下每一个人的合法权利，无论他属于哪一种族、宗教团体或是信仰何种观念。"③

这份法院意见书被认为是布莱克所书写的最好的一份意见书，是布莱克自由主义思想的杰作，备受布莱克支持者的推崇，其中的很多词句被广泛引用。它也使人们确信，布莱克不是南方那些持有种族偏见的白人的同盟军，而是一个拥有自由主义观点的南方人，主张所有族群的平

---

① James F. Simon, *The Antagonists: Hugo Black, Felix Frankfurter and Civil Liberties in Modern America*, New York: Simon & Schuster, 1989, p. 210.

② James F. Simon, *The Antagonists: Hugo Black, Felix Frankfurter and Civil Liberties in Modern America*, New York: Simon & Schuster, 1989, p. 211.

③ Irving Dilliard, *One Man's Stand for Freedom, Mr. Justice Black and the Bill of Rights: A Collection of His Supreme Court Opinions*, New York: Alfred. A. Knopf, 1963, p. 69.

等。但是作为一名南方人，布莱克在“种族”这一问题上也不得不小心翼翼，以避免触动他的那些南方朋友们的敏感神经。

虽然布莱克处处小心谨慎，但随着黑人民权运动的蓬勃兴起，特别是“二战”后，反对种族歧视，取消南方存在已久的种族隔离制度成为势不可挡的历史潮流。在美国有色人种协进会（NAACP）的带领下，首先从教育平等入手，美国黑人开展了波澜壮阔的争取各项平等权利的运动，涉及黑人权利的案件不断上诉至最高法院，其中最著名也是最具影响力的便是 1954 年判决的“布朗诉托皮卡教育管理委员会案”（*Brown v. Board of Education of Topeka*）。在“布朗案”判决后，布莱克瞬间从亚拉巴马的“英雄”变成了亚拉巴马可憎的“变节者”。他南方的朋友（特别是政治朋友）断绝了和他的一切联系，他的家乡也完全孤立并排斥他了。

布朗是美国中西部堪萨斯州州府托皮卡的黑人牧师助理。他 8 岁的女儿琳达不能到住所近处的学校就读，因为堪萨斯州实行黑白分校，他的女儿不能读于这所白人学校，而只能去离家较远、还要穿过铁路道口的黑人学校就读。面对这一不公，布朗决定用法律武器为女儿争取平等的教育权。于是，他将当地的教育局告上了堪萨斯州联邦地区法院，但地方法院以 1896 年“普莱西案”确定的“隔离但平等”原则为由宣布布朗败诉。在美国有色人种协进会的帮助下，布朗将案子上诉到了联邦最高法院。

上诉至最高法院后，“布朗案”与来自南卡罗来纳州、弗吉尼亚州等的其他四个涉及黑白教育平等的案子一起接受审理，统称为“布朗案”，成了一个组案。1952 年，最高法院第一次开庭审理“布朗案”，但是由于无法达成共识，决定推迟判决。1954 年最高法院再次审理布朗案，这时最高法院的组成发生了变化，厄尔·沃伦被艾森豪威尔总统任命到了最高法院，出任首席大法官，最高法院出现了有利于黑人的变化。在沃伦出色的领导之下，最高法院发布了“布朗案”的全体一致意见，推翻了 1896 年“普莱西案”确立的“隔离但平等”原则，得出结论：公共教育事业绝不容许“隔离但平等”原则存在；隔离的教学设施，注定就是不平等。诉讼人被剥夺了第十四条修正案所保证的平等法律保护。判决后的第二年，最高法院又就“布朗案”判决的实施作出了规定：要求各地“以极其审慎的步伐”取消公立学校的黑白种族隔离制度。

虽然布莱克举双手赞成“布朗案”的判决，但他对“以极其审慎的步伐”很是不满，认为这会给南方各州拖延执行判决提供借口，只会造成“审慎有余，步伐不足”的后果。由于他对南方的种族歧视问题有着切身的体会，他预计到这一改变必然会遇到巨大的障碍，甚至是付出重大代价。事实证明了布莱克判断的正确性，“以极其审慎的步伐”成了南方拖延实施“布朗案”判决的有效工具，南方开始了普遍的抵制，其中影响最大的就是发生在阿肯色州的“小石城事件”，连州长都拒绝黑人学生进入当地的白人中学，弄得艾森豪威尔总统只好派联邦军队去维持秩序。后来可歌可泣的黑人民权运动似乎证明了布莱克的悲观预言：“要想让自由之树在南方扎根并开花结果，那就必须用若干人的鲜血去灌溉。”①

布莱克在“布朗案”以及其他一系列消除种族隔离案件中的积极表现，让这位亚拉巴马人心目中一度的英雄，转眼之间变成了“可憎的变节者”。布莱克回到亚拉巴马时，处处受到冷遇，甚至受到路人的侮辱。亚拉巴马大学法学院五十年庆典时，也拒绝邀请这位杰出校友。布莱克的好友回忆道：“当布莱克说他再也不能回亚拉巴马时，他的眼睛里噙着泪水，万分悲伤。”当时正在竞选亚拉巴马州州长的吉姆·弗勒斯欧姆也发现：“现在，在亚拉巴马，我唯一可以攻击的人只有布莱克大法官了。”② 这位亚拉巴马曾经引以为荣的人物，他们一度支持的参议员，

① Roger K. Newman, *Hugo Black: A Biography*, New York: Pantheon Books, 1994, p. 439.

② Roger K. Newman, *Hugo Black: A Biography*, New York: Pantheon Books, 1994, p. 411.

现在却成了他们最仇恨的大法官。

尽管布莱克为他深爱的南方感到伤心，但却从未放弃自己的观点。1969 年，当最高法院审理涉及黑白教育平等的“密西西比案”时，布莱克终于如愿以偿，宣布“以极其审慎的步伐”的说法已经过时，已不再为宪法所允许，公立学校的教育平等要毫不推迟地实施。在时隔 15 年后，“以极其审慎的步伐”宣告结束。

在种族主义问题上，布莱克还参与审理过一个备受争议的案件，就是“日侨案”（1944 年）。这一案的判决结果完全违背了布莱克自己在种族问题上的立场。

珍珠港事件以后，美国人开始恐慌，他们原来一直认为自己被两洋保护，安全无忧。面对日本的威胁，美国军方提出，将西海岸军事区内的日裔和日侨全部迁到内地，理由是没有有效手段来辨别他们是否忠于美国。罗斯福总统接受了这一建议，发布总统令（国会随后也通过了相关法律），强行将 11 万西海岸的日裔（其中 7 万是美国公民）迁徙到内陆的集中营。

一个叫是松的日裔因为违反法令而被捕，设法将案件告到最高法院。最高法院以 6∶3 的多数票支持了政府的决定，首席大法官休斯委任布莱克执笔撰写案件的法院意见。布莱克决定避重就轻，将意见重点放在断定军方的行动是否违宪，从而避开棘手的针对日裔的强制迁移问题。在意见书中，布莱克指出，原告被命令迁出西海岸的军事区并被要求执行宵禁，并不是因为美国政府歧视原告或他所属的种族，而是因为美国正在与原告的母国——日本交战，军方认为日方很有可能会袭击西海岸，所以才实施了必要的安全措施。基于此，布莱克得出结论：“政府的行为不是一种种族歧视，而是国家在紧急状态下采取的一项应急措施。”①

---

① Irving Dilliard, *One Man's Stand for Freedom, Mr. Justice Black and the Bill of Rights: A Collection of His Supreme Court Opinions*, New York: Alfred. A. Knopf, 1963, p. 119.

通过一纸判书，最高法院以“战时紧急状态”为由支持了政府对日裔公民的隔离和拘禁。在意见书中，布莱克虽然一再强调这不是种族歧视，但是很多人并不这么认为，因为同样是交战国的德裔、意裔美国公民并没有被驱赶到“美式集中营”。布莱克的批评者将“日侨案”称为布莱克法官史上最糟糕的法律意见书，一直以它作为攻击布莱克的工具。“二战”结束后，当人们向布莱克提及“日侨案”时，他依然坚定地维护着最高法院的判决：“那时日本刚刚袭击了珍珠港，我们正在和日本交战；日本很可能会入侵加利福尼亚并占领它。人们处在严重的恐慌中，已经出现一些日本人在街上被袭击的现象了，日本人又很容易辨认，所以他们也处在危险中。而且当时的广播和报纸还宣称在纽约附近发现了日本飞机。鉴于此，如果现在处于和那时同样的情况，我也会毫不犹豫地作出与‘日侨案’同样的判决。”①

虽然有“日侨案”的纷扰，但是布莱克在种族问题上的观点还是得到了大家的认同，很少会再怀疑布莱克是种族主义者。同样，在信仰自由问题上，布莱克也表明了自己的坚定立场。

四、宗教信仰自由

美国宪法第一条修正案写道：“国会不得制定涉及下列事项的法律：确立国教或禁止信教自由……”② 杰弗逊称其为政府与教会之间的“分离之墙”，这一说法一直被人们所沿用。美国国民的民族、种族来源不一，宗教信仰也不尽相同，为了国家的长治久安，宗教信仰自由也是必要的。但这并不代表有了宪法的保护，美国就可以一劳永逸地解决宗教

① Mr. Justice & Mrs. Black, *Mr. Justice and Mrs. Black: the Memoirs of Hugo L. Black and Elizabeth Black*, New York: Random House, 1986, pp. 71 – 72.

② 美国宪法第一条修正案规定，国会不得制定关于下列事项的法律：确立国教或禁止信教自由；剥夺言论自由或出版自由；或剥夺人民和平集会和向政府请愿申冤的权利。

信仰问题，它仍然是美国社会中容易引起冲突的敏感问题。在担任最高法院大法官期间，布莱克多次处理过涉及宗教信仰问题的案件。

1940 年的“迈诺斯维尔学区诉戈比蒂斯案”（*Minersville School District v. Gobitis*）就是其中之一，最高法院以 8∶1 的多数作出了支持校方的判决。刚被罗斯福任命到最高法院的法兰克福特大法官主笔了此案的法院意见。作为公认的法学权威、哈佛法学院教授，法兰克福特上任后，得到了最高法院大法官的一致欢迎，布莱克也很信任他，因此他加入了法兰克福特的这一份法院意见书。在爱国主义的名义下，法兰克福特肯定了校方要求耶和华见证会家庭的学生向国旗致敬并宣誓效忠国家的做法。

不久，各地出现的对耶和华见证会信仰者的攻击和迫害，让布莱克认识到这一判决的危害。对此，他十分后悔。两年后，在“约翰逊诉欧派里卡案”中，布莱克承认自己在“戈比蒂斯案”中的错误，并在法院意见中写道：“无论那些观点看起来多么的不合时宜、标新立异，在《权利法案》的指引下，我们民主政府都有责任保护少数群体的宗教信仰自由。”① 最终，在 1943 年的“西弗吉尼亚教育局诉巴内特案”（*West Virginia State Board of Education v. Barnette*）中，最高法院以 6∶3 的多数票，彻底推翻了“戈比蒂斯案”的判决结果，维护了公民的宗教信仰自由。

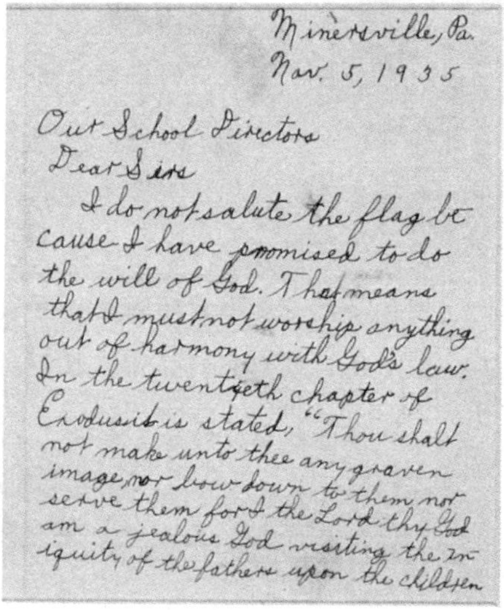
Minersville, Pa.
Nov. 5, 1935

Our School Directors
Dear Sirs
I do not salute the flag be
cause I have promised to do
the will of God. That means
that I must not worship anything
out of harmony with God's law.
In the twentieth chapter of
Exodus it is stated, "Thou shalt
not make unto thee any graven
image, nor bow down to them nor
serve them for I the Lord thy God
am a jealous God visiting the in-
iquity of the fathers upon the children

△ 戈比蒂斯写给校方的信②

① Irving Dilliard, *One Man's Stand for Freedom*, *Mr. Justice Black and the Bill of Rights*: *A Collection of His Supreme Court Opinions*, New York: Alfred. A. Knopf, 1963, p. 99.

② 图片来源：www. loc. gov/exhibits/treasures/trr006. html，最后访问日期：2014 年 5 月 3 日。

布莱克在宗教信仰自由方面的宪法观，最直接地体现在他为“艾弗森诉教育委员会案”（*Everson v. Board of Education*）（1947年）所撰写的法院意见中。该案发生在新泽西州，州法律规定，地方教育委员会要为学龄儿童提供免费的交通服务，所有的学生都可以享受此项福利。据此，原告所在地区的教育委员会也为就读于天主教学校的学生提供了此项福利，但原告质疑教委这种行为违反了宪法确立的“政教分离原则”，认为这种行为是使用纳税人的钱为天主教服务。最高法院对此案作出了5∶4的判决，推翻了教育局的做法。布莱克撰写的法院意见回顾了宪法第一条修正案宗教信仰自由条款的历史背景，对宗教信仰自由条款作出了详细解释，进一步明确了“政教分离原则”：

> 宪法第一条修正案的宗教信仰自由条款制定时，至少包含下列含义：无论是州政府还是联邦政府都不能建立教堂；不能通过立法帮助任一宗教抑或是所有的宗教，更不能协助某一宗教使其地位超越其他宗教之上；不能违背个人意志强迫个人信仰任一宗教或退出任一宗教。任何人不会因为信仰任一宗教、退出任一宗教或是否到教堂做礼拜而受到惩罚。任何税收收入，或多或少，不得用于任何形式、名称的宗教活动或团体。无论是公开的还是秘密的，联邦政府以及州政府都不能参与任何宗教团体或组织的任何宗教活动和事务，反之亦然。①

借由此案，最高法院确立了判决此类案子的基本依据，而且，通过宪法第十四条修正案的“吸纳”，此项原则不仅适用于联邦政府，也适用于州政府。借用布莱克的话说，“第一条修正案已经在政府和教堂间建起了一堵墙，而这堵墙必须要加固，从而变得坚不可摧”②。此后的几个案例，布莱克一直在实践着自己的这句话，不断加固着这堵“分离之墙”。

---

① Irving Dilliard, *One Man's Stand for Freedom*, *Mr. Justice Black and the Bill of Rights*: *A Collection of His Supreme Court Opinions*, New York: Alfred. A. Knopf, 1963, p. 154.

② Irving Dilliard, *One Man's Stand for Freedom*, *Mr. Justice Black and the Bill of Rights*: *A Collection of His Supreme Court Opinions*, New York: Alfred. A. Knopf, 1963, p. 156.

1948 年判决的“麦克鲁姆诉教育委员会案”就是一例。在美国伊利诺伊州，麦克鲁姆太太的儿子就读的小学，利用学生们的自由活动时间开设宗教课程。课程分为三部分，分别是天主教课程、基督教课程和犹太教课程。宗教课一周一次，由宗教团体派遣老师到学校对四至九年级的学生授课，低年级的课程是三十分钟，高年级是四十五分钟。不参加宗教课的学生则在非宗教课的老师带领下，在同一时间内学习非宗教课程。麦克鲁姆太太的儿子不参加任何宗教课程，但他却对宗教课程感到很困扰，于是，麦克鲁姆太太就向校方提议不应在学校内开设宗教课程。在遭到拒绝后，她诉诸公堂，在地方法院受挫后她告上了联邦最高法院。法院以 6∶3 的票数作出判决，判定公立学校在校内开设宗教课的行为违反了宪法第一条修正案规定的“政教分离原则”，支持了麦克鲁姆太太的诉求。布莱克代表最高法院多数大法官，书写了法院意见书。

在意见书中，布莱克重申了他在“戈比蒂斯案”中的观点。布莱克指出，公立学校允许私人宗教团体雇用的教师，每周到学校教室内讲授宗教课程，到学校接受非宗教教育的学生，却在正常的教学时间内接受宗教教育，毋庸置疑，这种行为正是利用靠税收建立和支持的公立学校，帮助宗教团体宣扬他们的宗教观念。宪法第一条修正案明确规定了“政教分离原则”，这一原则借由第十四条修正案也适用于各州。布莱克因此得出结论，在此案中不仅靠税收支持的公立学校的校舍被用来帮助传播宗教信条，而且州政府也给宗教组织帮了一个大忙，那就是通过州法所规定的义务教育，为宗教团体的宗教教育课程提供生源，这明显违反了“政教分离原则”。①

这一判决进一步划清了政府与宗教团体之间的界限。不过，由于宗教深入美国人的日常生活，政教分离的边界似乎永远在变化不定之中。

---

① Irving Dilliard, *One Man's Stand for Freedom, Mr. Justice Black and the Bill of Rights: A Collection of His Supreme Court Opinions*, New York: Alfred. A. Knopf, 1963, p. 185.

在“麦克鲁姆诉教育委员会案”中，最高法院已经判定利用公立学校的校舍进行宗教教育是违宪的。面对此种情况，纽约州教育委员会想出了妙计，既然在校内进行宗教教育是违宪的，在校外进行宗教教育总是合法的吧？因此，在和伊利诺伊州相似的条件下，纽约州让学生在校外接受宗教教育，不接受宗教教育的学生则在同一时间里，留在校内接受非宗教教育。面对纽约州的这种做法，一些不满的家长告到了最高法院，是为1952年的“泽若科博诉克劳森案”。这次，最高法院同样是6∶3的票数，但结果却是不同的，这次最高法院多数站在了纽约州教育当局一边，而布莱克则发表了措辞犀利的异议意见，坚持自己在宗教问题上的严格立场，维护“政教分离原则”。

针对最高法院的多数意见，布莱克指出，除了是否使用公立学校校舍这一点外，“泽若科博诉克劳森案”与“麦克鲁姆诉教育委员会案”没有根本性区别。他认为，此案需要澄清的只有一个问题，那就是纽约州是否运用法定义务教育，帮助宗教团体强迫那些不愿意上宗教课的学生接受宗教教育。事实证明，纽约州的确是运用了法定义务教育条款帮助宗教团体获得生源。布莱克强调，自己在此案中提出异议，并不仅仅是为了固守自己在“麦克鲁姆案”中的立场，他所坚持的是，自己在“戈比蒂斯案”和“麦克鲁姆案”中所提出的基本原则：“政教分离原则”。最后，布莱克告诫道：“政府如果插手帮助宗教传播，就会带来宗教歧视的恶果。教徒们会因爱生恨，为了迫害而去迫害。因此政府绝对不能在‘合作’这种委婉辞藻的外衣包裹下，涉足宗教信仰自由这一神圣领域。”①

布莱克一生都坚持这种绝对主义观点，在他的世界里，无论以何种理由，政府都不能涉足宗教圣域，即使他的观点得不到其他同僚的支

---

① Irving Dilliard, *One Man's Stand for Freedom, Mr. Justice Black and the Bill of Rights: A Collection of His Supreme Court Opinions*, New York: Alfred. A. Knopf, 1963, p. 186.

持，他也绝不放弃。他的这一坚定立场，在1962年判决的“恩格尔诉瓦伊塔尔案”中再次得到了体现。这次，他得到了同僚们的支持，最高法院（两位大法官未参加）以6∶1的票数作出了支持原告的判决，努力而谨慎地划分政府与宗教之间的界限。

该案涉及的也是纽约州的教育委员会，州教委建议公立学校学生每天课前诵读如下祷文：“万能的主啊，我们知道我们依赖着你，我们祈求你庇护我们、我们的父母、我们的老师和我们的国家。”① 就是这样短短一段祷文就引起了一些学生家长的不满，他们认为这段出自《旧约》的祷文违背了宪法第一条修正案，侵犯了他们的宗教信仰自由。

布莱克再一次代表最高法院多数，执笔了此案的法院意见书。在意见书中，布莱克抓住祷文是教育委员会建议的这一点，指出教育委员会是政府部门，而诵读祷文恰恰又是宗教行为，这样一来，诵读祷文就变成了政府部门利用政府权力帮助加深宗教信仰的行为，违反了宪法第一条修正案的“政教分离原则”，同时也侵犯了公民的宗教信仰自由。布莱克追踪溯源，回顾了美国宗教自由观念发展的历程，用史实言明了政府干涉宗教信仰的恶果，点明第一条修正案宗教信仰自由条款被写进宪法，“就是为了保证美国人民所说的祷词不被政府的权力和声望所左右，人们的宗教信仰不被政府的权力更替所影响”②。因此，无论是联邦政府还是州政府，都不能制定任何形式的宗教性的祷文，要求人们使用。布莱克借用了“美国宪法之父”麦迪逊的话来阐述问题的严肃性：“谁能保证排斥其他宗教，立基督教为国教的当权派，不可以轻易地排斥基督教中的其他派别，而独立其中一派呢？谁又能保证要求人们向他所立国教缴纳三便士以支撑国教的当权派，不会要求人们对他新立的国教这

---

① Irving Dilliard, *One Man's Stand for Freedom*, *Mr. Justice Black and the Bill of Rights*: *A Collection of His Supreme Court Opinions*, New York: Alfred. A. Knopf, 1963, p. 186.

② Irving Dilliard, *One Man's Stand for Freedom*, *Mr. Justice Black and the Bill of Rights*: *A Collection of His Supreme Court Opinions*, New York: Alfred. A. Knopf, 1963, p. 457.

么做呢?”① 最高法院支持了学生家长一方的主张，要求纽约州法院按照联邦最高法院的判决结果重审此案，禁止在公立学校继续推行这种课前祷告。

此案一经判决，就成了众矢之的，社会各界的批评纷至沓来，认为最高法院的判决违背了美国的宗教传统，因为在美国宪法体系下，祈祷一直是美国人生活的一部分，他们从来不认为祈祷是违宪的。甚至有议员提议，通过新的宪法修正案来推翻最高法院的判决。但是，此案的判决结果正如“布朗案”的判决结果一样，虽然一时得不到大多数人的认同，随着历史车轮的转动，它却被广为接受，并被视为至理良言。

在美国宪法第一条修正案中，与信仰自由条款和政教分离条款同样重要的还有言论和出版自由条款。在这一领域，布莱克同样孜孜不倦、兢兢业业维护和扩展公民权利和自由，反对外力特别是政府部门的强制。

五、坚持言论和出版自由的绝对性

在其34年大法官生涯中，布莱克始终坚定维护宪法第一条修正案所保护的各项自由，特别是言论自由。他一再表示，言论自由是一种绝对的自由，政府不得干涉。政府对这一自由的限制，只能是对言论发表的时间和地点等外在条件的限制，而不能限制言论内容本身。针对霍姆斯那个关于言论自由的著名例子，即个人没有在剧院高呼“着火了!”的自由。布莱克说，个人的确不能在剧院高呼“着火了!”，但其原因是他在剧院内高呼“着火了!”这一行为，而不是因为他高呼的内容。②

布莱克撰写的第一个言论和出版自由案件意见书是1940年判决的

---

① Irving Dilliard, *One Man's Stand for Freedom*, *Mr. Justice Black and the Bill of Rights*: *A Collection of His Supreme Court Opinions*, New York: Alfred. A. Knopf, 1963, p. 460.

② Leon Friedman & Fred Israel, *The Justices of the United States Supreme Court*, 1789 - 1978, New York: Chelsea House Publishers, p. 2326.

“博迪斯诉加利福尼亚案”。在意见书中，布莱克秉承霍姆斯的“清楚和现实的危险标准”，指出加利福尼亚的司法机关无法拿出有利的证据，证明原告的言论造成了清楚和现实的危险。他引用霍姆斯在一次案件讨论会上所说的话：“我承认在此案所涉及的所有方面或是证据中，我不能发现任何可以影响理智、坚毅思维的东西，而且我仍然不能发现我所说的那些话，包含可能阻碍司法程序的内容。”① 同时，布莱克也表达了自己的第一条修正案信仰。他追溯了美国宪法的英国普通法根源，以及言论、出版自由被写入宪法的历史，指出先贤们将言论、出版自由条款写进宪法，旨在使言论、出版自由得到最大限度的认同。他认为，可以自由地说出自己所想，是美国人民一项值得骄傲的权利；在维护法庭权威名义下所得到的强制性安静，不会增加人们对法庭的尊敬，只会得到怨恨、批评和怀疑。他强调说，第一条修正案的语言不是模棱两可的，第一条修正案严厉禁止任何侵犯言论、出版自由的立法。② 在一个热爱自由的社会，第一条修正案的语言清晰明了，定义明确。

在此案中，布莱克首次向人们展现了他在言论、出版自由方面的鲜明立场。秉持一种自由至上的理念并不很难，难得的是，在不利的政治、舆论和制度环境下，能够将自己的司法理念毫不退让地落实到宪法实践中。布莱克基本上做到了这一点。20 世纪 50 年代，在麦卡锡主义盛行、“恐红症”弥漫的社会氛围中，从联邦政府到普通老百姓对“共产党”全都谈虎色变。杜鲁门总统签署总统令，对联邦政府的全部雇员进行“忠诚调查”。艾森豪威尔当选总统后，也延续了“忠诚调查”，再加上威斯康星州联邦参议员约瑟夫·麦卡锡危言耸听的鼓吹，当时整个美国，人人自危。美国国会也通过了一系列反共产党的立法。“共产

---

① Irving Dilliard, *One Man's Stand for Freedom*, *Mr. Justice Black and the Bill of Rights*: *A Collection of His Supreme Court Opinions*, New York: Alfred. A. Knopf, 1963, p. 92.

② Irving Dilliard, *One Man's Stand for Freedom*, *Mr. Justice Black and the Bill of Rights*: *A Collection of His Supreme Court Opinions*, New York: Alfred. A. Knopf, 1963, p. 86.

党”一时变成了瘟疫，没有人敢碰，同时也是众矢之的，根本得不到冷静、公正的对待。正是在这种大环境下，1951年“丹尼斯诉合众国案”上诉到了联邦最高法院。在此案中，尤根·丹尼斯等12位共产主义者，仅仅是因为讨论共产主义理论、建立党的组织而被法院定罪。因为根据1940年的《史密斯法》，任何教授或鼓吹以暴力推翻政府的行为均为犯罪。最高法院（有一名大法官未参加）以6∶2的判决，认可了低级法院的定罪。在法院意见书中，首席大法官文森将霍姆斯的“清楚和现实危险标准”修改为“清楚和或许危险标准”，认为在冷战的情形下，不可能等到威胁迫近再采取行动，只要存在着“或许”的危险，政府就可以限制和处罚。在案件讨论中，当文森提及共产主义活动必须停止，否则会毁掉美国时，布莱克不客气地说：“你被魔鬼附身了！”①

布莱克在异议中表达了自己的不满。因为在他看来，即使是共产主义者，第一条修正案也保护他们的合法权利。而文森的法律意见书违背了宪法，压制了公民的言论自由权利。布莱克指责政府没有提供任何一项证据，可以证明被告在用武力或暴力推翻政府。“他们被指控的，只是他们约定在某个晚上聚会，讨论和发表某些思想观点。”② 如果这样做也是非法的，“这就是恶意地对言论和出版自由进行事先审查，这违反了宪法第一条修正案”。因此，在他看来，违法的不是被告，而是《史密斯法》的相关规定。

然而，面对强大的社会舆论和政治势力，布莱克也只能在异议中悲叹：“在现在公共舆论的影响下，很少有人会反对将这些共产党人绳之以法。然而，等到形势稍稍缓和，当目前的压力、激情和恐惧退却时，仍有希望看到，本届或后期的最高法院，会将使第一条修正案所保护的

① ［美］霍华德·鲍著：《宪政与自由：铁面大法官雨果·L.布莱克》，王保军译，法律出版社2004年版，第257页。

② Irving Dilliard, *One Man's Stand for Freedom, Mr. Justice Black and the Bill of Rights: A Collection of His Supreme Court Opinions*, New York: Alfred. A. Knopf, 1963, p. 224.

自由恢复到它应有的地位。”① 布莱克的希望没有落空，20年后，在远比丹尼斯等人的行为对美国的安全造成更大威胁的“五角大楼文件泄密案”中，最高法院禁止了政府对言论的事先限制，布莱克最后一份法官意见书也成为其漫长司法生涯的天鹅绝唱。

1971年6月13日，《纽约时报》以“越南问题密档”为题，发表了美国卷入越战政府决策文件，这是美国国防部基于内部机密档案整理而成的，史称“五角大楼文件”。此时，美国总统尼克松正运筹帷幄，踌躇满志，筹划进行谈判，以结束越南战争。这些文件的泄漏，不仅揭露了美国政府在战争问题上对民众的欺骗和误导，而且，也会极大损害美国的国际信誉，加强对手在谈判中的立场。为此，尼克松立即下令司法部警告《纽约时报》立即停止连载这个文件，否则，将以危害国家安全罪起诉报纸。没有想到，《纽约时报》根本不买政府的账，不仅继续连载，而且还顺手刊登了司法部的警告函。面对报纸的一意孤行，尼克松政府只好起诉报纸，并要联邦法院下达禁止进一步发表文件的禁令。面对联邦地区法院的禁令，《纽约时报》以新闻自由系宪法权利为由，上诉至联邦上诉法院，要求解除禁令。失败后，又将官司打到了联邦最高法院。大家知道，最高法院一向是最讲程序、缺少效率的机构，一个案件从低级法院到它那里，通常需要数年的时间。但这次却非同寻常：24日接到上诉，25日就通知原被告双方，同意立案，并在次日10点开庭辩论。直到开庭前几分钟，《纽约时报》和政府方面才把所有的诉讼文件送到最高法院。

△“五角大楼文件”②

① ［美］霍华德·鲍著：《宪政与自由：铁面大法官雨果·L. 布莱克》，王保军译，法律出版社2004年版，第258页。

② 图片来源：www. maarav. org. il/english/2011/11/why – the – pentagon – papers – matter – now/，最后访问日期：2014年5月3日。

最高法院以法院简单意见的形式发表了6∶3的判决意见，支持了《纽约时报》的立场，要求取消禁令。除了这个只有一个段落的判决意见外，九位大法官，不管是赞成还是反对，各自写下了自己对新闻自由与国家安全的看法，可谓“九仙过海，各显其能”。此时已经85岁高龄的布莱克写下了如下意见：“我认为，对报纸禁令每继续存在一分钟，就是公然肆意、不可容忍且持续地违反宪法第一条修正案。新闻自由的首要职责就是防止政府的任何一个部门欺骗人民，把他们派往异国他乡，死于海外的热病和枪炮。安全这个词是一个广泛而含糊的概念，其外延不能被用来损害体现在第一条修正案中的基本法。以牺牲信息流通的代议政体为代价来保守军事和外交秘密，并不能为我们的共和国提供真正的安全。”①

布莱克珍爱自由，同时也看重秩序。20世纪60年代，群众的示威游行引发了他对法律秩序崩溃的担心。群众的这些行为，使布莱克觉得他们是希望通过静坐、示威游行等诸如此类的方式，实现美国政府的更迭，这使他联想到当年希特勒就是通过示威游行掌权的。② 因此，当60年代末美国国内的反战运动和黑人民权运动结合在一起，极大地冲击了美国既有的社会秩序时，布莱克开始疏远最高法院的自由派阵营。这实在是有些诡异，因为从20世纪30年代以来，他一直是自由派大法官阵营的旗手，那时沃伦、布伦南等比他更年轻的大法官，开始领导自由派阵营。

六、晚年的转变

20世纪60年代后期，随着民权运动和反越战运动在美国国内的全

① ［美］斯坦利·I. 库特勒编著：《最高法院与宪法——美国宪法史上重要判例选读》，朱曾汶、林铮译，商务印书馆2006年版，第453页。

② Mr. Justice & Mrs. Black, *Mr. Justice and Mrs. Black: The Memoirs of Hugo L. Black and Elizabeth Black*, New York: Random House, 1986, p. 112.

面兴起，很多涉及静坐、示威、焚烧国旗或征兵卡的抗议行为案件上诉至最高法院。布莱克的自由派伙伴们，选择了宽泛地解释第一条修正案的言论、出版自由条款，将这些抗议行为纳入第一条修正案的保护范围内。但是，布莱克拒不认同昔日战友的做法，与他们渐行渐远，发表了越来越多的异议。

在1964年的“贝尔诉马里兰州案”中，一群黑人学生在一家餐馆静坐，抗议餐馆老板拒绝接待黑人的做法，他们因此违反了马里兰州的《非法侵入法》，被逮捕、定罪。最高法院以6:3的判决结果，推翻了州法院对黑人学生的判决。法院认为，尽管餐馆是私人设施，但它履行了公共职能。州政府对私人餐馆种族隔离行为的认可，表明政府参与了业主的隔离行为，因此，违反了第十四条修正案的“平等保护条款”。

对此，布莱克发表了异议。在他看来，最高法院的多数意见没有解决下面这个关键性问题：“宪法第十四条修正案本身是否禁止州政府实施《非法侵入法》，即如果一个人进入一家私人餐馆就餐，却被告知由于他的肤色原因，这家餐馆拒绝为他提供服务，而这个人不顾业主的抗议拒绝离开，宪法第十四条修正案是否禁止州政府对这样的人定罪。”显然，第十四条修正案并没有这样的含义。因此，他激烈地批评道，多数意见不对实质性问题作出裁断，是多数派大法官试图“重写”联邦宪法。当这些多数派大法官认为，按照第十四条修正案的本意作出判

△ 1964年10月9日《时代》封面上的布莱克①

① 图片来源：http：//content. time. com/time/covers/0,16641,19641009,00. html,最后访问日期：2014年5月3日。

决，结果将有悖于自己的价值标准时，他们就采取了回避的态度，这实际上是在用他们自己的观点替代宪法原则。但是，“联邦宪法的制定者们并没有将这样修改宪法的权力给予最高法院”，“我们的职责只是解释宪法，在做这项工作时，检验一项法律是否合宪的标准不是它是否有违我们的良知或‘古老的优秀普通法’，而是它是否违反了联邦宪法”①。

不过，对多数派大法官来说，这只是他们在风云际会的20世纪60年代“重写”宪法的小小尝试。在1965年最高法院否定康涅狄格州禁止避孕法的“格里斯沃尔德案”中，布莱克多年的好友道格拉斯从《权利法案》中，居然发现了一个崭新的宪法权利：隐私权。此案的原告格里斯沃尔德是康涅狄格州计划生育协会的负责人，1961年她和另外一名医生一起为已婚夫妇提供计划生育咨询以及避孕药具。但是康涅狄格州州法禁止任何人使用避孕药或是提供计划生育方面的咨询和服务，于是格里斯沃尔德被指控违法并被罚以100美元的罚金。格里斯沃尔德对这一惩罚不服，上诉至联邦最高法院。1965年最高法院以7∶2的票数对此案作出了判决，道格拉斯大法官代表最高法院宣读了判决书，布莱克异议。

在法院意见书中，道格拉斯提及了一些先例，说明最高法院也保护第一条修正案没有明文提及的某些权利，以此来论证《权利法案》的保护存在着灰色地带，创造性地提出了宪法隐私权。道格拉斯指出，此案涉及的关系就位于这一灰色地带，因此夫妇之间的性关系受到《权利法案》的保护。对此，布莱克实在是不敢苟同，为此，他在异议中，猛烈地抨击了自由派多数“改写”联邦宪法的做法：

我意识到，一些善良而能干的人曾雄辩地讲道和写道，最高法院有责任使联邦宪法与时俱进，有时他们是在一种狂想的情绪下做出这一判

① 任东来、胡晓进等著：《在宪政舞台上：美国最高法院的历史轨迹》，中国法制出版社2007年版，第344页。

断的。这一观念是说，联邦宪法必须不时地得到修改，而最高法院就负有修改的责任。对我而言，我拒绝这一哲学，并无冒犯之意。联邦宪法的制定者们明白，宪法需要变动，而且也规定了变动的方式。由民选代表提出的宪法修正案可以提交人民或人民选出的机构予以批准。对于我们的国父们来说，这种变动方法是合适的，我必须补充说明的是，尽管这种方法有点老式，但对我而言，它已经足够了。①

从后来的发展来看，布莱克对自由派大法官这一警告并非杞人忧天。

甚至在自由派大法官最感兴趣、立场最为一致的言论自由领域，布莱克大法官也开始与其自由派同僚拉开了距离。这集中体现在 1969 年“廷克诉得梅因独立社区学区案”。

在该案中，艾奥瓦州得梅因市的几个高中学生在学校中佩戴黑色臂章，抗议美国卷入越战。校方禁止学生在校内佩戴黑色臂章，并对违反这一禁令的学生处以停学的处分。学生父母不满学校的做法，提起诉讼，下级法院作出了支持校方的判决，家长将案件上诉至最高法院，要求得到赔偿和一份反对地方教育委员会管理条例的禁令。最高法院以 7∶2的票数作出了判决，认可了学生的做法。福塔斯大法官代表最高法院发表了法律意见，布莱克异议。

在这份法律意见中，福塔斯称学生佩戴黑色袖章的行为属于“象征性言论”，在宪法第一条修正案的保护范围内。而且学生们的行为也没有影响到学校的正常秩序或是侵犯其他学生的权利，更没有引起骚乱，因此，在这种情况下学生的表达自由权不应该受到压制。在异议中，布莱克以犀利的语言回击了多数派的观点。他指出学校是供学生学习的场所，不是用来让他们谈论政治的。依据第一条修正案，虽然州或联邦政府无权调整或审查言论的内容，但任何人也不能随意在自己喜欢的地方、时间发表

① 任东来、胡晓进等著：《在宪政舞台上：美国最高法院的历史轨迹》，中国法制出版社 2007 年版，第 347 页。

言论或进行示威游行等。当学生佩戴着黑色臂章在校园内活动时，就时刻提醒其他人记住战场上的死伤者，这些死伤者可能就是他们的朋友、邻居，这自然就分散了他们本应该用在学习上的注意力。布莱克还提到，当时在全国范围内已经存在学生聚众闹事，搞打、砸、抢的行为。布莱克强调学校是训练、教导学生成长为一名优秀公民的场所，他预言，在法院判决此案后，必定会在学校内出现公然违反学校纪律、违抗教师命令的现象。这将会严重影响到学校正常的教学和学习秩序。① 由此，布莱克得出结论，此案的判决将会使学校受制于那些最爱起哄，却有可能不是最聪明的学生，从宪法意义上讲这是极不合理的，因此他不能同意最高法院的多数意见，而是认为学生在校园内佩戴黑色袖章这一行为，不在宪法第一条修正案保护范围内。②

在整个20世纪60年代后期，布莱克就此类案件发表了许多异议。在有些人看来，布莱克已经完全背弃了自己的自由主义观点，转向保守。实际上这是布莱克对自己信念的坚持，因为早在40年代涉及罢工工人组织的“纠察线”案件中，布莱克就已经表达了自己这方面的观点，即只有纯言论、出版自由才受到宪法第一条修正案的绝对保护。

七、布莱克的宪法思想

1971年8月，在完成“五角大楼文件泄密案”的法院意见后，布莱克的身体每况愈下，住进了位于马里兰的海军医院，他感到自己生命已经到了尽头，开始拒绝进食。9月25日，布莱克与世长辞，安葬于阿灵顿国家公墓。逝者已矣，但大法官布莱克始终未从美国人民的社会生

① ［美］斯坦利·I. 库特勒编著，《最高法院与宪法——美国宪法史上重要判例选读》，朱曾汶、林铮译，商务印书馆2006年版，第437—438页。

② ［美］斯坦利·I. 库特勒编著，《最高法院与宪法——美国宪法史上重要判例选读》，朱曾汶、林铮译，商务印书馆2006年版，第438页。

活中隐去，他留下的宝贵法律遗产，无时无刻不在发挥着影响。他主张绝对的言论、出版自由，提倡用宪法第十四条修正案全盘吸收《权利法案》，极大地扩展了宪法保护个人自由和权利的范围。就宪法理论而言，布莱克以其活跃的司法实践，发展了一种“文本论”（textualism）的宪法观。布莱克的绝大多数法律意见都体现了这种宪法观，言论、出版自由的绝对性和“全盘吸收”原则也可以纳入其中。

布莱克不仅有着自己独特的宪法观，而且从不动摇。他在最高法院最亲密的“战友”道格拉斯大法官曾经说过：“雨果·布莱克狂热地专注于他所提出的每一个法律观点。”布莱克在最高法院的“对手”之一杰克逊大法官也说过：“你不能仅仅是不同意他（布莱克）的观点，要是你不同意他的观点，你就必须准备与他进行一场斗争。”他有一段被收录进《传记语录词典》（*The Dictionary of Biographical Quotation*）的经典语句：“当我 40 岁时，我的医生告诫我说 40 几岁的人了不应该再打网球了。我认真听从了他的劝告，迫不及待地等到我 50 岁时重新开始打网球了。”① 这一爱好，布莱克一直保持到 80 多岁。就外在形式而言，布莱克可能会作出妥协、让步，但在本质上，他会绝对坚持。

这典型地体现在宪法第十四条修正案对《权利法案》的“吸收”问题上。所谓的“吸收”问题，简单地说，就是借由宪法第十四条修正案使《权利法案》前十条所列举的各项基本权利也适用于各州。在美国制宪之初，发生过联邦党人与反联邦党人就美国政体形态的争论。联邦党人支持美国实行联邦制，反联邦党人则担心建立起强大的联邦政府会侵犯州权，进而破坏公民个人基本权利。但是，美国当时的邦联制弊端明显，采取新的政体迫在眉睫，于是双方达成了妥协，一些反联邦党人同意支持宪法，帮助其在各州得到批准，但附加上了后来构成《权利法案》的一些修正

---

① ［美］伯纳德·施瓦茨著：《美国最高法院史》，毕洪海、柯翀、石明磊译，中国政法大学出版社 2005 年版，第 261 页。

案。《权利法案》的制定和通过就是为了限制联邦政府，防止其侵害个人权利。但是，先贤们似乎忘了各州也会侵犯个人权利。美国内战后通过了限制各州权力的宪法第十四条修正案，其中的“正当法律程序”① 和“法律的平等保护”两个条款，在宪法实践中引起了争论。“一战”后，最高法院开始将第十四条修正案应用于限制各州的侵权行为，从此开始了用宪法第十四条修正案“吸收”《权利法案》，使之适用于各州的进程。在布莱克之前，布兰代斯、卡多佐和斯通三名大法官是推动这一进程的主要力量。布莱克继承了他们的观点，并且认为应该用第十四条修正案“全部吸收”《权利法案》所包含的全部内容。但是，由于“全部吸收”会极大地改变联邦与州关系的现实，其他大法官均不赞成，他们更多地倾向于另一位自由派大法官布伦南的“部分吸收”的主张。

为了赢得法院多数意见，布莱克也接受了布伦南大法官提出的“部分吸收”原则，但是，对于“全部吸收”原则，布莱克从未放弃过。早在1940年判决的“钱伯斯诉佛罗里达州案”（*Chambers v. Florida*）中，布莱克就已提出自己对于“吸收”问题的观点。他在意见书中表达了宪法第十四条修正案使《权利法案》适用于各州的初步观念。他写道，依据宪法第十四条修正案“正当法律程序条款”，他们（钱伯斯等）的合法权利遭到了破坏。正当法律程序条款应该是用来确保法律程序得到充分的、恰当的执行，以保护嫌疑人或被告的基本宪法权利不被掌权者或势力集团所侵犯。在意见书最后，布莱克仍然强调，依据宪法第十四条修正案的“正当法律程序”条款，钱伯斯等人是无罪的。这是布莱克首次明确表明自己在“吸收”问题上的态度。1941年判决“贝茨诉布拉迪案”时，在得不到多数支持的情况下，布莱克仍然坚持，此案中第十

① 对“正当程序”条款的解释一般包括以下两个层面：第一，联邦和各州的行为必须符合一定的法律程序，这种解释被称为“程序性正当程序”；第二，即使程序合法，联邦和各州的行为也不能损害公民的生命、自由、财产，这种解释被称为“实体性正当程序”，见任东来、胡晓进等著：《在宪政舞台上：美国最高法院的历史轨迹》，中国法制出版社2007年版，第178页。

四条修正案的“正当法律程序”条款使第六条修正案适用于各州。在异议中布莱克写道，当先贤们在议会讨论通过第十四条修正案时，就已经表达了他们通过此项修正案的意图，那就是确保各州不侵犯《权利法案》所列出的人民的各项基本自由。1947 年的“艾迪逊诉加利福尼亚案”是布莱克在“吸收”问题上的杰作，他一直引以为傲，称其为自己大法官生涯中最好的一份法律意见。

此案的原告艾迪逊被控杀人，被加利福尼亚州法院判处死刑。但艾迪逊个人认为加利福尼亚州对他作出的判决违反了宪法第五条修正案，因为第五条修正案禁止“自证其罪”。最高法院的多数认为，第十四条修正案不能使第五条修正案应用于各州，据此支持加利福尼亚州法院的判决结果。面对这个陈旧又棘手的问题，布莱克决定彻底理顺它，至少在自己心中让它变得通透。于是，在助手的帮助下，他查阅了几乎所有美国内战时期的历史和法律资料，并在异议中用长达 17 页的附录追溯了宪法第十四条修正案立案、提交、通过的背景和动因，以及第十四条修正案通过以来最高法院对其解释和应用的历史。通过详细的调查研究，布莱克指出第十四条修正案第一款通过的目的之一就是使《权利法案》适用于各州，而这一原始历史目的却从未在最高法院的法律意见中得到充分的解释和表达。正是在这份异议中，布莱克明确了自己在“吸收”问题上的态度。他写道，如果要在“选择性吸收”原则和完全不吸收之间作选择的话，他宁愿选择“选择性吸收”原则，但这只是在不得已的情况下才作出的选择。布莱克明确表示，自己在“吸收”问题上的观点是尊重第十四条修正案通过时的原始目的，就是使《权利法案》的所有条款都适用于各州，使全体美国公民都受到《权利法案》的庇护。[①]

布莱克主张“全部吸收”《权利法案》，是基于他对宪法文本及原

---

① Irving Dilliard, *One Man's Stand for Freedom*, *Mr. Justick Black and the Bill of Rights*: *A Collection of His Supreme Court Opinions*, New York: Alfred A. Knopf, 1963, pp. 173 – 174.

意的历史考察，反映了他“文本论”的宪法观。对于宪法文本，布莱克怀有几近崇拜的感情。从出任大法官直到离开人世，他总是随身带着袖珍版的宪法，并在每天临睡前诵读。他曾经深情地说：“宪法是我的法律圣经，我珍惜宪法从头到尾的每一个字。”① 作为20世纪美国最高法院里最了不起的文本论者，布莱克在解读宪法时，一再强调：“语言和历史，而非大法官认定的合理性和愿望，才是影响我解释宪法的关键性因素。”② 因此，在其宪法实践中，布莱克总是担心司法会侵入立法的正当领域，多少表现出一些“司法谦抑”的味道。也正是在这一点上，他不同于沃伦、布伦南和道格拉斯“与时俱进”的“活宪法观”。由于强调宪法要满足现时代人们的需要，沃伦、布伦南等大法官的宪法实践就带有了“司法能动主义”的色彩。

布莱克认为，美国宪法之所以能够历久不衰，根本原因即在于它确立了公平正义的原则，使其成为美国人民共同信仰和遵守的神圣法典。在布莱克看来，根据宪法，每一位美国公民都是“由同一个造物主创造的”具有平等宪法权利的人。任何人都有“平等的机会”，也都肩负着相同的责任，去实现联邦宪法“为合众国勾画的宏伟蓝图”。因此，无论是法律还是政府行为，都必须以维护公民宪法权利的平等为根本出发点，否则，就会像美国内战一样，“使国家陷入不必要的痛苦和磨难中”③。在1962年的一封信中，布莱克指出，美国之所以“伟大”，是因为宪法并不鼓动“奴役、仇恨和等级制度”，而是致力于实现“法律之下的平等正义原则”。④

---

① ［美］莫顿·J. 霍维茨著：《沃伦法院对正义的追求》，信春鹰、张志铭译，中国政法大学出版社2003年版，第5页。

② ［美］霍华德·鲍著：《宪政与自由：铁面大法官雨果·L. 布莱克》，王保军译，法律出版社2004年版，第137页。

③ ［美］霍华德·鲍著：《宪政与自由：铁面大法官雨果·L. 布莱克》，王保军译，法律出版社2004年版，第137页。

④ ［美］霍华德·鲍著：《宪政与自由：铁面大法官雨果·L. 布莱克》，王保军译，法律出版社2004年版，第137页。

布莱克始终坚守着自己的宪法观念，固执地按照自己的原则处理案件。虽然在“五角大楼文件泄密案”的法院意见中，他悲愤地写道，政府“将美国小伙子送到异国海岸，死于热病，死于敌人的枪炮”①。但是，当涉及越战抗议行为的案子上诉至最高法院时，布莱克却没有支持那些打着“正义”旗帜的抗议者们，而是以异议的形式表达自己对法律秩序的忠诚。作为大法官，布莱克认为越战要受到批评，也是由作为民意机构的国会去批评，而不是最高法院；不能够以大法官个人的主观观念，扭曲甚至取代法律秩序。

布莱克的“文本论”也存在着无法克服的缺陷，那就是宪法条文（文本）实际上可以存在多种而非一种解释。布莱克主张宪法的解释要依据历史，考证宪法制定者们的原始意图，但是，要还原历史原貌几乎是不可能的，只能是最大可能地接近历史，在这一过程中，不可能不掺杂一些个人的主观色彩，布莱克崇尚的绝对纯粹是不可能实现的。

承载着法律带给他的美名，布莱克在 1971 年结束了自己作为大法官的职责，同时结束的还有他的生命。在他的墓志铭上，他的遗孀伊丽莎白刻下“这里躺着一个优秀的人”②。但他留下的宝贵法律遗产却永远不会逝去：他发展了一种本质上既是“文本主义”又是绝对主义的法哲学；他出身南方也热爱南方，但在种族主义问题上，他超越了南方狭隘的种族主义，努力促使最高法院在种族隔离问题上取得进步；他把第一条修正案理解为所有自由的根本，坚定地维护这些自由，即使在麦卡锡主义横行的年代，也毫不退缩。布莱克大法官很喜欢讲他在亚拉巴马州竞选时的一个小故事。在竞选过程中，他驱车前往一个不很熟悉的目的地，结果迷路了。他向一个孩子问路，那个孩子也不知道他要去的地方该怎么走，于是布莱克说：“你也不知道，是吗，孩子?”“是的，我

---

① Roger K. Newman, *Hugo Black: A Biography*, Pantheon Books, 1994, p. 534.

② Leon Friedman & Fred L. Israel, *The Justices of the United States Supreme Court*, 1789 - 1978, New York: Chelsea House, 1980, p. 2346.

也不知道，但是我没有迷路。”[1] 那个孩子回答道。孩子的回答使布莱克记忆犹新。雨果 · L. 布莱克，这位美国历史上最伟大的大法官之一，在他的人生路上从未迷失方向。

（任东来、朱静静）

---

① Mr. Justice & Mrs. Black, *Mr. Justice and Mrs. Black: The Memoirs of Hugo L. Black and Elizabeth Black*, New York: Random House, 1986, p. 93.

第七章　威廉姆·布伦南：与时俱进重结果

小威廉姆·约瑟夫·布伦南（William Joseph Brennan，Jr.，1906—1997）的一生似乎与“不起眼”结了缘。他不是家中的第一个孩子，不是哈佛法学院的顶尖学生，不是华尔街的首选人才，不是新泽西州法官的第一人选，不是最高法院中始终处于风口浪尖上的大法官，不是第一个天主教徒大法官，不是保守的司法克制主义者，亦不是最激进的司法能动主义者，他在法学领域的成就不足以让人们第一个想起他，在政界也没有他的一席之地。1993 年 1 月，在参加完好友、黑人大法官马歇尔的葬礼后，布伦南感慨道：“我想知道的是（在自己死后）谁还会想起我。”[①] 历史证明，这是布伦南的杞人之忧。后来，一位学者写道：“布伦南比美国历史上的任何一位大法官都更能改变美国人民的生活方式。”[②]

---

① Hunt R. Clark，*Justice Brennan*：*The Great Conciliator*，New Jersey：Carol Publishing Group，1995，p. 277.

② E. Joshua Rosenkranz and Bernard Schwartz，*Reason & Passion*：*Justice Brennan's Enduring Influence*，New York：W. W. Norton & Company，1997，p. 31.

一、早年经历

1906年4月25日，布伦南出生于新泽西州的纽瓦克。他是爱尔兰移民老威廉姆·约瑟夫·布伦南和安尼斯·布伦南（Agnes McDermott Brennan）的第二个孩子。老布伦南原先是一家地方酿酒厂的锅炉工，后来成为杰出的劳工领袖和市政官员。父亲对布伦南的一生产生了至关重要的影响，他后来说："无论我成为一个什么样的人，都是因为我的父亲。"①

老布伦南脾气火爆，令人畏惧；但他品行正派廉洁，不受腐蚀，深受同行敬重。他从工会干起，通过竞选成为当地公共安全总管，掌管本地的消防和警务系统，采取强硬手段履行自己的职责，严格管理部下。"警务和消防系统的工作人员必须做到：诚实工作，获取相应报酬。两个部门中的任何人在完成份内工作之时，都不容许额外索要报酬，比如，一支五美分的雪茄。"② 在从政之前，老布伦南曾经因为从事工会工作而被警察暴打。作为暴力的受害者，他上台后不久，就禁止警察暴力审讯，要求"警察应该成为人民的公仆而不是主人"。老布伦南对滥用政府权力的痛恨潜移默化地影响了小布伦南，限制政府权力、保证个人的司法程序权利成为他后来司法生涯中最重视的问题之一。

老布伦南对家人同样严厉。小布伦南16岁时，父亲就给他规划了成为律师的人生目标。他还为儿子选择高中课程，要求孩子们去做兼职。小布伦南做过很多临时工作来赚取零用钱：到加油站工作、卖套装、送报纸、送牛奶等。正如后来他对《生活》杂志所说的那样：孩提

---

① Michael Mello, *Against the Death Penalty*: *The Relentless Dissents of Justices Brennan and Marshall*, Boston: Northeastern University Press, 1996, p. 14.

② Michael Mello, *Against the Death Penalty*: *The Relentless Dissents of Justices Brennan and Marshall*, Boston: Northeastern University Press, 1996, p. 15.

时代的工作不是为了生计，因为他的家境并不贫穷；他是在赚取额外的收入，遵从父亲关于工作美德的观念。①

1924 年，布伦南去宾夕法尼亚大学的沃顿商学院求学。1928 年秋天，在父亲的指令下，又去哈佛法学院读法律。布伦南在哈佛的求学经历，可以十分恰当地描述为“不起眼”。20 多年后，当他被任命到联邦最高法院时，有不少同学绞尽脑汁也想不起他的模样。

1930 年 5 月，在哈佛的第二年，老布伦南因肺病逝世。小布伦南依靠家人的支持和学校行政管理部门的帮助，加上做兼职，才最终得以完成学业。毕业后，布伦南的第一要务是解决经济问题。他所面临的重担不仅是要养活自己和妻子，还要供养自己的母亲和未成年的弟弟妹妹。好在他赢得了新泽西著名律师事务所的工作机会，保证了一大家子的生活开销。

布伦南继承了父亲对工作的忠诚和奉献精神，延续了父亲对少数群体的关爱，同时也秉承了父亲刚毅坚定的性格。但有一点与父亲截然不同，老布伦南脾气暴躁，而他则天性温和。这样的温和秉性应该是遗传了他的母亲安妮丝。安妮丝的人生哲学是：无论做什么事，都不要出头冒尖。布伦南终其一生都在竭力诠释母亲的肺腑之言。所有认识他的人，或曾与他一起共事过的人，对他随和友好的举止和亲和力都交口称赞。

失去父亲、离开校园后，布伦南的生活充满了机缘巧合。从法学院毕业之后，恰巧新泽西著名的法律事务所想要为自己增加新鲜血液，他们便把橄榄枝抛给了天主教徒布伦南。“二战”期间，他应征入伍，投笔从戎。战后，他重新从事私人法律实务，并成为新泽西法院改革运动的参与者。1949 年他进入新泽西司法系统，担任初审法官，此后 3 年

---

① Kim Isaac Eisler, *A Justice for All*: *William J. Brennan*, *Jr.*, *and the Decisions that Transformed America*, New York: Simon & Schuster, 1993, p. 22.

间，他拾级而上，出任州最高法院法官。

1931年，布伦南从哈佛毕业时，恰逢皮特尼-哈定-伍德法律事务所的合伙人谢尔顿·皮特尼来到坎布里奇，要找一名天主教徒来打破清教徒一统律所的现状。布伦南的天主教徒的身份引起了他的注意，在读过布伦南在求学期间完成的几篇论文后，便将他收入麾下。布伦南离开校园的第一站，多少得益于自己的天主教信仰。

在新岗位上，布伦南每天工作18小时，他曾经戏称自己累得“像肯塔基赛马会（Kentucky Derby）上的骡子”[①]。他的奉献精神和工作能力让他赢得了事务所合伙人的尊重。凭借对劳工业务的熟稔，他很快成为事务所缓和大企业和工会之间纠纷的指定人选。1938年，布伦南成为事务所合伙人。1942年，太平洋战争爆发后，布伦南应征入伍，在陆军部副部长办公室从事法律业务。由于熟练地处理了军工企业的劳工问题，布伦南受到上司嘉奖，并赢得了一枚军功章。战后，布伦南重回原来的事务所，成为顶尖的劳工法律师。此时，事务所已经改名为“皮特尼-哈定-伍德和布伦南法律事务所”。

在法律事务所，布伦南做得风生水起，收入颇丰。同时，他也积极投身新泽西州的法院系统改革运动。1949年，他被任命为新泽西州初审法院法官。最初，布伦南不愿接受这一任命，一是收入不及律师，二是自己并非第一人选，只是后备人选，但最终他还是接受了任命，并从此踏上了专业法官之路。一年半后，他被任命到州上诉法院。1952年3月，州最高法院出现空缺，布伦南成为州最高法院法官。

从离开法律事务所出任法官的那天开始，布伦南便从为当事人利益服务的法律人，转变为维护社会正义和公正的法官。他终于可以静下心来考虑老布伦南对他的期望，成为父亲所希望的那种人：要为那些需要

---

① E. Joshua Rosenkranz and Bernard Schwartz, *Reason & Passion: Justice Brennan's Enduring Influence*, New York: W. W. Norton & Company, 1997, p. 29.

他的人，特别是弱势群体说话。①

有几个案件很能说明问题。在1953年“新泽西诉图内案”中，约翰·亨利·图内（John Henry Tune）被指控谋杀。他的律师要求，在审判之前，警察提供的一份图内签字画押的供状和其他可能被采用的证据，都要交还给他们进行检查。州最高法院拒绝了这些要求，布伦南极为震惊，他写下对法院判决的异议。在他看来：审理前把证据向诉讼双方公开，对于审理的速度和公正来说至关重要。在另一个案件中，布伦南坚持：如果枪击了在逃的轻罪嫌犯，警察应该对伤害负责任。此外，仅仅因为审判程序上的失误，布伦南还宣判一个公认的纵火疑犯无罪。这些都表明，他厌恶滥用州权，尊重和支持公民的宪法权利。就像开了闸的水坝一样，在4年的州最高法院法官任期中，布伦南所写的三百多页法律意见，大都洋溢着他那高涨的自由主义之火。

二、出任大法官

1956年4月，布伦南代替病中的新泽西州最高法院首席法官范德比尔特，到华盛顿出席艾森豪威尔政府组织的一次论坛，并发表演讲。他的演讲没有很强的思想性，但却使司法部部长赫伯特·布劳内尔错误地认定，布伦南属于类似于范德比尔特那样的智识上的保守派。1956年9月，在总统大选前的两个月，大法官谢尔曼·明顿宣布退休。布劳内尔向艾森豪威尔力荐布伦南。艾森豪威尔与布伦南进行了短短20分钟的谈话，并未提及任何政治观点。随后他就决定提名布伦南为大法官。

促成这一任名的一个重要因素是布伦南的天主教背景。自从7年前

---

① 在私人执业律师生涯中，布伦南往往作为大企业集团的代表，站在工会和工人的对立面，这与他父亲对他的期望恰恰背道而驰。

弗兰克·墨菲大法官去世后，再没有一个天主教大法官进入最高法院。因此，艾森豪威尔答应保守派牧师和教会方代表人物，在下次大法官出缺时，任命一名天主教徒。另一个因素源自地域上的考虑，艾森豪威尔竞选总统需要东北部的支持，新泽西州处于东北部。此外，州法院法官抱怨他们当中很少有人被提升到联邦最高法院。布伦南恰好是来自东北部、信仰天主教的州最高法院法官。可见，他的任命得益于天时、地利、人和。

不过，在确认提名的听证会上，很多参议员十分不信任布伦南，致使确认布伦南提名的听证会一度面临夭折的危险。后来，麦卡锡饮酒过度而身亡，布伦南又一次因为巧合而化险为夷，从而顺利进入最高法院，开始了自己的自由主义征程。当然，这远远背离了艾森豪威尔等人对他的"期望"。多年之后，艾森豪威尔总统说："我当总统用错了两个人，他们现在都坐在最高法院里!"① 布伦南就是他第二个用错的人（第一个是厄尔·沃伦）。

在34年的任期内，布伦南大法官以一种或许只有约翰·马歇尔能与之媲美的方式，改变了联邦最高法院的方向。"他（布伦南）的足迹无处不在，他的影响几乎遍布法律的每一个领域。"② 布伦南的法律意见往往能够引起其他大法官的共鸣，从而形成多数。他不是利用交换或游说的方式做到这些，靠的是一种特殊的洞察力，看清一个案件的问题所在，并且以一种呼吁关键法官、形成多数意见的方式来实现自己的目标。

布伦南进入最高法院时，恰逢厄尔·沃伦担任首席大法官。在沃伦担任首席的16年（1953—1969）里，最高法院扩大了法律平等保护的范围，强化了对言论和新闻自由的保障，改变了在立法机关中不平等

---

① Hunt R. Clark, *Justice Brennan: The Great Conciliator*, New Jersey: Carol Publishing Group, 1995, p. 71.

② Michael Mello, *Against the Death Penalty: The Relentless Dissents of Justices Brennan and Marshall*, Boston: Northeastern University Press, 1996, p. 22.

分配议席的做法，刑事案件中的被告人获得了更广泛的宪法保护，宪法意义上的隐私权概念得到确认。这些具有长远意义的事件，重构了美国政治制度本身和美国社会的政治价值观。但是，沃伦政治家的背景，使他缺乏法律方面的必备基础，真正促成这些原则的另有其人。他就是布伦南。甚至有人说，沃伦法院实际上应该叫“布伦南法院”或“沃伦—布伦南法院”。当然，布伦南能取得这样的成就，得益于与首席法官沃伦的“亲密”关系。①

刚到最高法院时，布伦南在宪法解释问题上尚未形成明确立场，时常动摇于菲力克斯·法兰克福特②和雨果·布莱克③大法官之间。渐渐地，他对宪法的自由解释变得驾轻就熟，他要通过对宪法的能动解释，来扩大和保护美国人民的自由。当然，做到这些，布伦南也付出了沉重的代价。他的一些判决有违天主教信仰，而且，为促成判决的多数意见，布伦南不得不进行妥协和通融，这些都给他带来了法院内外来自自由与保守两翼的抨击和不满。

布伦南承认，在一些案件中，他作为天主教徒的一些信念，会与宪法的要求相抵触。但是，在他的心里，天主教教义较之于他的宪法责任是居于第二位的。在“校园祈祷案”等涉及宗教的案件中，布伦南的立场使他成为天主教徒批评的对象。母校哈佛也因不同意他的司法观念而抨击他，这着实令其心寒。④ 此外，虽然布伦南没有站到法兰克福特的一边，但他与极端自由派的关系也并不融洽，威廉·道格拉斯尤其不信

---

① 为逃避保守派和极端自由派的游说，布伦南选择了同样需要盟友的首席法官沃伦。此后，二人经常在周五最高法院例行会议之前，往往是周四，在沃伦的办公室单独会面，协调立场。在那里，沃伦就将很多重要案件事先指派给布伦南了。

② 保守派，奉行司法谦抑。

③ 自由派，奉行司法能动主义。

④ 当哈佛法学院拒绝接受布伦南之子布伦南三世入学时，布伦南与母校的关系最终彻底决裂了。这是继在《哈佛法律评论》上发表一系列抨击文章和拒绝在法学院悬挂布伦南肖像后，哈佛对布伦南做的最不尊重的事情。最后，布伦南三世去了耶鲁。

任他。[①] 这些不和谐到 1969 年演化成了无情的打击。

1969 年，沃伦辞职，另一个自由派大法官阿贝・福塔斯因财务问题被迫辞职，道格拉斯因为个人生活问题遭到抨击，布伦南也在右翼抨击的黑名单上。面对这些抨击，布伦南采取了防守策略。他决定辞去自己在帕文基金会担任的职务，取消所有原定的演讲计划，放弃在不动产投资中的红利，卖掉股票，让出纽约大学暑期兼课职务，甚至于辞去哈佛大学一个委员会的职务。除了最高法院、家庭和教堂以外，他放弃了一切活动。[②] 此时，妻子玛乔丽・莱纳德（Marjorie Leonard）患病，给了布伦南又一次重大打击。1969 年 10 月，玛乔丽查出食道癌，布伦南全身心地投入妻子的治疗和护理中，他每天下午三点半就回家，极少外出，直到 1982 年玛乔丽去世。这段时间无疑是布伦南生命中的“蓝色忧郁时期”。其间，他曾经几度考虑要离开最高法院。

三、勇当先锋

1969 年，尼克松任命的保守派沃伦・伯格[③]接替厄尔・沃伦出任最高法院首席大法官。1972 年和 1975 年，沃伦法院的两位自由派大将布莱克和道格拉斯也先后离开最高法院，沃伦法院那个稳固的自由派多数不复存在。这样，布伦南成为继续沃伦法院传统的唯一人选。在 1974—

---

① 道格拉斯觉得布伦南太好妥协，这是他无法容忍的。当 1956 年布伦南进入最高法院时，他就非常怀疑他。实则，布伦南为形成多数作出让步，却往往能达到目标，从而扩大自由。他的方法比布莱克和道格拉斯实用。多年之后，道格拉斯遵从了布伦南的扩大自由之路。

② ［美］鲍勃・伍德沃德、斯科特・阿姆斯特朗著：《美国最高法院内幕》，熊必俊、虞孝淮、李士培等译，广西人民出版社 1982 年版，第 16 页。

③ 沃伦・伯格被选中，得益于自己的平庸和保守立场，尼克松要通过削弱首席大法官的力量，从而削弱最高法院，甚至是推翻沃伦法院判决。新首席大法官没有政治家的魄力，也缺乏作为大法官的正直，往往在发现自己处于少数时突然改变立场，出尔反尔。这样做的后果是，他很难在强者云集的最高法院确立权威。

1975 年开庭期，他比以往更加深刻地意识到自己的责任。此时，纵然最高法院有瑟古德·马歇尔与他站在一条阵线上，却只有他具备政治上和智识上的能力，阻止当时不断升温的保守潮流。

在一个由道格拉斯、布莱克、福塔斯和沃伦控制的法院中，布伦南认为自己是中间派。现在，他没有特意地改变自己的观点，却在不知不觉中被推向了自由派的端点。他是最高法院中唯一一个与马歇尔同一阵营，确信死刑不合宪的法官；他深信《权利法案》的所有权利都应该惠及每一个美国公民，州政府不得减损；法律必须尊重犯人和嫌犯的尊严，等等。在这些问题上只有马歇尔与他存在共识。① 但这并没有削弱布伦南的影响力。在伯格法院，中间派力量在慢慢积聚。作为联盟缔造者，布伦南的才能再次派上了用场。② 根据《哈佛法律评论》每年的统计，马歇尔在将近 90% 的案子里与布伦南投票一致。布伦南的下一个盟友是拜伦·怀特，两人投票的一致率达到 64%；接下来是约翰·史蒂文斯，63%；然后是哈里·布莱克门，58%。③ 可以说，在布伦南身边出现了一个中间派联盟，当然它的稳定性不及沃伦法院时期的自由派联盟。稳定的保守派只有两个：伯格和伦奎斯特。两人不隐讳他们要推翻沃伦法院判决的意愿，但布伦南有信心，即使不能往前进，保住自己的阵地还是没问题的。

1973 年，在刑事被告权利有了一定保障后，布伦南转而开始关心保护黑人、少数群体和女性的权利。在事关肯定性行动和逆向歧视问题的"加州大学董事会诉巴基案"④ 中，依靠个人的影响力，布伦南促成微

---

① Kim Isaac Eisler, *A Justice for All*: *William J. Brennan*, *Jr.*, *and the Decisions that Transformed America*, New York: Simon & Schuster, 1993, p. 260.

② 在布伦南的不断影响下，布莱克门从右倾转向了中间派。波特·斯图尔特保持着以往的神秘让人捉摸不透。路易斯·鲍威尔虽然保守，但被证明是一个独立的思考者，不是伯格所想的那样的简单的追随者。

③ Kim Isaac Eisler, *A Justice for All*: *William J. Brennan*, *Jr.*, *and the Decisions that Transformed America*, New York: Simon & Schuster, 1993, p. 259.

④ *Regents v. Bakke*, 438 U. S. 265 (1978).

弱多数，赞成并支持政府和教育系统把种族因素作为招贤纳才的考虑因素，这与伯格把意见书委派给路易斯·鲍威尔时的期望完全相反。一年后，在保护私营钢铁公司中肯定性行动配额制的“钢铁工人诉韦伯案”① 中，布伦南的多数意见，把考虑种族因素的观点扩大到企业。关于 1964 年《民权法案》，他指出：“国家为努力改善那些因为种族偏见而被剥夺了美国梦想之人的状况，制定了这部法律，但是如果恰恰因为这样的法律，而阻挡了废除传统种族隔离和等级模式的尝试，将是非常滑稽的。”② 因为布伦南的判决，企业不得不开始雇用黑人。报业老板看着自己全是白人的报社，寻思“哪里能找到一个黑人记者”，电台开始寻找黑人主持人。一时间，前所未有的机会涌向少数群体。

布伦南阻止了伯格推翻沃伦法院判决的企图，遏制了保守潮流，但这些却无法改善个人生活的伤痛。当妻子玛乔丽继续与癌症斗争时，1978 年，布伦南自己也得了喉癌，痛苦的治疗让他虚弱不堪。第二年，他又轻微中风，几乎不能写字。但他都挺过来了。1982 年玛乔丽病逝后，过了 3 个月，他娶了自己的秘书、70 岁的玛丽·福勒（Mary Fowler）。这段婚姻标志着布伦南的忧郁期结束了。

在接下来的一段时间里，布伦南走到了国内生命权和选择权争议的前排，被推到了右翼势力的靶心，社会上的攻击事件不断出现。1986 年 5 月，布伦南在洛杉矶一所大学露天演讲时，不满他在堕胎案中投赞成票的一位原教旨主义牧师，雇用了一架直升机，悬着一条标有“为死亡祈祷：婴儿杀手布伦南”的横幅出现在会场上空。因为担心示威，布伦南不得不多次推掉天主教大学的演讲邀请。

虽然布伦南遭到右翼势力的攻击，但在最高法院内部，他仍然受到爱戴。80 岁寿诞时，他得到了一个令人惊喜的生日派对，收到了最高法

---

① *Steelworkers v. Weber*, 443 U. S. 193 (1979).

② Kim Isaac Eisler, *A Justice for All: William J. Brennan, Jr., and the Decisions that Transformed America*, New York: Simon & Schuster, 1993, p. 263.

院所有雇员的祝福。布伦南满含热泪地说："我从来没有想过都80岁了还能如此开心。"① 在生日专访中，他对《洛杉矶时报》记者表示："只要上帝让我活在世上，你们就能期望看到我待在现在的位置上。"② 他发誓不会离开最高法院，要继续"战斗"。

在伯格法院，由于伯格个人能力有限，布伦南没有丧失他的影响力和号召力。当伯格来到最高法院时，大多人猜测他可能会领导一场"清算革命"，推翻沃伦法院的判决。但是，直到1986年6月17日他离开时，这种事也没有发生。沃伦法院并没有因为厄尔·沃伦的辞职和逝世而终结，它在布伦南的亲自带领下继续稳步地前进。12年来，布伦南挫败了伯格，他也从没有喊过伯格一声"首席"。他说："我们这里只有一个首席（指沃伦）。"③

四、急流勇退

伦奎斯特法院时期，布伦南的身体状况明显衰退。1988年8月，他因肺炎住进医院。不久，他又摘除了胆囊。尽管经历了很多手术，但他却很少错过开庭期，仍然顽强地对抗着法院和社会中的保守潮流。

一方面是疾病缠身、年迈体衰，另一方面，新任的首席大法官威廉·伦奎斯特是一个比伯格更难对付的对手，他在思想上比伯格更加保守，在法律素养上，更比伯格高出不止一头。布伦南和伦奎斯特大法官共事18年（1972—1990），他们分别作为自由和保守一翼的领袖，游说着中间立场的大法官。这些年中，最高法院任何两位大法官的投票一致率都要

① Kim Isaac Eisler, *A Justice for All*: *William J. Brennan*, *Jr.*, *and the Decisions that Transformed America*, New York: Simon & Schuster, 1993, p. 271.

② Kim Isaac Eisler, *A Justice for All*: *William J. Brennan*, *Jr.*, *and the Decisions that Transformed America*, New York: Simon & Schuster, 1993, p. 271.

③ Kim Isaac Eisler, *A Justice for All*: *William J. Brennan*, *Jr.*, *and the Decisions that Transformed America*, New York: Simon & Schuster, 1993, p. 272.

高于他俩的一致率。在每一件关于宪法原则的重要案件中，他们几乎都不一致。[1] 可以说，伦奎斯特比伯格还要不善于通融。恰恰因为这一点，伦奎斯特难以促成多数意见。在斯图尔特和伯格被桑德拉·奥康纳和安东宁·斯卡利亚[2]替代，保守倾向貌似加强的情况下，布伦南的影响事实上是增强了。

在保守的里根时代，有伦奎斯特这样的首席法官，爱德文·米斯（Edwin Meese Ⅲ）这样的司法部部长，对布伦南而言，要避开公开的论战就变得尤为艰难。1986年8月8日，当布伦南在美国律师协会发表演讲，再次反对“原初意图”理论时，米斯的同道、助理司法部部长威廉·布雷德福·雷诺兹（William Bradford Reynolds）策划了一场反击。在密苏里大学演讲时，雷诺兹公开抨击布伦南。他嘲笑布伦南将宪法第十四条修正案当作重塑社会的主要工具，不止一次强调这种信念是布伦南大法官的“激进平等主义宪法观”[3]。而且，在坚持死刑合宪性的问题上，最高法院存在着一个牢固的多数。面对承认死刑合宪性的多数意见，布伦南在一个又一个的案件中孤独地书写着异议。他的法律助理回忆说，曾看到布伦南在大法官会议上的“一次死刑辩论失败后，仿佛就要落泪似的回到自己的办公室”[4]。

虽然在法院内外，布伦南要继续自己的司法追求面临很大的困难，他却从未轻言放弃。但是，持续恶化的身体状况，迫使他不得不考虑离开。1990年6月27日，1989—1990年开庭期的最后一天，布伦南发表了“联邦通讯委员会诉太平洋基金案”[5] 的判决意见。判决后，布伦南

---

① Peter Irons, *Brennan vs. Rehnquist: The Battle for the Constitution*, New York: Alfred A. Knopf, 1994, Preface I.

② 伦奎斯特被里根提升为首席大法官，代替伯格，斯卡利亚则填补伦奎斯特的空缺。

③ Kim Isaac Eisler, *A Justice for All: William J. Brennan, Jr., and the Decisions that Transformed America*, New York: Simon & Schuster, 1993, p. 270.

④ Kim Isaac Eisler, *A Justice for All: William J. Brennan, Jr., and the Decisions that Transformed America*, New York: Simon & Schuster, 1993, p. 272.

⑤ *FCC v. Pacifica Foundation*, 438 U. S. 547 (1990).

准备去度假，登机时不慎摔倒，从此饱受眩晕和失忆的折磨。虽然记忆力衰退，他却没有忘记同事道格拉斯退休时的尴尬境地，[①] 他要有尊严地离开。

布伦南对马歇尔大法官事先袒露了心声，说自己有意退休。马歇尔把这个消息告诉了自己的儿子。很快，这个消息莫名其妙地被透漏给了媒体。这句话一说出去，布伦南感到自己是被迫退休的。[②] 这一段小插曲，使得这对几十年的完美搭档反目。布伦南对马歇尔很不满，就连马歇尔生病他都没去探望。但是，在马歇尔的葬礼上，布伦南却忍不住后悔为什么不早点放下芥蒂。但不管怎样，是马歇尔走漏风声使布伦南失去了选择的余地。1990 年 7 月 20 日，他向白宫提出辞职。

当他正式宣布辞职时，一些美国人突然之间感觉到一种巨大的损失，而就在一天之前，似乎并没有什么人知道布伦南是何方神圣。安娜·昆德兰在《纽约时报》上这样写道："就我个人而言，我不愿接受布伦南辞职这一事实。他的工作充满了传奇，无论是在司法界还是在我们整个社会，都是一件不平凡的事情。无论我们是否意识到，我们最好的朋友中的一员离开了政界，我们都会怀念他。"[③] 全国各地的社论和专栏中都重复着这样的调子，就像刚刚发现布伦南的价值似的。

布伦南以前的一个法律助理——理查德·波斯纳大法官，在布伦南退休后如此称赞他："布伦南并没有伪称，他在其中扮演重要角色的宪法改革，源自宪法文本或缔造者的授权。他并没有要求以遵从宪法文本或历史的标准，来评判自己的行为。基于美国的务实传统，他力求一种实在的

---

① 道格拉斯退休前，已经因为病痛而瘫痪且思绪混乱，但他执意不肯离开。被迫退休后还要坚持书写法律意见，干涉判决，这些都影响了最高法院的正常工作。道格拉斯成为一个大麻烦。

② Hunt R. Clark, *Justice Brennan: The Great Conciliator*, New Jersey: Carol Publishing Group, 1995, p. 276.

③ Kim Isaac Eisler, *A Justice for All: William J. Brennan, Jr., and the Decisions that Transformed America*, New York: Simon & Schuster, 1993, p. 280.

结果，通过预期的或未预期到的成就，获得自己的历史地位。但是，尽管最终的评价可能千差万别，我还是相信没有人会怀疑，布伦南所追求的司法信念和他的工作，在当代法律和社会思想中产生了有效的影响。我常常在想，产生这种实效和影响的关键何在。我觉得，它应该是得益于一种个人性情上的温和和平静，以及一种可以被形容为高尚的品格。”①

首席大法官伦奎斯特也加入了赞颂者的行列。在最高法院的例行会议上，布伦南是坐在他对面的大法官，按照英国政界的说法，是被很多人称之为“影子首席大法官”的资历最老的大法官。② 布伦南更是他智识上的对手。伦奎斯特非常坦率地评论了他的同事，毫不隐讳自己加入保守一翼与之为敌的意图。但他把政见上的分歧与私人关系区分开来，并不否认布伦南温和的性情与友好的态度。

布伦南离开了法官席，他却没有离开最高法院，他善于通融的品性和他的宪法观仍在影响着在任的大法官。

五、捍卫“表达自由”

布伦南被公认为20世纪下半叶捍卫美国宪法第一条修正案言论自由的最伟大的一位大法官。他在“沙利文案”等案例中的判决意见书，确定了他这一不朽的地位。

芝加哥大学法学院教授兼院长杰弗里·斯通（Geoffrey R. Stone）曾谈到，当1956年布伦南来到最高法院时，“第一条修正案学说处在发展的初期，法院还未把淫秽和诽谤问题与第一条修正案联系起来，它仅仅是偶然地认识到商业广告的复杂性和公共论坛的概念……。对于潜在破

---

① Michael Mello, *Against the Death Penalty*: *The Relentless Dissents of Justices Brennan and Marshall*, Boston: Northeastern University Press, 1996, p. 36.

② Peter Irons, *Brennan vs. Rehnquist*: *The Battle for the Constitution*, New York: Alfred A. Knopf, 1994, p. 322.

坏性言论的保护，更多的是理论上的而非现实的。总的说来，言论自由宪法观是干瘪的、简单的和不完善的。34 年后布伦南退休的时候，最高法院的言论自由学说比联邦历史上的任何时候都更加丰富，更加细致，更具有保护性”①。

这一时期宪法第一条修正案学说的巨大发展，离不开布伦南的巨大贡献。思想上，布伦南继承并发展了 20 世纪初期进步主义和 30 年代新政改革家的理论。20 世纪 50 到 90 年代，在从关注国家和政府权力到重视个人权利的司法转向时期，布伦南做出了自己的努力和贡献。早在 1957 年的“罗斯诉美国案”② 的多数意见中，布伦南就缓缓地开始了这一努力，但直到 1962 年的“《纽约时报》诉沙利文案”③，才取得了里程碑式的成绩。布伦南书写了这份关于美国宪法的不朽的判决意见书，将表达自由从各种陈旧的法律框框的限制中解救出来。

The New York Times.

Heed Their Rising Voices

Your Help Is Urgently Needed . . . NOW !!

Please mail this coupon TODAY!

COMMITTEE TO DEFEND MARTIN LUTHER KING AND THE STRUGGLE FOR FREEDOM IN THE SOUTH

△ 1960 年 3 月 29 日《纽约时报》上的政治广告④

---

① Geoffrey R. Stone，“Justice Brennan and the Freedom of Speech：A First Amendment Odyssey”，*University of Pennsylvania Law Review*，Vol. 139，No. 5.（May，1991）.

② *Roth v. United States*，354 U. S. 380（1957）.

③ *New York Times v. Sullivan*，33 U. S. 254（1964）.

④ 图片来源：www. archives. gov/exhibits/documented - rights/exhibit/section4/detail/heed - rising - voices. html，最后访问日期：2014 年 5 月 4 日。

1960年3月29日，《纽约时报》刊登了一整版的言论广告，标题是《关注他们日益高涨的呼声》。广告批评了南部的公共官员，指责的要点基本上都是真实的，但有些事实性小错误。亚拉巴马州蒙哥马利县警监沙利文（L. B. Sullivan）向州初审法院提起诉讼，诉称该广告关于蒙哥马利县警察局行为的陈述是失实的、诽谤性的，他对此索赔50万美元。初审法院作出了有利于沙利文的判决。《纽约时报》提起上诉，州最高法院支持初审法院的判决。联邦最高法院认为本案涉及重大的联邦宪法问题，下达调卷令审理此案，并最终一致通过布伦南撰写的意见书。

布伦南指出，“在这个案子中，我们第一次面临着由公共官员提起的、批评其官方行为的诽谤问题，需要就第一条修正案言论和出版自由的保障程度划定一个范围”①。亚拉巴马州法院适用的法律规则有瑕疵，它未能提供适当保障。按照应有的保障，本案提供的证据不足以支持沙利文，因此州法院的判决应予推翻。

对于广告中的不实之词是否使这则广告丧失了第一条修正案保护的问题，布伦南深信，正如密尔在《论自由》中指出的：甚至不实之言也可视为对公共辩论做出了宝贵贡献，因为不实之言在辩论中会使概念更加鲜明，真实更加彰显。布伦南认为，亚拉巴马州州法规定对官员行为的批评必须所有事实属实的规则，实际上会导致一种自我审查，致使批评者会只能提出一些“远离非法区”的评论。他说：“不管一份报纸在承受这样的判决后是否能够幸存下去，由于担心和胆怯笼罩在那些传播公众批评的媒体之上，这样的气氛会使第一条修正案确认的各项自由无

---

① Stephen L. Sepinuck and Mary Pat Treuthart, *The Conscience of the Court: Selected Opinions of Justice William J. Brennan JR. on Freedom and Equality*, Carbondale and Edwardsville: Southern Illinois University Press, 1999, p. 4.

法继续存在。"① 所以，布伦南认为，表达自由应该给错误报道一个可以生存的呼吸空间。

本案中，亚拉巴马州州法允许以所述属实作为抗辩，当法院给予原告一般损害赔偿时，即可推定存在实际恶意。布伦南认为，该州这一规则不符合联邦宪法规则："联邦规则禁止公共官员从对其官方行为的诽谤性不实报道中，得到损害赔偿，除非该官员能举证证明，该报道出于'实际恶意'，即被告明知其报道不实或全然不顾是否不实。"② "这种批评官方行为的权利，犹如公共官员被个人诉以诽谤时，给予公共官员的保护一样"，"是宪法第一条修正案和第十四条修正案所要求的"。③ 证据表明，《纽约时报》在发表这一广告时，没有核查该广告中所述新闻的准确性，但并不能证明该报明知这些新闻不实。没有发现不实，充其量只是一种疏忽。按照联邦宪法，这一疏忽不足以证明其有实际恶意所需的全然不顾。因此，布伦南指出，本案中证明实际恶意的证据，缺乏联邦宪法标准要求的令人信服的明确性。

总之，布伦南坚信，"本案的情况不符合国人对以下原则的根深蒂固的信仰：讨论公共问题应该是不受限制的、富有活力的、范围广泛的，甚至可能包括对政府和政府官员激烈、刻薄、有时还会令人难受刺耳的抨击"④。《纽约时报》的广告表达了对美国当代重要公共问题的不

① Stephen L. Sepinuck and Mary Pat Treuthart, *The Conscience of the Court: Selected Opinions of Justice William J. Brennan JR. on Freedom and Equality*, Carbondale and Edwardsville: Southern Illinois University Press, 1999, p. 8.

② Stephen L. Sepinuck and Mary Pat Treuthart, *The Conscience of the Court: Selected Opinions of Justice William J. Brennan JR. on Freedom and Equality*, Carbondale and Edwardsville: Southern Illinois University Press, 1999, p. 9.

③ Stephen L. Sepinuck and Mary Pat Treuthart, *The Conscience of the Court: Selected Opinions of Justice William J. Brennan JR. on Freedom and Equality*, Carbondale and Edwardsville: Southern Illinois University Press, 1999, p. 9.

④ Stephen L. Sepinuck and Mary Pat Treuthart, *The Conscience of the Court: Selected Opinions of Justice William J. Brennan JR. on Freedom and Equality*, Carbondale and Edwardsville: Southern Illinois University Press, 1999, p. 6.

满和抗议，显然应受到联邦宪法的保护。

该判决严厉地限制了政府利用反诽谤法的权力来惩罚批评者，实际恶意规则使得公共官员提起的诽谤诉讼几乎毫无胜算。但是，因为发生在20世纪60年代美国民权运动风起云涌的特定历史时期，本案在美国宪法史上的划时代意义，不仅在于从宪法上正式摒弃了对政府及其官员的批评系煽动性诽谤，应予定罪的普通法传统，而且也对美国人民争取广泛的民权和种族平等，作出了积极回应。因为，沙利文之流对《纽约时报》和黑人牧师提起诽谤诉讼，其真正用意是窒息当年如火如荼的民权运动。

对于这个全体一致的判决，布伦南功不可没。在裁定之前，最高法院就推翻州法院判决应适用的法律和最高法院在该案中的作用，进行了多次讨论和协调。1964年的最高法院，虽然没有了法兰克福特这一影响巨大的保守派领袖，哈兰、克拉克、怀特和斯图尔特四位保守派法官的力量也不可小觑。哈兰与布莱克、道格拉斯针锋相对。后者坚持绝对主义立场，主张第一条修正案禁止公共官员就新闻界对其官方行为所作的批评，提起任何诽谤诉讼。与布莱克他们不同，布伦南是一个实用主义者，他知道赢得五票的重要性。他知道他所做的不仅仅是在书写宪法传统，也是在影响人们的生活。在某种程度上，这种实用主义的观点来源于他父亲作为劳工领袖和他自己作为劳工律师的背景。相对于教条和传统而言，劳工法更多的是看重协调背道而驰的观点和相互冲突的利益。① 在此，不仅仅是五票的问题。本案涉及重大的联邦宪法问题，全体法官一致对于确立宪法和最高法院的权威至关重要。所以，如前所述，布伦南的判决意见没有拥护绝对主义立场，而是概括出实际恶意原则，这一点迎合了保守派，促成了一致判决。这使得《纽约时报》案成为一个有

---

① Hunt R. Clark, *Justice Brennan: The Great Conciliator*, New Jersey: Carol Publishing Group, 1995, p. 118.

名的判例，并被称为解释和适用第一条修正案的里程碑。

如果说，布伦南在《纽约时报》案以及此后的一些表达自由案件中，只是试图削减政府的实际权限，那么，他要明确这样做的信息，在1989年“德克萨斯诉约翰逊案”①（焚烧国旗案）中明白无误地传达了出来。②

1984年，在达拉斯共和党全国会议期间，一百多人参加了反对共和党的政治示威。其领导人之一格里高利·约翰逊（Gregory Lee Johnson）当众焚烧国旗，他因此触犯了德克萨斯州的一条法令③。虽然他遭到刑事指控并被判处一年徒刑和罚款两千美元，但基于第一条修正案保护表达性言论的判决先例，得克萨斯州刑事上诉法院支持约翰逊（认定无罪）。④ 案件后来上诉到联邦最高法院。1989年6月21日，最高法院对焚烧国旗作为一种政治抗议，是否应受第一修正案的宪法保护，作出了一项历史性裁定。

这一维持州刑事上诉法院立场的5∶4判决，是布伦南为第一条修正案和国旗真正含义所作出的卓越辩护和维护表达自由的最后重要一役。在法律意见一开头，布伦南就明确指出：支持约翰逊的（无罪）判决的基本原则，早已稳固地扎根于现存的第一条修正案法律之中。他的意见主要以此前将近60年与国旗有关的先例为基础。这些判决包括，最高法院在1931年的“斯特龙伯格诉加利福尼亚案”⑤ 中判决一个人不能因为悬挂红旗而获刑事惩罚；在1943年的“西弗吉尼亚教育委员会诉

---

① *Texas v. Johnson*, 491 U. S. 397 (1989).

② David E. Marion, *The Jurisprudence of Justice William J. Brennan, Jr.: The Law and Politics of "Libertarian Dignity"*, Rowman & Littlefield Publishers, Inc, 1997, p. 63.

③ 该法令规定：“任何人，故意或明知地亵渎公共纪念碑，教堂或墓地，州旗或国旗，即为犯罪；这里‘亵渎’一词，意为损坏或毁坏，或行为者以明知会严重触犯可能看到或发现其行动的人的方式，不当对待上述物品。”

④ David E. Marion, *The Jurisprudence of Justice William J. Brennan, Jr.: The Law and Politics of "Libertarian Dignity"*, Rowman & Littlefield Publishers, Inc, 1997, p. 77.

⑤ *Stromberg v. California*, 283 U. S. 359 (1931).

巴尼特案”① 中判决人们不能被迫使向国旗致敬；在1969年的“斯特里特诉纽约案”② 中判决，没有任何刑事制裁会被加在那些对国旗出言不逊的人身上；在1974年的“斯彭斯诉华盛顿案”③ 中判决悬挂饰有和平标志的美国国旗是一种受保护的政治表达。④ 基于这些先例，布伦南将第一条修正案保护的言论自由，推广到该案涉及的国旗系象征性表达行为之上。

在该案中，布伦南回应了德州提出的两条利益诉求，即防止扰乱治安，维护国旗作为“国家和国家统一的象征”。布伦南分析第一条利益诉求时指出，本案没有关于这一利益的记录，没有因为被告焚烧了国旗，就实际发生或威胁发生扰乱治安的事件。被告焚烧国旗不是好斗话语，以致激起一般人的报复，导致暴力行动，扰乱治安。没有一个“有理性的目击者”会把被告焚烧国旗表达的对美国政府政策的不满，视为是对任何目击者的人身攻击。因此，本案不存在州维持治安不受扰乱的利益。对于第二条利益诉求，布伦南强调，只有当对待国旗的方式是传播某种信息时，州维护国旗作为国家和国家统一象征这一利益才会彰显出来，因此州主张的这一利益和禁止表达有关。布伦南运用宪法第一条修正案理论，认为“最高法院一贯强调，如果说第一条修正案有一条最基本原则的话，那就是政府不能仅仅因为某一思想本身令人厌恶或不能为人接受，就禁止传播这一思想”⑤。即便是涉及美国国旗时，也不应有例外。

---

① *West Virginia State Board of Education v. Banette*, 319 U. S. 624 (1943).

② *Street v. New York*, 394 U. S. 576 (1969).

③ *Spence v. Washington*, 418 U. S. 405 (1974).

④ Stephen L. Sepinuck and Mary Pat Treuthart, *The Conscience of the Court: Selected Opinions of Justice William J. Brennan Jr. on Freedom and Equality*, Carbondale and Edwardsville: Southern Illinois University Press, 1999, p. 53.

⑤ Stephen L. Sepinuck and Mary Pat Treuthart, *The Conscience of the Court: Selected Opinions of Justice William J. Brennan Jr. on Freedom and Equality*, Carbondale and Edwardsville: Southern Illinois University Press, 1999, p. 61.

最高法院维持无罪判决，反对的不是州的目的，而是州的手段。毋庸置疑，在美国，国旗具有特殊地位。最高法院也不怀疑，政府有合法利益，来努力维护国旗作为国家和国家统一的象征，但这不意味着，立法机构就可以按刑事犯罪惩罚焚烧国旗的政治抗议行为。联邦法律规定，国旗如不能再使用，以烧掉为宜。得州也同意这一联邦规定。如果被告是因为国旗不能再使用把国旗烧掉，他并不会因此被定为亵渎国旗罪。显然，州这里不是保护国旗的完整，而是保护国旗不受他人的损害。这样，被告对国旗的处理是否违反该州刑法，就取决于其表达性行为可能产生的传播影响，限制被告的表达行为，依据的是其传播信息的内容。在这种情况下，州维护国旗这一特殊象征意义的利益诉求，必须被置于最严厉的司法审查之下。布伦南指出，被告被定罪是因为他表达了对美国政策的不满，这种表达自由正是宪法第一条修正案保护的核心。

总之，布伦南坚信："今天的判决禁止对像约翰逊这样的行为（焚烧国旗）进行刑事惩罚，不会危及美国国旗所起的特殊作用，或危及国旗激起的情感。"①

马歇尔、布莱克门、斯卡利亚和安东尼·肯尼迪四位大法官加入布伦南的多数意见。在国会图书馆收藏的布伦南案例文献里，有一张来自布莱克门的便条，日期是1989年6月19日，布莱克门在上面坦言，他"对这一困难而又令人厌恶的小案伤透了脑筋"，但最终他看到了布伦南方法的可行性。② 更令人吃惊的是，斯卡利亚不顾自己坚定的保守主义者的名声，支持布伦南。同样，里根任命的资历最浅的肯尼迪大法官也加入布伦南的多数意见。虽然，对布伦南获得他们支持的具体细节我们

---

① Stephen L. Sepinuck and Mary Pat Treuthart, *The Conscience of the Court: Selected Opinions of Justice William J. Brennan Jr. on Freedom and Equality*, Carbondale and Edwardsville: Southern Illinois University Press, 1999, p. 64.

② Hunt R. Clark, *Justice Brennan: The Great Conciliator*, New Jersey: Carol Publishing Group, 1995, p. 272.

不得而知，但有一点可以确信，布伦南在当时保守主义盛行的最高法院，还是颇具影响力的。特别是他对新法官的影响是潜移默化的，往往能把他们从保守转为中间立场。如前所述，怀特和史蒂文斯与布伦南的投票一致率分别达到64%和63%，称得上是布伦南可能的盟友，但这次他们都没有站到布伦南一边；怀特与奥康纳一起加入了首席法官伦奎斯特言辞激烈的异议；史蒂文斯单独书写了异议。可见，在保守潮流盛行之时，布伦南细心经营的中间派联盟并非牢不可破。但是，即使只是形成微弱的五票多数，对年老体衰的布伦南而言，也是难能可贵的了。

当时，对布伦南和最高法院判决的责难之声甚嚣尘上。批评者认为焚烧国旗是美国面临的最具威胁性的问题，法院（的判决）已经造成了一种弊病，使这个国家不能保护它自己、反对焚烧国旗这类猖獗行为。[①]该判决在国会和白宫也激起强烈反对。老布什总统在本案裁定一周后就草拟了一项宪法修正案，提出国会和各州应有权禁止对美国国旗的有形亵渎，以期推翻本案。但国会并未完全实现布什的期望，只是通过了一部《1989年国旗保护法》。在焚烧国旗第二案[②]中，布伦南代表最高法院宣判该法无效。此后，国会在1990年、1995年、1998年和2000年又四次试图通过推翻本案的宪法修正案，但都没有成功。

不管怎样，"焚烧国旗案"和布伦南的判决意见，可能给美国人留下了对布伦南漫长而独特的最高法院任期最生动的记忆[③]。诚然，人们可以有很多方式表达对政府和国家的不满，并不是非得亵渎或焚烧国旗。事实上，在美国诉诸亵渎或焚烧国旗以表达不满的人很少，仅仅对这一表达行为进行限制，实际上并不影响人们行使表达自由。但是，这一权利的存在对表达自由所具有的意义，远远超过行使这一权利所具有

① E. Joshua Rosenkranz and Bernard Schwartz, *Reason & Passion: Justice Brennan's Enduring Influence*, New York: W. W. Norton & Company, 1997, p. 47.

② *United States v. Eichman*, 496 U. S. 310 (1990).

③ E. Joshua Rosenkranz and Bernard Schwartz, *Reason & Passion: Justice Brennan's Enduring Influence*, New York: W. W. Norton & Company, 1997, p. 46.

的意义。正是在这个意义上，布伦南强调，其裁定只会加强，不会削弱国旗在美国社会公认的珍贵地位，并重申了美国国旗充分体现的自由和包容原则，重申了容忍焚烧国旗这样的批评行动，是美国力量的象征和源泉。多年的事实也证明，焚烧国旗合法化后，利用这种方式来表达政治思想的人越来越少。所以，反对者所担心的事情还没有发生，而且也不太可能发生。布伦南维护表达自由的最后的重要一役以胜利告终。

六、表达自由与色情业

20 世纪下半叶，布伦南大法官一直在努力维护和扩大美国自由。除了政治表达外，另一个引起广泛争议的表达自由领域是色情业。20 世纪 60 年代，整个美国经历了一场性革命，社会的风气为之一变。报摊上，海夫纳（Hugh Hefner）的《花花公子》和古斯尼（Bob Guccione）的《阁楼》等色情杂志，向人们展示各种形式的有关性的照片。由此，以保守宗教势力为代表的卫道士与色情业展开了一场旷日持久的司法大战。作为言论自由的坚定倡导者，布伦南深陷其中，寻求着某种中庸之道。

1990 年 3 月 12 日，在一篇回顾布伦南职业生涯的文章中，纳特·亨托夫（Nat Hentoff）提到：布伦南曾有些嘲弄似地回忆说，“16 年中，大多数书写关于淫秽案件的法院意见的活儿都落到我头上了。它们通常被委派给我。我不能说出为什么，不过它们确实被委派给我了”①。经过亨托夫发挥后，这句话成了布伦南思索后得出结论：“没有人愿意跟写这东西扯上关系”，所以，这些案件才会被委派给他。事实真的是这样的吗？恐怕是亨托夫会错了意。

---

① Hunt R. Clark, *Justice Brennan: The Great Conciliator*, New Jersey: Carol Publishing Group, 1995, pp. 182 - 183.

从1957年到1973年，大法官都在试图把淫秽（可以被禁止的）从色情（必须受保护的）中区分出来。为此，布伦南做出了极其艰苦的司法努力，尝试着给淫秽下一个相对确定的定义。在这16年中，最高法院审理的涉及淫秽问题的案件有17件，布伦南10次撰写了多数或一致意见，两次发表异议。

早在哈佛法学院读书时，布伦南就曾遇到一件有关淫秽的尴尬事。在讲述淫秽法时，著名学者查菲教授把老布伦南试图禁止《裸露的事实》上演引发的诉讼作为研究案例。小布伦南为父亲在法学院圈子里的名气而感到自豪。但他父亲听到这个消息后，却不开心，而是斥责查菲教授和哈佛法学院。小布伦南决定再也不提及此事。[①] 但他躲得过初一，却躲不过十五。在州最高法院任上，布伦南就触及过类似案件，来到联邦最高法院后，他碰到的第一个案子也是涉及淫秽问题的"罗斯诉美国案"。结果，一发而不可收，接下来的16年，布伦南一直与这个"人们所不齿"的问题纠缠在一起。

尽管任职新泽西州最高法院时，布伦南曾就"亚当斯剧院公司诉基南案"[②] 写过有关淫秽的法律意见，但沃伦把"罗斯案"这一棘手的重要案件委派给他的新同事，还是有些不合常理。因为通常情况下，法院不会把这样重要的判决书委派给新法官。但是沃伦相信，如果有人能在宪法第一条修正案保护的自由和"色情小贩"的影响之间，建立一种合理的平衡的话，那个人就是布伦南。布伦南的意见书，一定能在智识上站得住脚。[③] 后来，布伦南曾向人提起："沃伦是一个非常传统守礼的

---

① Kim Isaac Eisler, *A Justice for All: William J. Brennan, Jr., and the Decisions that Transformed America*, New York: Simon & Schuster, 1993, p. 29.

② *Adams Theater Co. v. Keenan*, 96 A. 2d 519 (N. J. 1953). 在该案中，布伦南判决，不能在剧院上演戏剧之前就拒绝颁发演出许可证，州无权在表演被搬上舞台之前就假定哪些东西是淫秽的。

③ Hunt R. Clark, *Justice Brennan: The Great Conciliator*, New Jersey: Carol Publishing Group, 1995, p. 185.

人，就像我父亲一样。如果说有什么东西可以激怒沃伦的话，那就是淫秽。他从来不读这方面的书籍，也不看这类电影。他让我来读这些书、看这类电影，然后得出结论，他会赞同我的观点。"①

1957 年春，几乎每个早上，布伦南来上班时，面对这些令人尴尬的东西就会直摇头。他会对他的法律助理嘀咕："我该怎样处理这些东西呢?"② 在法院内部，除了布莱克和道格拉斯要其推翻对罗斯定罪的压力外，另一极端的法兰克福特则用便条或备忘录的形式不断地对他进行旁敲侧击，强调法律意见要尽可能地强硬，各州有禁止淫秽的绝对权力。

虽然布伦南基本同意对罗斯的定罪，但他觉得法兰克福特的建议走得太远了。布伦南一直比较担心政府查禁文学作品的权力，因为他知道，在 20 世纪 20 年代，美国邮政总局曾以内容"淫秽"为名，禁止并没收了詹姆斯·乔伊斯富有争议的作品《尤利西斯》。在撰写意见书的过程中，布伦南没有按正常的顺序来写，而是先得出结论，然后去寻找能够达到他和沃伦所期望的目标的证据。最终，布伦南觉得他发现了一个既能禁止真正淫秽，同时又可以保护文学的方案。天主教教义反对淫秽与他对书报审查的戒心同时存在，这使他的宗教感情与宪法观念出现冲突。所以，得出一个"两全其美"的方案，对布伦南意义重大。

首先，要回答淫秽是否受宪法保护这个重要问题。布伦南宣布："从历史上看，第一条修正案'不准立法（国会不应该制定法律）'的无条件措辞无意保护所有表达。许多州对诽谤和淫秽出版物都予以定罪。最高法院也确认，诽谤不受第一条修正案的保护。在第一条修正案通过时，反淫秽出版物法没有像诽谤法那样充分发展，但有足够的证据

① Kim Isaac Eisler, *A Justice for All*: *William J. Brennan*, *Jr.*, *and the Decisions that Transformed America*, New York: Simon & Schuster, 1993, p. 142.

② Kim Isaac Eisler, *A Justice for All*: *William J. Brennan*, *Jr.*, *and the Decisions that Transformed America*, New York: Simon & Schuster, 1993, p. 142.

证明，淫秽出版物不受第一条修正案的保护。”[①] 第一条修正案给予言论和出版的保护，是为了保障不受限制地交流思想，以促成人民希望的政治和社会改革。但第一条修正案的历史表明，淫秽出版物完全没有社会价值。布伦南得出结论，淫秽出版物因为没有社会价值而不在联邦宪法保护的言论和出版范围之内。

将淫秽定义为完全没有社会价值的东西之后，布伦南费尽心思去解释，不是所有与性有关的材料都是淫秽的。他写道：“性和淫秽不是同义词。淫秽出版物描述性的方式，只是为了激起色欲。拒绝给予淫秽出版物以保护，并非因为在文学和科学作品中已经有了性描写。性是人类生命中一股伟大和神秘的动力，一直是人们津津乐道的主题，是一个关于人类利益和公众关注的重要问题。明确淫秽出版物的标准，以便为那些并非以激起色欲的方式描写性的出版物提供第一条修正案的保护，至关重要。”[②] 在罗斯案之前，美国判断材料淫秽主要依据的是1868年英国判例——“女王诉希克林案”[③] 所确立的希克林原则[④]。布伦南明确抛弃了这一原则。他认为，第一，区别性和淫秽，应从整体上，而不是断章取义地评价作品。淫秽不仅涉及性，更重要的是描述性的方式只是为了激起色欲。第二，出版物只有不仅影响了包括未成年人在内的特别容易受到影响的人，而且影响了平常人、正常人，才能认定为淫秽。第三，被认定为淫秽的出版物必须触犯当代社会的道德标准。在这个参照

---

① Kim Isaac Eisler, *A Justice for All: William J. Brennan, Jr., and the Decisions that Transformed America*, New York: Simon & Schuster, 1993, p. 143.

② Kim Isaac Eisler, *A Justice for All: William J. Brennan, Jr., and the Decisions that Transformed America*, New York: Simon & Schuster, 1993, p. 144.

③ *Regina v. Hicklin*, L. R. 3 Q. B. 360 (1868).

④ 希克林原则（Hicklin test）：第一，出版物不得触犯或损害最容易受影响的人，其中包括未成年人，有不良性倾向的成年人和所有下层人民。第二，出版物是否属于淫秽，不是根据其整个内容，而是根据其部分内容。如果一项出版物的部分内容被认定为淫秽，该出版物则整个被认定为淫秽。第三，认定淫秽的根据是出版物的意图，同时禁止任何会产生不纯洁的和淫荡思想的作品。法官考虑的是阅读这些出版物后所引起的思想，完全不考虑这些出版物是否实际上会造成反社会行为。

系下，布伦南判定，判断有关材料是否是不受宪法保护的淫秽材料的合理标准是："按照当代社会的标准，对普通人来说，作品的主题从总体上看是否能引起对淫欲的兴趣。"①

针对被告的抗辩意见（联邦和州反淫秽出版物法的具体用语不够准确清晰），布伦南承认，反淫秽出版物法中的不少用语的确不十分准确，但最高法院一贯认为，仅仅用语不准确并不违反正当法律程序。本案中的这些法律，按照认定淫秽出版物的标准加以适用，没有侵犯当事人应享有的宪法保护。布伦南对性和淫秽的区分，以及对希克林原则的抛弃，并没有改变罗斯被判有罪的命运。最高法院 6∶3 的投票结果支持有罪判决，宣判这个 62 岁的书商在联邦监狱中度过他晚年的 5 年光阴。

布伦南的意见把自己和首席法官以及保守派法官拴在了一起。布莱克和道格拉斯非常不满意，他俩分别写了异议，指责布伦南。道格拉斯写道："政府应该关注的是反社会的行动，而不是表达。如果第一条修正案还有什么意义的话，这就是，允许对当今社会的既定道德标准提出抗议。"② 布伦南同样受到了约翰·哈兰大法官的指责，他觉得罗斯的监禁判决应该被推翻。哈兰相信，州应该有权禁止淫秽，但联邦政府没有。在淫秽问题上，在保守派和极端自由派之间寻求中间立场，对初出茅庐的布伦南而言是很困难的。结果就是出现了模糊的淫秽定义和区分原则。

罗斯案是时代的产物。罗斯标准（Roth test）在范围上非常空泛，在应用上也是不可预知的。布伦南试图为淫秽下定义，伤透脑筋，而对于最后的结果，他自己也不满意，为此，他后来极力想要推翻这个案

---

① Kim Isaac Eisler, *A Justice for All*: *William J. Brennan*, *Jr.*, *and the Decisions that Transformed America*, New York: Simon & Schuster, 1993, p. 144.

② Kim Isaac Eisler, *A Justice for All*: *William J. Brennan*, *Jr.*, *and the Decisions that Transformed America*, New York: Simon & Schuster, 1993, p. 144.

例。“罗斯案”之前，已出现打破希克林原则的迹象，但反淫秽出版物的立法和执法一直没有结合第一条修正案保障的表达自由加以全面考虑。因此，罗斯案最重要的意义是将第一条修正案引入淫秽案件的判决之中，并将“罗斯原则”提升为一项宪法原则。

在20世纪60年代中期的法律意见中，布伦南坚持了“罗斯原则”。但在其他场合，他开始承认自己的困惑。1965年4月，在布朗大学发表的言论自由演讲中，他承认：“受保护和不受保护的（性的）描写之间的区分线是模糊而不确定的，法官们在标明这条线时确实感到了巨大的困难。把受挑战的材料按一刀切的方式来衡量，不是完美的；或许这个问题本身就没有明确的标准。”① 他对“罗斯案”判决越来越不满意并坦率表示，如果淫秽“不可能有一个清楚的合理的定义的话，我将准备支持，除了个别极少的案件外，政府对淫秽的压制都会触犯宪法第一条修正案”。② 这种困惑在1966年的“《回忆录》案”中表现为一种进退维谷的两难境地。

1963年，美国出版了18世纪英国小说家约翰·克里兰德（John Cleland）所著《荡妇回忆录》（*Fanny Hill*，又名 *Memoirs of a Woman of Pleasure*）一书，各大学和图书馆都争相订购，美国国会图书馆甚至申请该书盲文版的翻译权。但马萨诸塞州指控该书涉嫌淫秽，要求查禁。出版商不服，把官司一直打到最高法院。1966年，最高法院在“《回忆录》案”③ 中以6∶3通过大法官布伦南撰写的意见书，推翻了州法院的有罪判决，并对罗斯案的原则作了重大修正。

布伦南宣称，在判定某些材料为淫秽材料之前，“三个因素必须综

---

① E. Joshua Rosenkranz and Bernard Schwartz, *Reason & Passion*: *Justice Brennan's Enduring Influence*, New York: W. W. Norton & Company, 1997, p. 68.

② E. Joshua Rosenkranz and Bernard Schwartz, *Reason & Passion*: *Justice Brennan's Enduring Influence*, New York: W. W. Norton & Company, 1997, p. 68.

③ *A Book Named "John Cleland's Memoris of a Woman of Pleasure" v. Attorney General of Massachusetts*, 383 U. S. 413 (1966).

合起来考虑”：（1）作品的主题从总体上说必须能引起性欲；（2）该材料具有明显的冒犯性，因为它明显违反当代描写和表达性事的社会标准，这里所指的社会标准是适用于美国各地的全国性标准；（3）该材料完全没有任何社会价值。① 布伦南指出，除非一本书完全没有社会价值，否则就不能予以禁止，即使其被查明激起色欲，明显令人厌恶，也是如此。一本书的价值不能因其激起色欲和明显令人厌恶，就被权衡和抵消掉。②

很明显，在“《回忆录》案”中，布伦南正在摸索一种方法，来应对罗斯标准中的主观性。但是，他还没有准备好完全抛弃从色情中区分出淫秽的努力。这三条标准的抽象术语使得它们有些难以捉摸，要想象材料是“有价值的又具有明显冒犯性的淫秽”，的确很困难。③ 新标准的不足之处，通过它在“《回忆录》案”中的应用就已表现出来。两个世纪以来，《回忆录》这本书在色情文学领域堪称经典。法院很小心地避免了就该书的地位问题发表意见，认为该书具有文学和历史价值。

△《荡妇回忆录》封面④

① E. Joshua Rosenkranz and Bernard Schwartz, *Reason & Passion: Justice Brennan's Enduring Influence*, New York: W. W. Norton & Company, 1997, p. 66.

② E. Joshua Rosenkranz and Bernard Schwartz, *Reason & Passion: Justice Brennan's Enduring Influence*, New York: W. W. Norton & Company, 1997, p. 67.

③ E. Joshua Rosenkranz and Bernard Schwartz, *Reason & Passion: Justice Brennan's Enduring Influence*, New York: W. W. Norton & Company, 1997, p. 66.

④ 图片来源：http://blog.naa.gov.au/banned/books/memoirs - of - a - woman - of - pleasure/，最后访问日期：2014 年 5 月 4 日。

布伦南的法律意见仅有福塔斯和沃伦加入，而且他们的意见也不完全一致。另三位大法官波特·斯图尔特、布莱克和道格拉斯仅仅附随了法院的判决结果。三个异议：哈兰坚持州有权审查淫秽，联邦则没有；怀特打破布伦南三个条件不可缺一的限制，觉得“社会重要性”一条不必要；汤姆·克拉克表达了自己对该书的看法，觉得这本书超出了自己的接受范围。

从“罗斯案”到“《回忆录》案”经过了9年，最高法院对淫秽的定义从未有过一个稳定的标准。“罗斯案”认为淫秽出版物不受保护，是因为它根本就没有社会重要性或价值，且这一没有社会重要性是先验的，不需证明。“《回忆录》案”对“罗斯案”的最大修正在于：第一，没有社会重要性现在必须由原告举证；第二，如果作品被证明只要有一点儿社会重要性或价值，就不能以激起色欲、明显触犯社会道德标准为由禁止。“《回忆录》案”确立的新原则无疑大大放松了对淫秽出版物的限制。“《回忆录》案”显示了布伦南在淫秽定义问题上的进步。

三个条件组成的淫秽标准已经够复杂了，同一天判决的另两个案子（“米什金诉纽约”① 和“金斯伯格诉美国”②）更是给淫秽问题火上浇油。这两个案件都涉及对“《回忆录》案”新标准的进一步解释，而且都是由布伦南书写的裁定有罪的法律意见。

米什金（Edward Mishkin）是纽约的一个书籍出版、销售商，所出书籍很多涉及性虐待和被虐情节。纽约州州法明确禁止出版和销售涉及性虐待和被虐待的内容，州法院判处其3年徒刑和1.2万美元的罚款。最高法院以6∶3通过大法官布伦南撰写的裁定，维持州法院的判决。

米什金称，其书籍非但没有激起平常人的色欲，而且还引起平常人

---

① *Mishkin v. New York*, 383 U. S. 502 (1966).

② *Ginzburg v. United States*, 383 U. S. 463 (1966).

的恶心，因此不能适用罗斯标准。布伦南则指出，第一条修正案禁止惩罚出版和传播不符合罗斯标准的所谓淫秽出版物，但各州有权在“罗斯案”规定的范围内采取其他淫秽定义。被告的上述辩解是对“罗斯案”激起色欲要求的不现实解释。布伦南认为，本案中的材料主要是为性变态者而非社会大众制作，但从整体上看，其通篇主题就是激起这些性变态者的色欲，仍然能够满足“罗斯案”激起色欲的标准。[①] 他坚持，“罗斯案”中所指的平常人和正常人标准并不排斥本案裁定涉及的性变态者，而且淫秽的标准可以是国家的标准，也可以是可调节的各州标准，这就把更加主观的因素引入了新标准。通过延伸淫秽的概念，强调对易感人群的影响，布伦南似乎又回到了早已被他驳倒的希克林标准。[②]

相比之下，“金斯伯格案”的判决书则更令人失望了。该案涉及一本名为《爱神》（*Eros*）杂志的传销问题。布伦南认为，非淫秽的材料如果运用“激起色欲”的方式来销售它的话，也可能变为淫秽。[③] 有争议的材料不仅要就其本身来进行评判，而且应该放在它做广告的过程中来考虑。就是基于这一点，法院判决该杂志淫秽。布伦南这样解释的结果是，把一个新的概念引入淫秽领域：“做淫媒”[④]，即如果被告把他的商品作为淫秽的东西来做广告，那么审理时就不能单单考虑材料本身是否淫秽了，还要考虑它的广告。做淫媒的证据被牵扯进来，这与“罗斯案”和“《回忆录》案”两案确立的标准是否一致呢？正如异议者所指出的那样，事实上，法院利用“金斯伯格案”的结果“重写”了联邦

---

① E. Joshua Rosenkranz and Bernard Schwartz, *Reason & Passion: Justice Brennan's Enduring Influence*, New York: W. W. Norton & Company, 1997, p. 67.

② E. Joshua Rosenkranz and Bernard Schwartz, *Reason & Passion: Justice Brennan's Enduring Influence*, New York: W. W. Norton & Company, 1997, p. 67.

③ Peter Irons, *Brennan vs. Rehnquist: The Battle for the Constitution*, New York: Alfred A. Knopf, 1994, pp. 171－172.

④ Harry Kalven, Jr., edited by Jamie Kalven, *A Worthy Tradition: Freedom of Speech in America*, New York: Harper & Row Publishers, 1988, p. 43.

淫秽法，即对金斯伯格的定罪，建立在一种不同于他被指控的罪行的司法理论基础之上。[①] 另外，从第一条修正案的前景来看，该案的判决理由很可能会抢了“《回忆录》案”的风头，使得审查者可能找出一些本来应受新标准保护的材料。

那么，最高法院为什么要如此坚决地惩罚金斯伯格呢？部分原因可能是，在淫秽领域出现的政治压力。在保护《回忆录》的同时，最高法院可能觉得要让人们知道，淫秽仍有被定罪的可能性，警告人们不要乱来。如果是这样的话，金斯伯格就很不情愿地成了他们“严正法纪”的牺牲品。为此，布莱克大法官在异议中写道：金斯伯格已“因为传播了一些与性有关的印刷品被判处5年监禁，而无论是金斯伯格本人还是任何其他人，无论如何都没想到这些材料会是犯法的”[②]。

布伦南意见书中更为令人失望的一点是，他参考了上诉人从起诉书中挑选出来的罪证。这是一组色情但并非淫秽的照片，裸露的一对在拥抱和亲吻——女性是白人，男性是黑人。这种种族和性交融的问题，在美国社会中一直是一个敏感的问题。金斯伯格进监狱的真正原因很可能是因为他打破了这个古老的禁忌。[③]

从总体上讲，1966年这三个案例反映了“罗斯案”后10年中有关淫秽定义的矛盾性和不稳定性。这一枝节横生的定义，伴随着大法官之间的极端缺乏一致性，使得最高法院在这一领域很难产生明确而又稳定的判决。正如布莱克大法官在“金斯伯格案”的异议中所表示的那样：围绕着这三个案件所发表的“十四个单独意见”让人感到，“没有人——甚至是学识渊博的法官，更不用说门外汉了，能够提前知道最高法院审理特

① Harry Kalven, Jr., edited by Jamie Kalven, *A Worthy Tradition: Freedom of Speech in America*, New York: Harper & Row Publishers, 1988, p. 43.

② Peter Irons, *Brennan vs. Rehnquist: The Battle for the Constitution*, New York: Alfred A. Knopf, 1994, p. 171.

③ Peter Irons, *Brennan vs. Rehnquist: The Battle for the Constitution*, New York: Alfred A. Knopf, 1994, p. 171.

殊案件的最后决定，能够判断某些材料是否进入了‘淫秽’的范畴”[①]。

“罗斯案”以后，最高法院关于淫秽定义的裁定多是多元意见，可见它在维护表达自由和维护当代社会道德标准之间所作的选择多么艰难。道德原则和联邦宪法都确认，淫秽出版物不受第一条修正案保护，但认定淫秽之不易，就为性表达自由提供了充分的宪法保护。

七、放弃淫秽定义

沃伦领导的最高法院在淫秽定义上意见分歧，最终拿不出一个完整的标准。确实，为淫秽下定义并非易事。如果布伦南大法官能早一年或再早一点地承认自己的错误的话，例如，如果他是在 1970 年而非 1973 年，宣布自己的新立场（放弃对淫秽下定义）的话，他几乎可以确保获得一个多数来推翻自己在“罗斯案”中的判决。[②] 但是，只是到 16 年后的“米勒案”和“巴黎成人剧院案”，布伦南才明确更改了自己的立场，此时，他已经无法就该问题在伯格法院获得多数意见了。从 1957 年“罗斯案”中的多数立场到 1973 年的异议立场，布伦南这一立场的转变，成为最高法院史上非常戏剧化的一幕。

1973 年，“米勒案”和“巴黎成人剧院案”进入最高法院后，伯格和布伦南都开始活动。他们都极力争取怀特、鲍威尔和布莱克门三个尚未表态者的投票。这次，伯格的立场比较强硬，他痛恨色情文学及其传播者，这使他得到伦奎斯特的一票。布伦南重申，只要儿童和不愿看的人受到保护，他愿意扩大私生活的自由，这让他得到斯图尔特、马歇尔和道格拉斯三票支持。后来，布伦南和伯格的拉锯战让怀特厌烦，他在

---

① Harry Kalven, Jr., edited by Jamie Kalven, *A Worthy Tradition: Freedom of Speech in America*, New York: Harper & Row Publishers, 1988, p. 44.

② E. Joshua Rosenkranz and Bernard Schwartz, *Reason & Passion: Justice Brennan's Enduring Influence*, New York: W. W. Norton & Company, 1997, p. 64.

首席大法官接受了他的几个建议后投出了支持票。鲍威尔抗住了他的两个自由派法律助理要求他支持布伦南的游说，[1] 投向了首席的怀抱。现在是4∶4的平局。布莱克门成了决定胜负的关键一票，他要在自己的老朋友伯格和新朋友布伦南之间做出选择。对布伦南而言，最为可惜的就是他的意见草案还没完全放弃对淫秽的限制，这使布莱克门觉得这与伯格的意见异曲同工，修改后的首席大法官的意见更为可取。这一失败使布伦南感到气愤，他把自己的意见书草案改为一份异议，终于放弃对色情文学的所有定义。但道格拉斯对自己16年前极力促成的事出现转机，表现得很冷漠。因为他认为布伦南现在改变立场实在是“悔之晚矣”。

在1973年的“米勒诉加利福尼亚案”[2] 中，伯格法院以多数意见给出了淫秽的定义，这是1957年的“罗斯案”以来的第一次重新定义。米勒以广告促销成人读物。未经客户要求，他擅自把五份广告小册子邮寄给一家餐馆，被控违反加州反淫秽出版物法。最高法院以5∶4通过伯格撰写的裁定，要求州法院根据新的淫秽定义重审本案。“米勒案”放弃了“《回忆录》案”中的完全没有社会价值的要求，而代之以“对普通人来说，根据当代社会标准，能证明作品从整体上看会引起对淫欲的兴趣。作品对性行为的描写具有明显的冒犯性，违反了当地州有关法律的特别规定。作品缺乏严肃的文学、艺术、政治或科学价值”[3]。“米勒案”后，美国宪法学者希克森认为，本案的“严肃价值标准”和“《回忆录》案”强调的，只要有关作品有一点儿社会价值，就不能以激起色欲、明显触犯社会道德标准而加以禁止相比，在为性表达自由提供第一

---

① 布伦南为形成多数，喜欢通过他的法律助理与其他法官法律助理的交流，来探听消息并相应地调整立场。

② *Miller v. California*, 413 U. S. 15 (1973).

③ [美] 唐·R. 彭伯著：《大众传媒法》（第十三版），张金鑫、赵刚译，展江校，中国人民大学出版社2005年版，第440页。

条修正案的保护方面，显然是一大倒退。①

布伦南代表斯图尔特和马歇尔撰写的反对意见，重申了在“巴黎成人剧院诉斯莱顿案”② 中的反对意见。在这一标志性异议中，布伦南最终表达了他的新立场。他激动地说道：

> 我很确信，16年前在“罗斯案”中创始，在今天的法院判决中达到顶点的这种方法，不可能在不冒犯第一条修正案基本原则的情况下，为这一法律领域（淫秽）带来稳定；我的结论是，在淫秽出版物问题上迫切需要作出重大转向。③

> 经过16年的实践和辩论，我不得不认为，没有一个现行的标准，包括“米勒案”的新标准，能把含混不清降低到可以容忍的程度，能在第一条修正案和州控制淫秽内容的权力之间达成一个可接受的权衡。诸如“激起色欲”“明显令人厌恶”“严肃价值”等这些概念的含义，都随着这些概念定义者的不同经验、观念，甚至癖好不同而不同。虽然最高法院能假定存在淫秽，而且当我们“看了就会知道”，……我们显然无法事先描述何谓淫秽，除非只是诉诸一些模棱两可的概念，全然不能区别应受保护和不受保护的表达。④

布伦南坚持认为，“米勒案”对“《回忆录》案”的修正，事实上是理论性的。它非但没有解决“罗斯案”判决带来的困难，反而造成了

---

① Richard Hixson, *Pornography and the Justice*, Carbondale: Southern Illinois University Press, 1996, p. 114. 转引自邱小平著：《表达自由——美国宪法第一修正案研究》，北京大学出版社2005年版，第261页。

② *Paris Adult Theatre I v. Slaton*, 413 U. S. 49 (1973). 该剧院老板因放映限制性影片《魔镜》和《真相大白》而获罪。

③ Stephen L. Sepinuck and Mary Pat Treuthart, *The Conscience of the Court: Selected Opinions of Justice William J. Brennan Jr. on Freedom and Equality*, Carbondale and Edwardsville: Southern Illinois University Press, 1999, p. 17.

④ E. Joshua Rosenkranz and Bernard Schwartz, *Reason & Passion: Justice Brennan's Enduring Influence*, New York: W. W. Norton & Company, 1997, pp. 69-70.

新的重大困难，势必有意无意地更加全面地禁止有性倾向的表达，包括那些按照最高法院现行标准几乎肯定会受到保护的表达。布伦南强调，即使“米勒案”没有损害“罗斯案”的概念结构，没有明确禁止至少还有社会价值的作品，还是不能接受，理由是，它没有改变最高法院现行标准含混不清造成的一系列问题。

作为一系列淫秽案件法院意见书的撰写人，布伦南经过16年的司法实践认识到，只要淫秽定义还是用来全盘禁止所谓的淫秽出版物，个人享有的表达自由和正当法律程序的宪法保障就会受到威胁。布伦南开始认同斯图尔特的观点，即最高法院是在对不可定义的东西进行定义，主张断然抛弃“罗斯案”以来的不断定义何为淫秽的司法试验，代之以只明确禁止把淫秽出版物向未成年人散播或令人厌恶地向不同意接受的成年人暴露，以保护未成年人和不同意接受的成年人。

布伦南异议的深刻之处在于：一方面，他坚持第一条修正案不保护淫秽出版物这一传统立场；另一方面，他认识到，由于淫秽定义具有非理性和非逻辑的特点，从承认存在淫秽，到如何定义淫秽，需要经过一段漫长而痛苦的过程。[①] 该异议的独到之处在于，在以宪法权利维护个人表达自由和人类尊严的同时，以保护未成年人和不同意这些性展现的成年人，来促成个人进行道德选择，并增进个人的道德责任感，从而维护美国社会的多元文化和多元价值。

舆论对淫秽出版物的态度十分矛盾。一方面，它们反对淫秽出版物，另一方面又不赞成书报审查。人们在权衡道德和自由的价值冲突。在这样的背景下，布伦南的异议中表现出来的反思，显然比“米勒案”多数意见，更能强烈地以第一条修正案保障的宪法权利立论，权衡社会道德和个人权利这些相互竞争的价值，充分维护个人的表达自由。由于

---

① 邱小平著：《表达自由——美国宪法第一修正案研究》，北京大学出版社2005年版，第263页。

布伦南的异议一时还没有成为最高法院的多数意见，最高法院将继续遵循“米勒案”。

从“罗斯案”到“米勒案”的坦率转变，体现了布伦南工作中的怀疑精神。在“米勒案”后的十几年中，布伦南大法官更加关心的是衡量在表达自由的问题上州的利益，而不是把案件限定在僵化的范畴之内（盲目遵从先例）。① 布伦南不再以从不受保护的言论中区分出受保护的言论为目标，设计出一套完整的理论。在与第一条修正案有关的淫秽案例中，他对州的利益诉求，一个案件一个案件地进行仔细审查，演绎着自己保护言论自由的使命。总而言之，布伦南大法官与布莱克大法官（他是第一条修正案的绝对论者）一起都可以被确定地列入最高法院史上自由言论最重要的捍卫者行列。②

八、布伦南的宪法观

布伦南曾指出，联邦宪法的精髓不在于它在那个已经逝去的世界里曾经有过的确切含义，而在于它的那些伟大原则可以与时俱进，解决一个变化中的美国所面临的各种问题。一项原则往往产生于一桩伤害或一场事变，但一项原则之所以有生命力，是因为它比催生它的伤害和事变具有更广泛的适用性。联邦宪法不是一份转瞬即逝的文件，它关怀的是未来。因此，在解释和适用联邦宪法时，最高法院考虑的不能仅仅是既然，而且还应有未然。③ 布伦南对宪法解读持能动主义的观点，但布伦南在第一条修正案的解释和适用上并不认同绝对主义。人们对布伦南的

① E. Joshua Rosenkranz and Bernard Schwartz, *Reason & Passion: Justice Brennan's Enduring Influence*, New York: W. W. Norton & Company, 1997, p. 71.

② E. Joshua Rosenkranz and Bernard Schwartz, *Reason & Passion: Justice Brennan's Enduring Influence*, New York: W. W. Norton & Company, 1997, p. 72.

③ William J. Brennan, Jr., "The Constitution of the United States: Contemporary Ratification", *South Texas Law Review*, 1986, Vol. 27, p. 438.

宪法观争议颇多，但不论其支持者还是批评者都承认，布伦南堪为最高法院最伟大的大法官之一。①

20世纪末与美国宪法创制者所处的时代和社会完全不同，即使宪法出自一人之手，而且这个人对宪法的含义与其未来的实施有一贯的意图，这个意图在两个世纪之后也难以完全被法官甚至历史学家探寻清楚。美国宪法之所以能持久地保持其魅力，在于它反映了美国社会的核心价值。但是，这些价值必然随社会的变化而发展。所以，对宪法的理解应该是随着社会条件的变化而变化的。这是一种能动主义观点，布伦南适度地坚持了这种解读宪法的方式。

布伦南从未宣称要严格地忠实于某些宪法条文，但却非常珍视一些重要原则。他说：《独立宣言》、《宪法》和《权利法案》庄严地承诺，美国将成为一个在一切权威面前，所有人的尊严和权利都将平等的国家。坦率地说，人们必须承认，美国这种平等主义的追求，更多的是一种主张而非实现了的现实。但是，美国人是一个拥有志向的民族，是一个拥有信念不断进步的民族。他们修正了的宪法是美国实现志向的引路灯。像任何值得精读的文本一样，它不是很清晰。它的措辞是宽泛的，而且，它的条款的限制并非清楚到一目了然。它的庄严的法则和令人起敬的声明既是明白易懂的，也是晦涩难懂的。这种模糊性当然要求有更进一步的解释和读者与文本之间的互动。②

---

① 1997年7月21日布伦南去世，终年91岁。克林顿总统在悼词中称，布伦南的法律思想曾影响许许多多法学院学生，包括他自己。首席大法官伦奎斯特称，布伦南为美国宪法的发展做出了主要贡献。美国宪法学者特赖布（Laurence Tribe）称，布伦南是促进联邦宪法维护个人权利的重要奠基人。见 Laurence Tribe，“Common Sense and Uncommon Wisdom：A Tribute to Justice Brennan”，http：//www.law.harvard.edu/news/bulletin/backissues/fall97/brennan.html．最后访问时间2014年5月5日。

② William J. Brennan，Jr.，“The Constitution of the United States：Contemporary Ratification”，*South Texas Law Review*，1986，Vol. 27，p. 433（1988）．转引自 Michael Mello，*Against the Death Penalty：The Relentless Dissents of Justices Brennan and Marshall*，Boston：Northeastern University Press，1996，p. 30.

布伦南的这一宪法观点直接挑战了“原初意图”理论。原初意图的支持者主张在宪法解释中，要完全忠实于两个世纪前的价值观念，排除司法判决中所有的政治因素。布伦南认为，在他的脑子里没有什么比这种观点更滑稽可笑的了，因为经过200年历史和实践的过滤和冲刷，缔造者他们自己关于宪法每一条款的含义能否达成一致，都是一个值得探讨的问题。①

布伦南的主要论敌就是1985年上任的司法部部长米斯。在1985年美国律师协会的一次会议上，他反击布伦南，声称：把宪法看成一个可以将每一代人的情感和偏见融入其中的空容器是很危险的。近几十年来，许多人把宪法看成是代表几个选区选民的司法能动主义的宪章。那些持有这种观点的人往往对自己的结论都缺乏可以论证的或历史性的支撑物。② 米斯与他的支持者指责布伦南裁定案例常常根据某个人的政策倾向，而不是某一宪法条文的文字或原意；布伦南积极干预美国社会、政治和经济生活的司法行动主义，事实上包揽了社会生活的各个方面，从而贬低和损害了公民通过代议制民主制度管理自己事务的权利。

1985年10月12日，在他任职最高法院30周年庆典上，布伦南为自己辩护。他说：“有些人在忠实于他们所谓的缔造者的意图中发现了正统性。这种观点极端教条主义的表现就是要求法官们准确地辨明，缔造者们是怎样考虑他们正在思考的问题的，并机械地遵从那种意图来解决自己面前的案子。但是，事实上，这不过是一种谦卑掩盖下的自负。”③ 布伦南将美国历史上的200多年称作“折射我们所领悟到的一

---

① Kim Isaac Eisler, *A Justice for All*: *William J. Brennan*, *Jr.*, *and the Decisions that Transformed America*, New York: Simon & Schuster, 1993, p. 267.

② Kim Isaac Eisler, *A Justice for All*: *William J. Brennan*, *Jr.*, *and the Decisions that Transformed America*, New York: Simon & Schuster, 1993, p. 267.

③ Kim Isaac Eisler, *A Justice for All*: *William J. Brennan*, *Jr.*, *and the Decisions that Transformed America*, New York: Simon & Schuster, 1993, pp. 267－268.

切的棱镜”①。他批评米斯等人，认为他们将对权利的诉求限制在宪法1789年通过时详尽明确地表示出来的价值之中，无视社会的进步，也不愿意将宪法重要原则运用到社会条件的变化之中。他总结道，联邦宪法的精髓不在于它在那个已经逝去的世界里曾经有过的确切含义，而在于它的那些伟大原则可以与时俱进，并解决一个发展的美国面临的各种问题。因此，我们的宪法不是要保住一个旧社会，而是要创建一个新社会。

布伦南反对“原初意图”理论，并不是说他主张在作出想要得到的判决结果时，可以自由地解释宪法。他引述本杰明·卡多佐大法官的话说：“宪法并不仅仅是一处逃避道德指责令人期待的避风港。”布伦南说：“在追求自己有关美德的思想时，法官不是随意地闲逛的骑士。”②我们更需要的是一种心与脑的对话。在他看来，在司法系统中，由理智占据指导的时间已是如此之长，以至于它不再关注人类（男人和女人）的需要。盲目地遵从先例，产生了一种先例不可动摇的固有的偏见的错觉。如果法官们只是机械地援引先例，就不会有公正可言。“只有不断地接受理智与情感的要求，逻辑的和经验的请求，法官才能理解像‘自由’这样丰富的词汇的复杂的、有人情味的含义，而且只有运用这样的理解，法院才能够完成他们保护这些价值观念的宪法职责。”③

布伦南接受了美国现实主义法学家罗斯科·庞德的告诫：在每一个法律系统中都存在固有的矛盾性：法律必须要稳定，但它却不能静止。调和这两种冲突的因素是法官的职责。通过调和，法官们倾向于强调一种原则或其他原则。稳定和变化可能是法律的双胞胎，但是，很少有法

---

① Kim Isaac Eisler, *A Justice for All: William J. Brennan, Jr., and the Decisions that Transformed America*, New York: Simon & Schuster, 1993, p. 268.

② Michael Mello, *Against the Death Penalty: The Relentless Dissents of Justices Brennan and Marshall*, Boston: Northeastern University Press, 1996, pp. 30–31.

③ Michael Mello, *Against the Death Penalty: The Relentless Dissents of Justices Brennan and Marshall*, Boston: Northeastern University Press, 1996, p. 31.

官可以完全保持二者之间的平衡。[①] 对布伦南而言，他从未假装试图要保持这种平衡。他坚定地站在变化这一边，带领最高法院努力去使法律可以跟上急速的社会更替。布伦南拒绝司法克制，因为他相信，司法克制意味着过于经常地放弃司法职责，阻碍最高法院有效展示自己的宪法角色。对他而言，宪法的一大特色就是它的可塑性，它的原则和学说都是可塑的，而且，为了应对不同时代变化着的要求，它必须被重塑。布伦南宪法观的基础就是他将宪法看作被每一代人“重新解读的一部活着的、不断发展的文献”。[②] 其宪法观归结为一点就是对“活宪法”的不懈追求。

在布伦南活的宪法观中，最为突出的便是他对第一条修正案的创造性理解和宪法实践。1989 年，记者唐娜·豪普特问布伦南，他对宪法是否有一个“最喜爱”的部分。布伦南回答说，“我想是第一条修正案。它的实施给了我们这个社会。宪法的其他条款不过就是对它的润色和修饰罢了。”[③] 确实，布伦南特别看重第一条修正案，这是很自然的事情。在他到最高法院时，第一条修正案的宪法实践还处在起步阶段。正是在对“麦卡锡主义”式立法进行司法审查的辩论中，第一条修正案才走上历史的前台。1965 年，在布朗大学的一次演讲中，布伦南揭示了为什么第一条修正案问题这么晚才为人所注意：“在美国开疆拓土的日子里，没有那么多的个人自由的问题能像领土扩张和经济发展中联邦政府和州的各自权限问题那样浮出水面。个人自由和公民与政府间关系等问题，在一旁等待着本世纪（20 世纪）即将发生的事件把它们带向前台。”[④]

---

① E. Joshua Rosenkranz and Bernard Schwartz, *Reason & Passion: Justice Brennan's Enduring Influence*, New York: W. W. Norton & Company, 1997, p. 32.

② Peter Irons, *Brennan vs. Rehnquist: The Battle for the Constitution*, New York: Alfred A. Knopf, 1994, p. 39.

③ Hunt R. Clark, *Justice Brennan: The Great Conciliator*, New Jersey: Carol Publishing Group, 1995, p. 182.

④ E. Joshua Rosenkranz and Bernard Schwartz, *Reason & Passion: Justice Brennan's Enduring Influence*, New York: W. W. Norton & Company, 1997, p. 46.

“本世纪即将发生的事件”，例如，民权运动，许多有关淫秽或宗教的纠纷，全都集中到了布伦南在布朗大学演讲中所提到的思想和精神上让人珍视的权利——言论、出版、宗教、集会、为了减轻痛苦的结社和请愿的自由。当然，这些都在第一条修正案保护的范围之内，但保护应该达到一种什么样的程度呢？它们是否既适用于各州又适用于联邦政府？其他的价值是否高于它们？在这些问题都被提上议事日程的时代，对于如何解决这些问题，即保障和发展第一条修正案，没有一个人比布伦南，这位当代美国自由的缔造者，造成过更伟大和更有益的影响。

1956年可以说是美国公民自由历史上最黑暗的一个年份，布伦南就在这个时候进入最高法院。一个以法兰克福特为首的稳固的多数，对各种旨在防范颠覆活动的冷战措施采取听之任之的态度。最高法院中对此仅有的抵制来自布莱克和道格拉斯两个大法官，但是他们对第一条修正案进行了绝对主义的解释，因为主张“国会不应该制定法律”意味着没有法律，这使他们自己也陷入了理论困境。

布伦南大法官的伟大成就在于，他彻底重新表述了第一条修正案的司法理论。在《沃伦法院对正义的追求》一书中，美国宪法学者莫顿·霍维茨专门论述了布伦南的贡献。他概括说，是布伦南将几个新的概念引入了最高法院对言论自由问题的分析中：“令人恐惧的效果”的观点，“因模糊而无效”原则，过于宽泛之法的观念（“过于概括性”），挑战影响第一条修正案权利法律的合法性。①

当布伦南来到最高法院的第二个开庭期，他重新表述了为什么“在与言论的至高价值有关的地方”，受到质疑的法律必须接受最高法院审查。在“斯佩瑟诉兰达尔案”② 中，他否认了加利福尼亚州规定将忠诚

① ［美］莫顿·J. 霍维茨著：《沃伦法院对正义的追求》，信春鹰、张志铭译，中国政法大学出版社2003年版，第119页。

② *Speiser v. Randall*, 357 U. S. 513 (1958).

宣誓作为免税先决条件的合理性。在“沙利文案”中，第一条修正案挑战了亚拉巴马州诽谤法，指出“远离非法区域”的言论与表达自由不相容。根据上述案例，布伦南总结出了“令人恐惧的效果”原则。此外，“因模糊而无效”原则是布伦南分析干涉表达自由的法律所导致的令人恐惧的效果后，得出的结论。如果一个法律对违法行为或者对它所要约束的人，规定得模糊不清，个人就有可能因为担心法律可能作出对他们不利的解释，而对合法言论也缩手缩脚。“因模糊而无效”原则指出，那些不知名的个人，这些人由于担心模糊法律可能适用于他们，因此可能进行布伦南所称的“自我审查”。另外，布伦南对令人恐惧的效果原则的说明，极大地影响了质疑“过于概括性”法律的态度。人们可以根据概括性的法律对表达自由产生的令人恐惧的效果，来挑战和修正这些法律。以上三条原则都意味着，有可能对干涉表达自由的、模糊的、过于概括的法律发动一场被称为“表面”的挑战。并没有必要对这些法律实际怎样应用采取“等着瞧”的态度，仅凭它们的“表面”就可以认定它们不合宪。

布伦南对言论自由条款的这三点解释使得自由变得实在而容易达到。这样一来，美国人民对自由的珍视，在布伦南时代表现得更加真实。

布伦南对第一条修正案的理解并非局限在言论自由方面。对于宗教条款，他维护政教分离，支持宗教信仰自由，反对政府过分干涉宗教事务，但同时也反对宗教干涉政府和教育。如前所述，布伦南坚持当宪法含义和宗教要求发生冲突时，宗教信仰要让步。当布伦南被问及他作为大法官所作出的最困难的判决是什么时，他回答说是“学校祈祷案”（“恩格尔案”）判决。确实，1962 年“恩格尔诉瓦伊塔尔案”① 的判决激起了广泛的愤慨；卡迪纳尔·斯佩尔曼认为，“恩格尔案”的判决“对于神圣的宗教传统是一个致命的打击，而美国孩子一直是在这种传

---

① *Engel v. Vitale*, 370 U. S. 421 (1962).

统中长大的"[1]。为了支持自由不惜伤害很多教徒的宗教情感，布伦南遭到了基督徒特别是天主教徒的冷淡甚至攻击。

布伦南对第一条修正案的理解，很大程度上是在霍姆斯的宪法观、进步主义和新政自由主义的基础上得出的。但布伦南认为霍姆斯的宪法观和新政自由主义留下了很大的漏洞，他们的支持者们都忽视了个人和少数群体的利益。他通过一种对宪法的全新解读来保护个人权利。布伦南对于发展个人权利的忠诚为他赢得了"自由能动主义者""社会人道主义者""自由主义法律学家"，甚至是后现代的"解构者"等称号。[2]但这些都不能全面地表达出布伦南的宪法观。他的宪法观归结为一点就是"人类个体尊严至上"，他向往一个高度个人自治的国家，反映的是他对弱势群体和大众个体的关注。反对布伦南的人讽刺他的宪法观为"激进平等主义"，这说明布伦南的宪法观并不完善，个人自治的度是一个很难把握的概念。布伦南的这些理论在肯定性行动计划等案件中有很明确的阐释。

九、改变当代美国人生活方式的伟大法官

在其一生的大部分时间里，布伦南大法官都是母亲和妻子所期望的那种甘于平淡、不出风头的人。在一个重要的社会舞台上呆了30多年，却远离风口浪尖，殊为难得。然而，布伦南绝不是一个平庸的大法官。1984年，后来成为联邦法院法官的约翰·吉本斯认为布伦南"比霍姆斯更有人情味，比布兰代斯的视角更宽阔，比布莱克更实际和灵活，比沃伦更有学者气息，比休斯更加善辩，比他们中的任何一

---

① ［美］莫顿·J. 霍维茨著：《沃伦法院对正义的追求》，信春鹰、张志铭译，中国政法大学出版社2003年版，第14页。

② David E. Marion，"Justice William J. Brennan and the Spirit of Modernity"，*Polity*，Vol. 27. No. 3.（Spring，1995）.

个更加勤勉。换句话说，他作为美国最优秀的法官出现在我们的视野之中”①。

有人说他是坚定的自由派，在沃伦法院、伯格法院和伦奎斯特法院，他都是自由一翼的领袖，② 极端的自由派法官却抱怨他不够激进；有人说他为了少数群体的利益敢于挑战世俗，但法律界以外很少有人知道他为少数群体做了什么；有人说他是第一条修正案的坚定捍卫者，然而20世纪五六十年代的色情杂志老板不这么想。依靠通融精神，他一直在幕后推动法院作出很多重要判决。为了目标，他愿意放弃某些原则，接纳一个受限制的判决意见。作为一个来自移民家庭的文化边缘人——天主教徒，他的行为导致天主教会的疏远甚至攻击；作为死刑的坚定反对者，为了隐私权，他又忍心让堕胎成为合法的事，同时支持绝望者的死亡权利；他坚持第一条修正案对自由的保护，却曾试图把色情永远拒之门外。中庸之道使他成为一位中间派的大法官——至少他是这样定位自己的。中庸和甘于幕后，使他退休前一直没有得到与其贡献相匹配的社会关注度。1990年4月《国家法学通讯》的民意调查显示，有41%的美国人可以叫出一个最高法院大法官的名字，只有3%的人知道威廉姆·约瑟夫·布伦南，而且其中许多人是因为反对堕胎才知道他的。③

布伦南退休时，他像是被重新发现了一样，全美好像都感到了巨大的损失。可以这样说，几乎花费了一生的时间，布伦南才成为一个民族英雄。他一生的信条就是给每一个男人、女人和襁褓中的孩子提供人类应有的尊严。对布伦南而言，对人类尊严的尊重是宪法保护自由的核心。对于个人尊严至关重要的是：人们可以站出来陈述他们的所思所

① Kim Isaac Eisler, *A Justice for All: William J. Brennan, Jr., and the Decisions that Transformed America*, New York: Simon & Schuster, 1993, p. 271.

② E. Joshua Rosenkranz and Bernard Schwartz, *Reason & Passion: Justice Brennan's Enduring Influence*, New York: W. W. Norton & Company, 1997, p. 31.

③ Kim Isaac Eisler, *A Justice for All: William J. Brennan, Jr., and the Decisions that Transformed America*, New York: Simon & Schuster, 1993, p. 273.

想。所以，他坚信第一条修正案确保每个人都无须畏惧政府的惩罚，来表达自己的观点。他退休时，收到了一对年轻夫妇的赞扬之词，他们在一年前把新生女儿起名为“布伦南”。他立刻给他们回了一条贺词：“我希望你们能投身于把民权扩展到每一个人的事业之中。这是孩子的同名人的强烈愿望。”①

在13年暴风骤雨似的岁月里，老布伦南改变了他的家乡内瓦克；在几乎没人真正了解他是何方神圣的情况下，小布伦南则用30多年的时间默默地改变了当代美国人的生活方式。

（任东来、王小秀）

① Kim Isaac Eisler, *A Justice for All: William J. Brennan, Jr., and the Decisions that Transformed America*, New York: Simon & Schuster, 1993, p. 282.

第八章　瑟古德·马歇尔：出身黑人意志坚

了解美国历史的人都知道马丁·路德·金和20世纪60年代的黑人民权运动，但是，可能很多人都没听过瑟古德·马歇尔（Thurgood Marshall）这个名字。实际上，就对20世纪美国黑人民权和种族关系的贡献来说，马歇尔并不比马丁·路德·金逊色多少。

在反对种族隔离和种族歧视的过程中，马歇尔以他的智慧、毅力和勇气，以法庭斗争的方式，取得了辉煌的成就，深刻地改变了美国的种族关系。在他的努力下，南方各州的白人初选被推翻了，黑人获得了选举权；公共交通、住房和教育等领域的种族隔离瓦解了，黑人和其他少数族裔在这些领域获得了法律上的平等地位。

然而，马歇尔并不仅仅是一位黑人民权运动领袖，他还是美国联邦最高法院第一位黑人大法官。作为大法官，马歇尔成为妇女、儿童、流浪者、少数族裔和移民等弱势群体的保护人，成为所有美国人个人权利的捍卫者。

一、早年马歇尔

对于许多中国人来说，瑟古德·马歇尔这个名字还很陌生，但对于生活在20世纪中后期的美国人，尤其是黑人来说，这可是个妇孺皆知的名字。马歇尔的成功是时代造就的，没有20世纪轰轰烈烈的黑人民权运动，就不会有20世纪美国宪法史上的马歇尔，但同时，独特的家庭和教育背景也对他的成功产生了重大的影响。

1908年，瑟古德·马歇尔出生在马里兰州巴尔的摩一个“古老家族”。① 他的祖父和外祖父都是当地的著名人物。马歇尔的祖父瑟尼·马歇尔是这个家族中的传奇人物，也曾是马歇尔四位（外）祖父母中唯一的非自由人。1861年美国内战开始时，瑟尼只有12岁，是弗吉尼亚东海岸一个种植园的奴隶。在内战的纷乱中，瑟尼摆脱了奴役，成为自由人。战后他参加美国陆军，去西部驻守边疆，在军队中表现出色。退伍后，他成为一名侍者，并在家里开了一间小杂货店，在当地颇有声望。马歇尔的外祖父以赛亚·威廉姆斯是自由黑人，内战打响后，他参加了北方的军队。战后，因渴望冒险，他又参加海军，跟随舰队环游世界，阅历丰富。退伍后，以赛亚在巴尔的摩经营食品杂货店，非常成功，成为社区黑人中的领袖人物。②

马歇尔的父亲威廉·马歇尔是瑟尼的长子，小时候非常顽皮。上小学时，他总是给老师和同学制造各种各样的麻烦。一天，老师把威廉的所作所为告诉了瑟尼。第二天，瑟尼找到威廉所在的班级，在全班同学的面前，他抽出自己的皮带，把威廉狠狠地教训了一顿。威廉的学生生涯就此结束，

---

① ［美］托马斯·索威尔著：《美国种族简史》，沈宗美译，南京大学出版社1993年版，第287页。

② Juan Williams, *Thurgood Marshall: American Revolutionary*, New York: Times Books, 1998, pp. 17 - 21.

他再也没有回到学校，因为他觉得这是一个奇耻大辱。

马歇尔的母亲诺玛·威廉姆斯是小学老师。她的母亲和姐姐也是老师，受她们的影响，诺玛高中毕业后进入巴尔的摩的一所师范学院学习。但是，还没等毕业，诺玛就怀上了威廉的孩子，这个孩子不是瑟古德，而是他的哥哥奥布里。1905 年两人结婚，诺玛继续读书，而威廉则继续在火车站做搬运工。

1908 年，马歇尔出生。马歇尔是一个十分漂亮的婴儿，有一双大大的黑眼睛。据他姑姑回忆，马歇尔小时候非常胆小，爱哭，但是大约在 5 岁的时候，他突然停止了哭鼻子，成为一个“相当顽皮的家伙”。[①]

马歇尔的父母很重视孩子的教育，想尽办法为孩子提供最好的教育条件。6 岁时，马歇尔进入巴尔的摩最好的黑人小学读书。他所在的班被称为“公主班”[②]，因为除了马歇尔和他的一个好伙伴，其他成员都是女生。两个家伙经常在一起欺负女同学，给“受害者”留下了深刻印象。马歇尔是一个精力旺盛的孩子，非常贪玩，因此他总是被安排在教室第一排的第一个位置上。

1921 年，马歇尔开始读高中，所在的学校是巴尔的摩成立最早的黑人高中。这个学校是一座两层小楼，共有六间教室，没有图书馆，没有食堂，也没有体育馆，条件十分简陋。马歇尔的成绩还算可以，但他顽劣的本性却让人头疼，在老师们眼里，他是一个相当难管理的学生。为此，他也经常遭到惩罚。当时学校有一种惩罚学生的好办法：关到地下室，让他们背宪法条款。马歇尔回忆说，当他读到高三时，已经可以将整部宪法倒背如流了。[③]对宪法的了解，使马歇尔认识到宪法的理想与美

---

① Lisa Alfred, *Thurgood Marshall*, New York: Chelsea House Publishers, 1990, p. 8.

② Juan Williams, “The Higher Education of Thurgood Marshall”, *The Journal of Blacks in Higher Education*, No. 22 (Winter, 1998 – 1999), p. 82.

③ Lucius J. Barker, “Thurgood Marshall, the Law and the System: Tenets of an Enduring Legacy”, *Stanford Law Review*, Vol. 44, A Tribute to Justice Thurgood Marshall (summer, 1992), p. 1239.

国的现实之间的巨大差距。

马歇尔所在的黑人高中紧挨着一个警察局，坐在二楼的教室里，他可以将警察局尽收眼底。他经常看到白人警察押着犯罪嫌疑人进警察局，而这些犯罪嫌疑人绝大多数是黑人。马歇尔回忆说："我们可以听到警察在那里拷打犯人，嘴里说：'伙计，为什么不闭上你那张臭嘴，不久你就能坐上电椅了。'"①

出身黑人的家庭背景培育了马歇尔很强的自尊心。父亲威廉曾经告诉他："如果有任何人叫你'黑鬼'，我不仅允许你揍他，而且命令你揍他。"②对于父亲的教诲，马歇尔铭记在心。14岁那年，马歇尔在一个帽子作坊打工。有一天他去送货，当他抱着一堆包装好的帽子正要挤上公交车时，一个愤怒的声音叫道："黑鬼，绝不允许你在一个白人女士面前推攘。"那人一只手猛地把他拉了回来，使他失去平衡，几乎跌倒。马歇尔怒火中烧，他扔掉手中的帽子，转过身来一拳向那个白人脸上打去，两个人立刻扭打在一起。③ 在20世纪早期，对南方的黑人来说，跟白人争吵或者打架是非常危险和不明智的。他们很有可能遭到毒打或者判刑，甚至更糟。幸运的是，处理这起事件的白人警察碰巧不是种族主义者，这场打架得到了妥善解决。

和父亲耿直暴烈的性格不同，为了达到目的，马歇尔有时候也会委曲求全。打架事件后不久，为了筹集学费，马歇尔在火车餐车上找到了一份假期工。第一天去工作时，领班发给他一条裤子作为工作服。马歇尔身材高大，这条裤子实在是太短了，于是，他便去找领班，要求换一条合适的。领班看了看马歇尔，说："孩子，我们找一个适合这条裤子

---

① Juan Williams, *Thurgood Marshall: American Revolutionary*, New York: Times Books, 1998, p. 35.

② Juan Williams, *Thurgood Marshall: American Revolutionary*, New York: Times Books, 1998, p. 15.

③ Nancy Whitelaw, *Mr. Civil Rights: The Story of Thurgood Marshall*, Greensboro, N. C.: Morgan Reynolds Publishing, 2003, p. 1.

的人，要比给你找一条合适的裤子容易多了。你为什么不往里缩一缩呢?"[1] 为了保住这份来之不易的工作，马歇尔不得不接受了这条裤子。

马歇尔的父亲文化水平不高，却对法庭辩论有着浓厚而持久的兴趣，一有时间他就去法庭听审案。回到家后，他经常模仿律师的辩论技巧，和两个儿子在晚饭桌上辩论。正是在自家的饭桌上，马歇尔上了人生第一堂辩论课。后来马歇尔回忆说："正是在跟父亲辩论时，我有了当律师的念头……，我们辩论的题目无所不包。"[2] 马歇尔有着很高的辩论天赋，从高中一年级开始，他便被选为学校辩论队的队长。

上高中时，马歇尔是学校的名人，这不仅因为他出色的辩论才能，而且因为他高大英俊的外表和白皙的皮肤。虽然我们称马歇尔为黑人，但是作为混血儿，他的肤色相当白皙，另外马歇尔身材也十分高大，他的长胳膊和长腿给高中同学留下了深刻印象，背地里同学们都叫他"阿腿"。

马歇尔高中各科平均成绩为 B，没有不及格记录，他不认为自己是好学生。虽然已经达到了免试就读林肯大学（当时著名的黑人大学）的条件，但是由于家庭经济困难，马歇尔能否去读大学仍然是个未知数。不过，马歇尔的愿望很明确，他毫不犹豫地向林肯大学递交了申请。

为了筹集学费，马歇尔找了一份全职工作，在火车餐车上当侍者。辛苦工作六个月后，他挣够了第一年的学费，进入了自己朝思暮想的林肯大学。林肯大学位于宾夕法尼亚州，有"黑人的普林斯顿"之誉，[3] 是培养黑人精英的地方。然而，像很多大一新生一样，马歇尔入学后整天打牌、抽烟、找乐子，几乎从不学习。大二时，马歇尔加入了学校的一个帮会，以欺负新生为乐。有一次东窗事发，马歇尔等 26 个学生被

---

① Lisa Alfred, *Thurgood Marshall*, New York: Chelsea House Publishers, 1990, p. 10.

② Juan Williams, *Thurgood Marshall: American Revolutionary*, New York: Times Books, 1998, p. 36.

③ Juan Williams, *Thurgood Marshall: American Revolutionary*, New York: Times Books, 1998, p. 41.

学校开除。马歇尔和他的难兄难弟们去了纽约，希望能找到一种可以环游世界的差事。然而，没人愿意雇用他们，没办法，他们只好灰溜溜地去了巴尔的摩。两周后，他们主动承认错误，得到了校方的原谅，得以重返学校。①

大学期间，马歇尔做了两件值得肯定的事：一是积极参与学校辩论队的活动，进一步提高了辩论水平；二是娶了自己心爱的姑娘为妻。马歇尔的妻子薇薇安·布雷是宾夕法尼亚大学的学生，两人在费城相识，并于1929年结婚，当时马歇尔正读大四。婚后，马歇尔像是变了一个人，他开始发奋读书。1930年1月，马歇尔以优异的成绩从林肯大学毕业。这时，他心中已经有了更加明确的目标，那就是考法学院，做律师。马歇尔高中时就确立了做律师的志向，但他母亲却想让他成为一名牙医，因为当时黑人牙医非常缺乏，做牙医收入丰厚。不过，上大学时，因为意见不合，马歇尔得罪了自己的生理学教授，被教授从班上除名。由于没能修完相关的课程，马歇尔当牙医的愿望化为泡影。马歇尔有时候感到后悔，但他也安慰自己，觉得他做不了牙医，因为他的手太大了，没法放到患者的嘴里。

马歇尔一心向往的法学院是马里兰大学法学院，这个法学院离他家只有几个街区之遥。经过多方打探，马歇尔得知，这所奉行种族隔离政策的白人大学自从1890年以来就没有再招收过黑人学生。马歇尔有生以来第一次感觉到种族隔离制度扼住了他的喉咙，使他喘不过气来，而在此之前，种族隔离对他来说都只不过是小小的不便，而非致命的阻碍。不得已，马歇尔最终选择了位于首都的霍华德大学法学院（也是一所黑人大学）。马歇尔的母亲变卖了自己的订婚戒指和结婚戒指，为马歇尔凑够了第一学年的学费。当时，霍华德大学是一所

---

① Juan Williams, "The Higher Education of Thurgood Marshall", *The Journal of Blacks in Higher Education*, No. 22 (Winter, 1998 – 1999), p. 85.

三流学校，但是当马歇尔入学时，这个学校的法学院正在发生巨大的转变，从一个社区法律学院转变为一个全日制法学院。副院长查尔斯·休斯敦（Charles Hamilton Houston）想把这里变成黑人民权律师的培养基地，为此，他制订了苛刻的教学计划。在开学典礼上，他开门见山地对学生说："每个人都看看你左边和右边的人，明年，你们三个人之中将有两个被淘汰！"①

在霍华德大学法学院，马歇尔一改林肯大学时的"花花公子"派头，开始发奋读书。他每天早上5点起床，坐火车到位于首都华盛顿特区的学校，上完一天的课后，傍晚坐最后一班车返回巴尔的摩。晚上跟妻子和父母吃完晚饭后，马歇尔还要学习到深夜。辛苦的学习和工作使马歇尔的体重直线下降，在一年时间里，他的体重从170磅②下降到130磅。③ 但是他的努力也得到了回报：第一年结束，一半的学生因成绩不合格而被淘汰，而马歇尔却在考核中成为全班第一，他也因此而得到了法学院图书馆学生助理的职务。④ 凭借这一职务，马歇尔获得了与休斯敦单独接触的机会。马歇尔的勤奋刻苦得到了休斯敦的赞许，两人逐渐建立起密切的私人关系，马歇尔成为休斯敦最满意的学生。1933年6月，马歇尔以第一名的成绩从霍华德大学法学院毕业，而当初注册入学的36个学生，经过淘汰，只有6个顺利毕业。⑤

---

① Juan Williams, *Thurgood Marshall: American Revolutionary*, New York: Times Books, 1998, p. 53.

② 1磅≈0.45千克。

③ Lisa Alfred, *Thurgood Marshall*, New York: Chelsea House Publishers, 1990, p. 13.

④ Juan Williams, "The Higher Education of Thurgood Marshall", *The Journal of Blacks in Higher Education*, No. 22 (Winter, 1998 - 1999), p. 82.

⑤ Juan Williams, *Thurgood Marshall: American Revolutionary*, New York: Times Books, 1998, p. 59.

二、职业生涯

法学院毕业后，凭借出色的成绩，马歇尔得到了哈佛法学院院长提供的奖学金，供他去哈佛法学院读更高的法学学位。那是一个全额奖学金，足够马歇尔和他妻子的生活花费，而且还有剩余。但是，马歇尔放弃了。[①] 那时，马歇尔急于证明自己的价值，他要向他的妻子、家庭和他自己证明，他不比任何白人律师差。他迫不及待地想走出学校，用他所掌握的技能在法庭上赢得诉讼，获得金钱，从而证明他自己的价值。

法学院毕业后不久，马歇尔通过了马里兰州律师协会的考试。1933 年 10 月，他宣誓效忠马里兰州、合众国以及合众国宪法，成为马里兰州的律师，并在巴尔的摩建立了自己的小律师事务所。受到经济大萧条的影响，马歇尔生意惨淡，门可罗雀，有一段时间，吃饭都成了问题，马歇尔和他的秘书不得不轮流从家里带午饭。[②] 因为生意惨淡，马歇尔开始与当时小有名气的黑人民权组织——全国有色人种协进会（NAACP）合作。1935 年，马歇尔与已经在全国有色人种协进会任职的休斯敦合作，在“莫里诉皮尔逊案”（*Murray v. Pearson*）中，赢得了反对学校种族隔离的首次胜利，将黑人学生莫里（Donald Gaines Murray）送进了全白人的马里兰州大学法学院。[③] 这次胜利让马歇尔尤其高兴，因为在几年前，正是这所学校将他拒于大门之外。

由于自己出色的表现，加上休斯敦的推荐，1936 年马歇尔在纽约全

---

① Mark V. Tushnet, *Thurgood Marshall: His Speeches, Writings, Arguments, Opinions, and Reminiscences*, Chicago: Lawrence Hill Books, 2001, p. 418.

② Mark V. Tushnet, *Thurgood Marshall: His Speeches, Writings, Arguments, Opinions, and Reminiscences*, Chicago: Lawrence Hill Books, 2001, p. 419.

③ Mark V. Tushnet, *Making Civil Rights Law: Thurgood Marshall and the Supreme Court, 1936 - 1961*, New York: Oxford University Press, 1994, p. 11. 本书有中文译本，［美］马克·塔斯纳特著：《人，生而平等》，苏希亚译，台北商周出版 2002 年版。

国有色人种协进会总部得到一个职位，担任负责法律部门的休斯敦的副手。1938 年，休斯敦因病辞职，马歇尔成为全国有色人种协进会法律部门负责人。[①] 那时，可能马歇尔自己都没有想到，他会在这里一干就是 26 年，并最终成为闻名遐迩的“民权先生”（Mr. Civil Rights）。

在马歇尔当大法官之后，有一位记者采访他时，曾经问过这样一个问题：当初从法学院毕业时的理想是什么。马歇尔给出的答案令这位记者非常吃惊，他当时的理想是当一名治安法官（Magistrate）[②]，马歇尔解释说因为那时候整个美国一共只有两名黑人治安法官。[③]

1960 年，由于黑人选民的支持，民主党候选人约翰·肯尼迪打败共和党人尼克松，以微弱优势赢得总统大选。肯尼迪险胜，黑人选民功不可没。据统计，68% 的黑人选民将票投给了这位爱尔兰裔天主教徒。[④] 当然，黑人也对肯尼迪政府寄予很大期望，他们希望能有更多的黑人参加到新政府中。肯尼迪没有辜负黑人的期望，他任命了一大批黑人官员。总统的弟弟罗伯特·肯尼迪时任司法部部长，他打算给马歇尔一个联邦地区法院法官的差事，然而马歇尔并不领情，因为他想要的是联邦上诉法官的职务。马歇尔调侃说，他脾气太差，缺乏耐性，做不了审判法官，只能当上诉法官，非上诉法官不干。[⑤] 1961 年 10 月 23 日，经过肯尼迪总统的任命，联邦第二巡回上诉法院首席法官宣布，马歇尔将成

---

① 1940 年，全国有色人种协进会法律部门改组为拥有免税特权的法律辩护和教育基金（LDF），马歇尔成为该基金的首位领导人，LDF 名义上是一个独立机构，但实际上是全国有色人种协进会的一部分；1957 年，在马歇尔的运作下，LDF 真正从全国有色人种协进会独立出来。

② 也译为地方法官、治安推事，是美国联邦所属最基层的司法官员，是“不穿法袍的法官”。主要审理轻微的刑事案件以及违反交通案和小额民事索赔案件，由选举产生。

③ Mark V. Tushnet, *Thurgood Marshall: His Speeches, Writings, Arguments, Opinions, and Reminiscences*, Chicago: Lawrence Hill Books, 2001, p. 464.

④ Juan Williams, *Thurgood Marshall: American Revolutionary*, New York: Times Books, 1998, p. 290.

⑤ Mark V. Tushnet, *Thurgood Marshall: His Speeches, Writings, Arguments, Opinions, and Reminiscences*, Chicago: Lawrence Hill Books, 2001, p. 464.

为第二巡回上诉法院第一位黑人法官。[①] 不过，马歇尔要正式上任，还需等待参议院的批准。

由于南方参议员的阻挠，批准程序遇到了困难。在任命宣布后的前3个月里，参议院消极抵制，没有作出任何回应。1962年2月，在宣布任命3个月后，白宫只得再次将任命提交参议院批准。当时，参议院司法委员会的一个小组委员会负责组织对马歇尔的任命进行听证，而该小组委员会的三个成员中，有两个是种族隔离主义者。他们企图将听证过程尽可能地拖长，从而搜集更多对马歇尔不利的证据，阻止任命的通过。直到1962年5月，迫于来自各方的压力，参议院才举行了第一次听证。接下来几个月的听证过程，时断时续，对马歇尔来说简直就是噩梦。反对者肆意刁难和污蔑他，指责他是黑人种族主义者。面对隔离主义者的进攻，马歇尔没有屈服，他拒绝与反对自己的参议员单独见面，拒绝向他们求情。结果，小组委员会以2∶1拒绝批准马歇尔的任命。不过，1962年9月11日，在整个参议院的投票中，马歇尔的任命获得了批准。整个过程，竟用了将近一年时间。

初为法官的马歇尔，面对一个全新的工作，如履薄冰。作为新手法官，他没有权力挑选自己熟悉的民权案件，而是被分配处理有关大公司和利益集团的案件。作为一个民权律师，他相对缺乏这方面的知识和经验。1965年，司法部的一位律师透露："在早期一些涉及税收的案件中，马歇尔相关知识的贫乏让人非常尴尬，我记得在一个案件中，马歇尔提的问题表明他根本不懂'法人'的概念。但是，他的进步是显著的。"[②] 因为缺乏民权以外领域的法律经验，马歇尔遭到许多批评。为此，他不得不依赖助手来弥补自己经验的不足，这些助手几乎全是来自耶鲁、哈

---

① Juan Williams, *Thurgood Marshall: American Revolutionary*, New York: Times Books, 1998, p. 296.

② Randall Walton Bland, *Justice Thurgood Marshall: Crusader for Liberalism: His Judicial Biography* (1908－1993), Bethesda, M. D.: Academica Press, 2001, p. 196.

佛等名校的优等生。

截至 1965 年 6 月，马歇尔在第二巡回上诉法院共写了 98 份多数意见书，8 个附议意见书和 12 个异议意见书。[①]其中，98 份多数意见书全部得到最高法院的支持，无一例被推翻。[②] 与其他法官相比，马歇尔的异议倾向于扩大宪法保护的范围。他最著名的一个反对意见，是在 1965 年的“纽约人民诉加拉米森案”（*People of New York v. Galamison*）中提出的。当时，一些示威者为改善住房条件和争取工作机会而举行游行，因为堵塞了纽约世界博览会的主要入口而被起诉。在异议中，马歇尔指出，示威者的言论自由是受宪法保护的，即便他们一度违反了交通规则。在 1965 年的另一个案件中，马歇尔表现出他对维护个人权利的坚定信念，他书写的多数意见，禁止纽约州门罗县地方法院对犯罪嫌疑人的同一罪行进行二次审判。这是联邦禁止“一罪两罚”的宪法原则第一次延伸到地方法院，在后来的“本顿诉马里兰案”（*Benton v. Maryland*）中，最高法院确认了他的这一意见。

在第二巡回上诉法院，马歇尔并不是最优秀的法官，但是他的勤奋使他赢得了同事们的尊敬。同事考夫曼（Irving R . Kaufman）法官给予马歇尔很高评价，考夫曼在后来的回忆中指出：“作为一个律师，马歇尔强调案件的人性化审理；作为一个法官，他维护了公民的个人权利。”[③] 虽然马歇尔并不太喜欢法官单调的工作，但在法院工作了 4 年后，他已基本上习惯了法官的生活。作为一个上诉法官，与在全国有色人种协进会时相比，他虽然一样忙于案件，但是却不再受地方法官和其他官员的威胁，也免除了奔波之苦。“我喜欢现在精致办公桌前的慢节

---

① Juan Williams, *Thurgood Marshall: American Revolutionary*, New York: Times Books, 1998, p. 311.

② Randall Walton Bland, *Justice Thurgood Marshall: Crusader for Liberalism: His Judicial Biography* (1908 – 1993), Bethesda, M. D.: Academica Press, 2001, p. 200.

③ Carl T. Rowan, *Dream Makers, Dream Breakers: The World of Justice Thurgood Marshall*, Toronto: Little, Brown & Co., 1993, p. 285.

奏，但是我也怀念从前的激情。”① 他对自己的收入还算满意，家庭生活也让他感到非常幸福。对马歇尔来说，生活从来没这么好过。就在这时，他接到了一个电话，并由此开始了一种新的生活。

1965年7月的一天，马歇尔正在法院的餐厅用餐，工作人员急匆匆跑进来，对他说：“先生，长官（President）要和您通话。”马歇尔困惑不解的问：“哪个长官？”工作人员答：“美利坚合众国总统!”② 马歇尔感到非常意外，他怀疑是不是工作人员搞错了。当他拿起电话时，发现电话那头果然是约翰逊总统。

“我想让你做我的总检察官（Solicitor General）!”③ 几句寒暄之后，约翰逊开门见山地说明了自己的目的。总统的突然任命使马歇尔感到非常意外。他心里禁不住掠过一阵狂喜，但马歇尔还是镇定地表示要考虑一下。马歇尔的犹豫是正常的。虽然马歇尔不太喜欢法官单调的工作，而担任总检察官给了他摆脱这种生活的机会，但是，马歇尔还需要计算实际利益的得失。上诉法院法官有着不错的待遇，而且终身任职；总检察官虽然手握重权，但这一职业属于“飞鸽牌”而非“永久牌”，随总统而进退，而且工资也略少于法官。不过，马歇尔还是欣然接受了任命，毕竟，成为美国第一位黑人总检察官的诱惑无人可以抵挡。

1965年8月11日，参议院批准了马歇尔的任命。8月24日，马歇尔宣誓就职，成为美国历史上第一位黑人总检察官。总检察官是美国司法部第三号人物，地位低于正副司法部部长，但是总检察官的出镜率却是最高的，因为几乎所有以联邦政府为一方的或者联邦政府感兴趣的案件，都要由总检察官来选择和处理。

---

① Nancy Whitelaw, *Mr. Civil Rights*: *The Story of Thurgood Marshall*, Greensboro, N. C.: Morgan Reynolds Publishing, 2003, p. 41.

② Juan Williams, *Thurgood Marshall*: *American Revolutionary*, New York: Times Books, 1998, p. 312.

③ Juan Williams, *Thurgood Marshall*: *American Revolutionary*, New York: Times Books, 1998, p. 313.

约翰逊任命马歇尔为总检察官自有其小算盘。20 世纪 60 年代中期，美国黑人民权运动风起云涌，黑人暴动接二连三。在全国一片混乱的情况下，马歇尔的任命有巨大象征意义。作为强调法律与秩序的黑人领袖，马歇尔成为美国政府有能力实现种族和睦与共存的象征。约翰逊知道，在波涛汹涌的黑人民权运动中，由一个黑人在最高法院出面为联邦政府辩护，要比一个白人好得多。

作为总检察官，马歇尔在最高法院的 19 个案件中为联邦政府进行了辩护，输掉了其中的 5 个。[①] 马歇尔关注的重点仍然是民权案件，但是，他的立场却发生了变化。著名的"米兰达诉亚利桑那案"（*Miranda v. Arizona*）是马歇尔输掉的一个重要案件。在该案中，马歇尔站在联邦政府的立场上指出，告知每个犯罪嫌疑人他的宪法权利，将会极大地降低执法人员的办案效率。但是，最高法院没有采纳马歇尔的意见，大法官们指出，宪法第五条修正案赋予了被告免于自证其罪的权利，"被告知"是公民的宪法权利，必须得到维护。[②] 马歇尔在该案中的立场和观点表明，他已经完成了从民权律师到政府检察官的身份转变。

马歇尔认为，在总检察官任上，他没有什么值得一提的成就。但是他觉得，总检察官是他这辈子做过的最过瘾的工作。在全国有色人种协进会，由于经费严重缺乏，马歇尔不得不精打细算、数米下锅，恨不得一分钱掰成两半用。由于人手缺乏，他们无法接手很多本该接的案件。而作为联邦政府的总检察官，马歇尔拥有巨大的权力，有充足的经费，足够多的助手，他可以自主挑选自己感兴趣的案件。

1967 年 6 月 12 日，联邦最高法院大法官汤姆·克拉克退休。谁将成为继任者引起了广泛猜测。其实两年前，当约翰逊将马歇尔招到华盛顿

---

① Randall Walton Bland, *Private Pressure on Public Law: The Legal Career of Justice Thurgood Marshall: 1934 - 1991*, Lanham, M. D.: University Press of America, 1993, p. 133.

② Juan Williams, *Thurgood Marshall: American Revolutionary*, New York: Times Books, 1998, p. 323.

时，就有把他送进最高法院的考虑。现在，机会来了。约翰逊将把自己的名字和第一位黑人大法官的名字一起载入史册。1967年7月13日，约翰逊把马歇尔叫到了椭圆形办公室，告诉他："瑟古德，我要把你送进最高法院！"马歇尔惊呆了，一时间竟不知说什么好。约翰逊开玩笑说，他之所以任命马歇尔当大法官，是因为他俩出身很相似，都是穷人家的孩子。

马歇尔的任命引起了两种截然不同的反应。自由主义报纸对任命评价积极，称马歇尔将会成为美国种族矛盾公正的仲裁者；马丁·路德·金称赞这一任命是"向无肤色偏见社会迈进的一大步"。然而，种族隔离主义者猛烈攻击马歇尔，利用参议院批准听证的机会，反对派参议员再次刁难马歇尔的人品和业绩。在经过了78天的痛苦等待后，参议院以69∶11通过了马歇尔的任命。不过，比起上次出任上诉法官的批准过程，这次要顺利得多，显然，历史在进步，种族主义已经日薄西山。

1967年9月1日，马歇尔正式加入最高法院的法官"兄弟们"中。后者已经很熟悉他了，作为民权律师，马歇尔在最高法院出庭辩护过32个案件；作为总检察官，他在最高法院辩护过19个案件，由于总检察官的重要性，有学者戏称总检察官是最高法院的"第十位大法官"。马歇尔来到最高法院时，正是沃伦法院自由主义的鼎盛时期，马歇尔的加入巩固了自由派法官的多数地位。在这样的氛围中，马歇尔如鱼得水。

但是，好景不长。1972年，随着最高法院组成人员的变化，保守派占据了多数，马歇尔的异议时代来临了。此后，他书写多数意见书的次数越来越少，而书写异议意见书的次数越来越多。随着最高法院保守倾向的增强，马歇尔等自由派大法官在前一阶段取得的许多成就，也遭到推翻或削弱。对于最高法院的倒退，马歇尔异常愤怒，他开始公开批评最高法院的保守倾向。

随着年龄的增长，对最高法院的工作，马歇尔越来越力不从心，也越来越依赖助手来处理案件。1990年，马歇尔在最高法院最好的伙伴和盟友——布伦南大法官退休，马歇尔更加孤立。1991年6月起，马歇尔的身体每况愈下，他私下告诉其他大法官，他将要退休。马歇尔退休的消息引起了广泛的关注。作为20世纪重要的黑人民权运动领袖、沃伦法院最后一位自由派大法官，马歇尔的退休宣布了一个时代的结束。退休后，马歇尔病情日益恶化，他不得不坐上轮椅。但是，马歇尔仍然试图做些事情，1992年1月，作为访问法官，他在第二巡回上诉法院度过了一周时间。同年8月，美国律师协会授予他最高荣誉奖章。1993年1月24日，一个寒冷的星期天的下午，马歇尔与世长辞，享年84岁。

三、冲击种族歧视　赢取政治权利

20世纪60年代之前，美国南方各州泛滥着种族隔离和种族歧视法律（吉姆·克劳法）。为了改变这种局面，美国人民进行了顽强斗争。1936年，马歇尔正式加入全国有色人种协进会，1938年，他出任全国有色人种协进会法律部门的负责人，一直到1961年。在长达24年的时间里，在马歇尔的领导下，全国有色人种协进会的律师们对南方的种族隔离和种族歧视法律展开了猛烈的进攻，并取得了一系列辉煌的胜利。

（一）挑战白人初选，赢取黑人选举权

南北战争结束了美国的奴隶制度，战后，国会和各州通过了被称为“内战修正案”的十三条、十四条和十五条修正案，以宪法的形式把内战的成果固定下来。第十四条修正案中的平等保护条款规定：各州不得拒绝给予任何人以平等的法律保护。第十五条修正案更是明确规定：合众国公民的选举权，不得因种族、肤色或以前是奴隶而被合众国或任何一州加以拒绝或限制。[①] 然而，1877年联邦军队撤走以后，黑人对选举权的短暂拥有就结束了。白人种族主义者重新控制了南方各州政府，并利用各种手段来剥夺黑人的选举权。这些手段主要分为两类：一是通过

① 李道揆著：《美国政府和美国政治》，商务印书馆1999年版，第792页。

祖父条款（Grandfather Clause）①、人头税（Poll Tax）②、识字测验（Literacy Test）③ 等手段，这些手段并没有将黑人和白人区别对待，有些贫穷白人也会失去选举权，但是其目的主要是剥夺黑人选举权，事实上也确实达到了目的；另一种是赤裸裸地直接针对黑人的措施，比如白人初选（White Primary）。

△ 全国有色人种协进会会徽④

美国的选举分为两个步骤：初选和正式选举。初选是政党内部的选举，由某党党员投票提名该党的公职候选人。初选过后是正式选举，正式选举是由选民从各政党提名的候选人当中选出一人担任某项公职。所谓白人初选，就是为了剥夺黑人的选举权和被选举权，南方白人种族主义者禁止他们加入某个政党，禁止他们参加该党的初选。在南方许多州，民主党一党独大，获得了民主党初选的胜利就等于获得了正式选举的胜利。在这些州里，白人将黑人排斥在民主党之外，不允许他们参加民主党的初选。虽然黑人能够参加最后的正式选举，但他们的选票毫无意义，因为只有通过民主党初选的候选人才会出现在正式的选票上，别无其他选择。在这些州里，不能参加民主党初选，就等于被剥夺了选举权和被选举权。

得克萨斯州就是这样。得州在1905年开始采用初选制。起初，州法律规定，由各政党的执行委员会来决定谁可以参加初选。但是，到20世纪20年代早期，民主党内部竞争越来越激烈，许多民主党候选人为

① 该条款将选举权限于能证明其祖辈是在1867年以前参加过选举的人。

② 要求公民支付一笔费用才可以投票。

③ 要求可能成为选民的人阅读、背诵或解释复杂的文字，并要让当地的登记官满意。

④ 图片来源：http：//en. wikipedia. org/wiki/National_Association_for_the_Advancement_of_Colored_ People，最后访问日期：2018年5月5日。

了获胜，开始争取黑人的选票。这种情况引起白人种族主义者的不安，他们要求州议会制定更加严厉的法律，限制黑人的选举权。1923 年，得州议会通过了一项法令，明确禁止黑人参加民主党初选。①

在马歇尔介入得州白人初选案之前，全国有色人种协进会得州分部已经和白人初选进行了三个回合的斗争。在 1923 年法令通过后不久，尼克松（L. A. Nixon），一位黑人医生，同意作为起诉人，配合全国有色人种协进会推翻这个法令。全国有色人种协进会律师的法律理论非常简单直接，他们指控得州的 1923 年法令违背了宪法第十四条和第十五条修正案。1927 年，最高法院裁决了“尼克松案”。奥利弗·霍姆斯大法官指出：得克萨斯州议会制定的这项禁止黑人参加民主党初选的法令，违背了第十四条修正案的平等保护条款。②

最高法院判决的关键在于，得州议会制定了这个法令，违背了第十四条修正案“各州不得拒绝给予任何人以平等的法律保护”的规定。作为对策，得州议会修改了法令，州议会不再干涉各政党的初选，重新让各个政党的执行委员会去决定谁可以参加初选。当得州民主党执行委员会宣布禁止黑人参加民主党初选后，尼克松医生在得州全国有色人种协进会的帮助下发动了第二次进攻。得州联邦地区法院法官驳回了全国有色人种协进会的起诉。法官认为，禁止黑人参加民主党初选的是得克萨斯州的民主党执行委员会，不是得克萨斯州政府机构，因此并不违宪。全国有色人种协进会律师将案件上诉到最高法院。1932 年最高法院作出了裁决，指出得克萨斯州民主党执行委员会拒绝黑人参加初选的做法同样是违宪的。大法官本杰明·卡多佐在多数意见中指出：“得州民主党执行委员会是得克萨斯州政府的一个分支机构，是州政府的一部分，因

① Mark V. Tushnet, *Making Civil Rights Law: Thurgood Marshall and the Supreme Court, 1936 - 1961*, New York: Oxford University Press, 1994, p. 100.

② Carl T. Rowan, *Dream Makers, Dream Breakers: The World of Justice Thurgood Marshall*, Toronto: Little, Brown & Co., 1993, p. 125.

此，该委员会排斥黑人参加初选的做法违反了第十四条修正案。”①

两次失利之后，得州的白人种族主义者并没有就此罢休。最高法院的裁决宣布两周之后，得州民主党执行委员会废除了禁止黑人参加初选的规定。但是不久，得州民主党大会又出面通过了一个新决议：规定只有合格的白人公民可以加入民主党，参加民主党初选。尼克松医生跟民主党的白人种族主义者一样固执，他向白人初选发起了第三次进攻。令人意想不到的是，这次联邦地区法院法官作出了有利于全国有色人种协进会的判决。

但是，就在这时，黑人内部却节外生枝，使案件的发展方向超出了全国有色人种协进会的控制。在黑人激进派律师的支持下，得州休斯敦市的理查德·格罗威（Richard Grovey）也向民主党大会的决议发起了冲击，他们认为民主党大会通过的决议，将黑人排除在民主党初选之外，违背了第十五条修正案，因为初选是受第十五条修正案保护的选举过程的一部分。这是一个非常激进和冒险的举动，因为之前最高法院作出的对黑人有利的判决，所依据的都是宪法第十四条修正案的平等保护条款，用宪法第十五条修正案进行辩护，很可能得不到最高法院的支持。在1935年“格罗威诉汤森案”（*Grovey v. Townsend*）中，大法官欧文·罗伯茨书写的多数意见指出，由于得州民主党大会的确是个私人组织，它禁止非白人加入的决议并不是州政府行为，因此并不违宪。该案给废除白人初选带来了巨大的困难，是废除白人初选斗争中的重大挫折。

“格罗威案”犹如一块巨石，成为实现南部黑人选举权的一大障碍。全国有色人种协进会不得不暂时停止了对白人初选的法律攻势。1939年，经过在南方各州几个月的调查，马歇尔对南方黑人选举权的情况有了深刻的认识。在写给全国有色人种协进会负责人沃尔特·怀特

---

① Carl T. Rowan, *Dream Makers, Dream Breakers: The World of Justice Thurgood Marshall*, Toronto: Little, Brown & Co., 1993, p. 125.

(Walter Francis White) 的信中，马歇尔认为，赢得黑人选举权是实现南方种族融合的关键，并且，得克萨斯州是最好的突破口。在 1940 年 6 月的全国有色人种协进会年会上，马歇尔发表演讲，要求全国有色人种协进会为推翻得州白人初选提供财政支持。他指出："我认为从来没有哪个时候比现在更适合发动进攻！以得克萨斯州为例，那里有 100 万黑人，如果我们能使这 100 万人参加投票，那将会对我们非常有利。"①

1941 年，在得州全国有色人种协进会律师的帮助下，马歇尔决定对白人初选发动第四次进攻。恰好就在这一年，最高法院裁决了涉及初选作弊的"合众国诉克拉斯克案" (*United States v. Classic*)。该案指出，路易斯安那州的民主党不是私人俱乐部，不能免于联邦法律的约束；初选也是选举，在宪法管辖范围之内。这个案件虽然不是白人初选案，但是，正如马歇尔后来所说，它为得州初选案的胜利铺好了道路。②

很快，全国有色人种协进会找到了合适的起诉人。朗尼·史密斯 (Lonnie Smith)，得州休斯敦市的黑人医生，他曾试图参加得州 1940 年的民主党初选，但被拒绝。在得州全国有色人种协进会的帮助下，史密斯起诉休斯敦市审理选举案件的法官奥尔莱特，后者否认史密斯在 1940 年得州民主党初选中拥有投票权。③ 联邦地区法院驳回了得州有色人种协进会律师的起诉，援引了最高法院在"格罗威案"中确立的原则，即得州民主党的确是一个私人组织，因此不受宪法第十五条修正案的约束。得州有色人种协进会向联邦上诉法院提起上诉，遭到拒绝。这时，马歇尔接手了这个案件，并成功地得到了最高法院的调卷令，将案件送进最高法院。

考虑到最高法院会引用"克拉斯克案"的原则，马歇尔和得州有色

---

① Juan Williams, *Thurgood Marshall: American Revolutionary*, New York: Times Books, 1998, p. 108.

② Randall Walton Bland, *Justice Thurgood Marshall: Crusader for Liberalism: His Judicial Biography* (1908 – 1993), Bethesda, M. D.: Academica Press, 2001, p. 46.

③ *Smith v. Allwright*, 321 U. S. 649 (1944).

人种协进会律师在送交最高法院的辩护文件中强调，“最高法院在‘合众国诉克拉斯克案’中对美国宪法和法律的解释，禁止了被告在得州民主党初选中干涉原告的选举权。路易斯安那州和得克萨斯州的初选没有本质区别，根据‘克拉斯克案’，得克萨斯州的初选也应受到宪法的保护”。马歇尔还指出，核定初选资格的选举事务官和州政府存在不可分割的联系。他想以此来证明选举事务官的行为是州政府行为的一部分。最后，全国有色人种协进会律师总结道：“在这种情况下，初选的法律地位以及负责组织和管理初选人员的身份，只能追溯到一个组织严密的机构，即负责发起、组织、管理和控制这些选举的得克萨斯州政府。”①

1944年4月3日，最高法院以8∶1作出判决，斯坦利·里德大法官起草的多数意见完全采纳了马歇尔等人的观点。里德指出：“我们认为，这种选举政党候选人的法律体系，使得政党成为州的一个机构……，当初选成为州和联邦官员选举机制的一部分时，在正式选举中判定是否造成歧视、是否剥夺权利的法律，在初选中同样适用。”接着，里德大法官表明了最高法院的观点，如果得克萨斯州允许政党把选民和候选人局限为白人，“它就支持、采纳和执行了歧视黑人的政策……，得州的行为在宪法第十五条修正案管辖范围之内”②。

“史密斯诉奥尔莱特案”（*Smith v. Allwright*）的判决引起了举国关注。不管是黑人报纸还是白人报纸，都把最高法院的判决和马歇尔的名字刊登在了第一版的显著位置。作为联邦最高法院一个里程碑式的判例，该案已成为美国宪法的一部分，成为一个为联邦和州各级法院所遵循的先例。马歇尔给予该案很高的评价，甚至在退休后，他仍然兴高采烈地称这次胜利是他律师职业生涯中最重要的胜利，可以与“布朗案”

---

① Randall Walton Bland, *Justice Thurgood Marshall: Crusader for Liberalism: His Judicial Biography* (1908–1993), Bethesda, M. D.: Academica Press, 2001, pp. 48–49.

② Randall Walton Bland, *Justice Thurgood Marshall: Crusader for Liberalism: His Judicial Biography* (1908–1993), Bethesda, M. D.: Academica Press, 2001, p. 50.

相提并论。[1]“史密斯案”是南方黑人争取选举权斗争中的重要胜利，但不是最终胜利。该案之后，参加初选的黑人人数有所增多，但是由于识字测验、人头税等限制措施仍然存在，南方各州黑人的选举权仍然受到很大限制。

（二）捍卫黑人参加陪审团的权利

参加陪审团审判是南方黑人被剥夺的另外一项重要政治权利。陪审团审判是美国司法体系的一个重要组成部分，宪法文本中有明确规定。一般来说，刑事案件和重大民事案件都要由陪审团和法官共同审判，担任陪审员是公民的一项重要政治权利。但是，在南方各州，黑人长期被排除在陪审团之外。这一方面造成了对黑人赤裸裸的歧视，打击了黑人的自尊心；另一方面不利于形成公正的判决，容易造成冤假错案。马歇尔一向重视保护刑事被告的权利，他对南方剥夺黑人参加陪审团权利的行为深恶痛绝，进行了坚决斗争。

马歇尔接手的第一个陪审团案是得克萨斯州的“波特案”。该案发生在 1938 年 9 月，得州一所黑人学院的校长乔治·波特（黑人），和其他几个黑人被随机选为陪审团成员候选人。但当他们到达法院之后，法官首先把所有的黑人从候选人名单中清除。波特深知其中的潜规则，因为在此之前，他曾两次被征召为陪审员候选人，都是无果而终。白人陪审员和法院官员甚至威胁他，如果他坚持担任陪审员，将会遭到私刑。

但这次，波特决定捍卫自己的权利。面对白人种族主义者的阻挠和威胁，波特冲破法院门口白人组成的封锁线，来到法庭上参加陪审团的遴选。但是，最后法院选出了大陪审团的成员，波特和 16 个白人被取消了资格。

马歇尔在报纸上看到了这个消息。他迅速认识到该案有可能引起举

---

① Juan Williams, *Thurgood Marshall: American Revolutionary*, New York: Times Books, 1998, p. 112.

国关注，同时，黑人在法院中二等公民身份的真相也可以大白于天下。于是，他决定亲赴得克萨斯州，调查黑人被拒绝参加陪审团的真实状况。他把要去得州的消息告诉了媒体，正当他要出发时，南方传来消息：如果马歇尔的脚胆敢迈进达拉斯法院一步，他将小命难保。马歇尔从达拉斯全国有色人种协进会成员那里得到消息，当地警察局局长召集手下说，一个纽约黑人律师将要来达拉斯找麻烦，他命令手下："不准动他一个指头……，因为我要亲自处理他……"①

马歇尔害怕了。他甚至想过得一次重感冒，然后就可以取消这次危险之旅，但是没能成功。马歇尔只能另想办法，他听说得州州长是一个没有种族偏见的人，于是打电话向他求援。最后，州长答应派一个特警全程保护他的安全，这样马歇尔的得州之旅才得以成行。

马歇尔的到来，给得州的法官们敲响了警钟。经过马歇尔的调查，全国有色人种协进会对外宣称已经做好了发动进攻的准备。由于得州州长施加压力，媒体也一再曝光得州法庭的丑行，达拉斯法院的法官终于改变了立场。就在马歇尔得州之旅结束后不久，达拉斯法院的法官就接纳了第一个黑人陪审员。得州州长派遣巡警来保护黑人陪审员的安全。随后，整个得克萨斯州法院均接纳了黑人陪审员。②

1947年，马歇尔在最高法院又赢得了一个关于黑人参加陪审团权利的案件。巴顿是密西西比州的一个黑人，当地检察官指控他谋杀了一个白人。当地一个全白人的大陪审团③认定他有犯罪嫌疑（可以提起公

---

① Juan Williams, *Thurgood Marshall*: *American Revolutionary*, New York: Times Books, 1998, p. 103.

② Juan Williams, *Thurgood Marshall*: *American Revolutionary*, New York: Times Books, 1998, p. 104.

③ 在美国，陪审团有大小之分。大陪审团，也称起诉陪审团，一般由16至23人组成，其职责主要是研究证据，确定事实，决定起诉。美国宪法第五条修正案规定："除非根据大陪审团的报告或起诉书，任何人不受死罪或其他重罪的审判。"大陪审团只适用于刑事案件。小陪审团，也称审判陪审团，一般由12人组成，其主要职能是根据法庭审判，作出被告是否有罪的判决。小陪审团既适用于刑事案件，也适用于民事案件。

诉），随后，一个全白人的小陪审团判定他有罪。这时，马歇尔和全国有色人种协进会律师接过了这个案件，并成功地将它上诉到最高法院。

早在1942年，最高法院就在“希尔诉得克萨斯州案”（*Hill v. Texas*）中裁定：有计划和系统地将黑人排除在陪审团之外，违背了第十四条修正案的平等保护条款。根据“希尔案”的裁决，马歇尔认识到，想要推翻“巴顿案”，必须证明密西西比州长期以来有计划地将黑人排除在陪审团之外。在递交给最高法院的意见书中，马歇尔指出，巴顿所在的县共有34821位成年居民，其中有12511位是黑人。根据比率，每次至少有25位黑人被选为陪审员候选人。然而，在该地区挑选的大小陪审团成员中，没有一位是黑人。而且，在过去的30年里，该县没有一位黑人参加过陪审团的审判。[①] 这些数据表明，密西西比州长期以来的确有计划地将黑人排除在陪审团之外。最后，马歇尔雄辩地指出：这种根据种族和肤色，由政府有计划地剥夺黑人参加陪审团审判的行为，违背了宪法第十四条修正案的平等保护条款。

1947年，最高法院大法官在“巴顿诉密西西比州案”（*Patton v. Mississippi*）中一致认为，密西西比州的做法违宪，一贯排除黑人的陪审团不得给黑人被告定罪，对巴顿的有罪判决无效，案件发回重审。至此，马歇尔赢得了律师职业生涯中的又一个重大胜利。

四、挑战种族隔离　争取平等地位

种族隔离是种族歧视的重要表现形式，它广泛存在于美国南方各州社会生活的各个领域。在全国有色人种协进会任职期间，马歇尔领导全国有色人种协进会律师在挑战种族隔离上取得了举世瞩目的成就。他们

---

① Randall Walton Bland, *Justice Thurgood Marshall: Crusader for Liberalism: His Judicial Biography* (1908 – 1993), Bethesda, M. D.: Academica Press, 2001, p. 71.

先在消除公共交通和住房隔离上赢得了几个重要案件，随后又向教育中的种族隔离发起进攻，赢得一连串的案件，最后在著名的“布朗案”中获得决定性的胜利，推翻了最高法院在1896年的“普莱西诉弗格森案”（*Plessy v. Ferguson*）中确立的“隔离但平等”原则，使美国的种族隔离在公共教育领域失去了宪法依据。

（一）挑战公共交通、住房中的种族隔离

说起种族隔离，就不能不从1896年的“普莱西诉佛格森案”说起。该案当事人霍默·普莱西是路易斯安那州一位具有1/8黑人血统的居民。1892年，他乘坐一列从路易斯安那州新奥尔良出发的火车去旅行。上车后，列车长却让他离开白人车厢，去非白人车厢。当时路易斯安那州的法律规定，白人和非白人乘坐火车要实行隔离。普莱西认为，该法律违背了宪法第十四条修正案的平等保护条款，于是提起诉讼，并将案件上诉到联邦最高法院。1896年，最高法院驳回了普莱西的上诉，认为第十四条修正案“也许并没有打算废止基于肤色的差别或推行社会平等”。最高法院表示：“在黑白种族易于发生接触的地方，允许甚至要求其隔离的法律，并不必然隐含着任何一个种族低劣于其他种族的意思……”① 隔离本身并不违反宪法，隔离并不必然造成不平等。

“普莱西案”第一次从法律上确立了“隔离但平等”原则，成为后来美国实行种族隔离的司法基础。虽然“普莱西案”只是肯定了火车上的种族隔离，但是它使人们认为：无论在什么领域，只要隔离的设施是平等的，那么种族隔离就是合法的，最高法院肯定会支持。这就导致了美国种族隔离法律的泛滥。在南方各州，白人和黑人不能共用同一个饮水池，不能乘坐同一节火车车厢，不能就读同一所学校，在剧院、餐馆甚至公共汽车上，白人和黑人的座位也必须隔离开来。

---

① ［美］保罗·布莱斯特、桑福·列文森、杰克·巴尔金、阿基尔·阿玛编著：《宪法决策的过程：案例与材料》（第四版·上册），陆符嘉、周青风、张千帆、沈根明译，中国政法大学出版社2002年版，第261页。

1946年，在全国有色人种协进会的帮助下，挑战公共交通中种族隔离的“摩根诉弗吉尼亚案”（*Morgan v. Virginia*）上诉到最高法院。1946年7月，摩根小姐乘坐灰狗长途汽车，从弗吉尼亚的格罗斯特县出发，经华盛顿去巴尔的摩。弗吉尼亚州的法律支持在经过该州的公共汽车上实行种族隔离，并要求乘客随时更换座位来遵守法律规定。汽车司机命令摩根小姐坐到车后部的黑人区，摩根小姐拒绝服从，因此遭到逮捕并被罚款10美元。在全国有色人种协进会的帮助下，摩根小姐向法庭提起诉讼，但是在弗吉尼亚州地方法院和州最高法院均败诉。①

在弗吉尼亚州最高法院的法庭上，马歇尔引用宪法第一条中的商业条款②，指出该州法律给州际旅行中的旅客造成了过重的负担。弗吉尼亚州最高法院驳回了马歇尔的抗辩。随后，马歇尔将案件上诉到联邦最高法院。

在联邦最高法院，马歇尔一方面从法理上寻找依据，强调弗吉尼亚州的法律给商业造成了不能承受的压力，另一方面，他又打情感牌，痛陈种族隔离对美国平等自由理念的危害。最终，最高法院从逻辑和情理上均认同了马歇尔的观点。大法官里德在最高法院7∶1的判决中指出，弗吉尼亚的法律给进行州际旅行的乘客增加了负担。他说：“由于缺乏州际旅行中种族隔离问题的联邦法律，我们必须根据商业条款来判断弗吉尼亚州法律的合宪性，在当地警察权力和国家统一管理州际交通的需要之间寻找平衡。我们认为，在州际公共汽车旅行中需要一个统一的规则来规范和保护公民旅行的顺畅。因此，我们宣布：弗吉尼亚州的法令无效。”③

---

① Randall Walton Bland, *Justice Thurgood Marshall: Crusader for Liberalism: His Judicial Biography* (1908 – 1993), Bethesda, M. D.: Academica Press, 2001, p. 64.

② 美国宪法第一条第八款规定，国会有权：管制同外国的、各州之间的和同印第安部落的商业。这一条款使联邦政府获得了管理州际贸易的巨大权力。

③ Randall Walton Bland, *Justice Thurgood Marshall: Crusader for Liberalism: His Judicial Biography* (1908 – 1993), Bethesda, M. D.: Academica Press, 2001, p. 65.

在忙于“摩根案”的同时，马歇尔也密切关注住房中的种族隔离。20世纪20年代，白人种族主义者为了维持居住隔离现状，创造了种族限制契约（Restrictive Covenants）。[①] 这是一种私人契约，由建筑商和房产所有者们共同签订，禁止将房产卖给不受欢迎的种族，比如黑人和犹太人等。这种契约在当时非常流行，不仅在南方普遍存在，在北方一些城市也屡见不鲜。那么为什么白人不欢迎黑人住在自己附近呢？因为他们担心“黑人会把白人赶出去，就像‘劣币驱逐良币’一样”，“他们会让房价贬值……，还会激起矛盾和暴力冲突”[②]。

“二战”结束后，大量黑人士兵退伍回国，对他们来说，在合适地段购买一所好房子成为许多人的人生理想。然而，由于种族限制契约，他们的这种美好理想成为一种几乎不可能实现的幻想。针对这一问题，1945年，马歇尔主持召开了芝加哥会议，他邀请律师、政治家、房屋专家、社会学家等相关专业人士，共商推翻种族限制契约的办法。会议结束时，马歇尔宣布全国有色人种协进会将在今后一段时间集中力量反对种族限制契约。

不久，黑人团体找到十几个住房歧视案件，其中四个上诉到最高法院，领头的是著名的“谢莉诉克莱默案”（*Shelley v. Kraemer*），马歇尔负责的“马格西诉西普斯案”（*McGhee v. Sipes*）也是其中之一。马格西夫妇是密歇根州的黑人居民，他们在底特律附近的一个白人社区购买了一处房产。在出售房产时，卖主没有附加任何条件，也没有签署过当地在1934年草拟的种族限制契约。该契约规定：本社区房产不能被非白人占有和使用……，不经本社区80%的房主同意，契约不得生效。[③]

---

① Juan Williams, *Thurgood Marshall: American Revolutionary*, New York: Times Books, 1998, p. 148.

② ［美］罗伯特·M. 福格尔森著：《布尔乔亚的噩梦：1870—1930年的美国城市郊区》，朱歌姝译，上海人民出版社2007年版，第143页。

③ Randall Walton Bland, *Justice Thurgood Marshall: Crusader for Liberalism: His Judicial Biography* (1908 - 1993), Bethesda, M. D.: Academica Press, 2001, p. 82.

该社区的白人居民将马格西夫妇告到法院，指控他们违背了种族限制契约。密歇根州上诉法院作出裁决，禁止马格西夫妇拥有和使用该处房产。州最高法院维持了上诉法院的判决。马歇尔将该案上诉到联邦最高法院。在最高法院，马歇尔一方面极力主张，这种带有种族歧视的契约违背了第十四条修正案的平等保护条款；另一方面引用社会学观点，分析了实行种族限制契约的结果——黑人贫民窟的种种危害。他指出，一方面，黑人贫民窟是各种犯罪的滋生地，它的存在不利于社会稳定；而且，黑人贫民窟卫生条件差，容易引发各种疾病，危害公共健康。这是马歇尔在最高法院的法庭辩论中第一次使用社会学的证据。1948 年 1 月 22 日，马歇尔向种族限制契约发起关键性一击，他指出，宪法明令禁止联邦和州政府批准或认可带有种族歧视的契约；但是，州政府实际上认可了种族限制契约，因为州法院认可了种族限制契约，而州法院是州政府的一部分，是种族限制契约的执行者。①

1948 年5 月3 日，最高法院以6∶0 的判决（三位大法官因利益冲突而回避，可见该案件对美国社会影响之深、范围之广），州法院执行种族限制契约的做法违背了第十四条修正案的平等保护条款。

“马格西案”赢得了举国关注，因为它将影响美国每个城市的每个街区。各大报纸的头版都刊登了马歇尔的名字，许多报纸称马歇尔为“吉姆·克劳法终结者”（Jim Crow Buster）。② 这一案件给美国民权法律打上了深深的印记，对美国种族关系产生了深远影响。

（二）推翻公立学校的种族隔离

推翻教育领域的“隔离但平等”原则是全国有色人种协进会的中心

---

① Juan Williams, *Thurgood Marshall: American Revolutionary*, New York: Times Books, 1998, p. 150.

② Juan Williams, *Thurgood Marshall: American Revolutionary*, New York: Times Books, 1998, p. 151.

任务。虽然赢得黑人选举权和废除公共交通、住房中的种族隔离也很重要，但是废除教育领域中的种族隔离，对实现种族平等更是意义重大。20世纪50年代之前，在南方各州，从小学到专业教育阶段均实行严格的种族隔离。黑人学生深受学校种族隔离之苦，他们只能就读于条件极差的黑人学校。学校种族隔离的危害是显而易见的：一方面，黑人无法受到良好的教育，不能通过努力改变自己的命运；另一方面，学校种族隔离给黑人学生造成了巨大的心理伤害。它时时刻刻都在提醒着黑人学生，自己属于劣等种族，从而使他们从小就产生巨大的自卑感。

马歇尔与公立学校种族隔离的斗争最早可以追溯到1935年的“莫里案”。“莫里案”是马歇尔在教育领域与种族隔离斗争过程中的第一个胜利，它迫使马里兰大学法学院接纳了黑人学生莫里。不过，这个判决是马里兰州法院作出的，其影响力也仅仅局限在马里兰州，不具有普遍意义。

在20世纪30年代，全国有色人种协进会反对学校种族隔离主要是在“隔离但平等”原则的“平等”上做文章。当时美国的黑白学校存在巨大的差距。从中小学来看，黑人学校不仅在数量上远远不能满足需要，而且教学设施和教育质量也远远落后于同类的白人学校。从大学和各类专业教育院校来看，黑人学校的条件就更差了。当时南方许多州根本就没有黑人大学、医学院和法学院，这些州的黑人必须到其他州去上学。在这种情况下，实现黑白学校的平等，代价极其高昂，所以很难实现。因此，通过要求隔离的“平等”，往往能迫使当局在无法实现“平等”时，被迫允许黑人就读于白人学校，从而实现学校种族融合。这一时期，全国有色人种协进会就是以追求平等为手段，来实现融合的目的。可以说，“隔离但平等”原则是全国有色人种协进会斗争的武器而不是推翻的目标。1935年的“莫里案”之所以能够取胜，就是因为马里兰州无法提供“隔离但平等”的黑人法学院。但是，“二战”后，马歇尔等人逐渐意识到，隔离本质上是不平等的，隔离本身就是对黑人的歧视。因此，马歇尔等人开始转变思想，他们不再仅仅要求平等，而是对隔离发起正面进攻。他们试图说服法官：即使实现了黑白隔离学校的平等，学校种族隔离也是违宪的。

1946 年，全国有色人种协进会在得克萨斯州找到了反对学校种族隔离的起诉人。得州威利学院的毕业生斯威特（Heman Sweatt），愿意配合全国有色人种协进会来挑战得克萨斯大学法学院的种族隔离政策。他向得克萨斯大学法学院递交了入学申请，因种族原因被拒绝后，便将法学院告上了法庭，是为“斯威特诉佩恩特案”（*Sweatt v. Painter*）。但是，法院并没有判决允许斯威特入学，而是判给得克萨斯州六个月的时间去建立黑人法学院。① 斯威特拒绝上新建立的黑人法学院，他告诉法官，任何隔离学校，在本质上都是不平等的。马歇尔将该案上诉到最高法院，并准备了意见书。马歇尔等人指出，不管是从有形设施还是从无形资产来说，得州新建立的黑人法学院都无法和白人法学院平等。1950 年 6 月，最高法院对“斯威特案”作出最后判决。大法官们一致认为，由于校友、知名度和影响力的不同，新建立的黑人法学院不可能与原来的法学院平等。因此，得克萨斯大学法学院必须接纳斯威特入学。②

“斯威特案”是反对学校种族隔离斗争的空前胜利，它虽然没有彻底推翻“隔离但平等”原则，但它承认了无形资产如校友、学校知名度等也是衡量平等与否的重要因素。如果说学校的有形设施有可能实现平等的话，那么，无形资产是不可能实现平等的。从此，南方通过临时设立黑人学校来维持学校种族隔离的伎俩不再有效。

---

① Mark V. Tushnet, *Making Civil Rights Law: Thurgood Marshall and the Supreme Court, 1936 - 1961*, New York: Oxford University Press, 1994, p. 131.

② Randall Walton Bland, *Justice Thurgood Marshall: Crusader for Liberalism: His Judicial Biography* (1908 - 1993), Bethesda, M. D.: Academica Press, 2001, p. 102.

“斯威特案”的巨大成功并没有使马歇尔满足，一个更大胆的计划正在他的心中酝酿，那就是实现初级公立学校的种族融合。不管是1935年的“莫里案”，还是1946年的“斯威特案”，都只是实现了专业教育阶段学校的种族融合，中小学阶段的种族融合还没有成功的先例。早在1936年，马歇尔就试图挑战高中的种族隔离，但是遭到失败。① 在白人种族主义者看来，如果法学院的种族融合还可以忍受，那么，实现中小学的融合是绝对不允许的。他们认为，让自己的孩子和黑人儿童从小在一起长大是无法想象的。对待这一问题，马歇尔也十分谨慎，不敢轻易尝试。然而，“斯威特案”的空前胜利给马歇尔等人提供了勇气和信心。他们已经做好了挑战极限的准备。

1951年，全国有色人种协进会在南卡罗来纳州找到了起诉人。冒着巨大的危险，19位黑人家长让自己的孩子参与到挑战初级公立学校种族隔离的案件中来。同时，马歇尔也作了一个大胆的决定，即运用社会学研究成果，证明学校种族隔离对黑人孩子造成了巨大伤害。1951年，案件在南卡州地方法院开庭审理，马歇尔运用社会学研究的成果，指出种族隔离给黑人儿童造成了巨大的心理伤害，摧毁了他们的自尊，使他们感觉到自己是低等公民。② 但是，法庭没有考虑马歇尔提供的社会学证据，而是判给南卡州六个月的时间去建立平等的黑人学校。1952年3月，法庭再次开庭，宣布南卡州实现了黑白学校的平等，符合“隔离但平等”原则。马歇尔对判决不服，将该案上诉到最高法院。

就在此时，全国有色人种协进会又找到了堪萨斯州托皮卡市的案件，也就是后来著名的“布朗诉托皮卡教育委员会案”（*Brown v. Board*

---

① Juan Williams, *Thurgood Marshall: American Revolutionary*, New York: Times Books, 1998, p. 80.

② Randall Walton Bland, *Justice Thurgood Marshall: Crusader for Liberalism: His Judicial Biography* (1908 – 1993), Bethesda, M. D.: Academemica Press, 2001, p. 111.

of Education of Topeka）。这个案件比“南卡案”更符合马歇尔等人直接挑战种族隔离的要求。因为，在托皮卡市，黑人学校与白人学校的设施几乎是平等的，法庭不得不直接面对隔离问题。在上诉法院，法官们虽然同意全国有色人种协进会的观点，但是由于“普莱西案”的先例，他们只能判全国有色人种协进会败诉。[①] 该案也被上诉到最高法院。不久，又有三个公立学校反隔离案被最高法院选中。这五个案件在一起接受最高法院的裁决，由于“布朗诉托皮卡教育委员会案”第一个接受审理，所以历史上就以“布朗案”来统称这五个学校隔离案件。

马歇尔意识到，这将是他一生中最重要的案件。如果获胜，将改变整个美国社会的面貌。为了赢得该案，马歇尔做了大量工作，经常每天工作近20个小时。对于是否运用社会学研究成果，全国有色人种协进会内部产生了严重分歧，最终马歇尔决定采用社会学成果作为证据。马歇尔还邀请了全国各地著名的律师、法学教授、社会学家和心理学家来为该案提供意见，为赢得案件做了充分准备。

1952年12月9日，最高法院对“布朗案”进行第一次辩论。首先审理“布朗诉托皮卡教育委员会案”，由马歇尔的第一副手罗伯特·卡特主辩，马歇尔主辩排在第二的“南卡案”。在所有的五个案件中，马歇尔在“南卡案”中的口头陈述最为精彩。他说：我们今天讨论的不是学校是否平等，而是隔离本身。种族隔离给黑人儿童的个性发展造成了伤害，剥夺了他们在学区中的平等地位，摧毁了他们的自尊；种族隔离给黑人造成了实际伤害。

1953年6月，最高法院再次开庭，没有作出判决，而是提出了五个问题交由双方思考回答。其实，最高法院的真实目的是拖延时间，因为大法官内部存在巨大的分歧，如果判决，那将是一个严重分裂的

---

① Randall Walton Bland, *Justice Thurgood Marshall*: *Crusader for Liberalism*: *His Judicial Biography* (1908 – 1993), Bethesda, M. D.: Academica Press, 2001, p. 112.

判决，其结果将是灾难性的。[①] 1953年，首席大法官文森逝世，艾森豪威尔任命厄尔·沃伦担任首席大法官。事实证明，沃伦对该案的判决起到了至关重要的作用。1954年7月，最高法院作出了一个9∶0的裁决，首席大法官沃伦陈述法院意见，指出："我们断定'隔离但平等'这个原则，不适应于公共教育领域；种族隔离的教育设施含有内在的不平等。因此，我们裁定，提起诉讼的原告和其他处于类似地位的人，由于种族隔离而被剥夺了宪法第十四条修正案所保障的法律的平等保护。"[②]

△ 1955年9月19日《时代》封面上的马歇尔[③]

"布朗案"对美国种族关系的影响是无法估量的。虽然沃伦首席大法官谨慎地将该案的法律意见限于在公立学校中取消种族隔离，但是，该案的判决必然具有更广泛的影响。至今，美国种族关系仍然受到该判决的影响，"布朗案"因此被称为"世纪之案"。"布朗案"也确立了马歇尔在20世纪美国种族关系史上无人能及的历史地位。他的名字连同"布朗案"一起被写进了美国历史。

在全国有色人种协进会的26年里，马歇尔在最高法院亲自辩护了32个案件，赢得了其中的27个。[④]

---

① ［美］伯纳德·施瓦茨著：《美国最高法院史》，毕洪海、柯翀、石明磊译，中国政法大学出版社2005年版，第315页。

② ［美］斯坦利·I. 库特勒编著：《最高法院与宪法——美国宪法史上重要判例选读》，朱曾汶、林铮译，商务印书馆2006年版，第508页。

③ 图片来源：http：//content. time. com/time/covers/0,16641,19550919,00. html，最后访问日期：2014年5月5日。

④ Randall Walton Bland, *Justice Thurgood Marshall*: *Crusader for Liberalism*: *His Judicial Biography* (1908－1993), Bethesda, M. D.: Academica Press, 2001, p. 287.

五、联邦最高法院时期的司法实践

由于对黑人民权的卓越贡献和在美国法律界的巨大影响力，1967 年，马歇尔被林登·约翰逊任命为联邦最高法院大法官，成为美国联邦最高法院历史上第一位黑人大法官。此后，在 24 年的时间里，马歇尔和其他大法官一起，创制了新的宪法，对美国宪法解释产生了深远影响。

（一）沃伦法院时期的成就（1967—1969）

1967 年马歇尔加入时，最高法院正处在沃伦法院时期，自由派大法官占据着统治地位，马歇尔的加入进一步巩固了自由派的优势地位。在这样的环境中，马歇尔如鱼得水，极少持异议。在沃伦法院近两年的时间里，马歇尔关注的重点是保护第一条修正案的自由和刑事被告的权利。

美国宪法第一条修正案规定，国会不得制定法律剥夺公民的宗教、言论、出版自由以及和平集会、请愿的权利。不过，宪法文本的规定并不等于公民实实在在的权利，美国人民的权利从来不是自动获得的，而是通过斗争得来的。最高法院就是这场斗争最后的仲裁者。作为大法官，瑟古德·马歇尔为捍卫美国公民的这些自由和权利做出了自己的贡献。

马歇尔捍卫公民自由最著名的案件，是 1969 年的“斯坦利诉佐治亚案”（*Stanley v. Georgia*）。佐治亚州警方怀疑该州公民斯坦利参与了赌马活动，他们从法官那儿拿到了搜查证，对斯坦利的住处进行搜查。警察没有找到斯坦利参与赌马的证据，却从他的卧室里意外地搜出了三盘淫秽录影带，于是警方就以私藏淫秽录影带的罪名将他逮捕，指控他触犯了州法律。佐治亚州最高法院援引联邦最高法院在 1957 年的一个判例[①]，支持了州地方法院对斯坦利的有罪判决。

---

① “罗斯诉合众国案”（*Roth v. United States*, 1957）裁定淫秽材料不在宪法保护的言论和出版自由范围之内。

接到上诉请求后，最高法院发布了调卷令（Writ of Certiorari），接受了当事人的复审请求。经过讨论，最高法院九位大法官一致同意撤销佐治亚州最高法院的判决，将案件发回重审。书写最高法院意见书的任务落到马歇尔肩上。在法律意见中，马歇尔支持了斯坦利的要求，他指出："他（斯坦利）是在维护他阅读和收藏自己喜欢的作品的权利，让他私下里满足自己的智力和精神需求……，无论管制淫秽作品的法令多么正当，它管辖的范围，都不应延伸到公民的私人空间。第一条修正案告诉了我们什么？它告诉我们，州无权告诉一个公民，当他一个人在自己家中时，应该读哪些书或者看哪些电影。我们整个宪法传统都反对这种观点——宪法给予了政府控制人们思想的权力。"①

在捍卫公民自由的同时，马歇尔还特别重视保护刑事被告的合法权利。在职业生涯的早期，马歇尔经常为请不起律师的穷人辩护，他深知为这些人辩护是怎样一种情形。由于缺乏经验，马歇尔曾经眼睁睁看着自己的当事人被判重罪，而真正的主谋却因为请了经验丰富的律师被从轻处罚。正是这种经历促使他在担任大法官期间特别重视保护刑事被告的权利。

在1969年的"本顿诉马里兰案"（*Benton v. Maryland*）中，马歇尔书写了一个重要的多数意见（7∶2），禁止州法院对犯罪嫌疑人进行"一罪二审"。早在1964年，当马歇尔担任美国联邦第二巡回上诉法院法官时，他就在判决中提出了"一罪不二审"原则。后来，作为最高法院大法官，马歇尔和其他大法官一起将"一罪不二审"原则扩展到美国各州的法院。

（二）伯格法院时期的抗争（1969—1986）

在最高法院，沃伦法院时期是马歇尔的黄金时代。1969年6月，沃

---

① Mark V. Tushnet, *Thurgood Marshall: His Speeches, Writings, Arguments, Opinions, and Reminiscences*, Chicago: Lawrence Hill Books, 2001, p. 6.

伦退休，尼克松任命保守的沃伦·伯格担任联邦最高法院首席大法官，最高法院进入伯格法院时期。在担任哥伦比亚特区联邦上诉法官期间，伯格一直站在警察和原告一边，限制对被告权利的保护，①这对马歇尔等自由派大法官来说不是一个好消息。伯格法院时期，随着保守派法官的增多，最高法院越来越保守。在越来越多的案件中，马歇尔提出了异议，因为他不想改变自己一贯坚持的理念。据统计，在整个伯格法院时期，马歇尔的异议竟达到了 937 次！②

在伯格法院时期，虽然马歇尔书写的法律意见涉及广泛的宪法领域，但是他仍然有自己的偏好。同沃伦法院时期一样，他最为关注的仍然是公民权利、种族融合以及对弱势群体的保护。然而，与在沃伦法院时期不同的是，马歇尔在越来越多案件中成为持异议者。

在全国有色人种协进会，废除学校种族隔离是马歇尔最重要的成就；在最高法院，实现学校种族融合仍然是他热情关注的内容。虽然 1954 年的“布朗案”宣布了公立学校的种族隔离违宪，但是，实现南方公立学校的种族融合却并不那么轻而易举，因为，这将深刻地改变南方长期以来形成的文化和生活方式，必将遭到南方各州的强烈抵制。在最高法院，马歇尔经常向好友布伦南大法官抱怨，废除学校种族隔离的步子过于缓慢。在 1970 年的“斯万诉夏洛特－麦克伦堡案”（*Swan v. Charlotte – Mecklenburg*）中，马歇尔等自由派大法官抵制住了最高法院日益严重的保守倾向，促使大法官们达成一致意见，允许采用校车接送、跨区就读（Busing）的办法来实现公立学校的种族融合。③ 这是学校融合进程中一个十分重要的成就。

---

① Juan Williams, *Thurgood Marshall: American Revolutionary*, New York: Times Books, 1998, p. 347.

② Randall Walton Bland, *Justice Thurgood Marshall: Crusader for Liberalism: His Judicial Biography* (1908 – 1993), Bethesda, M. D.: Academica Press, 2001, p. 251.

③ Juan Williams, *Thurgood Marshall: American Revolutionary*, New York: Times Books, 1998, p. 350.

然而，这个胜利只是暂时的，就在1974年判决的另一个学校隔离案中，① 马歇尔所坚持的种族融合理念遭遇了巨大挫折。案件发生在美国北部城市底特律，随着六七十年代白人向郊区迁移，底特律市区成为黑人聚居区。由于市区白人居民所占比例极小，就使得仅在市区内用校车运送、跨区就读的办法根本无法实现学校种族融合。为了改变这种情况，黑人家长要求在市区的黑人学生和郊区的白人学生之间进行互换，来实现市区和郊区学校的种族融合。州政府拒绝了这种要求，于是黑人家长求助于法院。在联邦地方法院和联邦上诉法院，黑人家长的要求均获得了支持，但是在最高法院，他们却遭遇了失败。最高法院5∶4的多数意见认为，打破市区和郊区的界限、让郊区学校为市区学校的种族融合负责的做法是错误的。②

马歇尔和其他三位大法官提出了异议。为了表达对这一案件的重视，马歇尔做出了一个不同寻常的举动，他在最高法院亲自宣读了自己的异议。他愤怒地指出："在'布朗案'中，本院判定公立学校的种族隔离剥夺了黑人的平等教育机会，违背了法律的平等保护原则。经过20年努力，历经艰辛，种族融合总算向前迈出了一小步，但是今天，同样一个法院却要后退一大步！"马歇尔继续说道："密歇根州有责任彻底根除种族主义！种族融合困难重重，是因为种族隔离的历史太过久远。将我们的城市一分为二，白人一半黑人一半，这样做轻而易举，但是我预言，我们的人民终将后悔！因此，我不同意多数法官的判决！"③

除了关注学校融合案件，马歇尔还特别关心社会弱势群体的权利保护，这与他的出身和经历是分不开的。由于出身于黑人家庭并长期为黑

---

① *Milliken v. Bradlley*, 418 U. S. 717 (1974).

② Juan Williams, *Thurgood Marshall*: *American Revolutionary*, New York: Times Books, 1998, p. 357.

③ Juan Williams, *Thurgood Marshall*: *American Revolutionary*, New York: Times Books, 1998, p. 358.

人辩护，马歇尔对黑人、妇女等社会弱势群体的处境有着深刻体会。因此，在最高法院，马歇尔成为这些弱势群体的同情者和保护人。

马歇尔对妇女权利的保护，可从一系列的堕胎案中反映出来。得克萨斯州一位化名为简·罗伊的妇女，声称因为遭强奸而怀孕，她不想也无力生养这个孩子，因此想要堕胎。但是，得克萨斯州的一项法律使她无法在得州公立医院合法地进行堕胎。于是，她宣称该法侵犯了她的隐私权。[①]这就是著名的“罗伊诉韦德案”（*Roe v. Wade*）。不久，该案和另外一个争取堕胎权利的案件一起到达了最高法院。1971 年 10 月和 1972 年 10 月，最高法院先后对此案进行了两次讨论。

在大法官会议上，马歇尔站在穷人的立场上，不仅支持罗伊的堕胎权，而且主张堕胎应成为公民的宪法权利。他指出，各州禁止堕胎的法律对穷人的危害要远远大于对富人的危害，因为，如果州公立医院禁止堕胎，富人可以到国外或昂贵的私人医院去堕胎，而穷人则只能去那些非法的小诊所，在那里，她们的生命安全根本无法得到保障。[②]

多数大法官倾向于同意允许堕胎，书写多数意见书的任务交给了布莱克门大法官。他提出把妇女的孕期分为三个阶段进行控制：怀孕后的前 3 个月基本允许堕胎；中间 3 个月如果堕胎对妇女身体没有危害，也允许堕胎；后 3 个月，由于胎儿已经基本发育成熟，州政府可以禁止堕胎。马歇尔认为，3 个月的标准太武断，将可能导致各州针对妇女怀孕 3 个月之后的情形完全禁止堕胎。于是，他提出“胎儿成活期”（胎儿脱离母体后可生存）的标准，主张在胎儿成活期之前允许堕胎，之后州可以禁止堕胎。[③] 最终，布莱克门大法官采纳了马歇尔的意见。

---

① Carl T. Rowan, *Dream Makers, Dream Breakers: The World of Justice Thurgood Marshall*, Toronto: Little, Brown & Co., 1993, p. 323.

② Juan Williams, *Thurgood Marshall: American Revolutionary*, New York: Times Books, 1998, p. 354.

③ Carl T. Rowan, *Dream Makers, Dream Breakers: The World of Justice Thurgood Marshall*, Toronto: Little, Brown & Co., 1993, p. 324.

1973年，最高法院正式宣布了判决。对“罗伊案”的判决，马歇尔非常满意，把它作为自己的一次重大胜利。他也很乐观，认为“罗伊案”不会被推翻。① 然而，马歇尔高兴得太早了。1976年，另外一组堕胎案被上诉到最高法院，领头的被称为“玛荷诉罗伊”（*Maher v. Roe*）。一个健康但贫穷的妇女正常怀孕，她并不想生下胎儿，但是又没有钱堕胎，于是，她请求政府通过医疗补助为其堕胎提供救助。

马歇尔支持该妇女的要求，他认为，当贫穷妇女艰难地作出堕胎的决定后，政府应该提供帮助，使她能像富人一样得到尽可能好的照顾。然而，马歇尔的观点并没有得到多数大法官的认同。在异议意见中，马歇尔强烈谴责了保守派大法官不顾穷人生死的做法。他愤怒地指出：“州限制堕胎的法律，野蛮地强迫贫穷的妇女生下她们的孩子，而我们的社会却时时刻刻都在蔑视他们的生活。现在，成千上万被迫生下的少数族裔或混血儿童，正在收养家庭、孤儿院和劳教学校里过着悲惨的生活……，其结果将使数百万的人生活在贫穷和绝望之中。”②

马歇尔对弱势群体的关注还体现在他对“肯定性行动”（Affirmative Action）的态度上。肯定性行动是1965年林登·约翰逊政府实施的一项政策，它通过给曾经遭受不公平对待的群体提供特殊待遇，来纠正以前的歧视造成的恶果。这种政策有其合理的一面，约翰逊总统在霍华德大学的一次演讲中，形象地说出了肯定性行动的合理性：“如果你控制了一个多年来一直被枷锁禁锢的人，给他自由，将他带到赛跑的起跑线上，然后告诉他：你可以自由地与所有其他人竞争了。你认为这是完全

---

① Carl T. Rowan, *Dream Makers, Dream Breakers: The World of Justice Thurgood Marshall*, Toronto: Little, Brown & Co., 1993, p. 331.

② Juan Williams, *Thurgood Marshall: American Revolutionary*, New York: Times Books, 1998, p. 361.

的公平吗?”① 不过，这种政策也有很大缺陷，它也会造成对白人的逆向歧视（Reverse Discrimination）。

△ 1978 年 7 月 10 日《时代》封面上的巴基与黑人学生贾维兹②

不久，最高法院就遇到了这个难题，需要判决十分棘手的“加利福尼亚大学董事诉巴基案”（*Regents of the University of California v. Bakke*）。巴基是越战退伍军人，曾两次被加州大学戴维斯分校医学院拒诸门外。他感觉自己遭受了不公平的对待，因为他发现自己的成绩比许多被录取的少数族裔申请者高得多。于是，他将加州大学告上法庭，指控其逆向歧视。原来，加州大学戴维斯分校医学院每年从 100 个招生名额中留出 16 个，给教育上处于弱势的少数族裔学生。巴基认为，加州大学戴维斯分校把他排除在医学院之外的做法，侵犯了第十四条修正案平等保护条款赋予他的宪法权利。③

1978 年，最高法院宣布了“巴基案”的判决，作出了两个决定，这是一个极度分裂的意见。第一个 5∶4 的多数意见裁定：加州大学将种族作为招收 16 个少数族裔学生唯一标准的做法是错误的，违反了平等保护条款，戴维斯分校必须录取巴基；第二个 5∶4 的多数意见裁定，根据从第一条修正案推衍出来的学术自由，加州大学有权实行保证生源

① ［美］阿奇博尔德·考克斯著：《法院与宪法》，田雷译，北京大学出版社 2006 年版，第 283 页。

② 图片来源：http：//home. mtholyoke. edu/ ~ jesan20l/classweb/cright. html，最后访问日期：2014 年 5 月 5 日。

③ Carl T. Rowan, *Dream Makers, Dream Breakers: The World of Justice Thurgood Marshall*, Toronto: Little, Brown & Co., 1993, p. 380.

和校园学术多元化的特殊政策，把种族背景作为确定录取的其中一个参考因素。①

马歇尔在这个案件中投入了大量的精力，在判决之前，他做了大量的说服工作，希望大法官们能够支持肯定性行动计划。但是，马歇尔没能如愿，支持派以一票之差败北。对于多数意见书，马歇尔一半赞同，一半反对。他在自己的意见中指出："我同意最高法院允许大学在招生时将种族作为参考因素的判决，但我不同意判定加州大学的招生方式（留出配额）违宪。我们应该记得，在过去的200年里，本法院所解释的宪法，并没有阻止针对黑人的普遍而巧妙的歧视。今天，当国家采取措施去补救这种歧视造成的恶果时，我不相信同样的一部宪法会成为阻碍……"②

在马歇尔看来，肯定性行动是黑人应得的，是对黑人长期被压迫、被奴役的补偿，就算对白人造成了歧视，那也是正当的。"巴基案"的失败在马歇尔心中留下了一道深深的伤疤。之后，马歇尔变得越来越悲观和消沉。在霍华德大学法学院的一次演讲中，他的这种悲观情绪流露出来，他警告黑人学生，不要相信那种宣称黑人的经济和社会地位正在变好的谎话，他认为，这么多年来，美国的种族关系并没有变得越来越好。

（三）伦奎斯特法院时期的挫折（1986—1991）

1986年，最高法院首席大法官沃伦·伯格退休。里根总统将伦奎斯特大法官提升为首席大法官，最高法院变得更加保守，马歇尔等自由派大法官的处境也更加艰难。对于那些具有重要宪法意义的案件，马歇尔想要施加影响，已经变得越来越困难。另外，疾病的困扰使得马歇尔身

---

① Juan Williams, *Thurgood Marshall: American Revolutionary*, New York: Times Books, 1998, p. 366.

② Carl T. Rowan, *Dream Makers, Dream Breakers: The World of Justice Thurgood Marshall*, Toronto: Little, Brown & Co., 1993, p. 380.

体每况愈下。这些挫折将马歇尔变成了一只盛怒的雄狮，可是已经年老体衰。

在最高法院屡屡受挫，使马歇尔变得异常愤怒。他的不满不仅在大法官会议上表现出来，也在演讲和接受媒体采访时表现出来。马歇尔怒气的第一次大爆发是在美国宪法诞生200周年纪念活动期间。在一个座谈会上，与当时处处赞美宪法的声音不同，马歇尔认为，1787年宪法是有缺陷的，因为它承认了奴隶制。几周之后，在接受电视采访时，马歇尔再次将不满表现出来。他公开指责最高法院的保守倾向，对司法部部长及其领导下的司法部也进行了尖锐的批评。然后，他又公开评论从富兰克林·罗斯福到里根的历届总统，评价他们对种族平等和黑人民权运动的贡献。诸位总统之中，马歇尔对林登·约翰逊评价最高，对里根评价最差。①

1989年，最高法院又审理了两起关于肯定性行动计划的案件，马歇尔均坚持异议。在同年的一个堕胎案中，马歇尔再次表达了不同意见。在伦奎斯特法院，虽然马歇尔没能赢得保守派的支持，使他们站到自己的立场上来，但是，马歇尔对大法官们仍然有着巨大的影响。保守派大法官安东尼·斯卡里亚说："他光坐在那里就能给其他大法官造成巨大压力，在大法官会议上，他是我们都想忘掉的过去的化身，作为一个私人律师，他为消除种族主义所做的已经够多……，任何人在会议上就种族问题发言时，都必须眼睛看着瑟古德。因为你知道，你所谈的东西，那个人已经为它奉献了一生。因此，在开口之前，你必须慎重考虑。"②美国最高法院第一位女性大法官奥康纳也坦言，马歇尔对她和最高法院产生了巨大的影响，认为他给最高法院"带来一个特殊的视角"③。

---

① Juan Williams, *Thurgood Marshall*: *American Revolutionary*, New York: Times Books, 1998, p. 383.

② Juan Williams, *Thurgood Marshall*: *American Revolutionary*, New York: Times Books, 1998, p. 389.

③ ［美］桑德拉·戴·奥康娜著：《法律的尊严：美国最高法院一位大法官的思考》，信春鹰、葛明珍译，法律出版社2006年版，第105页。

1991年6月，在开庭期结束前的最后一次会议上，马歇尔私下告诉同事，他即将退休。同一天，马歇尔给乔治·布什写信，正式提出退休。这一天离他的83岁生日还有一周时间，他已经在最高法院工作了24年。

六、马歇尔的宪法思想

马歇尔是法律的信奉者，杰出的律师，但他不是法学家，不是法律思想家。这与他所受的教育和他的职业经历有关。马歇尔一生只受过3年正规的法律教育。在霍华德大学法学院，休斯敦的目的是把马歇尔等人训练成为"社会的工程师"，"在法庭上为实现宪法下的平等权利而斗争"，[①] 并不是为了培养法学家。法学院毕业后，马歇尔曾有一个机会到哈佛法学院深造，但是他放弃了。之后，马歇尔成为一名民权律师，投身于法律实践当中。由于马歇尔不是一个学者型的法官，所以他没有写出大部头的著作来阐述自己的法律思想。但这并不是说马歇尔没有法律思想，他的法律思想可以从他大量的法律意见、文章和演讲中体现出来。

（一）能动主义的自由派大法官

司法能动和司法克制是两种基本的司法倾向。司法能动或司法克制是法官在进行自由裁量时享有多大的自由或者受到多大的限制的程度问题。司法能动主义的基本宗旨就是，法官应该审判案件，而不是回避案件，并且，要广泛地利用他们的权力，尤其是通过扩大平等和个人自由促进公平，保护人的尊严。[②]

马歇尔的司法能动主义倾向，首先表现在他的"活宪法"思想。一

---

① Mark V. Tushnet, *Thurgood Marshall: His Speeches, Writings, Arguments, Opinions, and Reminiscences*, Chicago: Lawrence Hill Books, 2001, p. 422.

② ［美］克里斯托弗·沃尔夫著：《司法能动主义——自由的保障还是安全的威胁?》（修订版），黄金荣译，中国政法大学出版社2004年版，第2—3页。

方面，马歇尔是宪法和法律的信奉者，他一生坚持法庭斗争，既不支持马丁·路德·金领导的非暴力群众运动，也不支持马尔科姆·艾克斯等领导的暴力斗争和分离运动。他认为，法庭斗争是实现黑人权利的最佳方式。另一方面，马歇尔认为宪法不是一部死文献，他曾专门发表演讲来阐述自己的“活宪法”思想。

1987年，马歇尔拒绝了美国宪法诞生200周年纪念委员会的邀请，表示不愿意参加纪念活动。其后，在夏威夷的一次演讲中，马歇尔说明了他拒绝参加纪念活动的原因，阐述了他对宪法的认识。“我不能接受邀请，因为我不认为宪法的意思已经在费城制宪会议上被永远地‘确定’了。我也没有发现制宪者的睿智、远见和正义感，相反，他们设计的政府从一开始就是有缺陷的，需要通过几条宪法修正案、一次内战和重大的社会变革才能使宪法得以维持……，当代美国人提到‘宪法’，他们援引的概念已经远远不同于200年前制宪者的理解。”① 马歇尔进一步指出，宪法最初有意将黑人和妇女排除在公民权之外，后来又通过修正案纠正了这种不公正。马歇尔认为：“随着社会的发展，新的宪法原则会不断出现，来满足不断变化的社会的要求。这个过程是十分明显的，并且还将继续下去。”最后马歇尔指出：“真正的奇迹不是宪法的诞生，而是她的生命，一个从我们自己制造的两个世纪的纷乱中吸取养料的生命，一个加入了许多她本身没有的财富的生命。”②

在这里，马歇尔并没有否认宪法文本的重要性，而是认为不应该孤立地、静止地看待宪法文本。马歇尔认为，历史的变迁、社会的发展和政治经济的演进都重新定义了宪法的含义。为了应对新时代的挑战，对宪法的解释必须进行相应改变。

---

① J. Clay Smith, Jr., *Supreme Justice: Speeches and Writings: Thurgood Marshall*, Philadelphia: University of Pennsylvania Press, 2003, pp. 281 - 282.

② J. Clay Smith, Jr., *Supreme Justice: Speeches and Writings: Thurgood Marshall*, Philadelphia: University of Pennsylvania Press, 2003, pp. 284 - 285.

在最高法院时期，马歇尔的司法能动主义倾向也可以从他的法律意见中体现出来。马歇尔认为：司法系统应该在促进公平正义的过程中扮演积极角色，应该积极保护那些处于政治经济主流之外的少数群体和弱势群体的权利，使他们免于政府的压迫。马歇尔认识到，联邦政府的保护，是那些受到损害的个人权利得到纠正的最后机会。

在1970年的学校隔离案中，马歇尔说服大法官们，使他们支持用校车接送、跨区就读的办法来实现公立学校的种族融合。在1974年的另一个学校隔离案中，马歇尔希望利用法庭的力量实现底特律市区和郊区公立学校的种族融合，但是由于保守派力量的增强，马歇尔没有成功。在1976年的堕胎案中，马歇尔支持当事人的要求，认为政府应该为公民堕胎提供医疗补助，使贫穷妇女能像富人那样得到良好的医疗救助。在1978年的肯定性行动案中，马歇尔主张补偿黑人过去所受到的不平等待遇，努力实现黑人和白人政治经济地位的平等。

马歇尔的这些法律意见都体现出他的能动主义司法倾向。在马歇尔看来，最高法院大法官有义务为社会上的各种不公平现象提供司法救济，法官有实现正义的使命。当然，马歇尔过于能动的司法倾向也受到很多人的批评。甚至有人认为，马歇尔的这种司法能动主义是“对分权制衡的直接威胁”①。

（二）促进种族融合

在美国历史上，没有哪一个人比瑟古德·马歇尔更致力于推进黑人和白人之间的种族融合。在马歇尔看来，要使黑人融入美国主流社会、真正实现黑人和白人的平等，种族融合是唯一的办法。

马歇尔出生于巴尔的摩一个黑人家庭，在他童年时期，虽然巴尔的摩种族隔离非常严重，但是在父母的精心保护下，他对种族隔离并没有

① Randall Walton Bland, *Justice Thurgood Marshall: Crusader for Liberalism: His Judicial Biography* (1908 - 1993), Bethesda, M. D.: Academica Press, 2001, p. 281.

太多感受。而且，马歇尔家与白人家庭多有往来，所以马歇尔并不仇视白人。从小学到大学，虽然马歇尔就读的都是黑人学校，但这并没有给他带来任何痛苦的经历。因此可以说，直到大学毕业，马歇尔都没有真正受过种族隔离之苦。然而，就在大学毕业后，马歇尔品尝到了种族隔离的真正滋味，这促使他更加坚定地投身到反对种族隔离和种族歧视的法律斗争中。

在全国有色人种协进会，马歇尔向军队、公共交通、住房和教育等领域的种族隔离发起冲击，并取得了辉煌的胜利，其中最重要和最能体现马歇尔种族融合思想的是教育领域中的种族融合。马歇尔把废除学校种族隔离看作废除整个国家种族隔离的关键。他认为如果不同种族的孩子们在一起上课，他们不仅可以从小加深对其他种族的理解，而且都能获得一流的教育。①

在20世纪30年代，全国有色人种协进会挑战学校种族隔离时，采取了一定的策略：并不直接要求种族融合，而是争取实现隔离学校设施的绝对平等，目的是迫使学区在没钱建立平等隔离学校的情况下，允许黑人学生就读白人学校，从而实现种族融合。② 在加入全国有色人种协进会之初，马歇尔也是使用这一策略，即以实现种族平等为手段，达到实现种族融合的目的。为了证明学校的“隔离但平等”不可能，马歇尔等人首先向法学院等专业学位教育阶段发起进攻，因为在法学院阶段维持种族隔离的代价非常高。由于许多州没有黑人法学院，所以，为了实现“隔离但平等”，州不得不建立一个新的黑人法学院。这不仅要花费大量的建设费用，而且要维持这个法学院也是一个难题，因为由于黑人学生非常少，一所法学院建立以后，可能几年之内都只有一两个黑人学

---

① Juan Williams, *Thurgood Marshall: American Revolutionary*, New York: Times Books, 1998, p. 174.

② Mark V. Tushnet, *Making Civil Rights Law: Thurgood Marshall and the Supreme Court, 1936–1961*, New York: Oxford University Press, 1994, p. 13.

生，而要维持这所学校却需要花费大量资金，在没有能力做到的情况下，许多州不得不实现种族融合，让黑人就读白人学校。

这种策略取得了一些成就，但是效果有限。“二战”结束后，大批黑人退伍军人回乡，经过战争洗礼，他们变得眼界开阔，权利意识日益觉醒。经过认真讨论，马歇尔和他的同事们决定把废除“隔离本身”作为目标，向种族隔离发起正面进攻。

马歇尔直接挑战种族隔离的做法不仅遭到白人的激烈攻击，也遭到一部分黑人的反对。最具代表性的反对者是卡特·威斯利（黑人），他经营着休斯敦最有影响力的黑人报纸。威斯利认为马歇尔的种族融合要求将会危及黑人学校，尤其是黑人学院的利益。威斯利确实代表了一部分黑人的想法——应该为黑人学校争取同等的教育资金，而不是实现黑白学校的融合。他们担心，要求种族融合会激怒各州的白人官员，从而使黑人学校失去本来就不多的教育资助。

1947年，马歇尔在得克萨斯州发表演说，批判了威斯利的观点，解释了不得不实现种族融合的理由。马歇尔指出，事实证明，在隔离的学校体系中追求平等已经没有意义了，因为“黑人已经在隔离的体系中寻求平等80多年了，至今仍没有获得丝毫的平等”①。最后，马歇尔得出结论：在隔离的体系中寻求种族平等是不可能的，只有实现种族融合，才能实现真正的种族平等。

马歇尔“在种族隔离的体系中不可能实现种族平等”的观点，部分地得到了最高法院的认同。在1950年的“斯威特诉佩恩特案”中，最高法院裁定，由于学校的声望、学校的历史、校友和影响力不同，新建立的黑人法学院不可能和原来的得克萨斯州大学法学院平等。该判决严重削弱了种族隔离制度的合法性。

---

① Juan Williams, *Thurgood Marshall: American Revolutionary*, New York: Times Books, 1998, p. 182.

在 1954 年“布朗案”中，最高法院作出了最后裁决，宣布公立学校中的种族隔离违宪，隔离本身就意味着不平等。“隔离但平等”原则被推翻。此时，马歇尔对实现种族融合的前景非常乐观。他幻想最高法院会命令学校立即开始融合行动，并在 1956 年秋天之前完全实现公立学校的种族融合。① 然而，最高法院接下来的判决令马歇尔大失所望。在 1955 年对“布朗案”的第二个判决中，最高法院宣布，下级法院应该以“极其审慎的步伐”（all deliberate speed）落实学校融合工作，不给实现公立学校的种族融合设定最后期限。②

第二个“布朗案”，宣告了马歇尔迅速融合计划的破产。马歇尔感到非常失望，但没有丧失信心。马歇尔呼吁黑人群众克制，要相信法律，不要进行和平抵制，更不要使用暴力，因为暴力解决不了问题。马歇尔指出，黑人不是要跟白人划清界限，而是要和种族主义者划清界限，不是加深黑人和白人之间的对立，而是要加深种族之间的理解。③

“布朗案”之后，坚持学校种族融合的马歇尔面临着来自两方的压力。一个是南方种族主义者，他们强烈反对公立学校的种族融合，展开了大规模的抵制活动，拒不服从最高法院的判决。1957 年，南方的大规模抵制在阿肯色州的小石城达到了顶峰。该州州长福布斯公然蔑视法院的融合命令，动用州国民警卫队，阻止 9 个黑人学生进入小石城中心高中。最后，艾森豪威尔不得不向小石城派出联邦军队，在 101 空降师士兵荷枪实弹的保护下，9 个黑人学生才得以进入学校，中心高中的融合

---

① Juan Williams, *Thurgood Marshall: American Revolutionary*, New York: Times Books, 1998, p. 233.

② ［美］保罗·布莱斯特、桑福·列文森、杰克·巴尔金、阿基尔·阿玛编著：《宪法决策的过程：案例与材料》（第四版·下册），陆符嘉、周青风、张千帆、沈根明译，中国政法大学出版社 2002 年版，第 737 页。

③ Juan Williams, *Thurgood Marshall: American Revolutionary*, New York: Times Books, 1998, p. 241.

才得以实现。[①] 马歇尔面临的另一个压力来自于黑人内部。对于法院斗争的旷日持久和低效率，广大黑人越来越难以忍受。于是出现了马丁·路德·金领导的非暴力群众运动和黑人激进派领导的暴力斗争。面对来自两方面的压力，马歇尔不为所动，坚定地走自己的道路，继续坚持法庭斗争，继续促进种族融合。马歇尔坚信：石头和子弹解决不了种族问题，让黑人得到良好的教育是实现种族融合和种族平等的关键。[②]

1967 年，被任命为大法官后，马歇尔仍然一如既往地关心公立学校的种族融合问题。不过，此时种族隔离的性质已经发生了变化。这个时候，法律上的种族隔离已经基本上被消除，但是却出现了另一种形式的种族隔离，被称为“事实上的种族隔离”。20 世纪 60 年代，大量美国白人移居郊区，许多城市的市区实际上成为黑人区。由于当时实行就近入学政策，所以就造成了市区的学校几乎全是黑人，而郊区的学校又几乎全是白人的状况，造成了所谓的“事实上的种族隔离”。

对于“事实上的学校种族隔离”，马歇尔主张由政府出面进行强制融合。在 1971 年的“斯万诉夏洛特－麦克伦堡案”中，大法官们一致同意采用公车运送、跨区就读的办法，来实现公立学校的种族融合。可是，在 1974 年最高法院的“米利肯诉布拉德利案”（*Milliken v. Bradley*）中，最高法院判定，城市郊区的学校无须为市区学校的种族融合负责。[③] 这就导致无法实现郊区白人学校和市区黑人学校之间的种族融合，无法改变事实上的种族隔离。对于最高法院的多数意见，马歇尔强烈反对，他在自己的异议中指出，这个判决是学校融合过程中的一个严重倒退。

马歇尔一生努力推进种族融合，虽然主要是为了提高黑人的地位、

---

① ［美］斯坦利·I. 库特勒编著：《最高法院与宪法——美国宪法史上重要判例选读》，朱曾汶、林铮译，商务印书馆 2006 年版，第 512 页。

② Juan Williams, *Thurgood Marshall: American Revolutionary*, New York: Times Books, 1998, p. 344.

③ ［美］伯纳德·施瓦茨著：《美国最高法院史》，毕洪海、柯翀、石明磊译，中国政法大学出版社 2005 年版，第 352—353 页。

维护黑人的利益，但其目的绝不仅限于此。马歇尔绝非种族主义者，虽然他身为黑人，虽然他很多时候都在捍卫黑人的权利，但是马歇尔曾经为白人辩护，也曾经拒绝为黑人辩护。马歇尔希望白人和黑人之间能够加深理解、友好相处，毕竟两个种族要生活在同一片天空下，但是，在隔离的情况下，这是不可能实现的。马歇尔倡导的种族融合，为实现种族关系的和谐发展提供了一个必不可少的前提条件。因此可以说，马歇尔为美国种族关系的健康发展做出了巨大贡献。

（三）坚决反对死刑

在美国，死刑是一个充满争议的话题，它的支持者和反对者各执己见，争吵不休，谁也无法将对方说服。死刑也是一个十分复杂的问题，它不仅关乎法律，而且涉及道德。因此无论立法、司法还是行政部门都把它当成一块烫手山芋，唯恐避之不及。作为20世纪美国著名民权律师和美国第一位黑人大法官，马歇尔一生接手了大量的死刑案件，对死刑这种刑罚有深刻的认识。进入最高法院后，他成为死刑制度最坚决的反对者。

马歇尔第一次接触死刑是在霍华德大学法学院求学期间。作为一个法学院三年级学生，马歇尔和休斯敦一起为一个被指控犯谋杀罪的黑人辩护。虽然最后这个黑人被判有罪，但是没有判处死刑。对休斯敦和马歇尔来说，这是一个胜利，因为这种案件，被告通常都会被送上绞刑架。①

从法学院毕业后，马歇尔在巴尔的摩开始了执业律师生涯。这时，他遇到了一个对他的一生产生巨大影响的死刑案。1934年，三名黑人被指控谋杀一个白人店主，马歇尔的当事人是其中之一。在法庭上，马歇尔指出自己的当事人只是为其他两人开车，并没有直接参与杀害受害

---

① Juan Williams, *Thurgood Marshall: American Revolutionary*, New York: Times Books, 1998, pp. 58 - 59.

人。但是，马歇尔并没有说服陪审团和法官，法院以一级谋杀罪判处三人绞刑。然而事情还没结束，几个月之后，该案的主犯被减刑为终身监禁，马歇尔的当事人则在1935年被绞死。原来，该案主犯的辩护律师是个经验丰富的白人。当事人的死让马歇尔非常痛心和自责，因为他知道，这是因自己缺乏经验和不称职所造成的。这个时候，马歇尔感到死刑这种惩罚手段存在巨大缺陷。①

加入全国有色人种协进会以后，处理死刑案件成为马歇尔工作中的一个重要部分。马歇尔的主要任务是帮那些在初审法院被判处死刑的人上诉，让上级法院推翻死刑判决。作为一个民权律师，虽然在法庭上同死刑做过无数次斗争，但是从法律哲学的角度来说，马歇尔并不是死刑的反对者，他并不反对死刑这种刑罚本身。甚至在联邦第二巡回上诉法院时期也是如此。马歇尔在第二上诉法院时期的一个法律助手证明，作为联邦上诉法官，马歇尔很愿意支持死刑。②

然而，进入最高法院之后，马歇尔对死刑的态度发生了根本性转变，他成了最高法院中最坚定地反对死刑的大法官之一。促成马歇尔这一转变的是他的好友、最高法院自由派大法官布伦南。布伦南是一个坚定的死刑反对者。关于死刑问题，布伦南曾经和马歇尔有过几次热烈的讨论。在讨论中，马歇尔认识到，作为大法官，他们担负着重大的责任，因为最高法院是美国整个司法体系的终点，是保护公民生命权利的最后一道屏障。

1972年，在"富曼诉佐治亚案"（*Furman v. Georgia*）中，马歇尔第一次详细阐述了他对死刑的看法。在该案中，最高法院以5∶4裁定，死刑在美国的执行是如此任意和反复无常，以至于它违背了宪法第八条

---

① Juan Williams, *Thurgood Marshall: American Revolutionary*, New York: Times Books, 1998, p. 66.

② Juan Williams, *Thurgood Marshall: American Revolutionary*, New York: Times Books, 1998, p. 351.

修正案的禁止“残忍和非常的惩罚”条款。[①] 除了支持多数意见，马歇尔还在附议意见书中表达了自己对死刑的看法。马歇尔认为，虽然制宪者可能并不认为死刑是“残忍和非常的惩罚”（因为在宪法制定时死刑是被允许的），但是这并不能说明死刑在今天不是“残忍和非常的惩罚”。“过去我们做过的许多事情现在都已不做了”，马歇尔认为，死刑的执行也是一样的道理。因为随着人类的进步和时代的发展，人们对死刑的不适应在增加，这就使得死刑在今天变成了“残忍和非常的惩罚”。[②] 马歇尔还认为，威慑作用并不是死刑存在的合法理由，没有证据表明死刑能比终身监禁对谋杀活动起到更有效的威慑作用。[③] 另外，马歇尔反对死刑还因为“死刑更多地落在穷人、文盲和社会的下层人的头上”[④]，造成了事实上的不公平。

“富曼案”之后，美国民众对死刑的观点发生改变，大部分人重新支持死刑，许多州的议会又重新通过了支持死刑判决和死刑执行的法律。1976 年，“格莱格诉佐治亚案”（*Gregg v. Georgia*）上诉到最高法院。随着最高法院保守倾向的增强，这次马歇尔没能说服中间派大法官，最高法院以 7∶2 推翻了“富曼案”，允许各州实施所谓的“更为结构化的死刑制度”[⑤]，肯定了佐治亚州死刑的合宪性。这是最高法院第

---

① Juan Williams, *Thurgood Marshall: American Revolutionary*, New York: Times Books, 1998, p. 447.

② Alan I. Bigel, *Justices William J. Brennan, Jr. and Thurgood Marshall on Capital Punishment: Its Constitutionality, Morality, Deterrent Effect, and Interpretation by the Court*, Lanham, Md.: University Press of America, Inc., 1997, p. 124.

③ Alan I. Bigel, *Justices William J. Brennan, Jr. and Thurgood Marshall on Capital Punishment: Its Constitutionality, Morality, Deterrent Effect, and Interpretation by the Court*, Lanham, Md.: University Press of America, Inc., 1997, p. 125.

④ Alan I. Bigel, *Justices William J. Brennan, Jr. and Thurgood Marshall on Capital Punishment: Its Constitutionality, Morality, Deterrent Effect, and Interpretation by the Court*, Lanham, Md.: University Press of America, Inc., 1997, p. 127.

⑤ ［美］富兰克林·E. 齐姆林著：《美国死刑悖论》，高维俭等译，上海三联书店 2008 年版，第 8 页。

一次明确地承认死刑的合宪性。马歇尔对最高法院的多数意见表示强烈反对。大法官当中，只有布伦南坚定地和马歇尔站在一起。

“格莱格案”之后，马歇尔对死刑的态度实际上只有一个，那就是坚决和无条件地反对。1986年，在第二巡回上诉法院的一次演讲中，马歇尔阐述了自己坚决主张废除死刑的原因。在这篇演讲中，马歇尔没有纠缠理论，而是从实践出发，分析死刑的不合理性。马歇尔指出，由于死刑后果的独特性，社会有责任确保死刑被告得到一个公平的为自己辩护的机会，然而，在现实的司法体制中，死刑被告并没有获得一个捍卫自己生命权利的平等机会。① 马歇尔指出，这种不平等主要表现在两个方面。

第一，不同死刑被告得到的辩护存在巨大的不平等。为了让穷人得到平等的法律保护，美国法律规定，对于那些请不起律师的刑事被告，法院免费为其提供辩护律师。但是这一措施并没有实现它期望的目标。经过调查，人们发现，那些被判处和执行了死刑的犯人，绝大部分是黑人或穷人。这种现象不难理解，为穷人指派的免费律师，几乎都是刚刚走出校门的法学院毕业生，这些人往往缺乏死刑辩护经验，根本无法为当事人进行有效辩护。② 在辩护过程中，他们很容易出现各种各样的失误，这些失误的代价就是当事人的生命。对此，马歇尔有着深刻的体会，因为他有亲身经历。对富人来说，则不存在此类情况。他们总是高薪聘请经验丰富的律师为自己辩护，很容易逃脱死刑的惩罚。

第二，在死刑被告和其他一般刑事被告之间也存在巨大的不公平现象。一般来说，处理死刑案件应该比处理其他一般刑事案件更加谨慎，

---

① Mark V. Tushnet, *Thurgood Marshall: His Speeches, Writings, Arguments, Opinions, and Reminiscences*, Chicago: Lawrence Hill Books, 2001, p. 286.

② Mark V. Tushnet, *Thurgood Marshall: His Speeches, Writings, Arguments, Opinions, and Reminiscences*, Chicago: Lawrence Hill Books, 2001, p. 287.

然而事实上恰恰相反，死刑被告在宣判前的准备时间反而比其他刑事被告短。①

在演讲中，马歇尔不仅指出了现行审判体制的缺陷，而且提出了切实可行的补救措施，并呼吁法院和政府采取行动。不过，马歇尔并没有改变对死刑的坚决反对态度，他认为，即使改变现在的审判体制，也不能消除死刑本身固有的问题，因此，他将“继续在任何情况下反对死刑”。但是，马歇尔知道，短时间内废除死刑是不可能的，于是他呼吁，“只要我们国家允许死刑，律师、法官和政府官员就有一种责任，他们必须确保那些面对死刑判决的人，能够像其他一般刑事被告一样，得到在法庭上充分为自己辩护的机会”②。

由前面的分析我们可以看出，马歇尔反对死刑主要基于两点原因。首先是死刑的特殊性。马歇尔一再指出“死刑（与其他刑罚）是不同的”，人死不能复活，所以死刑的判定需要特别谨慎，但是现在的审判程序不仅无法做到应有的谨慎，反而具有很大的任意性，因此死刑这种刑罚不具有存在的合理性。其次是死刑制度执行中的不公正。马歇尔认为死刑审判过程中存在很大的不公正，这种不公正违背了法律的平等保护，因此死刑的存在也不具有合法性。

1993 年 1 月 24 日下午两点，马歇尔停止了呼吸。第二天，马歇尔的葬礼在国家大教堂举行，包括克林顿总统在内的 4000 多人来为马歇尔送行。最高法院首席大法官伦奎斯特致悼词，他用缓慢而低沉的声音说道：“‘法律下的公平正义’（Equal Justice Under Law），的确，没有人比瑟古德·马歇尔更致力于把这句话变成现实。”

没错，无论是作为民权律师还是作为最高法院大法官，马歇尔都把

---

① Mark V. Tushnet, *Thurgood Marshall: His Speeches, Writings, Arguments, Opinions, and Reminiscences*, Chicago: Lawrence Hill Books, 2001, p. 289.

② Mark V. Tushnet, *Thurgood Marshall: His Speeches, Writings, Arguments, Opinions, and Reminiscences*, Chicago: Lawrence Hill Books, 2001, p. 292.

实现法律下的公平正义作为自己努力和奋斗的目标。作为全国有色人种协进会的民权律师，马歇尔26年里所努力争取的目标只有一个，那就是实现美利坚合众国宪法对黑人的承诺。在这个岗位上，他的成就是举世公认的，这使他成为当时美国最杰出的律师之一。作为最高法院大法官，马歇尔同样致力于实现社会的公平正义，只不过他所努力捍卫的不再仅仅是黑人的权利，妇女、儿童、刑事被告、移民等美国社会中的弱势群体都成了马歇尔保护的对象。有人指出，作为大法官，马歇尔缺乏应有的中立立场和深厚的法律学识。是的，马歇尔没有斯托里大法官和法兰克福特大法官那样杰出的法律才华，马歇尔不是法律学者，也没有机会成为法律学者，这是无法改变的客观现实。我们可以说马歇尔不是杰出的法官，但是我们却不能不说他是一个极富正义感的人，一个为保护社会弱势群体的权利而战斗的人，一个为公民个人权利免遭政府公权力的压迫而抗争的人！

马歇尔宣布退休时，有一位记者问道："您希望人们对您的评价是什么？"马歇尔回答："他用他所拥有的，做了他所能做的。"

（任东来、程法华）

第九章　威廉·伦奎斯特：壮志未酬身先死[①]

2005年9月3日（当地时间），时任美国联邦最高法院首席大法官的威廉·伦奎斯特（William H. Rehnquist）在位于弗吉尼亚阿灵顿的家中病逝，享年81岁。

从1972年正式进入最高法院，到1986年出任首席大法官，伦奎斯特经历了尼克松总统的辞职，主持了克林顿总统的弹劾审判，判决了戈尔－小布什的总统竞选之争，33年的最高法院生涯极富传奇色彩。

伦奎斯特不但经历与创造了历史，也热爱阅读、研究历史，在最高法院期间，他利用业余时间，撰写了四部历史著作，涉及政治制度[②]、国会弹

---

① 本章写作时，伦奎斯特的好友奥博迈耶（Herman J. Obermayer）为其写作的传记（REHNQUIST：A Personal Portrait of the Distinguished Chief Justice of the United States）尚未出版，如今这本传记已经有了中译文（《最高法院的“掌舵人”：威廉·伦奎斯特首席大法官传》，余冲译，中国法制出版社2012年版），可供参阅。当然，若希望进一步了解伦奎斯特时期的最高法院，可以参考胡晓进：“美国伦奎斯特法院保守性初探——以联邦主义问题的相关判决为中心”，载《南京大学学报》（哲学·人文科学·社会科学版）2004年第3期。

② *The Supreme Court：How It Was，How It Is*，New York：Morrow，1987.

劾①、公民自由②、总统选举③等问题，销量与口碑均不俗，堪比专业历史学家。

古人云，立功、立言、立德三不朽。“二战”时，伦奎斯特当过兵，有军功。做大法官，写司法意见书，洋洋万言，业余研究历史，著书行世，此谓立言。至于立德，见仁见智，留待后人评说。但是，无论如何，老兵永远不死，只会慢慢凋零。

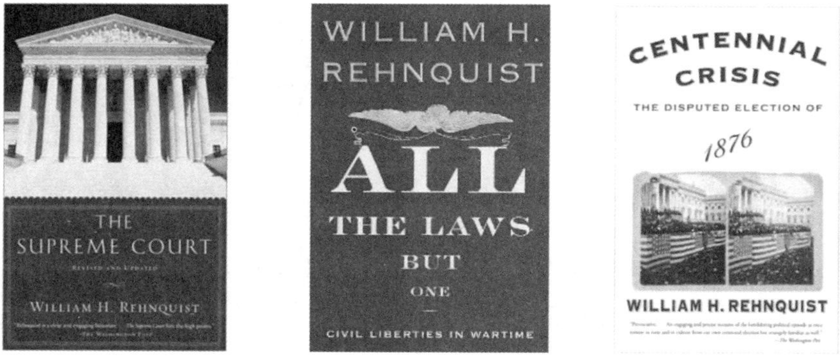

△ 伦奎斯特的著作④

一、立志改变政府

1924年10月1日，威廉·伦奎斯特出生于威斯康星州密尔沃基市郊的肖尔伍德（Shorewood），其祖父是来自瑞典的移民，父亲是当地的纸品批发商，家庭殷实，为伦奎斯特提供了舒适的物质条件；母亲毕业于威斯康星大学，精通五种语言，一边给当地的公司做翻译，一边教育子女。

---

① *Grand inquests*: *The Historic Impeachments of Justice Samuel Chase and President Andrew Johnson*, New York: Morrow, 1992.

② *All the Laws But One*: *Civil Liberties in Wartime*, New York: Knopf, 1998.

③ *Centennial Crisis*: *The Disputed Election of 1876*, New York: Alfred A. Knopf, 2004.

④ 图片来源：www. amazon. com/William - H. - Rehnquist/e/B001IGNS3Q/ref = sr_ ntt_ srch_ lnk_ 2? qid = 1400398643&sr = 1 - 2，最后访问日期：2014年5月5日。

伦奎斯特一家是坚定的共和党人，忠心支持当时的共和党领导人赫伯特·胡佛（Herbert Hoover）。在伦奎斯特家中，晚餐的主要话题是政治，这使威廉·伦奎斯特从小开始就非常关心政治。1932 年大选，胡佛败给了民主党总统候选人富兰克林·罗斯福，伦奎斯特一家非常失望。当伦奎斯特的老师问他长大了想干什么时，小伦奎斯特异常肯定地回答，“改变政府”，当时伦奎斯特还是一个 8 岁的小学生。①

进入中学后，伦奎斯特更加留意政治问题，他利用在学校报纸当编辑的机会，撰文批评当地的专栏作家，认为他们不应将自己的观点强加给大众。若干年后，已是联邦法官的伦奎斯特依然坚持自己的立场，反对法官解释法律时掺入个人看法。

1941 年 12 月，日本偷袭珍珠港，美国参加“二战”。那年伦奎斯特刚刚 17 岁，与当时的年轻人一样，他急欲应征入伍，保家卫国。但是当时美国征兵的最低年龄是 21 岁，伦奎斯特只得打消从军念头，加入本地的公民自卫组织，负责维持地方治安、汇报异常情况，并学习实用技术，为投身战斗作准备。1942 年，伦奎斯特进入俄亥俄州的凯尼恩学院（Kenyon College）学习。同年，为扩充兵源，国会将入伍的年限从 21 岁降至 18 岁，伦奎斯特随时可能应召入伍。在大学期间，他一边学习文化课程，一边从事军事训练。当时，美国空军正在凯尼恩等几所学院开设天气观测课程，为空军培养后备气象预报员。报国心切的伦奎斯特报名参加，先后在俄亥俄、俄克拉荷马、新墨西哥、得克萨斯、新泽西受训，并正式加入美国空军。1945 年至 1946 年，伦奎斯特赴北非执行任务，当时，“二战”已接近尾声，虽然遍地创伤，但埃及温暖的气候与怡人的自然风光，让他流连忘返。

1946 年，22 岁的伦奎斯特退伍还乡，希望找一个像北非一样温暖

---

① Scott Cameron, *William H. Rehnquist: Chief Justice of the U. S. Supreme Court*, N. Y.: Facts on File, Inc., 2005, p. 10.

的地方继续自己的学业，他看上了西海岸名校斯坦福，可是斯坦福是私立学校，学费高昂，成年的伦奎斯特又不愿向家里求援，怎么办呢？好在国会及时通过了《退伍军人安置法》，资助这批老兵进大学深造，伦奎斯特得以进入斯坦福，选择了自己钟情的政治学专业。由于先前曾在凯尼恩学院学习过相关课程，伦奎斯特仅用两年时间就修完了政治学专业的本科与研究生课程，于1948年获得学士与硕士学位。随后，他又来到东海岸，进入哈佛大学的政府管理专业学习，1950年获得第二个硕士学位。

哈佛的师资虽说是全国一流，但麻省寒冷的冬季却让伦奎斯特望而却步。两年硕士结束后，他重返斯坦福，成为该校法学院的一名新生。在斯坦福法学院的两年，伦奎斯特爱情学业两丰收，不但遇到了后来的妻子纳塔利娅（当时的名字是 Natalie Cornell），而且因为成绩突出，出任《斯坦福法律评论》的编辑。1952年，伦奎斯特以全班第一名的成绩从斯坦福大学法学院毕业，同班同学中还有后来成为美国最高法院第一位女大法官的奥康纳（Sandra Day O'Connor，1981—2005年在任）。

当时著名法学院的毕业生，就业去向主要有三种：进大的律师事务所、到公司或政府部门当律师或法律顾问、担任法官的法律助手（law clerk）。其中以担任法官助手最受青睐，因为助手的工作经历不但更有利于熟悉法院的运作程序，为以后做律师出庭辩护奠定基础，而且可以与法官、检察官、律师建立人际关系，有利于日后的进一步发展。法官助手有州法官助手与联邦法官助手之分，其中联邦最高法院大法官的法律助手最受看重，也最抢手。如果能成为大法官的法律助手，人生的职业生涯可谓成功了一半，日后无论从政、治学，或是独立开业，都不愁没有资本。可是联邦最高法院的大法官一般只招收几所著名大学法学院的优秀毕业生做助手，绝大多数来自东海岸的常春藤盟校。斯坦福大学的法学院虽然排名靠前，可惜不在东海岸，不属于常春藤盟校，即使再优秀的学生，也很难得到大法官的面试机会。

可是命运之神似乎特别垂青伦奎斯特，就在他毕业的前几个月，时任联邦最高法院大法官的罗伯特·杰克逊（Robert H. Jackson）来西海岸参加斯坦福法学院新大楼的落成庆典，并为自己物色一名新的法律助手。伦奎斯特由于学识与口才出众，获得了这次宝贵的面试机会，并被杰克逊大法官看中，应邀前往首都华盛顿，成为杰克逊大法官的法律助手。

二、从大法官助手到大法官

1952 年年初，伦奎斯特从西海岸驾车，冒着一路的严寒与风雪，长途跋涉来到华盛顿，开始了为期一年半的大法官助手生涯，也从此与美国的政治首都建立了终身联系。

大法官助手的主要工作有两项：审判前起草案件备忘录，说明案情并提出是否受理的建议；审判后查阅相关先例，替大法官起草司法意见书初稿。聘请伦奎斯特做助手的罗伯特·杰克逊大法官是一位温和的民主党，曾协助富兰克林·罗斯福竞选总统，1941 年由罗斯福任命为最高法院大法官，1954 年因病死于任上。杰克逊是最高法院最后一位未经法学院正规训练、自学成才的大法官。伦奎斯特做助手的那段日子，正是杰克逊任大法官的最后一段时间，也是最高法院历史上极不平静的岁月。最高法院的一起判决改变了无数美国人的命运，也使伦奎斯特身陷其中。这就是 1952—1954 年最高法院审理判决的布朗案。

最高法院的布朗案判决要求结束公立教育领域的种族隔离状态，为白人与黑人孩子提供平等且不隔离的教育设施。这一判决得到了包括杰克逊大法官在内的九名最高法院大法官的一致赞同。作为大法官的法律助手，在为杰克逊起草的该案备忘录（题为“种族隔离案件随想”）中，伦奎斯特却建议大法官维持教育领域的种族隔离状况。这份备忘录在当时并未引起人们的注意。1971 年，理查德·尼克松总统提名伦奎斯特特担任最高法院大法官，大小媒体将伦奎斯特的历史背景翻了个底朝天，著名的《新闻周刊》全文刊载了伦奎斯特的这份备忘录，引起轩然大波，反对者以此认为伦奎斯特仍然坚持种族隔离，是保守的种族主义分子，不配担任大法官。为了回应批评，伦奎斯特给负责审核大法官提名的国会参议院司法委员会写信，表示那份备忘录是在杰克逊大法官的授意之下草拟的，不代表自己的立场。与伦奎斯特一同协助杰克逊大法官工作的另一位助手也写信证实，杰克逊大法官曾让他就布朗案起草一份反对种族隔离的备忘录。这两封信使伦奎斯特涉险过关，成为美国最高法院历史上的第 100 位大法官。这是后话，暂且不表。

在担任大法官助手的 18 个月里，除了杰克逊外，对伦奎斯特影响最大的当数菲力克斯·法兰克福特大法官（1939—1962 年在任）。法兰克福特大法官是犹太人，生于奥地利维也纳，长于美国纽约，曾任哈佛大学法学院教授。与杰克逊一样，法兰克福特也是富兰克林·罗斯福总统的支持者，一直为罗斯福出谋划策，并由罗斯福总统提名任命为大法官。法兰克福特认为最高法院应该充分尊重立法机构的意志，只在属于自己的领域发挥积极作用。他曾对伦奎斯特说，保守派也应该像自由分子一样积极参与政治活动。这句话影响了伦奎斯特的一生。

1953 年 6 月，伦奎斯特结束了为期一年半的大法官助手生涯，来到温暖的亚利桑那州，加入一家法律事务所，并娶妻生子。他一边做律师，一边积极参加当地共和党的政治活动，成为当地的活跃分子。与此同时，伦奎斯特还秉承自己学生时代的爱好，给报纸写评论，针砭时弊。1957 年，他在《美国新闻与世界报道》上撰文，批评最高法院的法律助手过于自由化，太同情共产主义分子，助手们对法官的影响太大。在其他一些文章中，他甚至批评有些大法官是左翼分子，是在借宪法的名义实现个人目的。这些言论让伦奎斯特在共和党内声名鹊起，先是被任命为亚利桑那州特别检察官，负责起诉该州的腐败官员，随后又应邀协助 1964 年与 1968 年的共和党总统候选人。1968 年，共和党人尼克松成功当选总统，为了感谢伦奎斯特的鼎力相助，尼克松政府任命其为司法部助理部长，负责司法部的法律顾问办公室。

1969 年，伦奎斯特举家迁往首都华盛顿附近的阿灵顿，开始了他毕生的政治生涯。司法部法律顾问办公室负责为联邦政府提供法律意见，调查联邦法官候选人的政治背景，为总统的提名任命提供参考。伦奎斯特的生活又一次与最高法院联系在一起，并因为一次偶然的机会，阴差阳错，成为最高法院大法官。

1971 年，最高法院的雨果·布莱克大法官与约翰·哈兰大法官相继退休，尼克松开始寻找新的大法官候选人。跟往常一样，伦奎斯特与司法部部长、总统顾问一起草拟了一份候选人名单，让总统从中圈定两位。不知是谁走漏了风声，人选尚未确定，这份秘密名单就被新闻媒体获知，捅了出来，引出一片责骂声，批评尼克松挑的大法官人选没一个称职。两年前，尼克松曾在提名大法官的问题上栽过跟头，连续两次提名未获参议院批准，威信扫地，信心全无。这次，媒体一批评，尼克松就有点慌了，担心重蹈覆辙，赶紧将顾问找来，重新选人。情急之下，白宫幕僚把伦奎斯特推了出来，建议尼克松提名伦奎斯特出任大法官。由于伦奎斯特资历太浅，知名度不高，尼克松一开始还有些犹豫。但白宫幕僚与司法部部长极力推荐，他们认为，伦奎斯特立场保守，符合总统的政策方

△ 1971 年 11 月 1 日《时代》封面上的伦奎斯特与刘易斯·鲍威尔（右上）①

① 图片来源：http：//content. time. com/time/covers/0,16641,19711101,00. html，最后访问日期：2014 年 5 月 5 日。

向，做过大法官的法律助手，熟悉最高法院的情况，毕业名校，成绩优异，聪明善辩，是大法官的合适人选。尼克松这才打消顾虑，提名伦奎斯特。

1971年11月，提名交付参议院司法委员会讨论，媒体爆出伦奎斯特早年起草的一份支持种族隔离的备忘录，再次引起争议，伦奎斯特沉着应对，坚决否认，司法委员会只好将提名提交全院投票。12月10日，参议院以68∶28，通过提名，伦奎斯特又一次进入20年前曾经工作过的最高法院，但这次不是大法官助手，而是大法官。

三、从大法官到首席大法官

伦奎斯特进入最高法院时，最高法院的首席大法官是来自明尼苏达的沃伦·伯格（Warren Burger，1969—1986年在任），与伦奎斯特一样，伯格也是共和党的积极分子，因为协助大选有功，被任命为司法部助理部长，后长期担任哥伦比亚特区联邦巡回上诉法院法官，具有丰富的司法经验。1969年由尼克松总统提名，出任最高法院首席大法官。

伦奎斯特是伯格的坚定支持者，他希望与首席大法官一起，扭转20世纪50年代以来最高法院的自由主义倾向，缩小法律平等保护的范围，尊重州权，限制刑事被告的权利。但在20世纪70年代初，自由派大法官仍控制着最高法院，伦奎斯特的意见往往得不到多数大法官支持。伯格虽然赞同伦奎斯特的主张，但作为首席大法官，他不得不维持最高法院判决的连续性，无法像伦奎斯特那样随心所欲地表达自己的异议。而且，首席大法官职位并非伯格的首选，他更希望出任政治性职务。因此，在审理案件时，伯格非常顾忌判决的政治后果，为此不惜改变自己的立场。相比之下，伦奎斯特则是更为彻底的保守派，根本不在意别人的批评，在担任大法官的14年里，伦奎斯特一共表达了54次不同意见，创下了最高法院历史上的异议之最，被自己的法律助手称为“孤独的异议者”。《新闻周刊》杂志更是直呼其为“最高法院里的右派先生”①。

从进入最高法院的那一天起，伦奎斯特的锋芒与右派色彩就充分展现出来。1971 年 12 月，当参议院投票同意伦奎斯特担任大法官时，最高法院正在审理一件波及全美、影响深远的大案——堕胎案（罗伊诉韦德案）。当时，摆在最高法院面前的难题是，堕胎是不是妇女的一项宪法自由？州是否有权干涉？全美每年都有数以万计的妇女面临堕胎问题，由于大多数州严格限制堕胎，致使急切需要堕胎的妇女或是远走他乡，或是冒着进监狱的危险，偷偷将孩子打掉。大部分美国人认为胎儿也是生命，是上帝的恩赐，堕胎伤害生命，若非万不得已，绝对不可为之。反对堕胎的力量非常强大。1971 年年底，最高法院审理此案时，布莱克与哈伦两位大法官已经退休离任，伦奎斯特与另一位大法官刚刚获得参议院同意，尚未赴任，只有七名大法官参与审理。由于案情重大，为了慎重起见，经过反复讨论，最高法院决定等两位新的大法官到任后，重审此案。

1972 年 10 月，最高法院再次开庭审理罗伊诉韦德案，并于次年 1 月作出判决：是否选择堕胎是妇女的个人隐私，受宪法保护；州不得绝对禁止堕胎，也不能给妇女堕胎设置不必要的障碍；孕妇的健康与胎儿的生命同样重要，只有在怀孕的最后阶段，州才能限制妇女堕胎。

进入最高法院刚刚一年的伦奎斯特，资历最浅，但仍然非常鲜明地反对法院的多数意见，写下了自己的异议：首先，宪法文本中并未规定个人隐私权，即使从若干条款中推导出这项权利，隐私的范围也是有限的，不能涵盖堕胎问题，因此，选择堕胎并非一项宪法自由权。其次，各州的堕胎法由来已久，是否限制堕胎，是各州的事，与联邦无关，联邦法院不应干涉。再者，州负有保护本州公民生命、健康的职责，其中

---

① Scott Cameron, *William H. Rehnquist: Chief Justice of the U. S. Supreme Court*, N. Y.: Facts on File, Inc., 2005, p. 49.

既包括妇女的健康，也包括胎儿的生命，只有州政府才最有资格与能力平衡本州的最佳利益，联邦法官不应在判决中掺杂个人偏好。①

限制堕胎是伦奎斯特的一贯立场，在随后的几起判决中，伦奎斯特不改初衷，赢得了共和党人的交口称赞。相比之下，作为首席大法官的伯格则有些畏首畏尾，没有站在伦奎斯特一边，让提名任命他的尼克松总统大失所望。

就在宣判"罗伊诉韦德案"的同一年，伦奎斯特又在另一起涉及种族隔离的案件上显出右派先生本色。当时，科罗拉多州丹佛市的一个学区没有采取积极措施融合黑白学生，被人告上联邦法院。最高法院受理此案后，九名法官中就有八名认为，该学区应该采取用校车接送学生等积极措施，尽快实现学区内学校之间的种族融合。法院多数意见还认为，1954 年判决的布朗案提出以审慎的速度结束学校种族隔离，就包括使用校车等积极措施。但是伦奎斯特不这么看，他相信，该学区并非有意制造黑白学生分校，联邦不应干涉；而且，利用校车实现黑白学生混合，无异于强制融合，不符合布朗案判决中自愿、逐渐融合的原则。②与往常一样，这次，伦奎斯特又是"孤独的异议者"。

在堕胎与种族融合问题上，伦奎斯特的异议有一个共同点：尊重州权，限制联邦过分干预。这种强调联邦主义的态度正是保守派大法官的基本立场，也是伦奎斯特不遗余力倡导的美国传统。1974 年，国会通过一项修正案，将 1938 年的《公平劳动标准法》的适用范围扩大到州以及地方各级政府的所有雇员。对此，全国城市联盟（National League of Cities）等组织提出抗议，认为国会的这一做法违背了宪法第十条修正案（保障州与人民的权利），侵害了州权，因此提出诉讼。1976 年，最高法院以 5∶4 的多数认为，扩大《公平劳动标准法》适用范围是违宪之举，因为联邦不应该像管理自己的分支机构一样直接规制各州。撰写

---

① 详见 *Roe v. Wade*, 410 U. S. 113 (1973).

② 详见 *Keyes v. Denver School District No.* 1, Denver, Colorado, 413 U. S. 189 (1973).

法院多数意见的正是伦奎斯特，他指出，决定自己雇员的工资毫无疑问应该是主权各州的分内事。① 全国城市联盟案是自 1937 年“宪法革命”以来最高法院以州权为由否决的第一个联邦法规，成为最高法院在联邦制问题上一系列保守判决的前奏。伦奎斯特也因为撰写该案的司法意见，引起了更多的关注，逐渐成为最高法院的右派领袖。

进入 20 世纪 80 年代，随着共和党人罗纳德·里根入主白宫，更多的保守派大法官进入最高法院，其中就包括伦奎斯特的同学、第一位女性大法官奥康纳，伦奎斯特的异议也得到了他们的认可。1984 年，伦奎斯特获得多数意见的次数开始超过异议次数，从 20 世纪 70 年代助手眼中的“孤独的异议者”，变成 20 世纪 80 年代中期助手眼中的最高法院的“老板”，② 深受里根总统赏识。

1986 年，为筹备美国宪法两百周年庆典（1987 年），伯格辞去首席大法官一职，里根总统毫不犹豫地提出让伦奎斯特继任。1986 年 9 月，参议院以 65∶33 通过了对伦奎斯特的提名，尽管在所有通过的首席大法官提名中，这是支持率最低的一次，但伦奎斯特从此成了最高法院货真价实的老板。

四、伦奎斯特与伦奎斯特法院

在讨论伦奎斯特出任首席大法官的听证会上，民主党参议员再次提起 20 世纪 50 年代初伦奎斯特为布朗案所写的备忘录，以及相关报刊文章，证明伦奎斯特是种族主义者，没有资格担任首席大法官。

除了政治主张外，伦奎斯特的身体状况也成为媒体关注的焦点。1986 年，伦奎斯特 62 岁，并不算老，但由于背部疼痛，长期服用止痛药，形成了药物依赖。民主党与其他反对者抓住这一点，认为伦奎斯特

---

① 详见 *National League of Cities v. Usery*, 426 U. S. 833 (1976).

② Scott Cameron, *William H. Rehnquist: Chief Justice of the U. S. Supreme Court*, N. Y.: Facts on File, Inc., 2005, p. 54.

身体欠佳，不适合担任首席大法官。共和党参议员则认为，民主党人是无事生非、小题大做，伦奎斯特经验丰富，才能杰出，资历优秀，身体硬朗，完全可以胜任首席大法官一职。伦奎斯特本人也表示，参议院不应纠结于几十年前的陈年旧事，过去的一章已经结束，他会一切向前看，尽力做一个优秀的首席大法官。在共和党参议员与里根总统的全力支持下，伦奎斯特最终成为美国最高法院第16位首席大法官。

伦奎斯特擢升首席大法官后，他所空出的大法官席位也让里根总统费了一番脑筋，理想的人选应该是既保守又年轻，能与伦奎斯特一道带领最高法院走共和党所期望的道路。但是共和党在参议院没有绝对的把握，过于保守的候选人很可能通不过。再三筛选，最后圈定了两个人：罗伯特·博克（Robert Bork）和安东宁·斯卡利亚（Antonin Scalia）。这两人有很多相似点，当时都是哥伦比亚特区联邦上诉法院的法官，都做过法学教授，都在尼克松政府的司法部做过高官，最重要的，他们都是信奉宪法原旨主义的彻底保守派。相比之下，资深的博克比斯卡利亚更具有全国性声望。但是，博克年龄稍大，而且还有一段在水门事件中"助纣为虐"的不光彩经历。① 这些因素很可能使得"伦奎斯特+博克"

---

① 1972年6月，水门案事发。这一潜入民主党全国委员会总部安装电话窃听器的未遂案，在媒体穷追不舍的揭露下，终于牵扯出尼克松助手在案件背后的黑手。在舆论和国会的强大压力下，1973年5月，尼克松政府不得不任命哈佛大学法学院教授、曾经担任过肯尼迪政府首席检察官的阿奇博尔德·考克斯（Archibald Cox）为调查水门案件的特别检察官。由于考克斯坚持要求尼克松交出白宫自动录音系统录下的部分总统谈话录音带，尼克松极为恼怒，认为侵犯其总统行政特权，遂在1973年10月22日命令司法部部长埃利奥特·里查森（Elliot Richardson）解雇考克斯。里查森不愿从命，请求辞职。尼克松转而命令司法部副部长威廉·拉克尔肖斯（William Ruchelshaws）解雇考克斯，拉克尔肖斯同样拒绝。万般无奈之下，尼克松只有命令司法部第三号人物、联邦首席检察官罗伯特·博克解雇考克斯。博克犹豫再三，勉强从命。紧接着，尼克松赶在里查森和拉克尔肖斯辞职之前，将两人解除职务，任命博克出任司法部代理部长。博克随即签署了对考克斯的解职命令，并于当天下午取消了"水门特别检察官小组"（Watergate Special Prosecutor Force），将其重归于司法部刑事局（Criminal Division）之下。接着，白宫又以保密为由，由联邦调查局查封了特别检察官办公室。这一系列举措第二天就成为各大报纸的头条，因为10月22日这一天正好是星期六，媒体毫不客气地称之为"星期六之夜大屠杀"，类比法国历史上的"圣巴托洛缪之夜大屠杀"。

的联合提名方式难以在参议院通过，因此白宫决定先选择斯卡利亚。1986 年 6 月，里根宣布对斯卡利亚的提名，并与伦奎斯特同一天获得参议院批准。

尽管里根进行了两次提名，但实际上却是斯卡利亚取代了伯格，最高法院只增添了一张新面孔。然而，就是这一个人的变化，最高法院的政治倾向就随之开始发生根本性的逆转，伦奎斯特法院渐渐浮出水面。

△ 1986 年 6 月 30 日《时代》封面上的伦奎斯特①

1987 年，另一位大法官宣布退休，里根毫不犹豫地提名了博克。然而，时过境迁，里根政府的黄金时代已经过去。1986 年中期选举，民主党重新控制了参议院，而且，由于外交冲突，总统与国会的关系空前恶化。更为重要的是，博克在水门事件中的表现，依然是他的历史包袱。因此，博克的提名一经公布，便遭到各方的激烈反对。从来没有一个提名像这次一样，如此政治化。公开反对任命博克、向参议院施加影响的利益团体多达 300 多个。② 尽管里根多次公开声明支持博克，但无济于事，反而影响了博克作为法官的独立性。1987 年 10 月，参议院以 58∶42 否决了对博克的提名。

此后，里根又匆忙选择了哥伦比亚特区联邦上诉法院的另一位法官，但后来发现这位法官有吸食大麻的经历，不得不赶紧撤销提名计划。两次提名的失败损害了里根的政治资本，他只得退而求其次，选择其家乡加利福尼亚的一位老朋友安东尼·肯尼迪（Anthony Kennedy）。肯尼迪也是位天主教徒，但远不及斯卡利亚保守。1975 年，由时任加州

① 图片来源：http://content.time.com/time/covers/0,16641,19860630,00.html，最后访问日期：2014 年 5 月 5 日。

② David Alistair Yalof, *Pursuit of Justice: Presidential Politics and the Selection of Supreme Court Nominees*, Chicago: University of Chicago Press, 1999, p. 160.

州长的里根推荐，肯尼迪出任第九巡回区联邦上诉法院法官，年仅39岁，是该院有史以来最年轻的法官。1988年2月初，经过3天短暂听证，参议院以全票通过肯尼迪的提名。

至此，在奥康纳、斯卡利亚、肯尼迪等共和党大法官的支持下，伦奎斯特的主张往往能成为最高法院的多数意见，伦奎斯特法院基本形成。

伦奎斯特法院十分强调国家和社会的整体秩序。在刑事犯罪问题上，非常强硬。为了公共利益和安全的需要，如果有足够的证据表明罪行成立，就算强迫犯罪分子认罪，也不过是无害的失误。伦奎斯特认为应该扩大警察的搜查、取证权；减少死刑犯的上诉权利和程序，让死刑真正发挥惩戒作用；应该降低联邦法院在复审州法院死刑判决中的作用。20世纪90年代以来，在伦奎斯特法院和国会的共同作用下，美国死刑的执行速度大大加快。

如果说死刑问题是美国国内争论不休的一大主题，那么另一个几乎同样引人注目的话题则是联邦和州的权力的分配，如何对待这一权力划分也成为保守与开明的重要分野。一般的趋势是，保守派主张小政府，减少对各州事务的干预。用比较极端的话来表达就是：社会能够做的，政府就不要去干涉；地方（包括州）政府能够做的，联邦政府就不要去干涉。因此，在联邦主义案件中，保守派法官往往偏向州权一边。开明派虽然不能说主张大政府，但至少是强调继承罗斯福的新政传统，维护新政以来的联邦政府的干预政策。因此，自1938年以来，最高法院从未否决联邦政府的经济立法，但是伦奎斯特法院却在1995年的一项判决中打破了这一传统。此后，伦奎斯特法院多次以5∶4作出类似的判决。对于应该否决哪些案件，伦奎斯特有自己明确的标准：一种是不能为国会立法所纠正的宪法案件，另一种则是与证据规则和程序性权利相关的案件。

伦奎斯特是个多元主义者，坚信政府权力应该有多个来源，联邦司法部门只是三权之一，并不比其他两个部门更具有智慧与权威。所有的道德判断都没有高下之分，不能用道德判断代替法律，因为任何的道德判断都是个人的。在民主社会中，如果一定要在道德判断中作选择，那么，唯一的途径只能是选票，让多数人通过投票将某种道德判断变成法律。

1976 年，一位著名的美国教授戴维·夏皮罗（David L. Shapiro）在《哈佛法律评论》上撰文，将伦奎斯特的司法哲学概括为三个方面：当个人与政府发生冲突时，应该牺牲个人；当联邦与州发生冲突时，应该支持州；应该尽量避免动用联邦司法权。40 多年后再回首，无论是对于伦奎斯特个人，还是就整个伦奎斯特法院而言，这一评价都没有过时。

尽管政治倾向不尽相同，但伦奎斯特作为首席大法官的组织才能还是得到了所有大法官的一致称赞。2002 年 1 月 7 日是伦奎斯特宣誓就任大法官 30 周年纪念日，那天，最高法院最为年长，也是最不认同伦奎斯特保守倾向的自由派大法官约翰·史蒂文斯（John Paul Stevens），代表最高法院所有同僚，向首席大法官宣读了一封祝贺信，称赞伦奎斯特能“高效、生动而又不失偏颇地主持最高法院，表现出了一个首席大法官的高度责任感”。

在伦奎斯特任首席大法官的近 20 年内，有两件事无论如何也不能忽略：弹劾克林顿总统和戈尔、小布什的选票之争。1999 年年初，伦奎斯特在参议院主持了为期五周的弹劾审判，最后，克林顿总统惊险过关。

如果说伦奎斯特在克林顿案中的作用只是出于宪法程序的需要，没有任何主观个人意识，那么在第二年的选票案中则是主动出击，积极发挥联邦最高法院的权威和作用。

2000 年年底，美国总统选举因佛罗里达计票纠纷难产。佛罗里达州最高法院本已对计票规则作出了判决，按照伦奎斯特法院在联邦主义问题上的一向态度，本不应出手。但由于事关重大，利益攸关，伦奎斯特法院还是接受了小布什一方的上诉。判决的结果直接导致小布什胜出。而小布什的胜出则至少保证了往后 4 年乃至 8 年内，最高法院的保守倾向不会发生根本逆转。这一判决说明，保守的伦奎斯特法院也有相当的实用主义倾向，他们的保守立场可以根据所涉及问题的性质加以适当的调整。显然，小布什的当选与否比起是否坚持州主权原则，其重要性不可同日而语。因此，五位保守派大法官毫不犹豫地改变在联邦主义问题上的保守立场，极为迅速地插手佛罗里达的选举纠纷。

△ 威廉·伦奎斯特与妻子纳塔利合葬于阿灵顿国家公墓①

伦奎斯特是个幸运的大法官。如果没有尼克松的赏识，他根本进不了最高法院，可在他进入最高法院不到 1 年后，尼克松却东窗事发，因“水门事件”黯然离开白宫，成为美国历史上第一位因政治丑闻辞职的总统（在最高法院审理尼克松案时，伦奎斯特也因为与尼克松的这种关系而回避）。如果里根总统没有将斯卡利亚等保守派大法官送进最高法院，伦奎斯特也许只能是“孤独的异议者”，根本无法实现自己的政治理想。

但伦奎斯特的成功并不仅仅来自幸运，更重要的原因是他敏锐的感觉和高超的技巧；他将自己的使命与智慧和耐心紧密结合，在每一次的判决中充分表达自己的思想，也许这种思想暂时只能处于“少数派”地位，但他相信他的思想在未来的案件中，一定能够生根、发芽、开花，硕果累累。时间证明他对了，尽管并不全对。

（胡晓进、任东来）

① 图片来源：www. mcgady. net/ms/dcj/deadchiefs. html，最后访问日期：2014 年 5 月 5 日。

第十章　桑德拉·奥康纳：从“女秘书”到大法官

2005年盛夏之际，美国联邦最高法院首位女大法官奥康纳（Sandra Day O’ Connor）出乎意料地宣布退休。当时，这是最高法院自1994年后第一次出缺。美国媒体惊呼“奥康纳时代”结束了！接替她的新任大法官的提名和批准过程，演变为美国政坛舌剑唇枪、你争我夺的政治搏杀。究竟是何原因使奥康纳的位置如此重要？她在美国宪法史上究竟有何影响？

一、西部牧场的“疯丫头”

1930年3月26日，奥康纳生于美国南部得克萨斯州。不久，她父母迁居西部亚利桑那州，从事牧场生意。她家的牧场气势雄浑，一望无际，粗放旷达，景色苍茫，占地近20万英亩（约合800平方公里），饲养2000余头牛。不便之处是，牧场地处荒山野岭之中，天高地远，与世隔绝，交通闭塞，距附近最近的一个小镇40公里。这个牧场是奥康纳祖辈留下的遗产。

在美国历史上，西部牛仔骑术高超，我行我素，粗犷勇猛，坚韧不拔，不仅是美国人拓荒进取的西部史诗的独特象征，而且是好莱坞电影中无数可歌可泣、波澜壮阔故事的无尽源泉。但是，现实中的牛仔生活枯燥乏味，毫无浪漫色彩。据奥康纳回忆，她父母虽然坐拥万顷牧场，但是，在20世纪30年代经济大萧条时期，他们的“牛仔生涯”相当艰辛。全家住在一个只有四个房间的木头小屋，既无自来水，也无电灯电话，荒野茫茫，风啸狼嚎，是一种典型的天涯孤旅、自我奋斗、“无法无天”的西部环境。

在此背景下，奥康纳年仅8岁时，即当她远未达到美国法律规定的允许驾车和持枪的资格年龄时，她开车打枪、骑马套马、打鱼摸虾、砍柴上树、修理木桩等样样精熟，身手矫健，豪放不拘，成为西部荒草甸子上的“疯丫头”。有一次，上学时间已到，奥康纳和表妹却赖在牧场中的简易游泳池中死活不肯出来。他老爹一气之下，愣是用一副套马索把两个“疯丫头”拉上来，然后“马不停蹄”地把她们押解到学校。

西部牧场的“疯丫头”经历，后来“歪打正着”，一不留神成为奥康纳在几位法官候选人中脱颖而出、最终出任最高法院大法官的重要原因之一。里根总统生长于美国中部，其父是鞋店伙计，但他却狂热地向往西部牛仔生涯，最大的业余爱好是骑马和砍柴。在好莱坞成名发财后，里根立刻在加州买下一个大牧场，平时极力模仿西部牛仔的架势和风度。

然而，比起奥康纳家辽阔壮观、货真价实的西部牧场，里根的牧场可谓相形见绌。1981年，奥康纳赴白宫见里根接受面试，两人一见如故，谈笑风生，兴高采烈地聊起纵马奔驰、挺枪行猎、修理木桩等西部牧场经历，极为投缘，相见恨晚。送客之后，里根总统当即决定，不必再费劲儿面试其他几位候选人了，奥康纳就是最理想的大法官人选！

二、一职难觅的“女秘书”

奥康纳的妹妹和弟弟比她小将近10岁，在牧场的童年时代，她缺乏朋友和玩伴。空闲时间，她如饥似渴地阅读各种书籍，对莎士比亚尤为入迷。由于牧场附近的学校一塌糊涂，为了宝贝闺女今后的“窈窕淑女”形象，奥康纳被父母送回得州老家，住在爷爷奶奶家读书求学，进入当地颇有名望、中规中矩的私立女校。16 岁时，奥康纳连跳两级，考入著名学府斯坦福大学，主修经济学。1952 年，她以优异成绩获得斯坦福大学法律博士（J. D.）学位。

在斯坦福法学院 1952 届 102 位毕业生中，奥康纳的成绩名列第三，荣任《斯坦福法律评论》的编辑。当年的第一名伦奎斯特（William H. Rehnquist，1972—1986 年任大法官，1986—2005 年任首席大法官）后来成为美国最高法院首席大法官，据说此公当年曾与奥康纳有过短暂恋情。在法学院 1953 届毕业生中，名列榜首的那位混得也挺不错，后来成为奥康纳的丈夫。

想当年，美国法律界性别歧视的现象相当严重。奥康纳毕业后，奔波辗转，一职难觅，很难找到律师的工作。令人来气的是，洛杉矶市一家著名律师事务所（The Law Firm of Gibson，Dunn and Crutcher）有眼不识泰山，竟然以“女秘书”的职位回复奥康纳的求职信。此事如今已成为美国法律界的天大笑话。

联想到中国法律界，著名律师史良女士在 20 世纪 30 年代名震上海滩，新中国成立后出任国务院首任司法部部长。相比之下，当年美国“女权运动”的进展似乎远逊于中国。1993 年克林顿执政后，因第一夫人希拉里幕后影响，哈佛大学法律博士、佛罗里达州司法部部长雷诺（Janet Reno）成为美国有史以来第一位女性联邦司法部部长。当然，美国人对这么个“比法”并不服气。在他们看来，史良有职无权；雷诺位高权重，又有第一夫人“撑腰”，在克林顿内阁中权倾一时。

几经周折，奥康纳后来在加州圣·马托县（San Mateo County）政府找到了一个助理检察官的工作，薪水微薄。1953 年，奥康纳的丈夫从法学院毕业时，突然收到服兵役的命令（当时美国是抽签式义务兵役制），军训结束后被调往驻德美军部队，在军事法院担任军法官（Army Judge

Advocate)。奥康纳遂辞去来之不易的法律工作，赶赴德国与丈夫团聚，成为“随军家属”。后来，她在原西德法兰克福市的军需物资中心找到一个民事律师的工作。

1957年，奥康纳的丈夫从军队“复员转业”，回到亚利桑那州，重操律师业，事业成功，声誉甚佳。回老家后，奥康纳发现，亚利桑那州的律师事务所同样不雇佣女律师。一气之下，她与朋友合办了一个小型律师事务所。后来，奥康纳连生了三个儿子，遂决定回归家庭，当了大约8年左右的“家庭煮妇”，相夫教子，夫唱妻随，家庭温馨，婚姻美满，空闲时间从事志愿法律服务和共和党基层党务工作。这种温婉平实、注重“家庭价值”的贤妻良母形象，再加上沉稳内敛、外柔内刚的个性和气质，是奥康纳在保守派中声望甚高、人缘极佳的主要原因之一。

1965年，当最小的儿子上托儿所后，奥康纳重返政坛，大放光彩。她历任亚利桑那州助理司法部部长（1965—1969）、州参议院议员（1969—1972）、州参议院议长（1972—1975，美国历史上首位女性州参议院议长）、亚利桑那州玛立库帕县法官（1975—1979）、亚利桑那州上诉法院法官（1979—1981）等要职。跟她打过交道的律师们回忆说，奥康纳是一位“令人生畏”的法官，她聪颖超群，反应机敏，准备充分，比涉案律师还熟悉案情细节，具有非凡的智慧和敏锐的判断力。

虽然号称“令人生畏”，但奥康纳作风低调，循规蹈矩，不事张扬，既无锋芒毕露、心雄万夫、咄咄逼人的“女强人”色彩，也从未表露出特立独行、蔑视传统、让保守派一见就头疼的激进女权主义姿态。对于那种把婚姻家庭、生育子女、口红胸罩、项链高跟鞋等一概视为妇女解放束缚羁绊的激进女权观念，奥康纳从未予以认同。在一次对女学生的公开演讲中，她颇为自豪地宣称：“我今天戴着胸罩和结婚戒指而来。”

很多人可能没注意，名震天下的“奥康纳”大法官的姓氏，系因她结婚后循规改用丈夫约翰·奥康纳（John O' Connor Ⅲ）的姓氏而来，可谓“妻贵夫荣”，青史留名。个别中国学者和媒体不明真相，把“奥康纳”（O' Connor）译为女性化的“奥康娜”。实际上，即使在华盛顿，奥康纳夫妇也常常被圈外人“混为一谈”。有一次，他们在一家小餐馆被人认出。几个“看门道”的内行礼貌地上前与“奥康娜”大法官攀谈，轻松愉快，如沐春风；一群“看热闹”的追星族则围住“奥康纳”大法官，不听任何解释，非要请他签名留念，气氛热闹，尴尬可笑。

为人处世过分低调，常常会有“副作用”。1993 年，前哥伦比亚大学法学院教授、大名鼎鼎的联邦上诉法院女法官金斯伯格（Ruth Bader Ginsburg，1993 年至今任职）出任大法官后，奥康纳又面临与金斯伯格“混为一谈”的尴尬处境。即使在最高法院的法庭上，因过分紧张，出庭律师常常乱中出错，把奥康纳误称为金斯伯格。为此，奥康纳一度挂上“这是奥康纳”的小牌出庭，幽默地提醒律师不要“张冠李戴”。

言归正传。1981 年，里根总统执政后，决定履行竞选诺言，提名一位女性出任最高法院大法官。说出来可能没人敢信，天下竟有如此巧合，当年让奥康纳出任“女秘书”的那家律师事务所的一位资深合伙人史密斯（William French Smith），官运亨通，平步登天，当上了联邦政府司法部部长。是年初春，奥康纳冷不丁接到史密斯一个长途电话，请她专程到首都华盛顿来一趟，说是涉及一个重要的联邦政府职位的提名。

在电话中，史密斯起初卖了个关子，没有挑明提名职位的详情。奥康纳寻思，史密斯所在的事务所一向“重男轻女”，他说的这个重要职位，可能又是“秘书”（Secretary），或许是联邦商务部“秘书”，或许是联邦劳工部“秘书”。英文“Secretary”为多义词，既有秘书之义，亦有部长、书记、大臣之解。在美式英语中，秘书与部长可以混用。所以，奥康纳借机发挥，玩了个文字游戏的幽默。不过，中国法学界把官职汉译英时，一丝不苟，泾渭分明，将“部长”统一英译为“Minister”。

出乎意料的是，电话临近结束时，史密斯向奥康纳泄露了“天机”：里根总统提名她出任联邦最高法院大法官。在首都华盛顿，依照法定程序，司法部部长史密斯代表总统，正式向奥康纳宣读了提名委任状。他不但对“女秘书”奥康纳的卓越能力和出众品格称颂有加，而且毕恭毕敬，执礼甚恭。在参议院听证会上，奥康纳谈吐得体，应对自如。结果，参议院以99票同意、0票反对作出表决，迅速批准了提名。在20世纪美国国会史上，当涉及最高法院大法官批准任命时，这种“一致决定”、全票通过的情况相当罕见。

消息传出，当初“有眼不识泰山”的律师事务所追悔莫及，无地自容。后来，这家事务所借建所百年大庆良机，特邀当年被拒之门外的“女秘书”大驾光临，并以嘉宾身份发表贺词。奥康纳大法官“宰相肚里能撑船”，不计前嫌，欣然前往，举杯同庆，宾主尽欢。此情此景之高度戏剧性，恐怕连好莱坞最佳编导都编不出来。

三、“朝中有人好做官”

美国最高法院大法官人人身怀绝技，个个身手不凡。他们之中，有的是出类拔萃的法学教授，有的是名震四方的大牌律师，有的是誉满全美的著名法官，有的是权倾朝野的高官显要。相比之下，以在美国法律界的资历、地位、声望而言，奥康纳初出茅庐，平淡无奇，默默无闻。她只干过五年县法院法官，一年多（21个月）的州上诉法院法官。她为何能脱颖而出、青云直上，跨越州最高法院、联邦地区法院、联邦上诉法院的阶梯，一跃而成为联邦最高法院大法官呢？

实际上，在提名任命大法官问题上，候选人的资历、地位、声望固然重要，但并非决定性因素。1972年，尼克松提名伦奎斯特出任大法官。此公年仅47岁，以前在亚利桑那州干过执业律师，时任联邦司法部部长助理，执掌司法部法律顾问处，一天法官都没干过，根本谈不上显赫的资历和声望。伦奎斯特和奥康纳平步青云，飞黄腾达，除了个人素质之外，恐怕只能用“朝中有人好做官”来解释。

在美国宪政体制中，影响大法官候选人提名的因素错综复杂，神秘难测。一般而言，总统本人熟悉赏识以及国会和党内领袖人物、现任大法官、联邦司法部部长、白宫法律顾问的举荐是影响大法官候选人提名的主要因素。

亚利桑那虽然是个毫不起眼的边远小州，但却是当代美国保守主义的大本营。亚利桑那州联邦参议员、退役空军准将戈德沃特（Barry Goldwater）号称当代美国保守主义的开山鼻祖。此公是 1964 年共和党总统候选人，虽然败于约翰逊总统，但他长期担任参议院军事委员会主席，在党内声望极高，一言九鼎，在意识形态和党务人事方面对尼克松和里根总统影响极大。尼克松执政后，因戈德沃特推荐，亚利桑那州著名律师克兰典斯特（Richard Kleindienst）前后出任联邦司法部副部长、部长；州党部竞选大将伦奎斯特出任司法部部长助理，后来一不留神当上了最高法院大法官。奥康纳能一鸣惊人，与其“亚利桑那帮”的党内背景密切相关。

现任大法官的举荐，是影响大法官提名的另一关键性因素。1970 年，首席大法官伯格（Warren E. Burger，1969—1986 年任职）推荐童年挚友、结婚典礼上的男傧相、时任联邦上诉法院法官的布莱克门（Harry A. Blackmun，1970—1994 年任职）出任大法官。里根执政时，由于当年美国法律界稍有声望的黑人和女性都是民主党人，他只得另辟蹊径，不拘一格，破格拔擢“女流之辈”。在此关键时刻，伦奎斯特“内举不避同窗”，鼎力举荐奥康纳出任大法官。他与奥康纳同学（法学院）、同事（州党部）多年，深知她柔中有刚，素质超凡，若非被长达十多年“随军家属”“家庭煮妇”的贤妻良母生涯给耽误了，她很可能早已名震全美，誉满天下。

在大法官候选人提名问题上，联邦司法部部长是具体经办人，其作用和影响不言而喻。当大法官职位出缺时，一般由司法部部长和白宫法律顾问主持物色人选，经司法部联邦调查局审查个人背景，由美国律师协会对每位候选人的法律才能做出专业评估，共有杰出、优秀、良好、一般四档，然后拟出候选人名录，供总统参考选择、拍板决策。司法部部长史密斯虽有“重男轻女”的名声，但是，在推荐奥康纳出任大法官的问题上，此公扮演的幕后角色举足轻重。

值得一提的是，尽管“朝中有人”，但绝大多数法律界人士并不看好奥康纳的“官运”。美国政界官场历来有“多样化”的“潜规则”，伦奎斯特和奥康纳不仅是同班同学，而且来自同一个西部边远小州，这是个相当致命的“政治硬伤”和“官场忌讳”。没料想，“西部牛仔”奥康纳面试时轻松自如，谈笑风生，“临场发挥”极佳，赢得里根总统赏识青睐，令华盛顿观察家跌破眼镜！

四、“伦奎斯特法院”还是“奥康纳法院”

奥康纳上任之初，那些资深法官老爷们，其中包括老同学伦奎斯特，一天到晚端着架子，对这位女大法官一副不冷不热、公事公办的态度。多年来，大法官们或深居于巍峨高耸的法律殿堂之内，或埋首于艰深奇奥的法理象牙塔之中，孤芳自赏，恃才傲物，不食人间烟火。

△《法律的尊严》封面①

在这些“法官呆子”中，只有“南方绅士”鲍威尔（Lewis F. Powell, Jr.，1972—1987年任职）对奥康纳笑脸相迎，体贴入微。在法院工作中，他推心置腹，言传身教，甚至“转让”最得力的女秘书，帮助经验欠缺的奥康纳迅速适应联

① 图片来源：www.barnesandnoble.com/w/the-majesty-of-the-law-sandra-day-oconnor/1005412419?ean=9780736698122，最后访问日期：2014年5月6日。

邦最高法院的特殊环境和错综复杂的审判程序；在日常生活中，他嘘寒问暖，热情相助，帮助初来乍到、人生地疏的奥康纳一家在华盛顿地区购房置地，安家落户。两人遂成为忘年莫逆之交。在司法理念方面，鲍威尔对奥康纳亦有潜移默化的影响。据统计，1981—1987 年间，在以 5 比 4 票数裁定的争议性案例中，奥康纳与鲍威尔在同一阵营的次数名列第一。

2003 年，蓝登书屋出版了奥康纳的《法律的尊严：一位最高法院大法官的回顾》（以下简称《法律的尊严》）一书。这个书名挺“唬人”，其实并非奥康纳的自传。她著书立说的动机和背景，一是为了答复社会各界的来函和好奇，二是对自己法官生涯中的某些感触和思考予以回顾和总结。

《法律的尊严》是一本篇幅适中、通俗易懂、简洁出色的普法读物，涉及最高法院运作概况、大法官提名任命程序、对法治的理解、著名案例和法官评价、妇女与法律、美国法治前瞻等内容。但是，对于专业学者而言，此书内容可能过于浅显。另外，由于作者著书时的特殊身份，她无法在书中直抒己见，指点江山，只好含糊其词，浅尝辄止，故书中缺乏“畅销书”的卖点和闪光点，缺乏个人经历的深刻反思和重大案例的裁决内幕。对于有猎奇心理的读者来说，此书可能会有令人失望之感。

在美国女权运动如火如荼的时代背景下，奥康纳乘风而上，身居高位，打破了美国最高法院“九个老头”（the nine old men）一统天下的传统格局。但是，身为保守派法官，奥康纳与女权运动基本脱节。对于人们特别关心的性别因素对女法官作出司法裁决的影响这一重大问题，奥康纳在书中闪烁其词，转引明尼苏达州女法官康妮（Jeanne Coyne）的名言声称：“一个智慧老头和一个智慧老太太可以得出同样的结论。”奥康纳强调：“作为法官，当审理一个案子时，我们必须竭力做到冷静无情，中立客观，超越党派，深刻分析，勇于担当，司法独立，这种断案方式，通常肯定不会引人注目。”

细心的读者可能会注意到，身为女法官，在“必须竭力做到”的若干原则之中，奥康纳对性别因素及其对司法裁决的潜在影响避而不谈。她如此拐弯抹角，刻意回避，也许有其难言之隐。与萨特夫人西蒙·波伏娃、美国女作家苏珊·桑塔格等原创型思想家不同，美国的女法官们一向循规蹈矩，低调行事，韬光养晦。她们如果特立独行，“口无遮拦”，公开强调“性别因素”对司法裁决的影响，那么这辈子恐怕只能去教书写书，永远没有机会登上法官宝座。

引人深思的是，奥康纳在书中提及，立宪建国年代，由清一色白人男性组成的制宪先贤，高瞻远瞩，雄才大略，创立了1787年美国宪法；20世纪50年代，由清一色白人男性组成的美国最高法院，目光如炬，大气磅礴，成为破除种族歧视、支持民权运动、维护妇女权益的开路先锋；21世纪的今天，虽然全美法官中女性比例仅为20%，但美国仍然拥有相对平等公正的司法体制。这一观察敏锐而深刻。在“伦奎斯特法院”后期，女性和少数族裔大法官已占据“三分天下”，但是，在民权和堕胎等问题上，最高法院却日趋保守。大法官托马斯（Clarence Thomas，1991年至今任职）是非洲裔，而且出身贫寒，但却是个铁杆儿保守派。

顺便提一句，美国女权运动声势浩大，但其“宪法成就”远逊于中国。1972年，参众两院以三分之二多数通过男女平权宪法修正案，可是，由于在宪法规定的10年期限内未能获得四分之三州批准，前功尽弃，后继乏力。这一奇特现象，在相当程度上与美国宪法的“可诉讼性”密切相关。假设修宪成功，围绕女性升职和加薪问题，极有可能引发无数诉讼，像洪水般淹没各级法院，造成难以估量的社会后果。

值得注意的是，在《法律的尊严》中，奥康纳专辟一节，谈及相对而言名气较小、一向被学界忽视的鲍威尔大法官其人其事。在奥康纳笔下，鲍威尔和蔼可敬，深谋远虑，坚韧不拔，人格完美，几乎可与南军名将罗伯特·李将军相媲美。奥康纳对鲍威尔另眼相待、赞不绝口，从某种意义上反映出她对鲍威尔司法理念的认同和师承。

鲍威尔 1907 年生于弗吉尼亚州，哈佛法学院毕业，“二战”时投笔从戎，备受重用，曾出任驻欧战略空军情报处长，官拜上校，主管密码破译重任，运筹帷幄，屡建奇功。战后，“复转军人”鲍威尔重操律师业，功成名就，曾出任美国律师协会主席。1972 年，鲍威尔年届退休（65 岁），已萌不问政事、归隐田园之念，多次拒绝出任大法官。由于民主党控制的参议院与共和党总统尼克松剑拔弩张，水火难容，连续否决大法官人选，尼克松别无选择，不得不以美军总司令的名义，请求“老将”鲍威尔为国效力。在此背景下，鲍威尔勉强同意任职。在最高法院历史上，他是任职时年龄最大的大法官。在就职典礼上，鲍威尔夫人私下表示：“这是我一生中最糟糕的一天。”

大法官夫人的报怨事出有因，情有可原。出任大法官后，鲍威尔与原来所在的律师事务所“一刀两断”，经济损失惨重。他不顾年事已高，以忘我精神投入工作，每周工作六天以上，通宵达旦，废寝忘食。终其一生，鲍威尔都是一位民主党人，但是，在司法裁决中，他超越党派，温和保守，老谋深算，灵活变通。1978 年，在轰动一时的加州大学董事会诉巴基案中，针对错综复杂、争议百出的“平权措施”（Affirmative Action）难题，鲍威尔在 4 比 4 的僵局下，基于不同的理由两边都投票，使此案成为美国宪法史上颇为罕见、影响深远的“双重判决”。

鲍威尔退休后，深受其影响的奥康纳承前启后，日渐成熟，独树一帜。美国法律界有以首席大法官姓氏命名联邦最高法院的传统习惯。在“伦奎斯特法院”中，奥康纳是唯一一位兼具立法（州参议院议长）、执法（州司法部部长助理）、司法（州上诉法院法官）经历的大法官。民选议长和“三权兼备”的特殊历练，使奥康纳面对现实，贴近生活，体恤民情，超然于意识形态之上，深谙折中妥协之道。当然，超然和折中系相对而言。保守主义仍然是奥康纳的基本司法哲学。在 2000 年“大选案”中，奥康纳与保守派大法官联手，以 5 比 4 的微弱多数把得州州长小布什“选”进了白宫。

纵观“伦奎斯特法院”20年，平权运动、政教分离、联邦与州权、堕胎死刑、嫌犯人权、总统选举、反恐羁押等高度争议性问题纷至沓来，频频挑战美国社会，联邦最高法院陷入分裂，自由和保守两派势均力敌、僵持对峙，其严重程度远甚于“鲍威尔时代”。在此特殊历史年代，奥康纳灵活变通，居中妥协，温和保守，成为“钟摆票”（swing vote）。

奥康纳断案的特点为，不以意识形态为准绳，而是根据具体案例，深入分析其中的复杂性，作出合乎情理的裁决。在联邦制和经济领域上，她是州权、自由市场规则、私有产权的保护女神。在社会和文化问题上，她坚持温和保守、居中调和的中性立场。例如，她适度宽容妇女堕胎的权利，既肯定堕胎的合法性，又赞同对堕胎加以一定限制；她有保留地支持“平权措施”，既赞成优惠照顾弱势群体利益，又极力维护机会均等、公平竞争的宪法原则。在政教分离问题上，她是一个左右摇摆、难以预料的中间派。

据美国学者统计，“伦奎斯特法院”后期（1994—2002），在四分之三（76%）的以5比4投票裁决的争议性大案中，奥康纳投下了左右最高法院立场的关键性一票，扮演了举足轻重的角色。奥康纳的“中间派”立场，冲淡了“伦奎斯特法院”的保守色彩，使美国社会的“向右转”不至于过分急剧和偏激，使最高法院的判决不至于过分与社会和民意脱节，这是她对当代美国司法作出的最重要、最显著的贡献。一些观察家据此认为，“伦奎斯特法院”徒有其名，“奥康纳法院”实至名归；奥康纳实际上已成为最高法院中最有权力的大法官。

持平而论，尽管一向挑剔的美国媒体一反常态，对奥康纳一片溢美之词，但是，所谓“奥康纳法院”之说，似乎有过分“拔高”之嫌。如果愣要较真的话，奥康纳虽然在四分之三（76%）的以5比4裁决的案例中投下了决定性一票，但是，在这类争议性案例中，另一位“中间派”大法官肯尼迪（Anthony Kennedy，1988年至今任职）同样扮演了颇为相似的重要角色（74%），两人并驾齐驱，不相上下。不要忘了，大法官毕竟有九位，个个权高位重，人人非同一般，“一个也不能少”。

以长远的历史地位而言，奥康纳可能略逊于她的同窗伦奎斯特。伦奎斯特主持最高法院近 20 年，旗帜鲜明，领导潮流，卓尔不群，持之以恒，在新联邦主义宪法原则领域卓有建树。他的裁决和异议写得大气磅礴、逻辑严谨、雄辩无碍，在美国宪法史上留下了影响深远的政治遗产和鲜明独特的个人烙印。相比之下，以吹毛求疵、极度苛刻的“最高标准”衡量，在一些重大案例中，奥康纳的判决书写得过于平淡，循规蹈矩，谨小慎微，瞻前顾后，就事论事；缺乏高瞻远瞩的远见卓识、宏大叙事的理论建树、气势如虹的雄辩异议、振聋发聩的至理名言。以后人评价一个“伟大的法官”应具备的重要条件而言，提及上述不足之处，恐怕不应算是过分苛求。

随着健康和医疗条件的改善，高寿司空见惯，美国社会已有“70 小弟小妹，80 人到中年，90 始入老境”之说。最高法院大法官是终身制，当年霍姆斯大法官干到 90 岁高龄才告老退休。但是，为了照顾体弱多病的老伴，“小妹”奥康纳急流勇退，毅然宣布退休，令人感慨良多。次日，她弟弟在电话中说：“你的决定肯定是一时冲动，现在后悔了吧?”奥康纳回答：“的确有点后悔。在华盛顿，一旦脱下大法官黑袍，你就成了无名之辈!”“有点后悔”和“无名之辈”之说，自是幽默戏言。在美国宪法史上，奥康纳将以“有原则的温和保守主义”“可能是美国历史上公共事务中最具影响力的女性”而名垂青史。从西部荒野中持枪跃马、砍柴上树的“疯丫头”，到辗转奔波、一职难觅的“女秘书”，再到独树一帜、举足轻重的最高法院首位女性大法官，最后到急流勇退、照顾老伴的贤妻良母，她的人生道路堪称起伏跌宕、光彩照人!

（陈伟）

后 记

本书系任东来教授主持撰写的“美国法治三部曲”之三（人物卷），前两部为《美国宪政历程：影响美国的25个司法大案》（案例卷）、《在宪政舞台上：美国最高法院的历史轨迹》（制度卷），均已由中国法制出版社出版，而且，“制度卷”也借此机会，更名为《民众为何支持：美国最高法院的历史轨迹》修订再版。

本书由任东来教授的学生胡晓进博士整理完成，为集体合作产物，作者不同（名字附于各章之尾），写作时间不一，引文之中也许会有中英文版本夹杂之处，有些新出的著作，也未能一一列入参考文献，敬请读者谅解。北京大学历史学系教授、教育部“长江学者”王希老师在繁忙的教研、指导工作中抽出宝贵的时间，为本书撰写了颇有学术指导意义的序言，既是勉励，也是指引。感谢王老师一如既往的鼓励与支持。

任东来教授夫人吴耘教授、生前好友陈伟先生审读、校阅了本书初稿，提出了极好的修改意见，避免了一些令人难堪的错漏，对本书贡献颇多。当然，书中肯定还存在着这样或那样的问题，欢迎学界同人批评指正。

本书中一些章节，曾在《法学家茶座》等出版物上刊载，感谢“茶座”及其编辑（尤其是麻素光女士）长期以来的支持；当然，同样需要感谢的还有中国法制出版社的诸位编辑，尤其是舒丹和靳晓婷女士，没有他们的热情与耐心，本书不可能顺利问世。

美国历史上富有影响力的大法官自然不止十位，由于篇幅所限，有些同样具有影响力的大法官未能收入；收录的大法官，其精彩的司法人生，仍有深入挖掘的余地。这些遗憾，只有等到日后修改补充时，再行弥补。

图书在版编目（CIP）数据

谁来捍卫法治：10位最有影响力美国大法官的司法人生/任东来等著.—北京：中国法制出版社，2019.1
ISBN 978-7-5093-9789-3

Ⅰ.①谁… Ⅱ.①任… Ⅲ.①法官-生平事迹-美国 Ⅳ.①K837.125.19

中国版本图书馆CIP数据核字（2018）第218910号

策划编辑/舒丹 靳晓婷
责任编辑/靳晓婷（tinajxt@126.com） 封面设计/蒋怡

谁来捍卫法治：10位最有影响力美国大法官的司法人生
SHEILAI HANWEI FAZHI：10 WEI ZUIYOU YINGXIANGLI MEIGUO DAFAGUAN DE SIFA RENSHENG

著者/任东来等
经销/新华书店
印刷/三河市紫恒印装有限公司
开本/880毫米×1230毫米 32开
印张/13
字数/323千

版次：2019年1月第1版/2019年1月第1次印刷
书号：ISBN 978-7-5093-9789-3 定价：58.00元

北京西单横二条2号
邮政编码100031 传 真：010-66031119
网址：http：//www.zgfzs.com 编辑部电话：010-66034242
市场营销部电话：010-66033393 邮购部电话：010-66033288

（如有印装质量问题，请与本社印务部联系调换。电话：010-66032926）